TESI GREGORIANA

Serie Scienze Sociali

1

M. LAURA ROSSI

El desarrollo de la Enseñanza Social de los Obispos del Paraguay (1940-1993)

Un compromiso progresivo con la dignidad de la persona humana

EDITRICE PONTIFICIA UNIVERSITÀ GREGORIANA
Roma 1998

Vidimus et approbamus ad normam Statutorum Universitatis

Romae, ex Pontificia Universitate Gregoriana
die 8 mensis iunii anni 1998

R.P. Prof. Sergio Bernal Restrepo, S.J.
R.P. Prof. W. Rafael Suárez, S.J.

ISBN 88-7652-802-4

© Iura editionis et versionis reservantur
PRINTED IN ITALY

GREGORIAN UNIVERSITY PRESS
Piazza della Pilotta, 35 - 00187 Rome, Italy

PROLOGO

Un trabajo de investigación es siempre fruto de una experiencia y de interrogantes a los que buscamos dar respuestas. Es también, y sobre todo, el resultado de muchos esfuerzos conjuntos que permiten llevar adelante la labor empezada.

Por este motivo me parece necesario antes de presentar la investigación, agradecer a la Universidad Gregoriana, y a todos los profesores de la facultad de Ciencias Sociales, en modo especial al P. Sergio Bernal quien, me ha estimulado en el estudio de la Doctrina Social de la Iglesia y, a pesar de la enorme distancia que nos separaba, me ha acompañado en el trabajo con mucha paciencia y precisión.

Un agradecimiento especial al P. Alejandro Angulo y al P. Rafael Suárez que se han empeñado en leer mi trabajo y a la Profesora Silvia Vázquez por haber revisado el texto.

Un agradecimiento a los que en Italia me han apoyado y acogido para este estudio.

Gracias a cuantos en Paraguay me han ayudado a comprender profundamente los acontecimientos que he podido ir relatando, ya que fueron testigos y actores de los eventos de aquellos años.

Un recuerdo sobre todo a quienes en Paraguay y en Capitán Bado, han luchado, luchan y lucharán por sus derechos. Entre estos a Cecilia, mujer valiente que ha esperado en vano la justicia por la muerte de su esposo Crispín, bárbaramente asesinado por la mafia el 31 de diciembre de 1996 en Capitán Bado.

En fin, no habría podido iniciar y llevar adelante esta labor, sin mi Comunidad *Redemptor Hominis* que, además de haberse privado por algunos años de mi aporte en el trabajo apostólico, ha creado con un gran esfuerzo aquellas condiciones estructurales necesarias para el estudio. A ella y a su Fundador Emilio Grasso, un agradecimiento de corazón.

INTRODUCCION

Roa Bastos, un famoso autor paraguayo, definía al Paraguay como una isla rodeada de tierra. En efecto, si consideramos su historia a través de los años, notamos que el silencio que lo rodea es tal que lo asemeja a una isla con poca comunicación exterior.

Esta es una de las primeras motivaciones que me han inducido a estudiar y hacer conocer este país famoso en el tiempo de la colonia, pero del cual poco se habla actualmente.

Una ulterior motivación es el trabajo que mi comunidad, *Redemptor hominis*, desarrolla desde hace ya varios años en Paraguay.

Si realmente la dictadura ha marcado para siempre a la sociedad paraguaya, infundiéndole el marco del temor, de la sospecha, de la sumisión y del exilio, los cambios recientes hacen que esta nación esté toda por «inventar», como bien nos lo recuerda el antropólogo P. Bartomeu Meliá. Pero «inventar» no significa comenzar de un mítico punto cero, sino atesorar todo aquello que la experiencia pasada nos puede enseñar, hacerlo comprender y pasarlo por el cedazo, como hacen los paraguayos con el maíz, para que las semillas, limpias de escorias que queden, sirvan como alimento y también como simiente para una nueva y más fructífera cosecha.

En mi breve tiempo de estudio en la Universidad Gregoriana he podido reflexionar sobre el trabajo desarrollado para que en un futuro podamos, junto a la gente, trazar caminos nuevos de un Paraguay verdaderamente nuevo.

El área en la cual estamos llamados a trabajar presenta problemas comunes a la zona de frontera, donde el cultivo y el tráfico de drogas constituyen los factores determinantes de una violencia *gratuita*, que hacen que la vida no valga más que unos cientos de *guaraníes* en las manos de un asesino a sueldo cualquiera. En este clima que por años se mantiene inmutable nos hemos preguntado cuáles son las vías posibles, cuáles los desafíos a ser lanzados y a ser acogidos y cuáles los caminos nuevos por recorrer.

En pocas palabras, nos hemos preguntado qué hacer verdaderamente para que el hombre sea más persona, a imagen y semejanza de Dios, camino único e irrenunciable de la Iglesia.

Una vez culminados los estudios y ante las múltiples posibilidades de investigación, consideré que lo que más me motivaba era partir de los documentos sociales de la Iglesia, que se fundamentan en la dignidad de la persona, que es continuamente pisoteada en esta zona.

No he pretendido hacer una disertación histórica, pero he intentado ver cómo una Iglesia particular ha caminado con el hombre porque: «Caminando con los hombres, la Iglesia se esfuerza por estar atenta a los nuevos problemas que surgen»[1], presentándose no tanto como «Madre y Maestra, sino como compañera en su camino histórico, en diálogo y a su servicio»[2].

He tratado de estudiar cómo una Iglesia particular ha tenido la premura, que nos recuerda el Santo Padre en el Convenio Europeo de Doctrina Social de la Iglesia, «de anunciar al hombre de nuestro tiempo el Evangelio de la vida, de la justicia, de la solidaridad»[3].

En efecto

El amor por el hombre y, en primer lugar, por el pobre, en el que la Iglesia ve a Cristo, se concreta en la promoción de la justicia. Esta nunca podrá realizarse plenamente si los hombres no reconocen en el necesitado, que pide ayuda para su vida, no un importuno o como si fuera una carga, sino la ocasión de un bien en sí, la posibilidad de una riqueza mayor[4].

En este recorrido de atención al hombre, he podido verificar un desarrollo que progresa con la realidad que se vive. En efecto, la Doctrina Social es coherente y cambiante, porque es algo vivo que interesa al hombre, en la sociedad y en la historia.

El ser humano en verdad, como ser inteligente y libre, sujeto de derechos y deberes, es el primer principio y, se puede decir, el corazón de la enseñanza social de la Iglesia.

La Iglesia lo acompaña en su camino y lo ilumina con sus principios sociales, porque

La doctrina social quiere reflejar la luz del evangelio, que ilumina también las realidades temporales. Cristo, que es luz, verdad, vida y camino, ilumina la existencia del ser humano como persona en solidaridad con los otros, en el encuentro con Dios que se da en la vida temporal y en la eterna[5].

---

[1] «Sviluppi metodologici», 3.
[2] «Sviluppi metodologici», 5.
[3] JUAN PABLO II, «Discorso ai partecipanti», 4.
[4] JUAN PABLO II, *Centesimus annus*, n. 58.
[5] R. ANTONICH – J. M. MUNARRIZ, *La Doctrina Social*, 21.

Esta investigación se ha ocupado en particular de los documentos de los obispos. En efecto, aunque en la elaboración de la Doctrina Social el obispo encuentre una buena parte del camino ya trazado, cada Iglesia local tiene su propia particularidad y sus problemas, que hacen que se deba evaluar y aplicar la doctrina en situaciones inéditas. Compete entonces al obispo, junto a la comunidad, discernir y ser creativo.

En efecto «Esta elaboración se hace teniendo en cuenta, obviamente, la verdad evangélica y el magisterio universal, pero partiendo del concreto *humus* de una realidad concreta»[6].

He podido entonces estudiar el recorrido de una Iglesia local que no tiene la tarea de ser una simple repetidora de los principios de la Doctrina Social de la Iglesia, sino que al contrario tiene un rol propio y del todo especial como es el de ejecutar los principios generales de la Doctrina Social de la Iglesia en una realidad particular y específica.

Me he preguntado, por lo tanto, si la Iglesia local, y en particular si los obispos en sus documentos fueron fieles al hombre, si estuvieron atentos a su realidad y si lo han defendido. Para formular esta hipótesis me ha estimulado la carta escrita por los campesinos paraguayos a *Puebla*[7]. Una carta amarga, dura, que acusaba a la jerarquía de haberlos abandonado en el momento más cruel de la represión de Stroessner. Aquella carta era una réplica que contradecía mi hipótesis: una iglesia paraguaya compañera del hombre y de su historia. Esto me estimuló a buscar una respuesta que beneficiara el desempeño futuro de mi comunidad.

El recorrido de un grupo de obispos anunciando la vida, la justicia y la solidaridad, podía ser para nosotros, hombres y mujeres en camino, una posibilidad de confrontación, de verificación y de discusión cotidiana.

Para estudiar el camino recorrido por los obispos paraguayos en la atención del hombre concreto, he elegido el período que va de 1940 a 1993, un arco de tiempo bastante largo, que me ha dado la posibilidad de verificar el desarrollo de la enseñanza de los obispos a través de sus documentos.

En los años 40 se verifican los primeros cambios significativos en la Iglesia paraguaya que evidencian una atención sobre el hombre y su realidad. En este proceso sobresale la figura carismática de Mons. Ramón Bogarín, que mediante la organización del laicado católico, preparó el terreno a la asunción progresiva de responsabilidades en la escena política y social de parte de muchos laicos que comprendieron que la fe no podía ser separada de la realidad vivida cada día.

El período analizado termina en el año 1993, que marca para la iglesia y para toda la sociedad paraguaya el fin de una época clausurada

---

[6] J. MEJIA, «Ruolo del Vescovo», 208.

[7] Cfr. «Carta de los campesinos».

cronológicamente en el 1989. En efecto, sólo con la promulgación de la Constitución de 1992 se puede considerar encauzado el proceso de transición hacia la democracia. En este período la jerarquía ha tenido un rol de primer plano, un protagonismo específico que sólo en 1993 se puede definir como culminado.

He creído necesario, antes de afrontar el período elegido, subrayar la obra de Mons. Sinforiano Bogarín. El análisis de sus cartas me ha permitido no sólo resaltar su figura de reconstructor de la nación, sino también recoger las líneas de fondo sobre las cuales se movía la iglesia del Paraguay y, sobre todo con respecto a mi trabajo, cuán sutil todavía fuese la conexión con la realidad y los principios que habrían debido iluminarla.

En este momento la fe tenía todavía una dimensión intimista que no se evidenciaba en la sociedad y en la vida pública. Todavía no se había comprendido la dimensión histórica de la Doctrina Social de la Iglesia y por consiguiente la necesidad de considerar los sucesos y sus interconexiones, dentro de las cuales proponer la doctrina y la práctica ligada con la fe sobre la convivencia social y civil[8]. La Doctrina Social de la Iglesia «ha estado siempre caracterizada por la preocupación de ir al encuentro de las instancias de la dignidad de los hombres y de los pueblos, teniendo en cuenta un análisis minucioso del contexto histórico»[9]. Sin embargo la Iglesia en el Paraguay se movía todavía según un modelo de iglesia fortaleza, a la defensiva, con bastiones donde protegerse de los ataques del mundo. Sin disminuir el valor y la importancia de la figura de Mons. Sinforiano Bogarín, podemos decir que Mons. Ramón Bogarín ha abierto verdaderamente ventanas y puertas de la iglesia paraguaya, dejando entrar aquel aire fresco tan necesario. El semanario *Trabajo* es sólo un ejemplo de este espíritu nuevo con el cual se afrontaba los tiempos nuevos; son testigos de ello los numerosos laicos que hoy todavía animan el Paraguay.

Después de esta breve premisa podemos ilustrar el recorrido de mi trabajo. He dividido la disertación en cuatro capítulos que, tomados en su conjunto, resumen todo el desarrollo de la enseñanza social de la jerarquía paraguaya. Ellos se corresponden con cuatro etapas que, en orden creciente, revelan el empeño por el hombre y por su historia. No en vano en el primer capítulo he resaltado sólo dos fechas, que son como los carriles del camino, por una parte los documentos con los principios, y por otra los acontecimientos humanos: los golpes de estado, la inestabilidad política, los problemas sociales y económicos que han caracterizado el Paraguay de aquellos años.

---

[8] Cfr. S. FONTANA, «L'insegnamento della Dottrina Sociale», 652.
[9] S. FONTANA, «L'insegnamento della Dottrina Sociale», 652.

En cambio he denominado el segundo capítulo, que va desde el 1954 hasta el 1973, *Ruptura del silencio*, porque en realidad de esto se ha tratado. La jerarquía por primera vez, estimulada por el aire nuevo que el Concilio Vaticano II impulsaba en la Iglesia entera, no sólo ha utilizado un lenguaje nuevo, sino que ha abierto las puertas a las distintas dificultades que afligían la sociedad paraguaya: el problema de la tierra, el problema político y constitucional.

En este período he resaltado la figura del P. Talavera que, aunque aislada, ha anticipado en mucho algunas problemáticas que sólo más tarde serán tratadas por la jerarquía paraguaya.

En esta *Ruptura del silencio* considero central el interés siempre creciente hacia los prisioneros políticos, aquella llaga que un grupo de laicos, recogiendo las orientaciones de Medellín, tuvo el mérito de señalar a la jerarquía, la cual a partir de entonces la hizo suya como preocupación constante. Los obispos encararon con valentía este tema, no ya como una preocupación privada a tratar en la oficina particular de algún ministro, sino como una denuncia clara y fuerte. Pues:

Cuando este hombre se encuentra oprimido o disminuido por estructuras económico-sociales injustas o por excesos de poder que lesionan los derechos humanos, la misión de la Iglesia asume también la forma de la denuncia profética y actúa como una fuerza de presión moral a favor de la liberación y del respecto a los derechos humanos[10].

La defensa del hombre fue entonces aquella palabra que la jerarquía supo decir en varias ocasiones, a través de cartas, visitas y gestos simbólicos que llevaron a una creciente tensión con el aparato de la dictadura, que pretendía confinar la misión de la Iglesia en lo estrictamente espiritual, alejándola del ámbito de los derechos humanos y de la justicia social.

De esta continua tensión nace la necesidad de una reflexión que, no sin problemas internos y presiones externas, condujo a los obispos a la opción por un *Año de reflexión*.

Llego así a la tercera parte de mi trabajo que por eso tiene el titulo: *Reflexión y planificación* 1973-1980. Es el momento en que la jerarquía considera necesario reunir los esfuerzos para no actuar aisladamente, se ha dado cuenta que el pueblo católico caminaba mucho más lentamente que sus pastores y que el estado era mucho más poderoso y enraizado en la cultura tradicional de lo que se creía. El año de reflexión culminó con el Plan de Pastoral Orgánica que fue el primer tentativo de organizar y coordinar todas las fuerzas vivas de la comunidad eclesial en una obra común, que permitiera hacer frente a los cambios amplios y profundos

---

[10] CEP, *La misión*, 23 de abril de 1969, 8.

en la sociedad paraguaya, cuyo punto sobresaliente fue la construcción de la represa de Itaipú.

Las Ligas Agrarias nacidas en los años 60 con la necesidad de formar personas capaces de pensar y de decidir solos el proprio destino, son la expresión más auténtica de una Iglesia comprometida con el hombre. La crisis interna por la que varios sacerdotes dejaron el ministerio, debilitó sin embargo esta acción de defensa. Se percibió de parte de los campesinos un abandono, si no de toda la jerarquía, sí de una buena parte de los Obispos. Los campesinos citan a Mons. Maricevich, cuyo proceder he puesto en evidencia, como uno de los obispos todavía fieles a un camino emprendido con el consenso de todos y con entusiasmo.

Como ya he indicado, el punto crucial de toda la acción por el hombre y en favor del hombre lo encuentro aquí, cuando por varios motivos, se tiene casi la impresión de un silencio muy prolongado en aquello que para muchos campesinos fue un doloroso Viernes Santo. Un silencio sobre el cual los Obispos, en la reciente carta pastoral titulada: *Un camino de esperanza*, se manifiestan afirmando: «Hubo períodos de silencio y aparente complacencia con la situación reinante»[11]; por él la Iglesia del Paraguay pide perdón: «a Dios y al Pueblo por todas sus incoherencias, sus omisiones y sus faltas en contra de la misión que el Señor Jesús le había encomendado»[12].

He resaltado en mi trabajo cómo en este período emerge la dialéctica entre una mentalidad desencarnada y una más atenta a los problemas del momento. También debo destacar, no sólo una ruptura en el interior de la Iglesia sino aquello que parece más importante, el abandono de los campesinos, eslabón más perseguido de toda la cadena de represión de Stroessner. En ese tiempo quizá muy poco se han preguntado los Obispos, los agentes de pastorales, los sacerdotes quiénes se habrían beneficiado con tantas tensiones internas, y además qué sentido tenía el cuestionarse, ya cuando el camino había sido emprendido, si todas las acciones llevadas adelante eran justas o no. La reflexión y la planificación eran necesarias desde el inicio para no dejar en el vacío la esperanza de tanta gente que, con entusiasmo, había iniciado un camino de transformación.

En la última fase de este trabajo con el título de: *El Paraguay nuevo necesita hombres nuevos*, he individuado cuatro grandes momentos del camino de los Obispos con el hombre paraguayo. La discusión orgánica de la tierra en Paraguay; el diálogo nacional donde la iglesia se convierte en espacio de comunicación para toda la sociedad paraguaya rasgada

---

[11] CEP, *Un camino de esperanza*, 9.
[12] CEP, *Un camino de esperanza*, 11.

por la dictadura; la preparación de la visita del Papa y la participación, mediante tres documentos pastorales, en el debate sobre la nueva Constitución.

La exposición sobre la tierra es el resultado de un largo trabajo de investigación y de consulta, que saldrá como documento bajo el título de *La tierra don de Dios para todos*. Es el producto de un largo proceso de estudio, y jornadas de trabajo que indican la atención puntual a este problema que se prolongaba desde hacía años en el Paraguay. Los Obispos sobre este tema subrayaron que el campesino tiene una convicción atávica: los mejores títulos son el trabajo y la ocupación[13].

El Diálogo Nacional fue el tentativo de encuentro y colaboración pluralista de las voces y las energías más conflictivas de la sociedad. Si por una parte aquello hizo percibir a los Obispos que el miedo flotaba todavía en la sociedad impidiéndole el desarrollo, por otra parte hizo que en el alma de este pueblo, por primera vez, penetrara y se hiciese camino el concepto de diálogo.

Para los Obispos la visita del Santo Padre fue un momento extremadamente fecundo: un apoyo a sus acciones y compromiso en favor del hombre. Entre otras cosas el Papa recordó que el respeto de los derechos humanos no era una cuestión de conveniencia política, sino que derivaba de la dignidad misma de la persona en virtud de su condición de creatura de Dios, llamada a un destino trascendente. Y por lo tanto cada ofensa a un ser humano era también una ofensa al Creador. Agregaba que no se podía arrinconar a la Iglesia en la sacristía como no se podía arrinconar a Dios en la conciencia del hombre[14].

Con esta última parte he querido subrayar aquello que Mons. Livieres afirmaba: la necesidad para toda la Iglesia y para la sociedad paraguaya de una renovación que se expresaba también en la necesidad de hombres nuevos para reconstruir lo que tantos años de dictadura habían destruido sistemáticamente. La acción de la Iglesia miraba hacia lo íntimo. El hombre nuevo será para los obispos aquél que sabrá poner al hombre por encima de todas las instituciones y prestarle una atención especial. Pero entonces ya se había creado las condiciones que dificultaban la reconstrucción.

No había sido una casualidad que casi todas las fuerzas vivas de la Iglesia hubiesen sido sistemáticamente obligadas al exilio; como afirmó la Conferencia Episcopal, toda la sociedad debía ser saneada. Un saneamiento moral que solamente puede llegar a través del hombre, no abstracto sino concreto, situado en la historia y en todas las situaciones

---

[13] Cfr. CEP, *El campesino paraguayo*, 12 de junio de 1983, 18.
[14] Cfr. JUAN PABLO II, «Asunción», 16 de mayo de 1988, 1483.1486.

inmanentes y trascendentes, con un nombre: «porque cada uno es persona que encierra un misterio y tiene su propia historia que lo une a los otros seres de igual dignidad»[15].

En efecto, el camino no ha terminado todavía, por eso los obispos en el documento sobre la educación hablan de un hombre a ser construido, un hombre

comprometido en este mundo, pero abierto hacia Dios; con una vida que transcurre en el tiempo, pero que apunta a un destino más allá de la historia; ciudadano de la tierra, donde colabora en el Reino de Dios que se inicia aquí, y ciudadano del cielo donde el Reino llega a su plenitud; peregrino por los caminos de la tierra, en permanente tensión hacia lo eterno; un enamorado de la belleza del mundo que contempla sorprendido, y un ser inquieto que vive en la acción para transformarlo[16].

Por el hombre nuevo y renovado se juega el destino del país, por el hombre comprometido con este mundo, en continua tensión entre el *ya y el todavía no*.

Para realizar el recorrido que brevemente he sintetizado, he utilizado como fuentes cartas y documentos de obispos recogidos y catalogados según un orden cronológico. No existe realmente en Paraguay una recopilación completa de todas las cartas de la Conferencia Episcopal. Esto me ha conducido a los archivos de la Arquidiócesis de Asunción a la que he podido recurrir ampliamente. Es ahí donde he podido encontrar una ulterior documentación de revistas y cartas personales que me ha permitido reconstruir una parte del contexto histórico en el cual cada documento fue elaborado y pensado. La Biblioteca Nacional, que recoge los periódicos de la época, y una parte de los archivos de la Conferencia Episcopal me han permitido completar la selección del material para una reconstrucción histórica. Esta es casi inexistente en Paraguay y, fue una de las causas mayores de las dificultades que me han obligado a no poder ir más allá de lo fáctico del momento, quizás con una pérdida de la visión de conjunto.

En pocas palabras, difícil ha sido evaluar la dimensión universal y aquella particular. Dejo a los que querrán recabar de mis investigaciones la posibilidad de ampliar la comprensión de los documentos sin tener que situarlos históricamente.

También he subrayado la obra y el magisterio de algunos obispos como Mons. Rolón y Mons. Maricevich, porque me ha parecido que tuviesen, más que otros, los elementos para el desarrollo y la finalidad de

---

[15] CEP, *La educación en el Paraguay*, 24 de marzo de 1991, 10.
[16] CEP, *La educación en el Paraguay*, 24 de marzo de 1991, 10.

mi trabajo. A Mons. Rolón le reconozco a través de sus numerosos gestos simbólicos e intervenciones, haber sido guía, no de derecho sino de hecho, de toda la Conferencia Episcopal Paraguaya, llegando sabiamente a mantener y conducir las filas. Mons. Maricevich con su personalidad, su dura oposición y su intransigencia con el gobierno ha sido por mucho tiempo un verdadero baluarte de la iglesia paraguaya, sabiendo ser la Palabra fuerte, continua y clara en defensa del campesino paraguayo.

Como decía al principio, cada investigación debería ser motivo de confrontación y de estímulo para un trabajo emprendido o por emprender. El mío, que culmina catorce años de misión, es preludio de otros planes que la comunidad en Paraguay y más precisamente en Capitán Bado está iniciando, juntamente con la apertura de la oficina de Derechos Humanos. El análisis de la labor de este grupo de obispos ha sugerido trayectos y estimulado una reflexión sobre caminos a emprender.

El inicio de un camino implica siempre actuar en previsión aplicando una mirada de conjunto, que fije metas y objetivos. Defender al hombre quiere decir ante de todo saber marchar con él y no dejarlo a mitad de camino. Hace falta tener claro que a medida que se avanza se realizan gestos que son irreversibles y el no ser consciente perjudica el éxito mismo de los resultados.

Cuando los campesinos paraguayos comenzaron a leer la propia realidad a la luz del evangelio, desencadenaron la represión más feroz de la dictadura de Stroessner. Detenerse a mitad de aquél camino habría querido decir traicionar la voluntad de cambio y de vivir plenamente el evangelio. Detenerse sobre problemáticas internas habría significado perder el contacto con la historia de salvación. Una comunidad debe saber vivir esta tensión, esta lucha por la justicia hasta el final al lado de aquellos que por afirmar su dignidad están dispuestos a pagar todos los precios.

Caminar con el hombre no significa ocupar espacios ajenos, dando nuestras propias soluciones y nuestros caminos, transformándonos así en aquellos caudillos, tan buscados en Paraguay como en otras latitudes, que son capaces de resolverlo y ordenarlo todo, porque en realidad no quieren cambiar nada. Sólo la pobreza de soluciones nos impulsará a buscar juntos nuevos y desconocidos rumbos, a descubrir la riqueza escondida en cada persona humana.

Este pequeño y en el fondo pobre grupo de obispos del Paraguay nos ha enseñado que el camino a recorrer no es amplio y cómodo, sino difícil y casi impracticable, lleno de obstáculos y a veces derrotas.

CAPITULO I

1940-1954

Para hacer un estudio de la evolución del pensamiento social de la Iglesia en el Paraguay se puede empezar a partir de distintas fechas. Nosotros en este trabajo, hemos optado por una que puede fijarse alrededor de 1940. A pesar de que esto pretende ser sólo algo indicativo, sin embargo los años cuarenta marcan, en la vida misma de la Iglesia del Paraguay, algunas pautas en las que pueden notarse posturas nuevas que se desarrollarán a lo largo de todo el arco de tiempo que pretendemos analizar. En efecto:

> Si comenzamos nuestro análisis más o menos desde el año 1940, hallaremos que la vida y la conciencia eclesial logran su punto de mayor intensidad en dos hechos de notable transcendencia: las Jornadas Nacionales del Clero que comienzan en 1942 y los múltiples movimientos de Acción Católica. Estos dos hechos fueron de gran importancia porque hicieron reactivar vigorosamente la conciencia cristiana del laicado y el compromiso pastoral del Clero[1].

Las posturas fueron nuevas no sólo por lo que se refiere a los acontecimientos que sacudieron la sociedad civil paraguaya, sino también por lo que a nosotros interesa más explícitamente, eso es, el cambio de perspectiva con referencia al hombre y a lo que más le afecta: sus derechos y la defensa de su dignidad. No obstante:

> Es cierto que la teología de ese tiempo, instrumento de trabajo en esas jornadas de reflexión, era la teología tradicional, aunque remozada con los nuevos enfoques de la eclesiología francesa y alemana. Se percibe una escolástica deductiva, muy clara y muy firme, pero que no parte de la realidad, ni analiza mucho la situación[2].

---

[1] S. NUÑEZ, «Cambios en la conciencia», 11.
[2] S. NUÑEZ, «Cambios en la conciencia», 11.

1. Mons. Juan Sinforiano Bogarín

En los años 1940 la Iglesia del Paraguay contaba con la Arquidiócesis de Asunción, la Diócesis de Concepción y Chaco y la Diócesis de Villarrica. En la Arquidiócesis estaba el Arzobispo Mons. Juan Sinforiano Bogarín y su Coadjutor Mons. Aníbal Mena Porta, mientras que en Concepción se encontraba Mons. Emilio Sosa Gaona y en Villarrica Mons. Dr. Agustín Rodríguez.

Algunos días antes de que muera el General Estigarribia el Arzobispo le escribe una carta para formular la propuesta de que su obispo Auxiliar reciba el nombramiento de Obispo con derecho de sucesión[3].

Las gestiones para este nombramiento causaron al anciano obispo algunos problemas con la Nunciatura[4], ubicada en aquel entonces, en Montevideo. De todas maneras ya en 1941 Mons. Mena Porta es nombrado Obispo Coadjutor con derecho a sucesión[5].

En el año cuarenta el Obispo Mons. Juan Sinforiano Bogarín tenía 77 años, llevaba 54 años de vida sacerdotal y 45 como Obispo, casi medio siglo al servicio de la Iglesia del Paraguay. Su vida se ha identificado con la vida nacional. El mismo escribía en el año 1936:

> El ya largo ejercicio de más de 41 años que llevo del cargo episcopal ha coincidido en gran parte, con el período de nuestra reconstrucción nacional después de nuestra gran guerra y si aquel me ha creado canas que me hablan de edad también me ha provisto de abundantes reservas de experiencia que me da la personería para hablar con alguna autoridad sobre aquella época caracterizada como de enconados ensayos políticos y juzgar con conocimiento de causa los hechos que podrían considerarse de carácter mixto porque actuados en un terreno en que se pone en contacto la autoridad eclesiástica con la vida civil[6].

No sería tan atrevido decir que la vida de la Iglesia en Paraguay, al final y comienzo de siglo, coincide con la obra de este prelado conocido, amado y apreciado por todos los paraguayos.

Mons. Bogarín nació en Mbuyapey el 21 de agosto de 1863. La guerra de 1870 se llevó a sus padres, motivo por el cual creció en casa ajena, con unas tías maternas, junto con otros tres hermanos. Terminada la guerra vivió en Arecayá, donde frecuentó la escuela primaria. La condición humilde de su familia le obligó a trabajar desde temprana edad como campesino. Esta experiencia se transmitió en sus numerosas cartas pastorales, en las que toca temas de agricultura con un sentido práctico

---

[3] Cfr. J.S. BOGARIN, «Carta», 3 de setiembre de 1940.

[4] Cfr. J.S. BOGARIN, «Carta», 3 de setiembre de 1940.

[5] Cfr. A. LEVEME, «Carta», 23 de junio de 1941.

[6] J.S. BOGARIN, «Al pueblo paraguayo», noviembre de 1936.

poco común para los que nunca han conocido la fatiga, el sudor y la dificultades del trabajo agrícola.

Entró en el Seminario Conciliar, dirigido por los Padres Lazaristas; se formó bajo la dirección de un sacerdote francés, Julio Carlos Montante, que guió varias generaciones de sacerdotes paraguayos. Su mano experta llevó a Juan Bogarín a la Ordenación Sacerdotal el 24 de febrero de 1886. Fue ungido por mano del Obispo Pedro Juan Aponte.

El 21 de setiembre de 1894, a los siete años de su ordenación sacerdotal, fue designado Obispo de Asunción. Su consagración se llevó a cabo el 3 de febrero del 1895 por mano de Mons. Lasagna, Obispo salesiano. Tenía 31 años.

El elegido fue propuesto entre los candidatos: Claudio Arrúa, administrador Eclesiástico y Narciso Palacios, doctorado en Roma[7].

En el mismo día de su consagración, como personalmente relata[8], publicó su primera carta pastoral[9] en la que se refleja todo el peso de la responsabilidad que cae sobre el joven obispo: «Doloroso ha sido, no lo ocultaremos, el sacrificio a que Nos tuvimos que someter al doblegar la cerviz bajo el tremendo peso del Episcopado»[10]. En esta misma carta encontramos esbozado el programa que acompañará al nuevo Obispo a lo largo de todo su camino:

Testigo Nos es Dios de cuanto os amamos en Nuestro Señor Jesucristo y cuanto deseamos emplear en provecho de vuestras almas todo lo que tenemos y somos: Nuestras fuerzas, Nuestra salud y hasta Nuestra vida os pertenecen y todo lo sacrificaremos gustosos con tal de guiaros por la senda de la salvación, cumpliendo así los gravísimos deberes que Nos son impuestos.
Para conseguirlo no perdonaremos empeños ni esfuerzos. Nos aplicaremos muy particularmente en difundir el conocimiento de las verdades cristianas a fin de que nadie ignore lo que debe hacer para alcanzar la vida eterna y, como pastor vigilante, no cesaremos de velar sobre vosotros y de avisar, exhortar, reprender y corregir, si menester fuere, a todos y cada uno para que no se Nos pueda imputar la perdición de ninguno en el tribunal del Príncipe de los pastores[11].

Mons. Bogarín fue muy fiel a esta primera carta, no era hombre de despacho: «Los 15 primeros días pasé muy aburrido recibiendo y despachando visitas [...] qué apretones, qué de cordiales felicitaciones, qué efusivo plácemes, qué enhorabuenas [...] que se me daba por millones»[12].

---

[7] Cfr. J. IRALA BURGOS, «La evangelización», 190.

[8] Cfr. J.S. BOGARIN, Mis Apuntes, 34.

[9] La ortografía de las cartas de Mons. Bogarín ha sido actualizada.

[10] J.S. BOGARIN, «Carta», 3 de febrero de 1895, 3.

[11] J.S. BOGARIN, «Carta», 3 de febrero de 1895, 4-5.

[12] J.S. BOGARIN, Mis Apuntes, 35-36.

En efecto la vida mundana no se adecuaba a su espíritu práctico y se sentía muy preocupado por el cargo que le agobiaba: «lo cierto es que esas felicitaciones que recibía por millones, me pasaban todas por alto, y el pensamiento de la grandísima responsabilidad que acababa de asumir no me abandonaba un momento [...]. Anduve muy preocupado, muy triste»[13].

Desde el primer año emprendió sus visitas pastorales que lo hicieron famoso en todo el país: «Convencido como estaba de que la fe religiosa de los fieles estaba muy debilitada en la diócesis, resolví efectuar las visitas pastorales, en forma de verdadera misión, a los pueblos de la campaña, dos veces en cada año»[14]. Como el Paraguay en aquel entonces constituía una sola diócesis, recorrió a lo largo y a lo ancho todo el territorio nacional alcanzando 48.425 Km.[15]. Esto le permitió conocer de cerca todos los problemas, llegar a todas partes: «Entraba en los ranchos y en la vida doméstica. Se interiorizaba de todos los problemas y aportaba soluciones prácticas y fáciles. Era un poco médico, ingeniero, constructor, agrónomo, economista»[16]. Conoció también todo lo referente a sus sacerdotes, para los cuales estableció «los ejercicios espirituales del Clero, debiendo concurrir una mitad en un año y la otra mitad en el año siguiente. Esta disposición causó disgusto y hasta resistencia en algunos sacerdotes viejos, pero después se sometieron y quedaron muy contentos»[17]. En efecto, su preocupación por la formación de los párrocos y su obligación de residencia en la Parroquia le valió el nombre de *Obispo rigorista*[18].

El largo tramo de vida que le tocó vivir lo obligó a enfrentarse con varias crisis políticas. Se mantendrá siempre al margen de la política partidaria buscando una neutralidad como él mismo afirma: «En ningún libro *rojo o azul* se encontrará mi firma; pero apelo a la buena fe de *rojos y azules* para que reconozcan y confiesen que me he prodigado a unos y otros, sin averiguar de qué partido eran»[19]. Sin embargo:

los partidos tradicionales han acostumbrado siempre envolverme en sus querellas políticas por boca de sus dirigentes asegurando tan rotunda como arbitrariamente en conversaciones privadas y públicas, en corrillos y en reuniones y aun en presencia de diplomáticos extranjeros que yo estaba embanderado en algún partido, en el propio de ellos o con los adversos,

---

[13] J.S. BOGARIN, *Mis Apuntes*, 36.
[14] J.S. BOGARIN, *Mis Apuntes*, 37.
[15] Cfr. J. IRALA BURGOS, «La evangelización», 201.
[16] J. IRALA BURGOS, «La evangelización», 191.
[17] J.S. BOGARIN, *Mis Apuntes*, 37.
[18] Cfr. J.S. BOGARIN, *Mis Apuntes*, 37.
[19] J.S. BOGARIN, «Al pueblo paraguayo», noviembre de 1936.

según el caso. Y así, por obra y gracia de los políticos he pasado por *colorado* con todos sus matices he pasado por *cívico* y *liberal*[20].

Para dar un cuadro más completo del alcance de Mons. Bogarín en la configuración de la conciencia del hombre paraguayo, vamos a analizar algunos pasajes de sus numerosas cartas pastorales.

1.1 *Las Cartas Pastorales de Mons. Juan Sinforiano Bogarín*

Como ya hemos escrito, Mons. Bogarín durante medio siglo fue el único obispo de Paraguay. En su ministerio se encontró con una gran escasez de sacerdotes y, como él mismo relata, se dio cuenta de que la fe religiosa del pueblo languidecía, por lo tanto era de urgente necesidad alimentarla y reavivarla para que no se extinguiera, «Recordando además, desde un principio, aquella máxima del gran Apóstol: *"Fides ex auditu"*, la fe viene por lo que se oye, nos resolvimos secundar la acción del Clero, misionando en toda la extensión del país, predicando y catequizando a nuestros fieles diocesanos»[21].

La primera solución fue la de recorrer «ordenadamente y por secciones, todos los pueblos de nuestra extensa diócesis, sin exceptuar, sea en todo el litoral del Chaco, sea en medio de los tupidos montes de nuestros ricos yerbales»[22]. A esto se debe agregar el gran celo en escribir cartas que se leían en todo del territorio de Paraguay y que revisten un valor extraordinario por formar parte del patrimonio cultural y religioso de la Iglesia del Paraguay.

1.1.1 *Militia est vita hominis*

A los pocos días de su consagración como Obispo escribe su segunda carta Pastoral, en la que enumera los males que afligen al mundo moderno, primero entre todos: «el decaimiento práctico de las ideas religiosas, debido sin duda, a la guerra cruel, sorda y tenaz, que les hiciera la impiedad, la irreligión y el descreimiento»[23]. Según el Obispo, una «desmedida y espantosa fiebre de ambición, de dinero, de vanidad, de egoísmo, de bienestar material, se ha apoderado de las masas, y ha levantado, en su seno, tempestades devastadoras que siembran de ruinas el vasto campo social»[24]. De ahí comenzó la lucha del pueblo contra el poder, del proletario contra el rentista, del asalariado contra el capitalista, del sirviente contra el amo, y quedó planteado el terrible problema que agita

---

[20] J.S. BOGARIN, «Al pueblo paraguayo», noviembre de 1936.

[21] J.S. BOGARIN, «Pastoral», 3 de febrero de 1927, 655.

[22] J.S. BOGARIN, «Pastoral», 3 de febrero de 1927, 656.

[23] J.S. BOGARIN, «*Militia*», 24 de febrero de 1895, 14.

[24] J.S. BOGARIN, «*Militia*», 24 de febrero de 1895, 20.

y tiene preocupado, hoy día, al mundo entero[25]. Así, según Mons. Bogarín ciertos capitalistas, impulsados por su excesiva ambición, dejaron de ser los padres, los consejeros, los protectores del obrero y vieron en él, sólo un factor de su adelanto y progreso personal, un instrumento, una máquina apta para producir un tanto por ciento[26].

Las ideas de Libertad, Igualdad, Fraternidad son palabras que según Mons. Bogarín, sirven para romper más fácilmente la relación que une a Cristo, «a todos los miembros de la gran familia humana; le habla de los *Derechos* del hombre; pero se olvida intencionalmente de hablarle también de sus deberes, porque teme que recuerde los deberes que tiene para con Dios, para con su religión, su alma, su conciencia, su último fin»[27].

Tenemos en la carta del Obispo un concepto negativo de los derechos humanos dirigido sobre todo contra la filosofía atea sobre la cual se fundaban los derechos del hombre, pretendiendo excluir todo rastro de religión en la vida social. La postura de esta carta refleja un poco la de la Iglesia en aquel entonces con referencia a los derechos humanos[28]. A pesar de que ya con la *Rerum Novarum* hay un cambio muy acentuado, al considerar el derecho de asociarse del trabajador, el salario justo, el reposo festivo[29], sin embargo en la Iglesia no se ha dado una aceptación de la filosofía racionalista que fundamentaba los derechos humanos. En efecto las ideas de libertad e igualdad tenían sus raíces en la exclusión de la religión de la vida social.

El Obispo Bogarín, siguiendo la huellas de la *Rerum Novarum*, afirma: «Que los patrones, los capataces, los empresarios y todos los que tienen obreros o empleados bajo su dirección, tomen sus precauciones de antemano, de modo que no se vean en el caso de pedirles ningún trabajo en los días consagrados al Señor»[30]. Y propone que los artesanos laboriosos y honrados formen asociaciones y gremios, donde se les faciliten los medios de ahorrar algo para los momentos en que necesiten como por ejemplo en caso de enfermedad o desgracia[31].

A los campesinos los exhorta a conservar la buena costumbre de reunirse y ayudarse espontáneamente para las cosechas; pero que estas reuniones no se conviertan en ocasión de desórdenes e inmoralidades. La finalidad de estas reuniones puede ser para comprar en común ciertas

---

[25] Cfr. J.S. BOGARIN, «*Militia*», 24 de febrero de 1895, 21.

[26] Cfr. J.S. BOGARIN, «*Militia*», 24 de febrero de 1895, 21.

[27] J.S. BOGARIN, «*Militia*», 24 de febrero de 1895, 22-23.

[28] Cfr. V. POSSENTI, *Oltre l'illuminismo*, 144-145.

[29] Cfr. V. POSSENTI, *Oltre l'illuminismo*, 145.

[30] J.S. BOGARIN, «*Militia*», 24 de febrero de 1895, 53.

[31] Cfr. J.S. BOGARIN, «*Militia*», 24 de febrero de 1895, 54.

maquinarias que les ahorrarán mucho trabajo, como así también para un auxilio mutuo[32].

A las autoridades centrales y locales pide que mejoren la viabilidad construyendo puentes y caminos y, habilitando para el efecto, tantos ríos y riachuelos que son caminos ambulantes que desembocan todos en las grandes arterias de nuestro comercio.

Que en cada localidad el vecindario responda, sobre ese punto, a la iniciativa de las autoridades, prestando espontáneamente sus brazos, teniendo presente, que el beneficio es para ellos, y que en los países nuevos, donde se esperan todas esas ventajas de interés común únicamente del dinero, uno se muere de necesidades en medio de fértiles campañas[33].

Se dirige a los acopiadores de frutos para que vigilen a sus comisionados y no permitan que abusen de la sencillez, de la inexperiencia o de la necesidad en que se encuentren los campesinos, comprándoles sus mercaderías a precios tan bajos que lleguen a desalentarse, sino que por el contrario encuentren verdaderas ventajas, y así se aumente la riqueza nacional[34].

A las matronas que tienen tiempo de sobra, les aconseja de no «malgastarlo en frivolidades y lo empleen en costura en favor de los necesitados, que gasten un poco menos en lujo y cambien ese cáncer social en remedio, cubriendo al desnudo y asistiendo al desvalido»[35].

Concluye esta primera carta con el auspicio de que desaparezcan las diversidades de colores y de partidos políticos, que además de dividir las fuerzas, alejan del manejo de las cosas públicas a los elementos ilustrados y aptos para procurar el bien. De modo que todos los ciudadanos usen sus derechos electorales con inteligencia y plena independencia, enviando a la representación nacional a hombres honrados, meritorios, experimentados en el manejo de la cosa pública o al menos suficientemente preparados para ello, y plenamente dispuestos a procurar los más grandes intereses de la Religión y de la Patria. Que elijan, en una palabra, a sus representantes, bajo el temor de Dios[36].

1.1.2 «Es también el trabajo justo castigo impuesto por Dios a los hijos de Adán»

Los años que marcaron el fin del 1800 fueron para Mons. Bogarín muy intensos.

---

[32] Cfr. J.S. BOGARIN, « *Militia*», 24 de febrero de 1895, 53.

[33] Cfr. J.S. BOGARIN, « *Militia*», 24 de febrero de 1895, 53-54.

[34] Cfr. J.S. BOGARIN, « *Militia*», 24 de febrero de 1895, 54.

[35] J.S. BOGARIN, « *Militia*», 24 de febrero de 1895, 54.

[36] Cfr. J.S. BOGARIN, « *Militia*», 24 de febrero de 1895, 54.

En 1896, viendo cómo los jóvenes estudiantes ingresaban en la francmasonería, publicó una extensa carta pastoral[37] sobre ella.

En el año 1897 empezó a agitarse la idea del matrimonio civil, por lo cual dirigió una carta a la Honorable Cámara de Senadores[38]. Un mes más tarde continúa su batalla escribiendo otra carta: «Protestamos, de nuestro afligido corazón como obispo y como ciudadano, en contra de la ley del matrimonio civil, recientemente votada por los poderes legislativos, y basamos nuestra protesta sobre la Constitución ultrajada»[39]. La carta fue distribuida a la noche por toda la ciudad. El mismo se retiró en seguida después del *Te Deum* y no participó, en señal de protesta, en el acto a realizarse en la casa de Gobierno con ocasión de la transmisión del mando presidencial[40].

El comienzo del año 1898, había sido muy crítico, el país atravesaba circunstancias excepcionales. En una carta escrita el 20 de febrero, el Obispo hace un cuadro de la situación:

> La desvalorización notable del papel moneda, que nos obliga a hacer gastos siete veces mayores que antes: una rigurosa seca de cinco años, que, al par de agotar los ríos, arroyos y fuentes de nuestro suelo, ha venido inutilizando gran parte de la cosecha; y por último, la plaga de la langosta que en este año ha invadido los puntos más agrícolas de nuestro territorio, han oscurecido algún tanto el cielo del porvenir y sembrado en los ánimos un germen de desaliento[41].

El Obispo se pregunta qué hacer, para impedir que el desaliento y la desesperación se apoderen de los corazones y se declaren vencidos[42].

La carta quiere ser para todos, pero sobre todo para los campesinos, un motivo de aliento y una respuesta a la alarmante situación, llamando la atención sobre la importancia del trabajo, deber de todos los ciudadanos sin distinciones de clase ni de estado. El trabajo es en efecto una ley impuesta por el Creador y por la propia naturaleza.

De allí que la solución de los problemas se pueda encontrar en el trabajo, entendido como un justo castigo «impuesto por Dios a los hijos de Adán: *"In sudore vultus tui vesceris, donec revertaris in terram"*»[43].

En la concepción del trabajo resalta más la ley de la expiación. Además se acentúa como éste ocupa el espíritu del trabajador y no le permite emplear el tiempo «en divagaciones que moralmente pueden

---

[37] Cfr. J.S. BOGARIN, «Sobre la Francmasoneria», abril de 1896, 69-188.

[38] Cfr. J.S. BOGARIN, «A la Honorable Cámara», 4 de octubre de 1898, 227-246.

[39] J.S. BOGARIN, «Nos los representantes», 25 de noviembre de 1898, 333-334.

[40] Cfr. J.S. BOGARIN, *Mis Apuntes*, 41.

[41] J.S. BOGARIN, «*In te Domine speravi*», 20 de febrero de 1898, 205-206.

[42] Cfr. J.S. BOGARIN, «*In te Domine speravi*», 20 de febrero de 1898, 206.

[43] J.S. BOGARIN, «*In te Domine speravi*», 20 de febrero de 1898, 208-209.

perjudicar, y por la natural fatiga que causa, debilita las fuerzas físicas y con éstas las pasiones; mientras el ocio y la holganza forman el teatro donde todas las pasiones y los vicios se fomentan y crecen»[44]. Más que del derecho al trabajo se habla del deber del trabajo.

Pero aquí no se habla del trabajo en general sino más bien del trabajo agrícola. Los campesinos son para el Obispo una costante preocupación. Si es verdad que la agricultura es el trabajo más ingrato pero ella: «es la palanca más poderosa que mueve un país en sentido de su progreso; ella es la que ha enriquecido y engrandecido todos los estados, y ella la que levantará nuestro Paraguay de la postración en que se halla»[45].

Mediante un trabajo honrado se puede cambiar una situación, hasta pasar de una condición de pobreza a otra en la que se pueda disponer de todas las comodidades para vivir honestamente.

Pero no se olvida tampoco que bajo el aspecto social mismo, la ley del descanso lleva trascendental importancia. No puede ser ni culta, ni bella, ni cómoda, una sociedad compuesta de eternos trabajadores.

El trabajo excesivo embrutece tanto como la excesiva holganza «No basta un pueblo, fabricar muchos productos para ser culto y civilizado; son necesarias sanas ideas y buenas costumbres, lo cual nada incompatible es con la prosperidad del comercio y ensanche de la industria»[46].

La prosperidad y la riqueza es un favor de la fortuna, no es el resultado de situaciones concretas. Por eso

a los que, siendo favorecidos de la fortuna, gozáis de influencia sobre los demás no os prestéis jamás a semejante desorden, exigiendo de vuestros hermanos pobres la especial abdicación de su dignidad, igual a la vuestra por la sola razón de ser ellos pobres y vosotros acomodados[47].

1.1.3 La prensa es, pues, la reina del siglo

A comienzo de 1905 Monseñor Bogarín dirige una carta a los fieles acerca de la prensa: «queremos hablar de las tantas publicaciones irreligiosas e inmorales que escritores sin religión ni pudor lanzan cada día a la publicidad»[48].

Sin desconocer la importancia de la imprenta, invención que ha llevado a una verdadera revolución en el orden intelectual y gracias a la cual han salido a la luz tantas obras maestras del ingenio humano, que antes eran el patrimonio de unos pocos privilegiados, el Obispo ve, además,

---

[44] J.S. BOGARIN, «*In te Domine speravi*», 20 de febrero de 1898, 212-213.
[45] J.S. BOGARIN, «*In te Domine speravi*», 20 de febrero de 1898, 214-215.
[46] J.S. BOGARIN, «*In te Domine speravi*», 20 de febrero de 1898, 218.
[47] J.S. BOGARIN, «*In te Domine speravi*», 20 de febrero de 1898, 222.
[48] J.S. BOGARIN, «Pastoral», 23 de abril de 1905, 474.

en este medio el vehículo que ataca las enseñanzas de la religión, sobre todo para las personas que carecen de instrucción suficiente, para discernir la verdad del error. La duda entrará en el espíritu ignorante debilitando cada vez más sus creencias, hasta llevarlo a la indiferencia. Hay libros que, según el Obispo, sin atacar la religión son todavía más peligrosos, como por ejemplo, las producciones novelescas que exaltan sobremanera la imaginación, halagan los instintos y las flaquezas del corazón, causando tantos estragos de almas. La lectura de las novelas producen el apocamiento de los caracteres, el enervamiento de las almas, el falseamiento de la sensibilidad. De ellas se aprende a preferir la hermosura física, tan vana y engañosa, el lujo y los adornos, la elegancia y más que todo las intrigas. Y si las consecuencias de aquellas lecturas:

> son tan fatales para cualquier clase de personas, lo son mucho más para los jóvenes y las mujeres, como quiera que su sensibilidad es, por lo general, excesiva tanto en lo físico como en lo moral y su imaginación por demás viva y ardorosa. ¡Ay de la mujer que se deja dominar por esta tan peligrosa facultad, pues ella, según dice Bossuet, *llega hasta ahogar el razonamiento y el juicio*; sus engañosos colores trastornan las ideas y lo representan todo de una manera absolutamente opuesta a la verdad[49].

De eso deriva que se encuentren jóvenes inútiles y hastiadas, cuya existencia no tiene sentido «Acostumbradas a la febril excitación que les producen sus lecturas, siempre ávidas de nuevas emociones, todo lo demás les parece insípido, las harta y cansa»[50]. Dejan de lado los deberes familiares y gastan toda su energía en devorar sus libros novelescos y seguir ansiosamente las peripecias de los dramas. La lectura de las novelas, según Mons. Bogarín, no sólo falsea el entendimiento, haciendo que uno se forme un concepto absolutamente erróneo de la vida y lo aparte de los deberes de su estado, sino que ocasiona, mucha veces, la perversión del corazón. Eso se puede notar, por ejemplo, en una joven que hasta entonces había sido un modelo para las de su edad: sumisa y amante de sus padres, reservada en sus modales, enemiga de los placeres, llena de desprecio del lujo, caritativa con los pobres, que bajo el influjo de las lecturas cambia su conducta.

Mons. Bogarín concluye así su carta afirmando que las malas lecturas exponen al peligro de perder la fe; extravían el entendimiento; estimulan las pasiones; corrompen muchas veces el corazón; alejan del cumplimiento de los más graves deberes; comprometen la felicidad de los individuos, de las familias y hasta la misma sociedad[51].

---

[49] J.S. BOGARIN, «Pastoral», 23 de abril de 1905, 481.
[50] J.S. BOGARIN, «Pastoral», 23 de abril de 1905, 481.
[51] J.S. BOGARIN, «Pastoral», 23 de abril de 1905, 494.

1.1.4 Sobre la agricultura

Mons. Bogarín en sus cartas pastorales tuvo siempre una atención especial para con los campesinos. En 1914 escribió una Pastoral sobre la agricultura. En efecto, una larga sequía había azotado al país entero inutilizando una buena parte de las sementeras, especialmente los cereales y el tabaco. Este último, en aquel entonces, era uno de los principales productos agrícolas y el más beneficioso para los cultivadores. A esto se sumaba la suba del oro unida a la escasez de moneda circulante.

Además, por las continuas anarquías políticas, «las chacras quedaron abandonadas, los yuyos iban a ahogar a los sembrados, la miseria en perspectiva, la lucha entre hermanos, la sangre correría»[52].

Cuando Monseñor escribe la carta se había establecido la paz en la República, después de muchos sufrimientos y desgracias. Los campesinos agricultores que, a causa de las agitaciones pasadas se habían visto obligados a abandonar sus chacras yendo a tierras ajenas, en su mayoría habían vuelto al país.

El Obispo convencido de que la agricultura es una fuente importantísima de riqueza para el país, pone a disposición de sus fieles algunas consideraciones. El campesino que se dedica al cultivo de su chacra obtiene siempre lo suficiente para hacer frente a las necesidades más imprescindibles de la vida. El problema consiste en que «después de 20, 30 años de trabajo, se encuentra con *haber vivido*, sin poder decir en su edad avanzada; *he trabajado mucho, ahora descansaré disfrutando del producto de mis sacrificios pasados*»[53].

En la Carta se analizan los motivos, en especial, la falta de ese estímulo, ese entusiasmo, ese brío hacia los trabajos agrícolas motivo por el cual los agricultores se conforman con su triste suerte y se entregan a un abatimiento moral, que diluye naturalmente las energías necesarias para buscar el mejoramiento de su posición, como lo hacen y consiguen los industriales, comerciantes, artesanos.

La escasa ganancia se debe a esa falta de aspiración por mejorar su posición material y a la resignación.

Otro motivo es la falta de un pequeño capital que les pueda servir para comprar lo necesario, desde la preparación del terreno hasta la cosecha «A causa de esto el agricultor se ve en la necesidad de solicitar de las casas comerciales del pueblo o del departamento en que se encuentra, un anticipo para poder desenvolverse en sus trabajos»[54]. Debido a esto:

---

[52] J.S. BOGARIN, *Mis Apuntes*, 76.

[53] J.S. BOGARIN, «Sobre la agricultura», 22 de febrero de 1914, 558.

[54] J.S. BOGARIN, «Sobre la agricultura», 22 de febrero de 1914, 558.

Llega el tiempo de la cosecha y ese trabajador, que ha estado sudando 10 largos meses bajo el sol rajante de nuestro clima, conduce los productos de su chacra al acreedor, se procede a la liquidación de las cuentas, resultando que el agricultor ha pagado la deuda contraída al principio del año, y se queda poco menos que con las manos vacías. El y su familia no ha sufrido hambre, pero quedan en las mismas condiciones que el año anterior[55].

Otro factor para Mons. Bogarín, es la falta de viabilidad para el transporte fácil y económico de los productos al punto donde se pueda efectuar la venta, en condiciones más ventajosas para el productor. Otro obstáculo consiste en la falta de elementos modernos de trabajo que facilitan la faena, y ahorran una cantidad notable de tiempo y de esfuerzo.

Como última causa se enumera la completa falta de previsión, en una palabra, la falta de espíritu de economía.

El Obispo además alerta sobre la costumbre de los campesinos de emigrar y de cambiar de trabajo sin justificación: «y así continúan no llegando a su casa durante largas temporadas de años sino de paso, como viajante, y sin informarse de cómo ha pasado la familia durante su larga ausencia»[56]. Dice el Obispo:

Es necesario convencer a nuestra gente que lo que se gana en conchavos nunca será suficiente para atender a toda la familia, máxime cuando se tiene cuenta encontrándose uno en trabajos ajenos, fuera de su casa, tiene que ser servido también por manos ajenas, y la práctica nos enseña a diario que éstas nunca tendrán el interés en la conservación de los útiles, como lo tendrá la familia[57].

Se indica en la Carta, algunos medios eficaces para mejorar las condiciones de los agricultores; como por ejemplo las cooperativas agrícolas, de producción, de crédito, de consumo, las cajas rurales, sindicatos.

1.1.5 Lujo es todo exceso de gastos en el cuidado
       de su propia persona y cosas de su uso

En 1915 Mons. Bogarín escribe una Carta sobre el *Lujo*. El Obispo, desde su consagración, sufrió mucho por la escasez de recursos materiales y ninguno de los gobiernos, como él mismo afirma, quiso darse cuenta de la estrechez económica en que vivía[58]. Lo que le asignaba el presupuesto de la nación era un sueldo mensual que apenas daba para la más sencilla de las comidas. Escribe en 1917:

---

[55] J.S. BOGARIN, «Sobre la agricultura», 22 de febrero de 1914, 559-560.
[56] J.S. BOGARIN, «Sobre la agricultura», 22 de febrero de 1914, 576.
[57] J.S. BOGARIN, «Sobre la agricultura», 22 de febrero de 1914, 576-577.
[58] Cfr. J.S. BOGARIN, *Mis Apuntes*, 92. ·

Carezco de gastos de representación y no puedo obsequiar ni con una copa de cerveza cuando se ofrece la ocasión; y hoy que el oro está al cuatro mil, la asignación mensual no me basta para la pitanza, menos para mi vestuario. Así las cosas, tengo que andar siempre con atrasos para mi pago[59].

El despilfarro de dinero se contraponía con su respeto por la sencillez y la austeridad.

Escribe el Obispo:

El *Lujo* es todo exceso de gastos en el cuidado de su propia persona y cosas de su uso; *Lujo* es todo afecto desordenado a lo que uno no puede tener sino con perjuicio de su situación financiera; *lujo* es el apego a todo lo que es innecesario para una vida sencilla; *lujo* es el sacrificio material y moral que uno hace para adquirir lo superfluo; *lujo* es, finalmente, posponer lo necesario a lo inútil[60].

En lugar de un trabajo metódico y sencillo, que permite obtener todo lo necesario para una vida decente y cómoda, el vicio del lujo arrastra hacia lo más costoso, y lleva a invertir todo el fruto de los sudores en cosas innecesarias de modo que no se prepara un porvenir desahogado y lo que es lo peor, no bastándole sus ganancias, recorre a medios ilícitos. Así según el Arzobispo una familia lleva una vida disipada, llena de aspiraciones sin reconocer sus límites.

Mons. Bogarín intenta inculcar en la sociedad aquella sencillez que mira al mañana porque la riqueza pública está en manos de la sociedad, la cual aumentará o desaparecerá «según el uso que ésta hiciere de ella; de aquí se deduce que la fuerza económica y moral de una nación la produce el pueblo, y el mismo pueblo es el que la puede conservar o perder»[61].

Termina la carta con el deseo de que el agricultor, el industrial trabajen por la producción nacional y que:

el gobierno con sabias leyes, honrada administración y medidas de previsión, proteja a aquellos, nada habrán conseguido si otra gran parte de la sociedad, contrastando con esos esfuerzos desplegados y mirando con culpable indiferencia la acción del gobierno, se empeña en empobrecer a la nación haciendo gastos exorbitantes, innecesarios y perjudiciales a toda la comunidad[62].

Las cartas que hemos analizado nos dan una imagen de lo que fue la Iglesia en el Paraguay en tiempo de Mons. Bogarín. Un Obispo que formó con sus ideas, sus cartas, sus exhortaciones a un pueblo por medio siglo. Como él mismo escribe: «en nuestras instrucciones, no nos

---

[59] J.S. BOGARIN, *Mis Apuntes*, 92.
[60] J.S. BOGARIN, «Sobre el Lujo», 3 de febrero de 1915, 592.
[61] J.S. BOGARIN, «Sobre el Lujo», 3 de febrero de 1915, 600-601.
[62] J.S. BOGARIN, «Sobre el Lujo», 3 de febrero de 1915, 601.

hemos limitado a enseñar sólo dogmas católicos, la moral cristiana y sus derivados, sino que os hemos hablado de puntos que, si bien indirectamente, quedan también incluidos en la economía de la religión»[63].

En efecto exhortó al hombre del campo al trabajo, a huir de la haraganería, de la ociosidad. Caminó cerca del hombre y sobre todo del campesino. En su visión del hombre falta esa estrecha relación entre éste y la realidad. Por lo que se refiere al campo no habló de latifundio, de pertenencia de tierra. Muy poco el acento está puesto en la dignidad del hombre y muy reducido nos parece el papel que se le da a la mujer. No podía ser de otra manera. Mons Bogarín es hombre de su tiempo, respira una atmósfera que es la de su siglo.

2. La Iglesia del Paraguay en los años 40: el marco histórico

No pretendemos hacer un estudio histórico; no obstante, para analizar el contexto en el que la Iglesia paraguaya ha actuado en su preocupación por el hombre, y más especificamente por el hombre disminuido en su dignidad, tendremos que tener una más exacta comprensión de este proceso. Conviene por eso, analizar por separado algunos acontecimientos y figuras de la vida política y social del Paraguay de aquel entonces.

2.1 *La candidatura del General José Félix Estigarribia*

En 1940 el Paraguay estaba saliendo de la guerra del Chaco. El 21 de julio de 1938 se había firmado en Buenos Aires el tratado definitivo de paz con Bolivia, que concluía una disputa de casi cien años, «tiempo en el que se dieron numerosos intentos diplomáticos de arreglo, encuentros de patrullas en el Chaco, fundación de fortines, reclamos políticos, rupturas de relaciones, compilación profusa de documentos, una larga guerra de tres años, otros tantos años de negociaciones»[64]. El General José Félix Estigarribia había sostenido el gobierno liberal entre el 1922-1923 y había cumplido su carrera bajo el mismo gobierno, no obstante era considerado más bien fuera de las partes y cercano a aquellos militares llamados institucionalistas[65]. En efecto, antes de su viaje a los Estados Unidos en una conversación así había declarado:

Algunos liberales quieren propiciar mi candidatura para la presidencia de la República, pero les he contestado con una rotunda negativa, pues ello significaría que yo me abanderizo en sus filas, lo cual no puedo hacer evidentemente sin disminuir mi personalidad. Después de haber conducido en la

---

[63] J.S. BOGARIN, «Pastoral», 3 de febrero de 1927, 657.
[64] A.M. SEIFERHELD, *Estigarribia*, 254.
[65] Cfr. F. CHARTRAIN, *L'Eglise et le Partis*, 378.

guerra al pueblo en armas sin distinción de matices políticos, no debo aceptar la presidencia sino llevado a ella en la misma forma: por todo el pueblo paraguayo y no por una secta partidaria[66].

En el mes de enero de 1939 la candidatura de Estigarribia se llevó a cabo con el acuerdo del ejército, esto despertó el interés de toda la nación y fueron muy pocos los que se opusieron a ella: «Las discrepancias surgieron después, con su proclamación por el Partido Liberal, la constitución de un gabinete prácticamente liberal, la autodisolución del Parlamento, la derogación de la Constitución del 1870 y la implantación de una nueva por decreto-ley»[67].

El momento que el país estaba viviendo era tal que la candidatura del General José Félix Estigarribia prometía solucionar todos los males. «Acaso se sobrestimó la capacidad de un hombre con el recuerdo impactante de una guerra sobre cuyos resultados se estaba, antes de su inicio, con parecidas incertidumbres a las que ahora, en marzo de 1939, flotaban en el ánimo ciudadano»[68]. En la designación del General José Félix Estigarribia concurrieron varios elementos, destacándose la intención de designar a un ciudadano que, por sus antecedentes en la guerra del Chaco, respondía a las expectativas de la mayoría de población[69]. Una vez más se intentaba encontrar soluciones, poniendo expectativas en las manos de una sola personas.

2.2 *El Gobierno de José Félix Estigarribia*

El General José Félix Estigarribia asumió la Primera Magistratura el 15 de agosto de 1939. Su gabinete fue integrado por 5 civiles exclusivamente liberales. Fue sin duda la primera desilusión ya que había dicho que deseaba ser un presidente de todos los paraguayos. De todas maneras un gabinete diferente habría encontrado serias dificultades, como subraya y argumenta Alfredo Seiferheld[70].

Ya en los primeros días de 1940 el gobierno de Estigarribia encuentra varias dificultades, entre ellas la contrariedad de los estudiantes, que representados por el diario *El Tiempo*, venían actuando en oposición al gobierno[71]. Los tonos de la polémica se fueron acentuando en ocasión de un acto de homenaje a realizarse en el local de la facultad de Ingeniería el 28 de diciembre de 1939, «Dicha reunión, empero no pudo llevarse a

---

[66] C. ANDRADA, «Desde la prisión», 58.
[67] C. ANDRADA, «Desde la prisión», 365.
[68] C. ANDRADA, «Desde la prisión», 365.
[69] Cfr. C. PASTORE, «Entrevistas», 115.
[70] Cfr. A.M. SEIFERHELD, *Estigarribia*, 377-382.
[71] Cfr. ENL, «Historia del laicado paraguayo», 31.

cabo por impedirlo las fuerzas de policía apostadas en las puertas de ingreso del local y en los alrededores de la Facultad, con la orden de impedir que se llevara a cabo la reunión»[72]. Al dia siguiente se concretó la intervención de la Facultad y el secuestro de las llaves[73].

El Centro Estudiantil *23 de Octubre* el 6 de enero de 1940, envía una nota al diario en que lamenta el episodio afirmando que:

Es un sarcasmo que estos episodios liberticidas se produzcan precisamente cuando aún se escucha el eco de las promesas normalizacionistas y de las protestas del gobierno democrático, defraudadas por estos actos despóticos realizados al amparo de la fuerza y violando preceptos inalienables de la Constitución Nacional, cuya defensa es pregonada demagógicamente por el oficialismo imperante[74].

Los tonos se hacen cada vez más duros. *El Diario*, que refleja la opinión del gobierno, acusa de complot totalitario a los integrantes de la redacción del *El Tiempo* «El complot totalitario, cuya célula en el Paraguay son estos oportunistas de la política, está en plena ejecución. No han probado la inocencia, pero sí han probado que siguen desarrollando los planes tenebrosos»[75]. El Ministro del Interior, General don Nicolás Delgado hace un llamado a la cordura para que impere la paz y la concordia en cuya obra el Gobierno estaba comprometido e invita al diario *El Tiempo* a moderar sus ataques[76]. El diario ratifica la linea de convertirse «en una tribuna de doctrina y de crítica constructiva de los males que corrompen nuestra vida institucional y política»[77]. En efecto los *Tiempistas* no se consideraban pertenecientes a ninguna bandería política y, según afirmaciones, creían que los males sin cuento que padecían desde la era constitucional «eran debidos, más que a los defectos de los hombres, al sistema exótico»[78] que regía la sociedad de aquel entonces. En pocas palabras, «Se presentaban, pues, como adversarios de la democracia liberal, propugnando su remplazo por otra auténtica, más justa y eficaz»[79]. Cabe, sin embargo destacar que a este grupo pertenecía también un simpatizante del Eje, Manuel Bernades cuya actitud «no correspondía con los ideales del grupo»[80].

---

[72] «El Atropello a la Autonomía Universitaria», 1.
[73] Cfr. «El Atropello a la Autonomía Universitaria», 4.
[74] «Protesta del Centro Estudiantil», 1.
[75] «Todo está probado», 1.
[76] Cfr. «Nuestra Máxima Concesión», 1.
[77] «Nuestra Máxima Concesión», 1.
[78] «Una Mirada Retrospectiva», 1.
[79] «Una Mirada Retrospectiva», 1.
[80] A.M. SEIFERHELD, *Nazismo y Fascismo*, 44.

En todo caso el clima se había vuelto candente y los ánimos estaban siempre más inquietos. Este clima llevó al Poder Ejecutivo, el 26 de enero de 1940, a proceder a la intervención de la Universidad Nacional de Asunción: «Artículo 1) Declárase intervenida la Universidad Nacional. Artículo 2) Quedan cesantes las autoridades universitarias, asumiendo todas las facultades de los organismos creados por la Ley N° 1048»[81]. El decreto estaba firmado por el Secretario de Estado en el Departamento de Justicia, Culto e Instrucción Pública, Dr. Efraím Cardozo. El 29 de enero se materializaba la decisión, y finalmente el 31 de enero se tomaron las medidas correspondientes. En efecto, 9 estudiantes de la facultad serán expulsados:

> Vista la nota de la fecha, del Ministerio del Interior en que se transcribe un informe de la Policía acerca de una reunión efectuada en el local del Hospital de Clínica por varios estudiantes, cuyos nombres se citan, los cuales, según manifestación hecha a la Sección Orden Social habían resuelto, entre otras cosas, reconocer el cesante Consejo Superior Universitario como la única autoridad legítima de la Universidad Nacional[82].

En esta resolución de expulsión se dice también que «este alzamiento es una prueba más del profundo estado de subversión en que vive la Universidad y viene a confirmar plenamente la perentoria necesidad que existía de su intervención»[83].

El Diario, en su editorial del 30 de enero de 1940, declaraba que la Universidad Nacional había sido perturbada por la intromisión en su seno, de asuntos ajenos a su destino y programas. Con esto no se pretendía coartar la libertad de enseñar y de aprender, sino que ella debía ejercitarse dentro de un ambiente sano y tranquilo, al que no llegaran las malsanas pasiones callejeras en cuestiones ajenas a la formación espiritual, intelectual y física de la juventud paraguaya[84].

En el mismo periódico, al día siguiente, se publica la noticia de la contratación en el extranjero de Profesores para la Universidad:

> Hecho que pone de relieve los verdaderos propósitos que animan al Gobierno al adoptar estas medidas: colocar a la Universidad en el plano que debe ocupar para formar generaciones cuya labor ideológica y técnica sea elemento positivo y creador en el terreno de las intrínsecas realizaciones nacionales. Dar en una palabra a la Universidad la verdadera autonomía, la que radica en su papel de liberadora y capacitadora de personalidades intrínsecas y fecundas[85].

---

[81] «Decreto N° 19.961», 34.
[82] «Resolución que expulsa», 1.
[83] «Resolución que expulsa», 1.
[84] Cfr. «La intervención de la Universidad», 1.
[85] «La contratación en el extranjero», 1.

Todo esto no pudo contrarrestar la ola de descontento que se propagó a todo el ambiente estudiantil. Varios lideres fueron detenidos entre ellos Carlos Andrada, director del diario *El Tiempo*.

Junto con las medidas de intervención de la Universidad, el Gobierno del General Estigarribia iba restringiendo paulatinamente algunos otros derechos, reglamentando el derecho de reunión y de emisión de pensamiento: «Con ella, el Gobierno no necesitará ya recurrir a las medidas autorizadas por el estado de sitio. Medidas, cabe recordarlo, mucho más arbitrarias y despóticas que la ley que nos ocupa»[86]. Así, pues se intentaba demostrar como un mal menor necesario todo lo que, en realidad, era ya una clara lesión de los derechos fundamentales.

El 8 de febrero fue suspendido el funcionamiento de la Facultad de Ciencias Médicas «para salvar la actual crisis y devolver a la Universidad el ambiente de tranquilidad y sosiego espiritual indispensable para el cumplimento de sus fines»[87].

Se intentaba mantener el orden sobre todo en la capital. El campo, en efecto, quedaba bien aislado y fuera de los rumores de la capital. El campesino aguardaba el tiempo de la cosecha del algodón, que en ese año se había extendido en varias zonas, en el Norte exclusivamente ganadero y en Misiones que era principalmente una zona estanciera.

La preocupación era que la desorientación e impaciencia de la capital se extendiera al campo con «el riesgo de alterar el ritmo laborioso y optimista de la existencia del trabajador agrícola, cuyas esperanzas desvanecen y cuya actividad enerva con el desánimo»[88].

El 16 de febrero un «Comunicado al Pueblo de la República»[89] da a conocer la disolución del gabinete que había acompañado hasta entonces al General Estigarribia, integrado por la mayoría de liberales. El 17 de febrero de 1940 el Senado y la Cámara de Diputados resolvieron convocar una Convención Constituyente para la reforma de la Constitución Nacional.

Terminaba así un tiempo bastante breve en que el General José Félix Estigarribia había intentado, sin lograrlo, gobernar democráticamente el país. En el discurso pronunciado el 18 de febrero de 1940 encontramos, quizás, las claves para entender mejor a este hombre y con él este período histórico fundamental para el futuro del Paraguay:

Consideré a la patria en peligro y no vacilé como en 1932 en abandonar mi retiro y acudir en su auxilio. [...] Sinceramente convencido de que la cura-

---

[86] «La reglamentación del derecho», 1.
[87] «Fué suspendido el funcionamiento», 1.
[88] «La necesidad de mantener», 1.
[89] «Comunicado al Pueblo de la República», 1.

ción de muchos males estaba en el retorno a las prácticas constitucionales, apliqué mis energías a la restauración de la Carta Política del 1870[90].

Sin duda, Estigarribia tenía un profundo sentido del deber patriótico. Pero, conducir a un ejército no es ciertamente igual que gobernar a un pueblo. No tenemos que olvidar además el papel del Ejército en el que, «pese a la gran autoridad moral de Estigarribia, se acentuaba la tendencia contraria a su política»[91]. Además, estamos en plena guerra mundial, y el General había manifestado una política pro-norteamericana que ocasionó malestar en aquellos que sentían simpatía hacia el Eje y propiciaban más una neutralidad. En efecto, cuando en 1938 había viajado a los Estados Unidos concertó con los norteamericano un plan que incluía préstamos destinados a obras viales, desarrollo de la economía y construcción de sistemas de aguas corrientes y cloacas[92].

Pero, no obstante esto, se vislumbra en el discurso del General una verdadera crisis: «El país está al borde de una anarquía espantosa. Se señalan los síntomas de una descomposición profunda. Los resortes sociales y jurídicos se han aflojado. El odio separa a los paraguayos»[93].

Toda la situación del país al borde de la anarquía justifica, según el General, las medidas tomadas y a tomarse como aquella de «Encarar una revisión total de la Constitución del Estado»[94].

Con la nueva Carta Constitucional, el General Estigarribia pretende solucionar el malestar económico, fuente del malestar social. En efecto el programa de acción «comprende la reforma agraria como cabeza del capítulo de organización de la economía nacional»[95]. Una reforma que asegure a cada ciudadano un pedazo de tierra y, al mismo tiempo, una completa organización técnica y mercantil capaz de movilizar en un mismo ritmo, el interés, la capacidad y la orientación comercial del agricultor. La mayoría de los campesinos de la época se aplicaban a trabajos de jornaleros, asalariados, en fábricas, obras públicas o en las estancias ganaderas, desdeñando el cultivo de la tierra[96].

Con la reforma constitucional el gobierno pretendía hacer desaparecer las grandes extensiones de baldíos incultos[97]. Para esto se habla de una nueva etapa de organización de la economía y de la cultura, en la que la

---

[90] «La alocución del Primer Magistrado», 1.

[91] G. GATTI GARDOSO, El papel político, 49.

[92] Cfr. R. AMARAL, Los presidentes del Paraguay, 198; C.J. LESCANO, «Estigarribia, el Conductor», 166.

[93] «La alocución del Primer Magistrado», 1.

[94] «La alocución del Primer Magistrado», 1.

[95] «Redistribución de la tierra», 1.

[96] «Redistribución de la tierra», 1.

[97] Cfr. «La República siente», 1.

Constitución de 1870 no ha fracasado sino que ha cumplido su misión[98]. En efecto, los problemas sociales se habían agravado en medio de un panorama de un conflicto bélico. La moneda se había desvalorizado casi cuatro veces. La población se encontraba estancada. Desde el año 1912 no se habían construido ferrocarriles. El déficit público provenía en un 55% de gastos para la defensa del Chaco[99].

La exportación del país tenía en aquella época 4 productos principales tanino, algodón, productos de ganadería y tabaco. Pero era necesario incrementar las exportaciones[100].

Desde el punto de vista político no había entre los partidos políticos zonas de neutralidad, ni de cooperación. Un abismo dividía a los dos grupos tradicionales. Hacía 29 años que no se sentaba en el gabinete un colorado al lado de un liberal[101]. Así que con el movimiento del 18 de febrero se pretendía llevar a cabo una revolución de estructuras, una renovación y una reforma[102].

Con la Carta Política sancionada el 10 de julio de 1940 se pretendió así solucionar de una vez muchos problemas que el país tenía ya desde hacía varias décadas. Acerca de esta Carta hay que destacar que, además de «las circunstancias en que fue impuesta, su contenido y el procedimiento adoptado para instituirla como ley fundamental de la República, abrían innúmeras interrogantes»[103]. Al sistema bicameral de la Constitución de 1870, sustituyó una Cámara de Representantes. Se creó un Consejo de Estado en el que participaban la Iglesia, el Ejército y otras instituciones. Daba al Poder Ejecutivo la facultad de disolver el Congreso. Reforzaba el poder presidencial en detrimento de las atribuciones del Poder Legislativo y de la independencia del Poder Judicial. Según el artículo 80, el Poder Judicial de la República tenía que ser ejercido por una Corte Suprema, compuesta de tres miembros y el Tribunal de Cuentas y los demás Tribunales y Juzgados inferiores que establecía la ley.[104]. Según el Artículo 84 de la misma, estaba a cargo del Presidente de la República, con acuerdo del Consejo de Estado, la designación de los Miembros de la Corte Suprema. También los demás magistrados y jueces del Poder Judicial estaban sujetos a la designación del Poder Ejecutivo con el acuerdo de la Corte Suprema[105].

---

[98] Cfr. «La Nueva etapa de organización», 1.
[99] Cfr. «La Nueva etapa de organización», 1.
[100] Cfr. «La Nueva etapa de organización», 1.
[101] Cfr. «La Nueva etapa de organización», 1.
[102] Cfr. «La Nueva etapa de organización», 1.
[103] A.M. SEIFERHELD, *Nazismo y Fascismo*, 82.
[104] Cfr. J. IRALA BURGOS, «La administración de justicia», 12.
[105] Cfr. J. IRALA BURGOS, «La administración de justicia», 12.

Sin duda esta Constitución nació bajo la influencia de las ideas que dieron vida al fascismo europeo.

Pudieron sus autores no suscribir esta ideología, pero el principio funda-mental de la exaltación del Estado se observaba con todas sus letras en la nueva Carta [...]. Preceptos tales como que «el cuidado de la salud de la población y la asistencia social, así como la educación moral, espiritual y física de la juventud, son deberes fundamentales del Estado» (art. 11); «el Estado regulará la vida económica nacional» (art. 15); «el Estado fiscalizará y reglamentará la organización y el funcionamiento y las actividades de las agrupaciones o entidades de carácter público» (art. 32) «el Estado garantiza la libertad de sufragio» (art. 44) [...]. El concepto de Estado, con mayúscu-la, aparecía por primera vez en el cuerpo legal paraguayo[106].

Podemos concluir que la Constitución formulaba bellas declaraciones y enunciaciones

Pero dejaba tales resquicios especialmente en lo referente a los derechos y garantías, que notorias arbitrariedades pudieron consagrarse bajo un manto de aparente legalidad. Los gobiernos sucesivos aprendieron la lección de totali-tarismo y la siguieron aplicando en versiones corregidas y perfeccionadas[107].

Pero, el proceso de reforma que había empezado el General José Félix Estigarribia quedó truncado. En efecto, la mañana del 7 de setiembre de 1940 quiso trasladarse junto con su esposa, en avión, de Asunción a San Bernardino, una localidad veraniega, distante unos 40 Km. de la capital. Pero, en horas de la tarde, el avión no había llegado a destinación. Fue hallado en un lugar llamado Aguai'y. El piloto, el presidente y su esposa fueron encontrados muertos. Muy grande fue la impresión que en toda la población provocó la muerte repentina de ese hombre que, en la tentati-va de salvar a la Patria había cambiado el rumbo del futuro de este país.

2.3 El General Higinio Morínigo

La muerte imprevista e inesperada del General José Félix Estigarribia pone el interrogante sobre su sucesión. La Carta Constitucional recién jurada preveía dos organismo: la Cámara de Representantes y el Consejo de Estado que, constituidos en Asamblea Nacional, tenían que elegir el remplazo del Jefe de Estado. Como estos organismos aún no funcio-naban, la elección del nuevo presidente fue algo anormal, de acuerdo a los dictámenes de la Constitución, pero bastante «normal» en la rutina paraguaya. En realidad, como el mismo Morínigo nos cuenta, se reunie-ron los altos mandos militares que lo propusieron para el cargo[108]. La

---

[106] A.M. SEIFERHELD, Nazismo y Fascismo, 85.

[107] J. IRALA BURGOS, «La administración de justicia», 12.

[108] Cfr. A.M. SEIFERHELD, «Higinio Morínigo», 53.

elección, entonces, fue llevada a cabo por los militares, que optaron entre dos candidatos: el general Eduardo Torreani Viera, ministro del Interior y el mismo Morínigo. Este, ascendido a General de Brigada, tenía 43 años.

De origen campesino, fue también pastor de ovejas. Durante la larga ausencia del padre, que «era reclutado y llevado a la fuerza para pelear»[109] tuvo que cuidar el ganado y aprendió así la vida del campo, viviendo en la inseguridad de revoluciones y la falta completa de garantías, condición que caracterizaba el Paraguay de aquel entonces.

Completó sus estudios en la Escuela Militar, fue alumno de la Escuela Superior de Guerra y participó del conflicto con Bolivia en 1932[110].

Cuatro meses antes de su muerte, el General Estigarribia lo había incorporado a su gabinete. Fue así como fue retirado del Territorio Militar del Chaco, donde se encontraba desde octubre de 1939. Un cierto humor propio de su carácter le causó la simpatía del General Estigarribia. Pero, más que todo, su trayectoria limpia de conspiraciones, su profesionalidad y su fidelidad, fueron las cualidades que le valieron la confianza del General Estigarribia antes, y la del ejército después.

Era conocido también por sus ideas antiliberales que mantuvo bien firmes durante los años de presidencia. El antiliberalismo nació, según él mismo relata, no contra el partido:

> sino contra aquellos hombres del liberalismo que no hacían sino servirse del país, es decir, ellos no servían al país sino se servían del país. Y desencadenaron tantos golpes de estado y tantas revoluciones campales entre ellos que gastaron grandes sumas de dinero, perjudicando al país[111].

La aversión al partido liberal se concretó durante la presidencia con el decreto de disolución del mismo del 25 de abril de 1942.

Del presidente recién elegido se conocían también el «nacionalismo a ultranza, transformado en rutinaria xenofobia [...] por su admiración hacia el Eje, en la que se mezclaban confusamente la simpatía por el ejército alemán y algunos elementos ideológicos del nacionalsocialismo»[112].

2.4 El Gobierno del General Morínigo

Al empezar su mandato, el General Morínigo heredó una Constitución hecha a medida del General José Félix Estigarribia, en particular la Ley de Prensa, el decreto N° 447, del 18 marzo de 1940, que restringía

---

[109] A.M. SEIFERHELD, «Higinio Morínigo (segunda parte)», 79.
[110] Cfr. A.M. SEIFERHELD, «Higinio Morínigo (segunda parte)», 79.
[111] A.M. SEIFERHELD, «Higinio Morínigo (segunda parte)», 82.
[112] A.M. SEIFERHELD, Nazismo y Fascismo, 103.

notablemente algunas libertades fundamentales de los ciudadanos. A esto hay que agregar algunas medidas, como el decreto N° 7937 adoptado en julio de 1941, que establecía entre otra cosas «la pena de muerte en materia política por motivos de traición a la Patria, y de atentado contra la vida del Presidente de la República»[113]. Además, un aparato de censura «era reorganizado, bajo la dirección del Departamento Nacional de Propaganda, más conocido bajo el nombre de DENAPRO, que publicaba regularmente folletos con laudes de Morínigo y de un pasado personal que sus antiguos amigos no habrían imaginado nunca»[114].

A pesar de que su cargo era provisorio, Morínigo quiso evitar las elecciones presidenciales aduciendo el hecho de que los ciudadanos no estaban preparados. Así que pudo gobernar hasta el 1943, aliándose con los *tiempistas* y con el apoyo de los militares.

En 1945 universitarios, intelectuales y políticos pidieron una Asamblea Nacional Constituyente y más libertades políticas: eran los primeros síntomas de un malestar. Pero las peticiones fueron desatendidas y los mismos estudiantes y profesores universitarios fueron puestos en la cárcel.

2.4.1 La política obrera de Morínigo

Desde los primeros días de presidencia Morínigo se encontró con el problema no solucionado de los trabajadores y tuvo que enfrentarse con sus dirigentes comunistas. Ya como Ministro del Interior del gobierno Estigarribia, para evitar que una delegación de la CTP (Confederación de Trabajadores del Paraguay) hablara frente a Estigarribia, puso en la cárcel a algunos dirigentes.

El 15 de noviembre de 1940, en un manifiesto, los trabajadores denunciaban atropellos patronales y reclamaban una organización de los obreros para defenderse del fascismo, el imperialismo y la Unión Industrial.

Algún tiempo después, se proyectó una primera huelga general, a iniciarse con el paro de los marítimos. Esta tenía que realizarse en los primeros días de 1941. El 8 de enero el gobierno emanó un decreto-ley, donde se establecía la «tregua sindical». El Departamento Nacional del Trabajo, con amplios poderes que se le otorgaron, autorizó la disolución de los sindicatos y sometió a los obreros a las leyes y reglamentos del Código Penal Militar. Muchos dirigentes fueron puestos en la cárcel, confinados, deportados. La huelga fracasó, los tipógrafos, los ferroviarios y los tranviarios volvieron a sus trabajos. El movimiento sindical perdió sus líderes. Los reclamos quedaron en el vacío.

---

[113] F. CHARTRAIN, *L'Eglise et les Partis*, 401.
[114] F. CHARTRAIN, *L'Eglise et les Partis*, 401.

El fracaso de la huelga coincidió con una polémica en el interior del mismo Partido Comunista, principal promotor de los reclamos.

La CTP pidió el retorno de sus dirigentes y el fin de la tregua sindical.

En 1941, con ocasión de la visita de Getulio Vargas, presidente brasileño, se dieron nuevas protestas de los obreros y estudiantes. La represión estuvo a cargo del coronel Luis Santiviago que se encargó también de disolver la Unión del Magisterio de la Capital. A partir de las 22.00 horas no se pudo más transitar por las calles de la Capital y tampoco reunirse en asamblea.

2.4.2 Acercamiento a los Estados Unidos

El ejército y el mismo Morínigo, no ocultaban su simpatía por el Eje. No obstante, el presidente era consciente de que un alejamiento del Paraguay de los Estados Unidos significaría un aislamiento económico sumamente perjudicial para el país. Fue así como, hasta que pudo, intentó mantener el equilibrio que le permitía colaborar con los nazis y, al mismo tiempo, no alejarse demasiado de los Estados Unidos.

Muy emblemática fue, al comienzo del 1941, la prohibición de la película «El gran dictador», cuya proyección lesionaba «los sentimientos de nacionalidad del pueblo alemán y del pueblo italiano, con cuyos gobiernos nuestro país mantiene cordiales relaciones de amistad»[115].

Era notorio que muchos ciudadanos de origen alemán podían permanecer tranquilos, a pesar de su intensa actividad política. Un informe del FBI declaraba que «Paraguay y Argentina constituyen los dos centros más activos de propaganda nazi en Sudamérica»[116]. En 1943, en el departamento del Guairá, fue asesinado en la localidad de Cañada, Michael Harald von Schocher, que desempeñaba una ferviente propaganda anti-nazi y una actividad en favor de la democracia. El crimen, de claro tinte político, nunca fue aclarado por las autoridades.

Mientras tanto, las presiones de los Estados Unidos ponían de manifiesto la imposibilidad, para el gobierno Morínigo, de continuar con una política de equilibrio entre las dos fuerzas y requerían una clara toma de posición, con el riesgo de la negación de préstamos tan vitales para la economía paraguaya.

Después de muchas gestiones, finalmente con el decreto-ley N° 7.190 del 8 de febrero de 1945, se declaraba «a la República del Paraguay en estado de guerra con las potencias del Eje»[117]. El mismo Morínigo en una declaración manifiesta: «Pero a mí me importaba poco de lo "nazi"; yo

---

[115] A.M. Seiferheld, *Nazismo y Fascismo*, 119.
[116] A.M. Seiferheld, *Nazismo y Fascismo*, 199-201.
[117] A.M. Seiferheld, *Nazismo y Fascismo*, 261.

podría ser simpatizante de los alemanes o de cualquier nación, pero entre la simpatía personal que yo podía tener a una nacionalidad y mi país, estaba primero mi país y yo tenía que elegir lo que le convenía a él»[118].

3. La Iglesia del Paraguay en los años 40

3.1 *Por la Patria y para la Patria*

La situación en la que se encontraba el Paraguay, empuja a Mons. Bogarín a escribir una carta pastoral, en la que se puede percibir una situación bastante confusa y preocupante, que podemos decir que coincide con la misma del General Estigarribia ya mencionada. Decía la carta:

> Los rumores que de todas partes llegan, hacen presagiar días menos deseables para la Patria. Se respira una atmósfera asfixiante, más y más enrarecida por la incertidumbre e inquietud que produce el temor de lo que todos presienten y que en el fondo del corazón, todo buen ciudadano repudia y abomina[119].

De parte del anciano arzobispo hay un llamado a la cordura y la preocupación:

> inquietante de lo que puede ocurrir de un momento a otro si la sensatez y el patriotismo no lograren impedirlo; idea que desasosiega los hogares, intimida al ciudadano pacífico y contrasta ciertamente con el estado de espíritu de nuestros honrados campesinos, verdaderos engrandecedores de la Patria, quienes sólo ansían la tranquilidad del orden, condición necesaria para el desenvolvimiento de sus trabajos, y a quienes las agitaciones políticas de la capital les preocupan muy poca cosa[120].

Es claro que el campesino no saca de esa situación ningún provecho para su hogar, ni ninguna defensa de una paz que le posibilite un trabajo tranquilo. Por eso el Arzobispo en defensa de ellos y de los más marginados, invita a los políticos y militares a buscar medios, para mantener la paz y la tranquilidad pública. En efecto, para el Arzobispo «En aras de la Patria debe sacrificarse toda mira o conveniencia política, por cuanto el bien universal de la Nación debe primar sobre cualquier bien particular, personal o partidista»[121].

3.2 *Preocupación por los campesinos*

Corría el año 1939. La Segunda Guerra Mundial había estallado. Europa ardía bajo el fuego de las bombas que caían indiscriminadamente

---

[118] A.M. SEIFERHELD, «Higinio Morínigo», 61.
[119] J.S. BOGARIN, «Por la Patria», enero de 1939, 717.
[120] J.S. BOGARIN, «Por la Patria», enero de 1939, 717.
[121] J.S. BOGARIN, «Por la Patria», enero de 1939, 717.

sobre militares y civiles. Una nueva era empezaba. Paraguay no podía no sentirse afectado. Mons. Bogarín, una vez más, se dirige a sus campesinos profundamente afligidos por la guerra desencadenada en Europa.

En efecto, era cierto que la guerra se realizaba lejos del país pero sus consecuencias, especialmente económicas, alcanzarían muy pronto a los paraguayos también. Por eso el Arzobispo piensa que es necesario tomar precauciones a tiempo, a fin de atenuar los perjuicios que de otra manera golpearán a la gente más humilde.

El anciano Arzobispo proporciona, como de costumbre, consejos muy prácticos que se refieren a la suba de los precios, «Uno de esos peligros consiste en el alza exagerada del precio de los artículos de consumo, provocada por gente inescrupulosa y explotadora de una situación de mal común, mediante el acaparamiento de los artículos de primera necesidad y encarecimiento ficticio del precio»[122]. Por eso aconseja no vender todo el producto de la tierra pues si se llegase a venderlo, aún cuando sea a buen precio, puede llegar el momento en que deberán volver a adquirirlo, si no al doble, al triple del precio.

Los artículos que los campesinos podrían vender no tendrían que ser los de consumo o de primera necesidad, sino más bien el tabaco o el «algodón que tuvieren; pero eso sí, entonces deben guardar bien y no malgastar su precio a fin de hacer frente a la adquisición de los artículos del comercio — siempre necesarios para la familia — y cuyo precio necesariamente aumentará en mucho»[123].

El obispo retorna sobre un tema ya tratado en sus cartas, el lujo:

> Y hablando en tesis general, aconsejamos a las familias disminuyan en todo lo posible sus gastos, especialmente aquellos que se tira para el lujo siempre desmedido y hasta ridículo que se estila. ¡Ojalá! se corrija esa vida demasiado mundana, esa afición creciente por los cines, teatros, saraos, etc que no ocasiona sino dispendios infructuosos perjudiciales en lo material lo mismo que en lo moral[124].

3.3 *Carta colectiva sobre la prensa*

El 24 de marzo de 1940 los Obispos escriben una carta colectiva en la que afrontan el tema de la prensa.

La confusa situación que había llevado al gobierno del General Estigarribia a restringir cada vez más algunas libertades fundamentales, persiguiendo a los principales dirigentes del diario *El Tiempo*, lleva a los obispos a reflexionar sobre la importancia de defender la fe, la libertad,

---

[122] J.S. BOGARIN, «Carta Pastoral», 5 de setiembre de 1939, 721.

[123] J.S. BOGARIN, «Carta Pastoral», 5 de setiembre de 1939, 721.

[124] J.S. BOGARIN, «Carta Pastoral», 5 de setiembre de 1939, 721.

dignidad y personalidad del hombre «hoy tan terriblemente degradadas, por todos sus flancos, por el comunismo, por el totalitarismo, por la "statolatría", por el racismo»[125]. Pero, sobre todo los Obispos se dan cuenta de no tener las armas necesarias para defenderse de los continuos ataques, al Credo y a la Doctrina «¡Y no tenemos, amadísimos hijos, ni siquiera un periódico digno de nuestra causa! De esta suerte no debemos, no podemos, ir adelante»[126].

En efecto, la historia del periodismo católico en el Paraguay es muy pobre, a pesar de que «un análisis de estas publicaciones se hace sumamente difícil y sólo podría lograrse un acercamiento más o menos exhaustivo con mucho tiempo y paciencia»[127].

Cuando los Obispos escribieron la Carta, no había ningún diario católico. Por eso deliberadamente se llama a implantar el trabajo de taller, donde construir las armas con las cuales combatir contra los varios enemigos de la fe, de la doctrina que son al mismo tiempo enemigos de la misma patria. Los Obispo ven la urgencia de poseer sin dilación de tiempo, *Imprenta moderna*, donde poder editar sus periódicos de informaciones y orientaciones seguras, sus revistas de lecturas sanas e instructivas, libros de toda especie, sus folletos y publicaciones de difusión y propagación de la doctrina cristiana: «Necesitamos, en una palabra, una editorial católica de difusión que nos ha de dar todo aquel cúmulo de armas escritas, hoy necesarias para hacer frente eficaz al mal, bajo sus distintas fases: el error de la inteligencia y la corrupción de la voluntad»[128].

Sin duda, la terminología que los Obispos usan es todavía aquella que nos da una visión de Iglesia atrincherada, una Iglesia fortaleza que, rodeada por varios enemigos, tiene la necesidad de defenderse. En otro pasaje en efecto leemos:

Os escribimos de nuevo con la brillante pluma del Obispo López y os decimos: que «cuando la ciudad es sitiada, unos de los moradores fabrican y proporcionan proyectiles y los demás los lanzan desde los muros para repeler los asaltos del enemigo contestando a sus tiros y combatiéndole con iguales armas. Los que tienen el don de escribir y de fabricar con tinta esos explosivos de la idea, más fuertes y de acción más irresistible que cuantos ha inventado la química, apliquen su talento y ejerciten su actividad en pro de la causa común; y los otros arrojemos al campo enemigo las bombas que ellos construyan»[129].

---

[125] VEP, «Pastoral Colectiva», 24 de marzo de 1940, 727.
[126] VEP, «Pastoral Colectiva», 24 de marzo de 1940, 727.
[127] «Notas para una historia», 12.
[128] VEP, «Pastoral Colectiva», 24 de marzo de 1940, 727.
[129] VEP, «Pastoral Colectiva», 24 de marzo de 1940, 727.

4. Los primeros signos de cambio

4.1 *Ramón Bogarín*

Alrededor de los años 40, mientras que el anciano Arzobispo gestionaba su sucesión, cansado de un trabajo pastoral agotador y mientras que en la vida política, Estigarribia antes y Morínigo después, trataban de mantener un poder siempre más alejado de los intereses de pueblo, la Iglesia en Asunción recibía a un sacerdote muy joven recién llegado de Roma: Ramón Bogarín.

La vida y la trayectoria de este sacerdote significaron para la Iglesia en Paraguay uno de los signos de cambio que se reflejarán en un compromiso más concreto por el hombre, sobre todo por aquel hombre disminuido en su dignidad.

Es interesante escuchar el testimonio de Tomás Appleyard, que nos da la idea de lo que fue la llegada de Ramón Bogarín a Asunción:

> Así, una noche en que estábamos reunidos, vino llegando a presentarse, conocernos y que se lo conozca. Recuerdo claramente ese momento: se sentó, era un hombre alto, grande, joven, aspecto agradable, con una amplia sonrisa de relaciones públicas, no establecía barreras con sus interlocutores, sino que, por el contrario, era abierto, amplio. [...] Hacía frío esa noche, y venía con una capa de lana larga de tres cuartos, que nunca habíamos visto usar a los curas, y tenía el cuello romano típico, que tampoco conocíamos [...]. Nuestro Asesor era el ascético Monseñor Blujaki; entre Saldívar y él se mantenían las reuniones en un clima de meditación, de contrición de los pecados, y, sólo en cierta medida, de programación de algunas actividades. Ahora bien, este hombre nuevo se traía otro estilo: vino y abrió las ventanas de par en par, entró el aire y entró la luz, comenzamos a respirar con más ímpetu, nos dimos cuenta de que éramos jóvenes y de que había tantas cosas que hacer, que prácticamente teníamos la vida en la mano, y todo eso nos llenó de optimismo y de entusiasmo[130].

Es interesante como desde su temprana muerte «salvo la expresión de algunas voces aisladas, haya pesado el silencio sobre su persona y sobre su obra, tanto dentro como fuera de la Iglesia. Y, sin embargo, en las evocaciones privadas, su recuerdo ha permanecido, curiosamente vivo»[131]. Fueron estas evocaciones privadas de tantas personas las que, más que nada, nos dieron el alcance de la obra de la persona de Ramón Bogarín en la Iglesia del Paraguay.

Ramón Bogarín nació en Ypacaraí el 30 de marzo de 1911. Fue descendiente del primer Santo paraguayo, Roque González de Santa Cruz y sobrino de Monseñor Juan Sinforiano Bogarín. Después de los estudios

---

[130] T.B. APPLEYARD, «Un hombre íntegro», 48-49.
[131] T.B. APPLEYARD, «Un hombre íntegro», 24-25.

primarios en Ypacaraí, entró en el Colegio de San José, donde obtuvo el título de Bachiller. Después de haber cursado un año en la Facultad de Medicina de la Universidad Nacional se fue a Francia. En París ingresó en la Facultad de Ingeniería Mecánica. Pero, como él mismo cuenta:

> Apenas llegado en París, unos días después ya no veía en ello mi felicidad, ni mi vocación y comenzaban en mi interior ciertas inquietudes que yo no llegaba a comprenderlas, ni a qué eran debidas. Pasaban los días y la inquietud se aumentaba más y más, y al fin vi, poco a poco que esa inquietud se dirigía hacia las cosas de Dios, de las almas así hasta que llegué a ver claramente que Dios me llamaba a su santo servicio. Pensé, reflexioné, hice un retiro cerrado para conocerme mejor y héme aquí, queridos hermanos, con mi cambio, con mi deseo de ser sacerdote[132].

En Francia, entró en el Seminario de Vocaciones Tardías de Saint Ilan, para pasar después al Pontificio Colegio Pío Latino Americano de Roma. Permaneció en Roma siete años. En la Universidad Gregoriana se recibió de Bachiller en Derecho Canónico y Licenciado en Teología.

Su ordenación fue en Roma el 16 de abril de 1938. En la Italia de aquella época la Acción Católica estaba en plena expansión. En su vida de seminarista escuchó de los labios de Pio XI conferencias sobre la finalidad, la misión y la naturaleza de este movimiento en que los laicos colaboraban y participaban en el apostolado jerárquico de la Iglesia. «Había sido discípulo de Monseñor Civardi, el maestro de espiritualidad y la organización de la Acción Católica. Y había iniciado una afectuosa amistad en Bélgica con Monseñor José Cardijn, el apóstol de los trabajadores»[133].

La estadía en Roma le permitió conocer las nuevas pautas, que el movimiento de Acción Católica daba en la Iglesia. La amistad con Monseñor Cardijn, le hizo entrever caminos nuevos para el Paraguay. Todo esto permitió que, al salir de Italia por el estallido de la II Guerra Mundial y al llegar a Paraguay, fuera el hombre que no sólo traía ideas nuevas, sino un aire nuevo, un nuevo estilo. La Iglesia en Paraguay recibió un nuevo impulso, sobre todo mediante iniciativas que podemos sólo enumerar.

Su obra se destaca principalmente por «asumir directamente, con energía y con tremendo entusiasmo, la Dirección General de la Acción Católica, y en poco tiempo se notó un cambio radical en la vitalidad de la organización, en su estructura, en la expansión y en la gran influencia que fue cobrando»[134]. Fue él quien se lanzó «al trabajo, tedioso y largo, de elaborar los famosos Estatutos y Reglamentos»[135]. Siguiendo los

---

[132] R. BOGARIN ARGAÑA, «Carta comunicando a la familia», 302.
[133] J. IRALA BURGOS, «El testimonio de su vida», 31.
[134] T.B. APPLEYARD, «Un hombre íntegro», 51.
[135] T.B. APPLEYARD, «Un hombre íntegro», 53.

esquemas de Cardijn, promotor en Europa del apostolado entre los jóvenes obreros, organizó la Juventud Obrera Cristiana. Fue esta «una de las obras más importantes de Bogarín: significó una presencia activa de la Iglesia en un campo en el que en aquellos tiempos no existía absolutamente nada de serio ni en lo civil ni en lo eclesial»[136]. Utilizando ya en aquel entonces

> el método cardijniano de «ver, juzgar y actuar», desarrolló el sentido crítico de obreros, estudiantes y personas mayores, y así llegó a formar una pléyade de líderes que comenzaron a actuar en los distintos ambientes, desde las fábricas hasta las secretarías de los Ministerios, desde las maestras en las escuelas hasta los catedráticos en la Universidad[137].

Recogiendo el llamado de la Carta Pastoral de los Obispos del 24 de marzo de 1940 sobre la prensa, fundó *Trabajo*, un diario cuyo primer número salió el 24 de diciembre de 1946.

Recorriendo nuestro itinerario, nos encontraremos con esta figura que en su trayectoria ocupa un período muy amplio de la Iglesia Paraguaya. Podremos así analizar cómo el simple sacerdote, el Obispo de la Diócesis de San Juan Bautista Misiones y el presidente de la Conferencia Episcopal Paraguaya demostró «su amor al hombre, al paraguayo, al campesino, a quien sirvió humildemente, con quien sufrió entrañablemente su dolor y compartió su impotencia»[138]. Un hombre al que daremos mucho espacio en nuestro trabajo, porque representa, según nuestro parecer, un hito y un ejemplo claro de la Iglesia en Paraguay comprometida por la dignidad de la persona humana.

4.2 *Las jornadas de Estudios Sacerdotales*

Del 24 al 28 de agosto de 1942, se realizaron las jornadas de Estudios Sacerdotales de Acción Católica. El Pbro. Juan Ayala Solís, cura párroco y Rector del Santuario de Caacupé, se encargó de hospedar alrededor de 50 sacerdotes, que por primera vez se reunían con la finalidad de profundizar varios temas.

Las jornadas comprendían tres clases de reuniones: Reuniones de Estudios, Clases sobre organización de Acción Católica y Conferencias.

Cada jornada se desarrollaba, en primer término, con una breve exposición doctrinal de 20 a 25 minutos, discutida en comisiones de estudio formadas por 4 o 5 sacerdotes. En una misma comisión participaban sacerdotes de diferentes partes del país.

---

[136] T.B. APPLEYARD, «Un hombre íntegro», 54.
[137] J. IRALA BURGOS, «El testimonio de su vida», 32.
[138] A. MARICEVICH FLEITAS, «Homilía en los funerales», 2.

Algunas de las ideas expuestas fueron tomadas de la Semana de Estudio del Clero Canadiense realizada en Montreal del 8 al 11 de febrero del 1942, con ocasión del décimo aniversario de la fundación de la JOC, en las que participó el mismo P. Ramón Bogarín. Los cursos de AC, dados por Mons. Luis Civardi en el Pontifico Colegio Pío Latino Americano, fueron también fuente de inspiración de estas jornadas[139].

Las palabras de introducción estuvieron a cargo del P. Ramón Bogarín, Director general de la Acción Católica.

Varios fueron los temas tratados, pero, como único telón de fondo, estaba el problema de la descristianización y el válido aporte de la Acción Católica a este propósito.

Mons. Aníbal Mena Porta, Arzobispo Coadjutor de Asunción, hizo un recorrido sobre los «Esfuerzos realizados para organizar la Acción Católica en el Paraguay y sus frutos». A cargo de Mons. Agustín Rodríguez, obispo de Villarica, se quedó el tema central de la descristianización del Pueblo Paraguayo. Mientras que Mons. Sosa Gaona, Obispo de Concepción, trató de la Acción Católica y la Cuestión Económico-Social.

El ya anciano Arzobispo Mons. Juan Sinforiano Bogarín presenció la finalización de los trabajos y el almuerzo final.

De estas jornadas podemos resumir algunas ideas claves que constituyen, con las cartas pastorales, el pensamiento fundamental de los Obispos en el Paraguay de aquel entonces.

Como tema candente y por resolver con urgencia estaba, sin duda, el problema de la descristianización del Pueblo. La pregunta que los sacerdotes y obispos se hicieren fue: «¿Qué lugar tiene la Iglesia, el Evangelio, los principios sobre naturales en la vida cotidiana de las masas?»[140]. A pesar de las atinadas distinciones que se establecieron entre el ambiente urbano y el campesino, y dentro de éste distinguiendo entre pueblo y pueblos, la conclusión general fue que en un promedio de más del 50% escapaba a la influencia del ministerio sacerdotal, con el agravante de que el porcentaje iba creciendo[141]. Además, hubo acuerdo en decir que existía

una profunda ignorancia respecto a la verdadera vida cristiana (noción precisa y completa de la gracia santificante, posibilidad y medios de aumentarla, doctrina del Cuerpo Místico de Cristo y la de la Comunión de los santos que fundamentan la obligación de irradiar la vida de la gracia por medio del apostolado)[142].

---

[139] Cfr. «Advertencias», 9.
[140] «Problema de la Descristianización», 15.
[141] Cfr. «Conclusiones de las Jornadas», 16.
[142] «Conclusiones de las Jornadas», 16.

La Acción Católica aparecía como el medio de moralización, en los lugares donde estaba presente, lograba hacer desaparecer *«casi por completo* las riñas, las borracheras, los juegos peligrosos y muchos otros vicios»[143].

En efecto, como logros de la Acción Católica se enumeraban entre otros: la campaña en favor de la modestia, la campaña contra la inmoralidad, el decoro en las funciones litúrgicas. En lo que se refiere a la cuestión económico social se pone de relieve el papel de la Acción Católica «Para contrarrestar la propaganda anarquista entre los obreros»[144]. Se preguntan los miembros reunidos:

En nuestras parroquias ¿somos los defensores de los pobres proclamando siempre ante potentes y ricos la justicia social predicada por la Iglesia? ¿O somos de aquellos que se contentan con predicar a los demás la resignación cristiana? ¿No cree Ud. que éste sea el camino más breve para perder a la mayor parte o quizás a toda la masa para Cristo[145]?

La descristianización es el problema que interesa sobremanera a la Iglesia de aquella época, pero hay algunos signos que se perciben y que van mucho más allá de una simple preocupación por los feligreses que dejan de participar en las funciones religiosas. Estos signos los podemos ya encontrar en estas preguntas, que formaron parte de las jornadas sacerdotales. Preguntas que se quedaron sin respuestas, pero que llegan al corazón mismo de la cuestión social: la defensa de los pobres y una predicación de una justicia social a partir de los problemas reales, para poder así creer en un paraíso cuyo comienzo pueda ya vivirse en la tierra.

En general, podemos decir que la Iglesia y los acontecimientos de la vida civil de Paraguay, parecían caminar sobre dos carriles no sólo distintos sino alejados. De un lado las cosas espirituales, del otro lado las temporales.

Con esta perspectiva, vamos a examinar seguidamente las cartas pastorales que abarcan este período.

5. Las cartas pastorales de los años 40: algunos puntos de reflexión

Si analizamos las cartas pastorales de este período de la historia del Paraguay, encontramos que la preocupación de los Obispos, y en particular de Mons. Bogarín, se refiere al creciente aumento de la propaganda protestante. En efecto, este tema ocupa un lugar privilegiado en las cartas pastorales del Obispo Bogarín, muy apenado por el hecho de que

---

[143] «Conclusiones de las Jornadas», 17.
[144] «Esfuerzos realizados para organizar», 10.
[145] «La A.C.», 42.

«Emisarios de los protestantes recorren las calles, plazas, barrios, lugares de paradas de tranvías y camiones de pasajeros ofreciendo o entregando folletos y hojas sueltas de propaganda protestante. Todo esto dice que se trabaja para protestantizar esta Ciudad y la campaña»[146]. En efecto, la descristianización del pueblo encontraba en esa propaganda, una de las causas y uno de los motivos de preocupación.

Según Mons. Bogarín si bien las pugnas políticas que obedecían a los ardores políticos dañaban al pueblo, existían también otros males de mayor gravedad que afectaban a los sentimientos íntimos o espirituales del pueblo que podían traer males morales e inquietudes nuevas[147].

Los actores de la propaganda eran norteamericanos, algunos paraguayos y algunas mujeres que «casi se puede decir [...] son las más fanáticas y atrevidas»[148].

El Obispo se pregunta cuál sería el propósito que se persigue, si obedecían sólo y únicamente a fines espirituales o a otros fines. De todas maneras «Es de notar que los Latino-Americanos tienen su religión tradicional y no desean abandonarla para tomar otra, como aman a su Patria y quieren sea independiente, aman a su independencia en todo orden de cosas»[149]. La hipótesis que aquí se formula era aquella de una tentativa de predominio o hegemonía moral de Norteamérica en América Latina, pues los medios adoptados en precedencia habían fracasado. No obstante, Mons. Bogarín está convencido de que «La política de *buena vecindad* estadounidense, pese a todas las deficiencias que pueda tener todavía, no es una máscara de nada, sin un propósito honesto, inspirado en principios e intereses profundamente vitales del gran país nórdico»[150].

En otras cartas tenemos temas, como por ejemplo las fiestas patronales que en lugar de ser un justo e inocente regocijo del espíritu, se habían convertido en diversiones casi siempre inmorales. «No ignoráis que, en dichos días, se generalizan el expendio de bebidas alcohólicas, juegos de azar como otros pasatiempos que riñen con la moral pública y son prohibidos por las leyes de la Nación»[151]. Se prohibe así «todo acto o diversión que contraríe el espíritu religioso con que se debe celebrar la festividad del Patrono de la feligresía, como serían: juego de azar, actos que conspiran contra el pudor o la moral pública»[152]. De la misma forma se escriben cartas que se refieren a la:

---

[146] J.S. BOGARIN, «Carta Pastoral», 17 de junio de 1943, 4.
[147] Cfr. J.S. BOGARIN, «Carta Pastoral», 3 de febrero de 1944, 2.
[148] J.S. BOGARIN, «Carta», 14 de febrero de 1946, 756.
[149] J.S. BOGARIN, «Carta Pastoral», 15 de agosto de 1943, 3.
[150] J.S. BOGARIN, «Carta Pastoral», 3 de febrero de 1944, 4.
[151] VEP, «Pastoral Colectiva», 1° de enero de 1943, 13.
[152] VEP, «Pastoral Colectiva», 1° de enero de 1943, 14.

frecuencia de los bailes, para los cuales se multiplican las llamadas *pistas de bailes* así en los municipios como en las compañías[153] y adonde concurren personas de toda clase para entregarse a las danzas que nada conservan de honestidad y de mera distracción como en otros tiempos, y sí, mucho de exhibicionismo como de delicadeza fingida y engañadoras[154].

De estos bailes se condena además los muchos gastos en tiempo de pobreza general, que «son provocados por personas que quieren lucrar a costa del público que a ellos concurre, y por las autoridades mismas»[155].

Venciendo escrúpulo y repugnancia[156], Mons. Bogarín trata también el problema de la natalidad:

Más, hay un mal nuevo, una peste moral que, en forma de epidemia se va extendiendo en muchos países — aun en los llamados más civilizados — y que desgraciadamente empieza a infectar a esta nuestra América. Este nuevo flagelo — no cabe dudar — habrá sido *inventado e importado a esta tierra de Colón* por quiénes, no satisfechos de sus propios extravíos, trabajan para que todos los pueblos caigan en su misma desgracia.

Aludimos a los medios o métodos a que se recurre, hoy día, para conseguir la mayor corrupción de las costumbres sociales, como son los destinados a disminuir la natalidad de la especie humana. Este grave mal, cual ponzoña de áspid, va envenenando a naciones del antiguo y del nuevo Continente[157].

En estos años en las cartas pastorales recorre otro tema ya tratado en precedencia por Mons. Bogarín: el lujo.

No se puede negar que en estos últimos tiempos nuestro pueblo vive engañado por el excesivo lujo a que se ha entregado máxime teniéndose en cuenta estos tiempos de guerra y calamidades que todo lo encarecen y que este vicio perjudica en todo orden de cosas, al individuo, a la familia y la sociedad entera por lo mismo que conspira contra la economía del individuo, de la familia y de la Patria como contra la moral pública[158].

La carta se detiene en la descripción de este mal que:

a causa de las desenfrenadas e insaciables aspiraciones que despierta, abre campo ancho a toda clase de excesos y hasta de delitos y crímenes. Fomenta un vergonzoso egoísmo que no piensa más que en sí mismo y destruye, casi por completo, todo germen de ternura, compasión y generosidad hacia el desvalido; impulsa a considerar el placer y el deleite como el único fin de la

---

[153] Compañías: pequeñas poblaciones rurales.
[154] J.S. BOGARIN, «Carta Pastoral», 10 de marzo de 1944, 733.
[155] J.S. BOGARIN, «Carta Pastoral», 10 de marzo de 1944, 734.
[156] Cfr. J.S. BOGARIN, «Carta Pastoral», 8 de junio de 1944, 737.
[157] J.S. BOGARIN, «Carta Pastoral», 8 de junio de 1944, 737.
[158] VEP, *Carta Pastoral Colectiva*, 31 de enero de 1945, 3.

vida, rebaja los espíritus y pervierte los corazones, materializando, por decirlo así, al hombre[159].

Se hace un llamado al Superior Gobierno para que «grave con leyes prohibitivas los artículos de lujo, esto es, los que no sean necesarios para una vida sencilla y cómoda»[160]. El llamado es también para que «las autoridades de todo el país hagan propaganda activa entre sus subordinados en el sentido de hacer desaparecer el lujo adoptando la mayor y conveniente sencillez en todo, como acto de verdadero patriotismo»[161].

En la misma carta colectiva dedicada al lujo, hay también una referencia al comunismo:

De un tiempo a esta parte, ha aparecido y va extendiéndose entre nosotros, un sistema que lleva el nombre de *Comunismo*. Los portadores han sido extranjeros, pero, se asegura y podemos decir que existe entre nosotros ese grave mal; hay paraguayos que — llevados por el engaño de doradas ventajas que se promete especialmente al obrero, se han dejado envolver en el negro manto de ese mal que podemos llamar apocalíptico. Su fin, su objeto es destruir el orden social y sembrar la anarquía; que lo diga la, *Digna de Compasión, Rusia*[162].

Se dice en la misma carta que los principios que sustentan «el comunismo son: el ateísmo o sea la negación de la existencia de un Dios Soberano, el amor libre o sea el concubinato y no reconocer a Patria alguna»[163].

Algunas reflexiones son también sobre la política, el Obispo Bogarín escribía en el 1945:

Una buena formación o dirección política, basada en el principio de la autoridad y del respeto mutuo, una convicción cristiana sobre el alcance de los derechos ciudadanos y la forma de usar de ellos, colocarían a la juventud en condiciones de servir con dignidad y lealtad al partido político de su agrado, sin herir susceptibilidad de los otros[164].

La causa de los males radica en que «movidos por el entusiasmo cívico y cegados por la irreflexión hemos prescindido de lo imprescindible, hemos olvidado a Dios y su Doctrina, único principio del orden y nos encontramos en un callejón sin salida»[165].

---

[159] VEP, *Carta Pastoral Colectiva*, 31 de enero de 1945, 4.
[160] VEP, *Carta Pastoral Colectiva*, 31 de enero de 1945, 5.
[161] VEP, *Carta Pastoral Colectiva*, 31 de enero de 1945, 5.
[162] VEP, *Carta Pastoral Colectiva*, 31 de enero de 1945, 5.
[163] VEP, *Carta Pastoral Colectiva*, 31 de enero de 1945, 5.
[164] J.S. BOGARIN, «Carta», marzo 1945, 741.
[165] J.S. BOGARIN, «Carta», marzo 1945, 741.

En fin, como constante preocupación por los campesinos el Obispo Bogarín «Con el objeto de probaros que no olvidamos de vosotros, sino que os tenemos siempre muy presentes en nuestras humildes oraciones como en nuestro deseo por vuestra suerte temporal, os dirigimos esta Carta»[166].

En esta carta el Obispo trata, como siempre, problemas muy prácticos como la selección de las semillas para las siembras «— como se ha hecho aquí en los tiempos antiguos que, desgraciadamente, hoy va desapareciendo — pues, de ellos depende la suerte del agricultor. El hecho tiene también constatado esto»[167].

En esta misma carta se trata también el problema de los comerciantes que se aprovechan de la ignorancia de los compradores y venden sus artículos a precios excesivos, pidiendo el cincuenta por ciento más, por un artículo que vale y puede venderse a mucho menos, «diciendo al cliente ingenuo que hoy todos los artículos han subido de precio. Pero, nadie puede desconocer que tal procedimiento afecta gravemente a la conciencia del comerciante y, tal vez, al mismo mozo vendedor, llamado de mostrador»[168]. A pesar de que cada comerciante tiene que «ganar lo justo; pero, no tiene derecho ni humano ni divino, para engañar al cliente ni en el precio ni en la calidad del artículo comprado, lo cual dice explotación, por ejemplo, cobrar para ganar el ciento por ciento, sino más»[169].

En 1943, el Obispo de Villarrica, escribe una carta en defensa de los derechos que tiene el niño aún antes de ver la primera luz:

que pueden sintetizarse en nacer de padres honrados, en un ambiente de moralidad que favorezca y tutele el desenvolvimiento de su vida incipiente, en orden al perfeccionamiento a que está llamado; en que sus facultades intelectivas y volitivas se desarrollen con la adquisición de los conocimientos debidos y los buenos hábitos morales que lo formen, y si se trata de niños cristianos, su derecho y sus intereses superiores exigirán lógicamente una formación nétamente cristiana[170].

La carta en efecto está dirigida en contra de la enseñanza laica que produce una separación entre el hogar que educa al niño en sus creencias religiosas, y la escuela que no toma en cuenta el ambiente en que el niño crece y se desarrolla.

---

166 J.S. BOGARIN, *Carta a los Agricultores*, octubre de 1945, 749.
167 J.S. BOGARIN, *Carta a los Agricultores*, octubre de 1945, 749.
168 J.S. BOGARIN, *Carta a los Agricultores*, octubre de 1945, 751.
169 J.S. BOGARIN, *Carta a los Agricultores*, octubre de 1945, 751.
170 A. RODRIGUEZ, «Carta Pastoral», 15 de febrero de 1943, 14.

El Obispo afirma que la escuela laica contradice la misma Constitución Nacional, que en su preámbulo reconoce la soberanía de Dios como Supremo Legislador.

6. La Revolución del 47

Afrontar el tema de la Revolución de 1947, aunque sea de paso como lo queremos hacer nosotros, no es cosa fácil. En efecto, ese acontecimiento representa en la conciencia de cada paraguayo, algo no esclarecido todavía porque las heridas que se han abierto en estos pocos meses, de marzo de 1947 hasta agosto del mismo año, no se han sanado aún: «A cuarenta años de la Revolución del 47, la sociedad paraguaya sigue estrenando llagas de aquel mismo mal histórico que hizo crisis en el accionar político del decenio inmediato anterior, para estallar en la dolorosa herida de la Guerra Civil»[171].

Son esas mismas heridas las que impiden hacer un balance sereno de esa guerra fratricida y, lo que es más importante, llevar a cabo una reflexión que podría dar un aporte muy válido para la sociedad paraguaya actual.

En efecto, lo que se busca en este evento es un chivo expiatorio, sin considerar que varias fueron las causas que llevaron al país a borrar todos los principios de una convivencia civil. Tampoco podemos olvidar que el año 1947 no fue un hecho aislado dentro de un contexto histórico. No pretendemos analizar todas las causas y tampoco dar un cuadro completo de lo que pasó. De acuerdo a nuestro objetivo, queremos mostrar brevemente cómo quedaron en el olvido los ideales de respeto de los derechos del hombre, y en qué medida, en ese lapso, la Iglesia fue una verdadera voz de defensa de esos mismos derechos.

6.1 *Algunos antecedentes*

Sería extremadamente difícil indicar el año en que se inició la Revolución del 47. Por eso tomamos como fecha indicativa el año 1946.

El gobierno de Morínigo duró hasta el año 1946. Varias son las obras que se le atribuye durante ese lapso: la construcción de más de 1.200 kilómetros de caminos, la creación del Instituto de Previsión Social y del Banco del Paraguay, la construcción del edificio del Ministerio de Salud Pública y muchas otras importantes realizaciones.

Pero, no obstante, el Paraguay no tenía todavía la posibilidad de acudir a elecciones.

Es de ese año una carta que el embajador de los Estados Unidos, Willard Beaulac, remitió al Departamento de Estado sobre el quehacer

---

[171] P. KOSTIANOVSKY, «Prólogo», 7.

político-militar. El tema se refiere al compromiso presidencial sobre las elecciones. A pesar de que varias eran las declaraciones del presidente sobre su intención de llevar a Paraguay a una normalización democrática, sin embargo existían fuertes dudas que éstas se llevarían a cabo. El diplomático señalaba que estas dudas aumentaban por el hecho de que a cinco meses del año, no se había tomado ninguno de los pasos preliminares que conducirían hacia ese fin. Además, el gobierno, que indudablemente iba a presentar sus candidatos, ni siquiera había organizado un partido político u obtenido o tratado de obtener la cooperación de ninguno de los existentes[172]. El diplomático concluye muy claramente: «Si la historia puede ser alguna guía en este tipo de acontecimientos, podemos concluir que las futuras elecciones parlamentarias en el Paraguay no serán ni libres ni justas»[173].

Entre los factores que obstaculizaban las elecciones libres y justas

se encuentra la realidad de que en el Paraguay no hay tradición de tales elecciones. De hecho, la costumbre autoritaria en el país es mucho más fuerte que la tradición democrática. Las figuras más importantes de la historia paraguaya son el Dr. Francia y los López, que fueron gobernantes despóticos[174].

A esto la carta agrega el nivel de vida y de educación muy bajo, las dificultades de comunicación, los rastros de feudalismo que se reflejaban en los hábitos del caudillismo. En efecto, la carta subraya que el presidente Morínigo es un dictador militar que goza de una considerable popularidad en las masas del pueblo paraguayo. Su poder se mantiene por voluntad de las Fuerzas Armadas, «las que, en general, se cree que son leales a él, aunque como es natural en todo Ejército, existen grupos contrarios con los cuales Morínigo tiene que maniobrar»[175]. Entre los militares se hace mención del Grupo de Caballería, que algunos consideraban más fieles a sus propios intereses políticos que al presidente.

Por lo que se refiere al sector laboral, el gobierno estaba tratando de llegar a un acuerdo utilizando tácticas demagógicas. En el año 1944 el Comité de Defensa Sindical hizo un llamado a la clase obrera a la lucha por las libertades sindicales amplias, uniéndose con todos los sectores civiles que aman la libertad y la independencia de la patria.

En varias ocasiones se pidió una Asamblea Nacional Constituyente. En 1945 una delegación del Consejo Superior Universitario presentó su pedido para la normalización institucional. En esta tarea de democratización participaban activamente también las mujeres. Una comisión de

---

[172] Cfr.«Confidencial N° 1.757», 21.
[173] «Confidencial N° 1.757», 22.
[174] «Confidencial N° 1.757», 23.
[175] «Confidencial N° 1.757», 27.

damas pidió al presidente que decretase la amnistía lo antes posible. Esto fue en la primera semana de mayo de 1946. Morínigo les dijo que todos los ciudadanos tienen el derecho de alentar ideales, de realizar actividades políticas, dentro de límites que no representen peligro para la paz y no alienten la subversión. El presidente Morínigo expresó a las gentiles visitantes que a las señoras, les corresponde una función principalísima, pues en sus sentimientos de madres, esposas, hermanas e hijas, encuentran las mejores armas para aplacar pasiones, reconducir por el buen sendero a los extraviados evitando la vuelta de épocas de anarquía sangrienta, con los cuartelazos y guerras civiles que sembraron dolor, lágrimas y muerte en toda la República[176].

Mientras tanto el río Paraguay crecía, como señalaban los diarios de la época[177], y se movilizó todo el país. De todos los sectores llegaron donaciones y ayudas. Se destacó una suba de los precios, inclusive de los productos de primera necesidad como la yerba mate, que fue considerada artículo de lujo[178].

El 9 de junio de 1946 se dio un enfrentamiento en Campo Grande entre una unidad sublevada de la División de Caballería y otros dos regimientos que habían permanecido fieles, apoyados por tropas de marinería y otras unidades militares. La población pudo darse cuenta de lo que pasaba sólo algunas horas más tarde viendo las calles de la ciudad llena de camiones militares que transportaban heridos[179].

En un comunicado las Fuerzas Armadas «piden a sus conciudadanos confianza y tranquilidad y el apoyo decidido y honrado a todos los paraguayos para la obra patriótica que había de engendrar una nueva etapa de la vida nacional»[180].

El día siguiente, la Federación Universitaria del Paraguay y la Federación de Centros Secundarios dan a conocer una resolución en la que consideran que los acontecimientos constituyen «la culminación de un estado de ansiedad e inquietud públicas»[181]. Afirma también

> Que las oligarquías civiles o militares conducen inevitablemente al uso discrecional del poder, a la creación de privilegios y el desconocimiento de los más elementales derechos del pueblo, provocando situaciones de violencia que tienen por corolario hechos lamentables y trágicos como el del 9 de junio último[182].

---

[176] Cfr. A. GONZALEZ DELVALLE, *El drama del 47*, 49-50.
[177] Cfr. R. WASHINGTON, «Radiografía de la chacarita», 3.
[178] Cfr. «Para la yerba», 2.
[179] Cfr. «Han quedado restablecidos», 2.
[180] «Declaraciónes del ministro», 119-120.
[181] «Resolución del 11 de junio de 1946», 109-110.
[182] «Resolución del 11 de junio de 1946», 110.

Se reclama en este mismo comunicado una solución política, que sólo podrá lograrse por medio de una Convención Nacional Constituyente. Y se sostiene que los medios para llegar a una normalización son: una amplia amnistía política, derogación de la tregua política y sindical, libertad de reunión, asociación y actuación de agrupaciones y partidos políticos, completa libertad de prensa, ley electoral que evite la adulteración de la voluntad popular, comicios limpios y bien garantizados. Se pide también que el ejército, con su rol institucional, respete y haga respetar la voluntad soberana del pueblo legalmente expresada[183]. El Consejo Obrero del Paraguay pidió al presidente una solución a la crisis política.

En el mes de julio se derogó la Ley de Prensa. *El País* saludó este acontecimiento escribiendo: «Es de rigor entonces que en el comienzo mismo de esta época que mira hacia fructuosos destinos, sea la misma Prensa quien comience por reconsiderar los aspectos fundamentales de su misión»[184].

Seguidamente el 20 de julio de 1946 se derogan los decretos de tregua política que tenían vigencia desde 1940. Mientras tanto se gestionaba un gabinete de coalición entre el Partido Colorado, el Partido Febrerista y las Fuerzas Armadas. Este quedó constituido el 24 de julio y estaba integrado por 3 ministerios febreristas, 3 ministerios colorados y 2 integrados por militares. El evento histórico fue saludado con entusiasmo por el pueblo. En efecto:

Desde tempranas horas numerosas personas iban llegando y acomodándose frente a la casa de Gobierno. Así lo hicieron también los cuatro partidos políticos que con sus respectivos estandartes, sus banderas y sus pujantes y bizarras masas vibraron de entusiasmo, con hurras y vivas a la normalidad democrática del país [...]. Se sumaban a la vez representantes de todas las clases sociales, mujeres, niños y ancianos a esta poderosa concentración popular, anhelantes de ver a la Patria encaminada de nuevo dentro de las normas institucionales democráticas[185].

El Paraguay vive así una época de libertad como nunca había ocurrido. El mismo Obispo Bogarín en una carta del mes de julio de 1946 escribe:

Nos dirigimos a vosotros, muy amados hijos en Jesucristo, para haceros llegar nuestra palabra de consejos — siempre inspirados en vuestro mayor bien — en estos momentos en que nos encontramos en relativa tranquilidad, por lo mismo que las agitaciones políticas, parece, están en bastante sosiego, motivo por el cual todos los ciudadanos están en condiciones de darse de

---

[183] Cfr. «Resolución del 11 de junio de 1946», 111.
[184] «La Ley de prensa», 2.
[185] «Con la amplia adhesión», 2.

lleno al trabajo a objeto de no faltarnos lo que necesitamos y, a la vez, empujar a esta nuestra Nación hacia el progreso y bienestar[186].

Esta situación lastimosamente tendrá una corta duración. Los primeros disturbios empezaron con el regreso de un caudillo liberal, José P. Guggiari, el 16 de agosto:

Cuando los observadores ya creían superada la infortunada posibilidad de que se originaran los disturbios que se habían previsto, dados los preparativos muy ostensibles de oposición que se desarrollaron con anticipación de varios días contra el Partido liberal y uno de sus dirigentes, el doctor José P. Guggiari, se produjo el primer choque a la altura del Panteón Nacional. Posicionados en sitios estratégicos, entre las calles Alberdi y Chile, los grupos opositores se empeñaron en no dejar pasar a los manifestantes que, de acuerdo con el programa trazado previamente, debían llegar hasta la Plaza frontera del Banco del Paraguay. Este primer choque, de inusitada violencia, hizo cundir el pánico a todo lo largo de la columna de manifestantes; pánico que creció considerablemente ante la vista de los primeros heridos y contusos liberales que en brazos de sus partidarios eran llevados apresuradamente hacia los puestos sanitarios de emergencia[187].

En esa ocasión actuaron los guionistas del Partido Colorado, «tropas de choque fanáticas y bien entrenadas que podían controlar las calles y desbaratar las actividades de los partidos rivales»[188]. En realidad en el Partido Colorado, dividido entre moderados y radicales, habían prevalecido los últimos cuya línea correspondía a la de Natalicio González, intelectual comprometido, editor del diario *Patria*, partidario del Socialismo nacional. El, con el respaldo secreto de Morínigo, trabajaba para el establecimiento de un Estado fuerte, mediante el apoyo del Partido Colorado. A él se debe la organización de estas pandillas de golpeadores (Guión Rojo) que irrumpían en las reuniones sindicales y universitarias y atacaban a sus líderes[189].

Los hechos se suceden con rapidez y todo lleva a pensar en algo peor. El 5 de setiembre de 1946 el diario vespertino *El País* sufre un atentado, con la destrucción de las maquinarias. Estos atentados al diario se repitieron en otros ocasiones. A pesar de las protestas de los partidos, las denuncias quedaron en el vacío: «Era sabido en toda la ciudad que el Guión Rojo era el responsable. Sin embargo, Morínigo detuvo las investigaciones y prohibió durante un mes las actividades políticas de los

---

[186] J.S. BOGARIN, «Carta», julio de 1946, 765.
[187] «Lamentables disturbios», 1.
[188] P.H. LEWIS, *Paraguay bajo Stroessner*, 65.
[189] Cfr. P.H. LEWIS, *Paraguay bajo Stroessner*, 65.

liberales»[190]. Fue ésta una de las causas de la renuncia de Ministro del Interior, Rovira, a mediados de setiembre.

Mientras crecía el interés por la convocatoria de la Asamblea Constituyente, se canceló la interdicción que pesaba sobre el Partido Liberal.

De ahí en más una serie de eventos precipita la situación. El 9 de octubre de 1946 se crea la Junta Electoral Central integrada sólo por las Fuerzas Armadas, el Partido Colorado y el Partido Febrerista. Los Liberales y Comunistas quedaron excluidos, lo que contribuye a alterar los ánimos. La situación llega a su cumbre en el mes de diciembre.

Al anochecer del 12 de diciembre se realizó una marcha de la Federación Universitaria del Paraguay (FUP), que terminó con una dura represión policial. «Todo el mes de diciembre era de agitación agresiva, de insultos recíprocos, ambiciones mezquinas mal disimuladas»[191].

Empezaba a cobrar fuerza, entre muchos, la idea que el país necesitaba una *mano dura* que dominara el desenfreno.

A esto hay que agregar la crisis del gabinete de coalición, a raíz de la creación de Ministerio de Trabajo y Previsión. Por la paridad ministerial, éste pertenecía al Partido Colorado. Después de muchas dudas el presidente Morínigo designa a un representante de las Fuerzas Armadas. Los Febreristas se retiran del gobierno, considerando este acto contrario al acuerdo que estableció el gobierno de coalición.

El 13 de enero la capital amanece ocupada por tropas equipadas con armas de infantería.

En la mañana del mismo día, un comunicado de la Presidencia de la República informa que el presidente ha asumido directamente el Comando en Jefe de la Fuerzas Armadas de la Nación[192], con el objeto de conjurar un plan subversivo descubierto. Con el decreto N° 17381 se declaró el estado de sitio por todo el territorio de la República.

Se constituye un nuevo gabinete integrado por los colorados y componentes de la Fuerzas Armadas.

Eran éstas las premisas para el camino a las armas entre paraguayos.

6.2 *La voz de la Iglesia*

En agosto de 1946 el Obispo Mons. Bogarín dirige una carta con el objeto «de comunicaros la situación de pesar e inquietudes morales en que nos encontramos»[193].

---

[190] P.H. Lewis, *Paraguay bajo Stroessner*, 67.
[191] A. Gonzalez Delvalle, *El drama del 47*, 157.
[192] Cfr. «Comunicados Oficiales», 2.
[193] J.S. Bogarin, «Circular Arzobispal», agosto de 1946, 768.

A pesar de que siempre existieron en el país «partidos políticos cuyos miembros han luchado por el triunfo de sus ideales partidarios [...] hasta han habido choques sangrientos»[194]. Sin embargo según el Arzobispo las pasiones políticas han llegado a infiltrarse inclusive en el hogar familiar.

«Según hechos habidos, la política de los partidos — que antes de ahora sólo preocupaba a los hombres — hoy ha entrado, como decimos, en la familia llevando la intranquilidad y quizá hasta la desunión o disolución de la misma»[195]. En efecto la diferencia de pensamiento en el núcleo familiar quebró la unidad, la tranquilidad y la armonía.

Concluye el Arzobispo: «Que el hombre se mantenga en el partido de su afiliación y su esposa — por más que simpatice con otro partido — guarde la prudencia para que no hayan reyertas entre ambos y quizá — como decíamos más adelante desuniones irreparables con el escándalo»[196].

En el mismo año se llevaron a cabo las Jornadas Sacerdotales desde el 16 hasta el 20 de setiembre.

Los temas que se trataron fueron: El estudio de la Obra Pontificia de las Vocaciones Eclesiásticas, la Parroquialidad, el Protestantismo y el Comunismo.

Al final de los tres días, se tomó la resolución de la creación de una Cátedra de Estudios Sociales y la oportunidad de contar con un diario o semanario nacional católico[197].

Como se puede comprobar, la realidad en que el país vivía con sus muchos problemas, estaba bastante lejos del horizonte de los sacerdotes y de la Iglesia en general. No había una clara conciencia de cómo esta realidad estaba enlazada con la vivencia cotidiana del hombre, con el que la Iglesia toda estaba llamada a caminar.

En medio de los acontecimientos tempestuosos, no le llegó al hombre paraguayo, una voz enérgica y decidida. La Iglesia prefirió quedarse en la defensiva, mirando más bien dentro de sus filas, mirando a su alrededor. Le faltó esa visión profética que, quizás, habría podido conjurar esa guerra fratricida. Cuando quiso hacerlo era demasiado tarde.

6.3 *Pastoral Colectiva sobre algunos puntos de la Doctrina Católica*

Con la fecha del día de Navidad de 1946, los Obispos de Paraguay, dieron a conocer una Carta Pastoral.

---

[194] J.S. BOGARIN, «Circular Arzobispal», agosto de 1946, 768.
[195] J.S. BOGARIN, «Circular Arzobispal», agosto de 1946, 768.
[196] J.S. BOGARIN, «Circular Arzobispal», agosto de 1946, 768.
[197] Cfr. «La tercera jornada», 11-15.

La misma fue preparada en el mes de noviembre del mismo año.

Al comienzo el título era simplemente *Pastoral Colectiva del Episcopado Paraguayo sobre algunos puntos de la Doctrina Social de los Católicos*. El proyecto de la carta parece pertenecer al Obispo de Concepción y Chaco que, en una correspondencia a Mons. Bogarín, completa la carta con algunos retoques. Al título le añade: *y los deberes cívicos de los católicos* y en la conclusión agrega una frase final sobre la Convención Nacional Constituyente[198].

La introducción hace referencia a la situación extremadamente confusa en la que vivía el país:

> Hemos llegado, amados fieles, a una encrucijada de nuestra historia; una crisis política y social, preñada de futuros y próximos acontecimientos, que marcarán nuevos rumbos a la vida nacional, violentamente sacude las fibras ciudadanas; se agita en el ambiente una decidida voluntad de tender hacia un porvenir mejor, anhelo supremo y meta suspirada de todos los paraguayos auténticos y sinceros. Se habla de una nueva Democracia, de Justicia Social y hasta de una nueva Constitución; en una palabra de una renovación integral de los valores nacionales[199].

De esta relación se pasa a la declaración de algunos principios de la Doctrina Cristiana. A pesar de que se habla de derechos y libertad, en conjunto la carta resulta ser una defensa de la Doctrina Cristiana, con muy poca relación con la realidad. Lo que se quiere recalcar, en efecto, es que la única solución a los males es aquella que deriva de la Doctrina Cristiana.

En la primera parte de la Carta se hace mención a las libertades modernas mal atribuidas a la Revolución Francesa que existen y han pertenecido a la Iglesia Católica. Estas libertades se refieren a la libertad de pensamiento, de palabra, prensa y enseñanza, de conciencia, culto, religión y asociación. Pero los Obispos aclaran que si estas libertades otorgaran el derecho de expresar con la palabra, el escrito y el público magisterio, «cualquier doctrina, verdadera o falsa, y de inculcar indiferentemente las normas de la virtud o del vicio, estarían en abierta oposición y repugnancia con el sentido común, la naturaleza de las cosas y el bien público»[200].

Para los Obispos por cuestión social se entiende el problema del gobierno del malestar social y económico examinado en su naturaleza, sus causas, sus expresiones y sus remedios. Este malestar tiene su origen en una concepción equivocada de la moral y del principio de los

---

[198] Cfr. E. SOSA GAONA, «Carta», 17 de noviembre de 1946.

[199] VEP, *Pastoral Colectiva*, 1.

[200] VEP, *Pastoral Colectiva*, 2.

derechos humanos, de la naturaleza social del hombre y de la misma misión del Estado. Afirman los Obispos que sólo la Iglesia es la depositaria del orden infalible, del orden natural y sobrenatural creados por Dios para la salvación y el bienestar de la humanidad. «Por lo cual, no hacemos más que cumplir con nuestro deber, amados fieles, al precaveros de las falsas doctrinas sociológicas que hoy día pululan en nuestra Patria, y al mostraros la verdadera luz del Catolicismo en todas estas cuestiones»[201].

Al aclarar la Cuestión Social, se pasa a analizar la doctrina liberal y la doctrina socialista y comunista, subrayando todos los puntos que la doctrina católica enseña contra el liberalismo y contra el socialismo marxista y el comunismo.

En la última parte de la carta se enumeran los derechos de la persona humana: el derecho a la vida, a una vida verdadera humana, derecho a la conservación y al desarrollo de la vida física, intelectual y moral; muy especialmente el derecho a una formación y a una educación religiosa.

Del derecho al trabajo se dice que es medio indispensable al mantenimiento de la vida familiar.

Por lo que se refiere al derecho al justo salario se desea que alcance a cubrir las necesidades del obrero y de su familia, y a la participación equitativa de los beneficios.

Se trata también el derecho a la propiedad privada y al uso de los bienes materiales, dentro de los límites de los deberes y de las obligaciones sociales. A este derecho corresponde la obligación fundamental de facilitar el acceso a la propiedad privada, en cuanto sea posible a todos.

Se reafirma el derecho a la libertad sindical que agrupa a los individuos de la misma profesión y no a los de la misma clase, con el fin de que obtengan el mayor aumento posible de los bienes del cuerpo, del espíritu y de la fortuna.

Finalmente se habla del derecho inalienable a la seguridad jurídica o sea de la protección, mediante la ley de una organización judicial de las libertades individuales contra todo ataque arbitrario. Se subraya también el derecho del ciudadano, que pertenece a un régimen democrático, de expresar su opinión personal sobre los deberes y los sacrificios que le son impuestos y de no verse constreñido a obedecer sin antes ser oído.

En estos últimos derechos se reflejan las libertades violadas de los ciudadanos que la Iglesia quiso amparar.

Se aclara también en esta carta que el Estado tiene la supremacía en su jurisdicción temporal y el derecho de regir él solo, el complejo de la organización política, judicial, administrativa, fiscal y militar de la

---

[201] VEP, *Pastoral Colectiva*, 3.

sociedad, y aún, de manera general, cuanto deriva de las técnicas políticas y económicas, en orden a promover el bien común temporal de todos los ciudadanos.

Por otro lado, se anota que la Iglesia tiene la supremacía en su jurisdicción espiritual y el derecho de ordenar y regir ella sola, el conjunto de las cosas sagradas y de los actos humanos tendientes a la santificación y salvación de las almas.

La conclusión de la carta está dirigida a todos los paraguayos que están llamados a emitir el voto para formar la Convención Nacional Constituyente. Afirman los Obispos: «hemos de votar por aquellas personas y partidos que propicien y defiendan estos principios, y, entendedlo bien: no podemos votar por personas ni partidos que le sean adversas, ni afiliarnos a partidos que en su ideario político contradigan estos principios, y esto con cargo de conciencia»[202].

6.4 *La voz del semanario* Trabajo

El 24 de diciembre de 1946, como respuesta al llamado de los Obispos para la creación de un diario católico, salió el semanario *Trabajo*. La obra fue llevada a cabo por P. Ramón Bogarín que lo fundó y lo dirigió y lo proveyó de talleres gráficos propios.

Cuando estalló la guerra civil, fue una voz incasable de denuncia y de anhelos de paz.

Ya desde sus primeras ediciones, se define con editoriales muy claros y un lenguaje si queremos novedoso. Escribía en la víspera de la Navidad: «No atacaremos al Capital, no atacaremos al Trabajo, no adularemos al Obrero, no adularemos al Patrón: les haremos justicia»[203]. Los que escribirán no tendrán miedo de llamarse y de ser revolucionarios en el sentido de encarar de un modo directo los problemas del vivir diario[204].

En su programa decía: «*Trabajo* enseñará y difundirá la doctrina social de la Iglesia, lo que en buen romance es como decir que predicará el bien y levantará su voz en favor de los oprimidos, de los perseguidos, de los que sufren»[205]. El lenguaje se hace más directo y se acerca más a los problemas concretos en la denuncia de las injusticias:

Los despidos recientes de empleados públicos, en un afán de directores y altos funcionarios que representan a los partidos actualmente en el gobierno, de colocar a sus afiliados en reemplazo de los declarados cesantes y pertenecientes a otras nucleaciones políticas emprendido con una carrera vertiginosa

---

[202] VEP, *Pastoral Colectiva*, 7.

[203] «Palabras liminares», 1.

[204] Cfr. «Nuestra posición», 1.

[205] «Palabras liminares», 1.

por quién despide más y complace mejor a los correligionarios; los discursos llenos de animosidad para el adversario; la palabra airada y hasta soez con que en los corrillos a cada paso se zahieren los que militan en partidos opuestos; el tono de la prensa, impropio, injurioso y manifiestamente subversivo; el estado de animadversión recíproca de los grupos, facciones y partidos [...] todo esto hace temer hechos que pueden resultar desgraciadamente sangrientos[206].

En su segunda edición del 31 de diciembre de 1946, el semanario esclarece más el sentido del término revolucionarios:

En primer término, somos revolucionarios, porque pertenecemos a una generación que siente un repudio absoluto hacia todo lo que tiene olor y sabor a burguesía. Sostenemos — por tanto — que nos hallamos profundamente divorciados del concepto de vida por ella creado y de las instituciones marcadas con el sello burgués [...]. En segundo término, porque somos contrarios al capitalismo, y lo somos porque no creemos que el capital ha de servir para uso y abuso de los menos y tiranizar a los más [...]. En tercer término porque en esta hora de sinceros anhelos democráticos rechazamos, y con máxima energía, el concepto liberal individualista de la democracia, que durante más de un siglo la convirtió en un anárquico juego demagógico y desnaturalizó las verdaderas funciones del Estado, al agrupar al pueblo en organismos de carácter exclusivamente políticos, negando así, primacía a los verdaderos intereses populares. Somos partidarios — por el contrario — de una Democracia, en que el pueblo, el verdadero pueblo, está legítimamente representado por intermedio de sus organismos naturales y auténticos. En cuarto término, porque nada tenemos que ver con el comunismo[207].

La publicación duró casi dos años y como hemos dicho acompañó los eventos sangrientos de la guerra civil. Fue clausurada en febrero de 1948, el mismo día en que se iniciaba la edición en guaraní para el campesinado[208].

6.5 *La Patria no se resigna a pasar otra vez largos años restañando heridas que nunca debieron abrirse*

La guerra civil estalló el 7 de marzo de 1947. Un grupo de jóvenes febreristas armados hizo irrupción en la comisaría central de la policía, hiriendo gravemente al jefe de policía y, al mismo tiempo, otro grupo de febrerista atacó el colegio militar. En Concepción, al norte del país, el día siguiente, sin tener conocimiento de lo que había pasado en la capital, el cuartel militar se levantó contra el gobierno del general

---

[206] «Cuidado...!!!», 1.

[207] «Nuestra revolución», 1.

[208] Cfr. «Notas para una historia», 14.

Morínigo. Encabezó el movimiento el capitán Bartolomé Araujo. Así nos relata el hecho el semanario *Trabajo*:

> La Capital amanece con la noticia de un levantamiento subversivo estallado en la ciudad norteña de Concepción. Fuerzas Comunistas y Febreristas en convivencia con algunos militares de la Guarnición de la Ira, Región Militar, con asiento en aquella ciudad han sublevado tropas, coincidiendo con la intentona estallada en la capital[209].

Según un informe de Edward Trueblood, Encargado de Negocios en Asunción para el Secretario de Estado de Estados Unidos de América, el movimiento de Concepción no perseguía ningún fin político, pero sí la formación de un gobierno militar provisional que otorgase plenas libertades políticas a todos los partidos, incluido el Comunista. Además, formaría una Junta Electoral Central con la participación de todos los partidos políticos. Llevaría a cabo una limpieza del ejército y la policía, de todos aquellos elementos que sostenían al régimen de Morínigo. Daría todas las garantías necesarias para elecciones libres y, finalmente, tomaría medidas correspondientes para combatir el alto costo de vida[210].

La reacción del gobierno Morínigo fue inmediata. En efecto, la defensa en el Partido Colorado estaba constituida por los *py nandi* (pies descalzos), la mayoría campesinos que fueron puestos a bloquear las vías alrededor de Asunción. Mientras que el Guión Rojo se transformó en *guarda urbana* cuya tarea era de aniquilar a la *quinta columna*. Los del Guión Rojo «estaban autorizados a entrar en cualquier casa sin una orden de cateo, para buscar armas, propaganda, radiotransmisores, o simpatizantes rebeldes conocidos. Era el reino del terror, con miembros del Partido Colorado apostado en cada esquina, espiando a sus vecinos y denunciando sus movimientos»[211]. En ese primer período, muchos fueron los febrerista, liberales y comunistas arrestados, y los que pudieron se refugiaron en Argentina.

Morínigo tenía como ventaja la 1ª División de Caballería, donde estaba la parte más consistente de los armamentos. Mientras que las fuerzas que se habían sublevado tenían 8.000 soldados; por el contrario, se estima que Morínigo tenía a 17.000 hombres[212].

Mons. Bogarín hace llegar su voz de pastor, haciendo un llamado a la cordura y a la conciliación:

> La Patria no se resigna a pasar otra vez largos años restañando heridas que no debieron abrirse nunca. [...] La patria no quiere nuevamente vestirse de

---

[209] «Comentarios de la Semana», 2.
[210] Cfr. «Circulación restringida Nº 2549», 179.
[211] P.H. LEWIS, *Paraguay bajo Stroessner*, 74.
[212] Cfr. F. CHARTRAIN, *L'Eglise et les Partis*, 430-431.

luto y llorar a sus hijos sacrificados sin necesidad. [...] La fórmula de la conciliación existe, sin duda; la solución de este conflicto puede y debe hallarse todavía con tal que se deponga toda intransigencia y se trabaje sinceramente por calmar las pasiones que ofuscan la razón y despiertan la ferocidad de los instintos[213].

Fue demasiado tarde: el odio, la violencia tenían raíces muy antiguas. Y sobre todo cuando fue el momento de llamar a corto plazo a una Asamblea Nacional Constituyente se perdió una oportunidad. Empezaron así las incursiones aéreas, los choques de patrullas. La población pasó horas de incertidumbre y muchos vivían constantemente alarmados. Las noticias eran escasas y confusas «A los ciudadanos lo que más preocupa es el estado de incertidumbre que pesa sobre ellos. Nada se sabe de lo que el porvenir puede traer. Esto incita en unos a la sospecha y en otros al temor»[214]. Por las calles se asistía a actos de violencia gratuita:

Hemos visto como hombres uniformados y armados, en el trayecto de Cerro León y Paraguarí, han tirado al suelo objetos de alfarería haciendolos añicos de una vendedora, por el solo hecho de llevar un color distinto al de su partido [...]. En ese mismo tren hemos visto como se paseaban por los coches haciendo exagerado alarde de prepotencia y amor partidario, y de desprecio a toda insignia partidaria adversa, llegando a constituir este hecho un motivo de verdadera zozobra para los viajeros. Hemos presenciado en las estaciones otras vejaciones hechas a personas mayores y hasta a niños por el solo hecho de haber escogido prendas de vestir, o un pañuelo con listas de color[215].

La lucha duró hasta el mes de agosto. En este lapso, el semanario *Trabajo* no dejó de relatar los acontecimientos que se sucedían y que aumentaban la incertidumbre, como por el ejemplo el levantamiento de una fracción de tropas de la Marinería que se hallaban en la guarnición de la capital. Informó que

La ciudad amaneció sorprendida por acontecimientos de carácter subversivo. En las primeras horas de la mañana el barrio comprendido entre la Avenidas Colón, Carlos A. López y Rivera del Río se vio cubierto por fuertes tiroteos. En el mismo día se dio a conocer informaciones oficiales sobre lo que acontecía[216].

El mismo semanario hace constantemente un llamado a deponer las armas:

¿Acaso era necesario hacer uso de las armas para hacer valer la razón? ¿Acaso la muerte de centenares de hermanos nuestros justifica el crimen

---

[213] «Las Palabras del Señor Arzobispo», 1.
[214] «Ha llegado la hora», 1.
[215] «Excesos de celo partidario», 7.
[216] «Acontecimientos de la Semana», 7.

que se ha cometido? Acaso con la violencia empleada se acalló el odio y se restañaron las heridas de honor? [...] Queremos que la reflexión impere y que desde ahora en adelante, las querellas se disputen desde la prensa, desde la tribuna, desde los estrados del parlamento, y no en las bocacalles con las ametralladoras y los fusiles, vomitando el fuego muerte. Con ansia inigualada, por el amor cristiano que sentimos por todos nuestros conciudadanos, desde lo más profundo de nuestros corazones, elevamos el clamoroso pedido de que se olviden los rencores, de que se acaben las traiciones, de que se apele al derecho para encontrar justicia y que el crimen sea evitado de una vez por todas, por medio de leyes justas y de una normalización institucional pronta y eficaz[217].

Desde su tribuna, *Trabajo* cumplió con su deber de defensor de los derechos, primero entre todos, el derecho a la vida:

En tanto los ejércitos cumplen sus trágicos objetivos y de un confín a otro de la República la sangre se derrama, pensamos nosotros seriamente, si vale alguna cosa tanto sacrificio. Y la triste verdad, es que no encontramos razones valederas, que puedan hacernos mudar la íntima convicción que tenemos, que esta guerra civil es la más descaminada de las desventuras de que se tiene memoria [...] ¿Acaso la vida de hombres, mujeres y niños, que hoy sucumben por efecto de las explosiones de las granadas o por las heridas que las balas les causan, no merecía la mayor consideración [...]. Cuando por vez primera salimos a la calle, ya dijimos que en momentos difíciles iniciábamos nuestra labor periodística [...]. Nadie nos escuchó. Nuestros artículos gustaron pero no convencieron[218].

La guerra civil culminó en agosto de 1947. Así escribía el semanario *Trabajo*:

El movimiento armado ha llegado a su término: es pues el momento de hacer el juicio definitivo de los sucesos. Como desde un comienzo lo hiciéramos notar, el odio esta vez fue más allá de lo común y entró muy adentro en el dominio del crimen. Nada por obra suya quedó en pie. La honra, la vida, los bienes fueron barridos por el huracán de las pasiones. El luto, el llanto, el deshonor y la miseria se han apoderado de nuestro desgraciado país y son en estos instantes trágicos las expresiones cabales de la angustia que de un confín a otro de la República se vive dolorosamente sufriendo. Muchos hogares se encuentran destruidos, El padre, el hijo, el hermano faltan. O han muerto o de lo contrario han abandonado el país[219].

Al finalizar tan triste contienda, los Obispos dan a conocer una Pastoral Colectiva:

---

[217] «Ante la sangre derramada...», 1.
[218] «Nadie nos escuchó», 1.
[219] «Hay que ganar la paz», 1.

No podréis figuraros, muy amados hijos, toda la aflicción que nos ha causado la gran crisis política de esta revolución. Más hoy, que felizmente ha terminado la guerra civil, podemos decir, que empezamos a respirar el aire de la paz que tanto deseábamos, por eso nos dirigimos a vosotros partícipes de los mismos sentimientos. Después de cinco largos meses, nuestros vivos deseos son de que vuelvan los hijos del mismo país a darse la mano y el ósculo de paz, y la tranquilidad vuelva a reinar en los hogares y en la Nación[220].

La finalidad de la carta es la de apaciguar los ánimos por medio de una reflexión sobre la paz justa, honrosa y duradera que viene del reconocimiento y seguridad del uso de los derechos ciudadanos que son iguales para todos, sin exclusiones injustas y mortificantes. El derecho que tiene toda persona humana es otorgado por las leyes y constituciones

Cuando este uso haya sido lesionado, exige el orden jurídico una reparación, la cual es determinada por las normas de la justicia y de la equidad.
Es necesario conseguir la victoria sobre el odio, sobre la desconfianza, sobre la utilidad como base del derecho y sobre el egoísmo[221].

Los Obispos son conscientes de los rencores y del odio, que la guerra civil ha causado e invitan a respetar las opiniones ajenas, a razonar como seres inteligentes y recomiendan la intervención de Tribunales para castigar a los culpables.

La carta finaliza con un llamado a los agricultores:

Nuestros queridos agricultores hemos de alentar a que siembren la ubérrima tierra de nuestros amores no como siervos, sino como propietarios libres; debéis formar vuestros sindicatos y cooperativas, para defender el fruto de vuestros sudores; a nuestros queridos obreros hemos de persuadir a que trabajen a conciencia, honestamente, a nuclearse para defender sus derechos a fin de que se les retribuya con justicia y que no se les explote como a autómatas; también hemos de advertir a los patrones, comerciantes e industriales que deben ser justos en pagar a sus obreros; que no los deben explotar, que deben darles el tiempo necesario para que cumplan con sus deberes religiosos y culturales a todos[222].

A esta carta colectiva sigue, algunos día después, una Pastoral de Mons. Bogarín del 8 de setiembre de 1947.

Para entender esta carta, sería oportuno analizar la carta confidencial que el mismo Arzobispo dirigió al Presidente Morínigo el 16 de setiembre de 1947.

Mons. Bogarín denuncia, en esta carta, los maltratos sufridos por aquellos militares sublevados «cuando estuvieron en la cárcel han sido

---

[220] VEP, «Pastoral Colectiva», 25 de agosto de 1947, 1.
[221] VEP, «Pastoral Colectiva», 25 de agosto de 1947, 7.
[222] VEP, «Pastoral Colectiva», 25 de agosto de 1947, 7.

maltratados en su persona y se les ha robado todo su equipaje, ropas, colchones individuales, que sus familiares le costearon, todo se le ha llevado»[223].

El Arzobispo continúa afirmando que desde poco antes de terminada la revolución se han cometido y se cometen robos y saqueos en casi todas las casas de los pobres.

> Presentábanse los *py-nandí* y so pretexto de buscar armas, registran las casas llevándose ropas, trajes, todos los utensilios de las casas incluyendo máquinas de coser y dinero, si lo encuentran; como si todo esto fuera objeto de guerra. Total la pobre gente se ha quedado con la ropa puesta[224].

La carta hace una larga lista de los abusos de los *py-nandí* que, invocando la orden superior, si no pueden llevar rompen lo que encuentran, matan animales, venden o regalan la carne, asesinan a personas viejas o jóvenes y «Lo peor del caso es la violación de pobres mujeres, viejas, jóvenes, hasta criaturas menores»[225].

Y, finalmente, la carta concluye que el Paraguay se ha convertido en una Rusia pequeña de Stalin y hace falta una mano fuerte que pueda acabar con estos males, materiales y morales[226].

Esta carta refleja la situación en que se encontraba el país. En la anarquía total de la guerra civil, parece que el Arzobispo no había podido comprobar las denuncias que de varias partes le llegaban. Además todas las violencias no se acabaron con la contienda armada sino que persistieron agudizando el odio y el deseo de venganza.

La carta pastoral del 8 de setiembre fue escrita pues en este clima. Empieza el Arzobispo diciendo:

> Lo que, al principio supimos de varias fuentes y lo considerábamos más bien como propaganda interesada, resulta ahora un hecho público y notorio acerca de la muy triste y deplorable situación de nuestra sociedad, a raíz de la contienda civil que acaba de terminar. Nadie, en efecto, duda ya más ahora que todos los pueblos de la República, unos más que otros, han sido víctimas de maleantes organizados y armados que se entregaban o que se entregan al robo, al saqueo e incendio de casas comerciales, de violaciones, asesinatos y a todos los excesos de un salvajismo inexplicable en un país civilizado y tan cristiano como el Paraguay [...]. Al actual Gobierno cabe la gloria de haber proclamado guerra sin cuartel al comunismo; pero, ahora resulta que como efecto de la contienda armada se está presenciando una devastación, condenable como la que más, por lo que la Iglesia no puede

---

[223] J.S. BOGARIN, «Confidencial», 16 de setiembre de 1947.
[224] J.S. BOGARIN, «Confidencial», 16 de setiembre de 1947.
[225] J.S. BOGARIN, «Confidencial», 16 de setiembre de 1947.
[226] Cfr. J.S. BOGARIN, «Confidencial», 16 de setiembre de 1947.

callar, porque en lo que está sucediendo va también incluida la violación flagrante de las leyes de la moral cristiana[227].

Como la precedente carta colectiva ésta también defiende el principal de los derechos:

Y no se diga que tales actos se ejercen sólo contra los enemigos políticos, porque, primero, entre las víctimas figuran quiénes en política nunca han actuado y, segundo, porque saqueos, incendios, etc. son siempre crimen de robo; apoderarse de cosa ajena, en cualquier forma, es también siempre pecado de robo; prohibido y castigado por Dios y las leyes humanas. Quitar la vida al semejante por motivos privados o por interés es siempre asesinato, prohibido por Dios y castigado también por las leyes humanas. Violación es peor crimen aun, porque es robar a otra persona de cualquier filiación política que sea la joya más preciosa que posee: la inocencia, y para la cual tiene Dios reservado un castigo especial[228].

La carta provocó las reacciones del diario la *Razón* que en su edición del 16 de setiembre, así escribe:

Pero, Su Ilustrísima Reverendísima Monseñor Bogarín, de cuyo patriotismo nadie duda, puede estar completamente seguro de que los delitos que enumera en su cristiano documento son exclusivamente obra de los restos de las bandas rebeldes, entre ellos los integrantes de la ex brigada internacional comunista, dispersados por las armas leales para buscar refugios en los montes, desde donde periódicamente incursionan sobre los poblados. Son éstos, pues, y no otros, los maleantes organizados y armados[229].

El diario, en esta réplica, defiende a los *py-nandí* a los cuales la carta del Arzobispo, sin nombrarlos, hacía referencia.

A los pocos días, el Diario *El Centauro* escribe un artículo, atacando al semanario *Trabajo* y desprestigiando a Mons. Bogarín. En sus líneas acusa al periódico de:

haber dejado de repudiar la sublevación comunista del norte, vale decir, callarse totalmente [...] «hacerse el oso» durante el tiempo de la pasada contienda y solamente querer hacer conocer «la miseria humana» ahora, a pocos días de la tragedia de sangre que los plumíferos de *Trabajo* saben perfectamente no buscó, ni alentó ni provocó el Gobierno del General Morínigo[230].

Además la acusación que el diario formula es falta de reconocimiento hacia:

---

[227] J.S. BOGARIN, «Carta Pastoral», 8 de setiembre de 1947, 6.
[228] J.S. BOGARIN, «Carta Pastoral», 8 de setiembre de 1947, 6.
[229] «Pastoral del Jefe».
[230] «Perdónales, Padre».

las obras reales y tangibles que por la Iglesia paraguaya y el clero nacional hiciera el Gobierno del General Morínigo, obras y disposiciones que jamás hicieron ni los liberales, ni los franquistas y menos los comunistas (Anselmo Javer Peralta), aunque *Trabajo* se halle en el enjuague con ellos[231].

Todas estas acusaciones se hacen porque el autor del artículo está:

En deber de velar por que no levanten cabeza ninguna de las miles formas del legionarismo y, lo que es más, como que hemos de perseguir, sin tregua ni cuartel, a quiénes de una forma u otra se pongan, por mala fe o por paga al servicio del enjuague líbero-franco-comunista, así se quieran dastillar en las Torres de los templos, en las «salas de sesión» de la Acción Católica los más de las veces antros de pseudos beatas y búho de sacristía o en Pastorales que aprovechándose de su choquez, le hacen firmar ciertos pájaros con plumas azules debajo de las sotanas negras, a nuestro muy santo Jefe del Arzobispado[232].

La reacción de protesta del semanario *Trabajo* fue inmediata, señalaba que se habían trastrocado los valores y que los hijos obedientes de la Iglesia, imbuidos del materialismo del siglo se atrevían a juzgar a sus legítimos jerarcas:

cosa que no podemos tolerar y en contra de la cual levantamos nuestra enérgica voz de protesta.
No transigimos, porque con la verdad no se transige ni se especula y mucho menos con la condición de cristiano de la que se hace pública gala[233].

En la Carta Confidencial ya citada, Mons. Bogarín, da un cuadro más detallado sobre la situación y sobre todo en lo que se refiere a la actuación de los *py-nandí*, hecho que tanto había molestado al diario oficialista.

Además, en una carta al director del diario del 22 de setiembre, el anciano Arzobispo escribe que no obstante que sus fuerzas físicas se hayan debilitado bastante, no así sus fuerzas intelectuales, que le permiten escribir sus pastorales sin acudir a otros. Y, disintiendo con el director, que dice que las faltas y defectos secretos se deben dejar a Dios sólo, aclara que las faltas públicas pueden y deben ser vituperadas por todo el mundo[234].

Unánime fue la protesta de todos los sacerdotes y de los fieles «Usted ha golpeado esa cabeza con lenguaje inconsiderado (sus términos de ataque) que ha llegado al agravio»[235].

---

[231] «Perdónales, Padre».
[232] «Perdónales, Padre».
[233] «Nuestra voz de protesta», 1.
[234] Cfr. J.S. BOGARIN «Carta», 22 de setiembre de 1949.
[235] «A la Opinión Católica», 1.

Al agradecer la solidaridad el Arzobispo comenta tristemente «En mis 85 años de vida y 54 de mi episcopado nunca he presenciado tanta irrespetuosidad para quienes no hacen sino practicar el bien y entregarse al apostolado de su ministerio»[236].

Se concluía así el año 1947, *el año terrible*, como escribió *Trabajo*[237]. La guerra civil no fue una explosión repentina, improvisada. Los acontecimientos se prepararon paulatinamente, se empezó con algunos hechos insignificantes:

— una injusticia cualquiera — no advertidos de inmediato o consentidos por ser aparentemente intranscendentes; pero que al ir aumentado en número, cada vez en cantidad mayor, dieron como resultado los sacudimientos, primero del año 1946 y luego, el turbión bullente de crímenes de desolación y de miserias del fenecido 1947[238].

La falta de derechos ha causado una contienda de esa índole. En efecto, dice el diario:

El derecho de la mujer a la honra casi no existe. En la campaña y también a menudo en la ciudad el amor tiene mucho de parecido con una necesidad, que con un aproximación espiritual [...]. El niño ve negado de esta manera su derecho a vivir. Las opiniones de nada valen. Regimentadas las ideas, no se tiene casi derecho a creer, ni a difundir la creencia ni tampoco a contradecir lo que piensan los fuertes. El trabajo, desde hace un tiempo es patrimonio de unos privilegiados. El derecho al trabajo, de este modo, resulta un mito. El comercio no es sino un tráfico, en que la oportunidad decide el valor de la mercancía. El derecho del consumidor al justo precio, encuentra vallas en la avaricia, en la escasez y en los impuestos [...] ¿Qué ha quedado, entonces en pie? Una ansia grande de justicia y un deseo inmenso de renovación[239].

Finalizamos, así, este período en que el Paraguay vive de manera trágica sus anhelos de justicia. Como decíamos al comienzo, estos pocos meses se quedaron en la memoria de cada paraguayo como algo no sanado, como heridas todavía sangrantes. La Iglesia hizo su llamado para evitar la catástrofe. Pocos la escucharon. Hemos evidenciado la labor del semanario *Trabajo* que, nos parece la voz más valiosa que se pudo escuchar en aquellos días. P. Ramón Bogarín, en efecto, acogiendo el desafío de un diario católico, supo orientarlo a favor de todos aquellos que en la contienda sufrieron las más trágicas consecuencias.

---

[236] J.S. BOGARIN, «A los Señores Curas», 27 de setiembre de 1947.
[237] Cfr. «1947: El año terrible», 1.
[238] «1947: El año terrible», 1.
[239] «1947: El año terrible», 1.

7. Luchas por el poder:
del gobierno de los colorados a la dictadura de Stroessner

Una de la consecuencias de la guerra civil del año 1947 fue la de aniquilar cualquier oposición. El país quedó dividido entre los colorados, «dueños no sólo del gobierno sino incluso del aparato del Estado, y vencidos (la débil sociedad civil y las virtualmente desarticuladas fuerzas opositoras representadas por los partidos Liberal, Concentración Revolucionaria Febrerista y Comunista), condenados a la prisión, al confinamiento o al exilio»[240]. Sin embargo dentro de las filas del mismo partido se venía desarrollando una lucha entre dos facciones: aquella encabezada por Chaves, que parecía ser la parte más moderada, en contraposición a la facción encabezada por Natalicio González, que contaba con el apoyo del Guión Rojo. Estas dos facciones, a lo largo de los años 1948-1949, llevaron al poder a 4 presidentes. En efecto, con la entrega del General Morínigo el 3 de junio de 1948 de la presidencia, al que los colorados solicitan «la renuncia ante la sospecha de que no entregaría el poder»[241], se suceden: Juan Manuel Frutos, Natalicio González, Raimundo Rolón y Felipe Molas López. Ya desde ahora aparece en la escena un militar que se llamaba Alfredo Stroessner, descendiente de alemanes, que se había distinguido por haber participado en varias conspiraciones militares. En efecto, estaba presente en el golpe que desplazó a Morínigo del panorama político; intervino en un frustrado complot fracasado que le obligó al exilio, contra el presidente Natalicio González. Conspiró contra el gobierno de Raimundo Rolón y, «finalmente, se alineó con Chaves en el complot que destituyó al presidente Molas López, empeñado desde el gobierno en iniciar una purga para debilitar al sector democrático del coloradismo cuyo progresivo fortalecimiento amenazaba su permanencia en el cargo»[242].

Federico Chaves es llevado a la presidencia por la propuesta de la Junta de Gobierno el 11 de setiembre de 1949. Durante su gobierno se agudizaron los problemas económicos y sociales del país, a consecuencia de la guerra civil de 1947, que había llevado al caos la economía y destruido mucho capital; la huida masiva de gente «durante y después de la guerra, había tenido un fuerte efecto dislocador. La inestabilidad del gobierno y el terror político habían provocado aún más la fuga de capital y ciertamente habían evitado cualquier programa de reconstrucción coherente»[243]. Además, fueron utilizados fondos del Banco

---

[240] E. ACUÑA – al., El precio de la paz, 42.
[241] R. AMARAL, Los presidentes del Paraguay, 208.
[242] J.L. SIMON, La dictadura de Stroessner, 32.
[243] P.H. LEWIS, Paraguay bajo Stroessner, 109.

Central, para recompensar a los colorados que habían mostrado su lealtad al partido. Esto había aumentado la cantidad de dinero circulante, causando inflación. La economía argentina, que estaba en crisis, influyó también en la de Paraguay. Fue así como empezaron las protestas sobretodo de los ganaderos, que acusaron al gobierno y al ministro Méndez Fleitas de fijar los precios de la carne a un precio demasiado bajo, respecto a los aumentos de salarios, y pidieron un aumento del precio de la carne. Fleitas «señaló que tal aumento sólo espolearía la inflación y, además, se cargaría fuertemente sobre los pobres»[244]. Frente a la fuerte protesta de los ganaderos, Fleitas tuvo que dejar su cargo. Sin embargo él contaba con el apoyo del general Stroessner y algunas otras personas que constituían una amenaza para Chaves. En efecto se empezó a formar un complot encabezado por Stroessner, complot en que se planeó un golpe para el 8 de mayo y que, sin embargo, se anticipó al día 4. «La lucha fue la más implacable de todas las revueltas desde la guerra civil»[245]. La policía que se había puesto en favor de Chaves fue aplastada y en esa ocasión murió Roberto L. Petit, un joven muy prometedor dentro del partido colorado. Asumió el poder como presidente provisional un líder del mismo partido, Tomás Romero Pereira. Este «Era un arquitecto que había estudiado en la Universidad de Buenos Aires y en la Sorbona, pero su pasado estaba lleno de altibajos»[246]. Epifanio Méndez Fleitas reasumió su cargo en el Banco Central. Pero, el verdadero ganador del golpe fue Stroessner que, con el respaldo de las fuerzas armadas, pudo ser nombrado oficialmente para la elecciones venideras y, «En el típico estilo paraguayo, ganó sin oposición el 11 de julio y tomó juramento presidencial el 15 de agosto, día en que se conmemoraba la fundación de Asunción»[247].

Fue así como empezó en Paraguay una de las dictadura más largas de toda Latinoamérica.

8. La muerte de Mons. Bogarín: el fin de una época

En 1948 Mons. Bogarín escribe una carta más sobre los protestantes:

Siendo, por tanto, nuestro deber velar por la integridad de vuestra buena fe cristiana, venimos en ordenaros como vuestro legítimo Pastor: no podéis, en ninguna forma, colaborar directa ni indirectamente con los herejes, ni aceptando la ayuda pecuniaria que os pudieran hacer llegar, ni comprando,

---

[244] P.H. Lewis, *Paraguay bajo Stroessner*, 115.
[245] P.H. Lewis, *Paraguay bajo Stroessner*, 119.
[246] P.H. Lewis, *Paraguay bajo Stroessner*, 119.
[247] P.H. Lewis, *Paraguay bajo Stroessner*, 119.

vendiendo o leyendo ninguna de sus revistas, folletos o escritos que se refieran a los Santos Evangelios[248].

Mientras tanto se dictan varias normas que se refieren a las acciones litúrgicas:

Cantando las mujeres alrededor del órgano o del armonium, a ningún hombre le es lícito acompañar; tocará entonces una de ellas mismas. El celo prudente puede corregir, si lo quiere, muchos abusos, dignos por cierto de no ser ya tolerados, introducidos por ocasión de casamientos en ciertos templos, cantando mujeres como solistas, sin permiso alguno de la Autoridad Eclesiástica máxime cantos litúrgicos, con sentimentalismo y vanidad no propios de la devoción y gravedad de la música sagrada[249].

Se dictan otras disposiciones varias como aquella que prescribe al N° 2 que «la misa primera de los Domingos y fiestas de guardar debe empezar a una hora fija como para concluir a más tardar, a la salida del sol, y se debe anunciar con tres llamadas, de un cuarto de hora de intervalo cada una»[250].

En el año 1949, se llevó a cabo la primera Asamblea General y Nacional de la Acción Católica. Estuvieron representados 112 centros y círculos de la Arquidiócesis, Diócesis de Villarica y Diócesis de Concepción y Chaco, y concurrieron a la misma 377 Delegados Oficiales y 767 Asambleístas. Ocuparon la Presidencia Honoraria de la misma Mons. Aníbal Mena Porta, Mons. Agustín Rodríguez, Obispo Diocesano de Villarrica, el Nuncio Mons Angel Muzzolón y el Encargado de Negocios de la Santa Sede Mons. Sante Portaluppi.

Mons. Mena Porta aseguró, en su discurso de clausura, la presencia espiritual de Mons Juan Sinforiano Bogarín que, desde su lecho de enfermo, estuvo durante toda la Asamblea en el pensamiento de cada uno de los asambleístas. Y, en el mismo discurso, informó a la Asamblea de las gestiones que la Curia había realizado ante el Superior Gobierno de la Nación, sobre la enseñanza religiosa en las escuelas; finalmente, felicitó al Padre Ramón Bogarín y a todos los miembros de la Acción Católica, por el éxito feliz de la Asamblea[251].

El 25 de febrero de 1949 muere a los 85 años Mons. Bogarín. Algunos días antes había publicado su última carta pastoral. «No puedo ya prometerme muchos años de vida. Comprendo que se acerca acelerada-

---

[248] J.S. BOGARIN, «Carta pastoral», 8 de noviembre de 1948, 22.
[249] «Música religiosa», 20.
[250] «Disposiciones varias», 20.
[251] Cfr. «Primera Asamblea General», 21-22.

mente el fin de mi vida y no quisiera llevarme al sepulcro la pena de ver a mis hijos distanciados, divididos por el odio y el rencor»[252].

Después de la guerra civil y en medio de una incertidumbre total que «han dejado en las almas sedimentos muy amargos que las han envenenado y arrastrado a cometer actos que no condicen con nuestra cultura y mucho menos con nuestros sentimientos cristianos»[253].

La historia de Paraguay está marcada por luchas intestinas que han dividido profundamente la familia paraguaya sin traerle el bien que se prometía. En efecto una revolución «prepara la siguiente, aumenta los odios, llueven las venganzas, se ensombrece el ambiente nacional, se nos mira con recelo en el exterior y, ciertamente, no necesitamos de fuerzas que paralicen el progreso de la Nación y la destruya [...]. Y el odio destruye, la paz edifica»[254]. El Obispo concluye su carta pidiendo colaboración «con las autoridades constituidas, buscando el bien que todos anhelamos»[255]. Un llamamiento que sale de un corazón profundamente afligido, que parece caer en el vacío porque, en efecto, en ese momento otros eran los objetivos de las autoridades que ni siquiera eran constitucionales. Como hemos ya visto en ese período, se suceden presidentes que suben al poder y son derrocados, y muy poco se respetan las normas para legitimar ese poder.

Lo evidente es ese anhelo de paz de toda la Nación: un deseo que será muy bien aprovechado por Stroessner, que podrá gobernar gracias a una promesa de paz, que en este país tendrá un precio muy alto y se utilizará por parte de la dictadura con un sentido muy ambiguo.

A Mons. Bogarín después de su muerte, le sucedió en la dirección de la Arquidiócesis, Mons Mena Porta, que prestó juramento constitucional en el Palacio de Gobierno el 23 de marzo de 1949.

Su primera carta está fechada el 10 de abril de 1949. El tema que afronta el nuevo Arzobispo es el de la paz cuya falta significa la carencia de la condición esencial para la subsistencia de la felicidad material «Donde no reina la paz, impera el temor, el desorden, la discordia; y naturalmente con el temor, el desorden y la discordia es incompatible la felicidad»[256].

Pero la paz y la justicia, escribe el Arzobispo andan inseparablemente unidas. Por eso «Ha debido ser muy mal tratada la justicia, cuando así la

---

[252] J.S. BOGARIN, «Carta Pastoral», 18 de febrero de 1949, 11.
[253] J.S. BOGARIN, «Carta Pastoral», 18 de febrero de 1949, 12.
[254] J.S. BOGARIN, «Carta Pastoral», 18 de febrero de 1949, 13.
[255] J.S. BOGARIN, «Carta Pastoral», 18 de febrero de 1949, 13.
[256] A. MENA PORTA, «Primera carta Pastoral», 10 de abril de 1949, 6.

paz se ha ausentado del patrio suelo!!!»[257]. Según el Arzobispo se debe procurar que sea efectiva la justicia conmutativa que da a cada uno lo que es suyo; la justicia distributiva, por la que se confieren

> puestos, preeminencias y beneficios a los más capaces y más honestos; la justicia social [...] de modo que todo paraguayo, por pobre que sea, pueda, mediante su trabajo honrado, debidamente remunerado, llevar para sí y para su familia una vida digna del hombre racional y cristiano[258].

Para algunos esta carta fue una desilusión. En efecto el Arzobispo dice en un punto: «Los ciudadanos deben, de una vez por todas, comprender, que se impone, como condición de estabilidad de nuestra Nación, respetar y obedecer a las autoridades constituídas, sean las que fueren [...] es preferible un mal Gobierno que una revolución»[259]. Para entender esta afirmación se la tiene que situar en el contexto de anarquía en que vivía la población, anarquía que hemos esbozado en la última parte de este capítulo. Pero, a pesar de todo, las palabras que el Arzobispo utiliza siguen siendo muy poco claras. En efecto para pedir obediencia a las autoridades constituidas, era necesario que esas mismas autoridades fueran llevadas a gobernar según la reglas democráticas, hecho que nunca se produjo en esos años de anarquía.

En estos años que van de 1949 hasta la subida al poder de Stroessner, los obispos continuarán reflexionando sobre los temas de la propaganda protestante[260], de la Proclamación de la Asunción de la Santísima Virgen María[261], del comunismo ateo[262] y del decoro de las mujeres[263] y acerca de otros temas de carácter únicamente religioso. Tendremos que llegar a 1963, para encontrar una carta en la que se examine el problema del hombre, de sus derechos y su relación con la realidad en que vive. Pero este tema lo vamos a profundizar en el II° capítulo.

---

[257] A. MENA PORTA, «Primera carta Pastoral», 10 de abril de 1949, 6.

[258] A. MENA PORTA, «Primera carta Pastoral», 10 de abril de 1949, 6.

[259] A. MENA PORTA, «Primera carta Pastoral», 10 de abril de 1949, 6.

[260] Cfr. A. RODRIGUEZ, «Carta pastoral sobre el protestantismo», 13-17.

[261] Cfr. VEP, «Pastoral Colectiva», 20 de octubre de 1950, 8-11.

[262] Cfr. A. RODRIGUEZ, «Carta pastoral», Año Santo 1950, 18-28.

[263] Cfr. A. MENA PORTA, «Carta pastoral», 10 de enero de 1951, 15-17.

CAPITULO II

1954-1973. Romper el silencio

1. La dictadura de Stroessner

Para analizar de la dictadura de Stroessner necesitamos resumir en pocas etapas lo que ha sido un largo proceso en el que sobresale la sistemática violación de los derechos humanos más elementales.

A partir de 1954, fecha en que Stroessner asumió el poder, los Obispos del Paraguay por 35 años tuvieron que enfrentarse a una dura opresión. En este período, en la Iglesia se produjo un proceso que la llevó a una creciente y progresiva toma de conciencia y, consecuentemente a una defensa siempre más clara de los derechos del hombre. Un camino lleno de dificultades porque la dictadura, por medio del exilio, de la calumnia, de la amenaza, hizo acallar las voces más audaces, más valientes y más comprometidas con los pobres.

La elección del general Stroessner en la Convención de los Colorados, el 14 de junio de 1954, su victoria y su toma del poder el 15 de agosto del mismo año, no dejaban prever una permanencia tan larga en el poder como presidente del Paraguay.

Sin embargo, con habilidad él supo mantener el delicado equilibrio entre las corrientes internas del partido Colorado en perenne lucha entre sí, y el mando de las Fuerzas Armadas. Esto le permitió un lento y progresivo fortalecimiento de su poder personal.

Por otro lado, la inestabilidad crónica del Paraguay y la incapacidad de un presidente de permanecer un largo tiempo ocupando el sillón presidencial, hizo que se subestimase su actuación en la vida política. En efecto, la toma de poder de Stroessner

Pareciera ser solamente una historia de cuartelazos, sin embargo, es parte de un complejo proceso de establecimiento de hegemonía dentro de la coalición de poder FFAA (Fuerzas Armadas) – ANR (Asociación Nacional Republicana

= Partido Colorado). Stroessner no derroca un gobierno democrático, como lo hiciera Pinochet en Chile en 1973, ni establece un gobierno militar como el de Videla en la Argentina en 1976[1].

En el primer capítulo hemos intentado mostrar el proceso por el cual se llegó a la toma de poder. El Partido Colorado fue el instrumento que Stroessner utilizó. Una vez adentro de este aparato, pudo lograr cambiar a su conveniencia inclusive aquella parte del ejército que estaba en su contra. Como ya hemos dicho, el Paraguay acababa de vivir una guerra civil sangrienta, el pueblo estaba cansado de cuartelazos que de un día para otro ponían y deponían a un nuevo presidente. El deseo de paz y de tranquilidad de la población fue captado por el mismo Stroessner que llenó su campaña política con estas palabras.

Una paz que habría tenido un precio alto y que se había apoyado sobre el miedo y la represión[2]. En efecto, ya desde el comienzo Stroessner utilizó la tortura y la violencia. Egdar Ynsfrán, Ministro del Interior, que permaneció en su cargo hasta el 1966, proyectó un aparato de información y control que permitía al presidente vigilar a los ciudadanos sospechosos, los opositores o cualquier persona que fuera, según la lógica de la dictadura, peligrosa para el régimen. Como prueba de todo esto están los archivos de la Policía Política, que fueron descubiertos el 22 de diciembre de 1992: «Cientos de miles de documentos, de hojas manuscritas, de fotos, de expedientes, de cuadernos y agendas, de correspondencia personal, de informes variopintos, de grabaciones magnetofónicas, de material incautado en allanamientos»[3].

Fue así como lo que al comienzo parecía un simple cuartelazo de poca importancia duró 35 años.

1.1 El movimiento obrero y la huelga general de 1958

Ya en los primeros años de la dictadura cuando se preparaba a asumir el mando por segunda vez, Stroessner tuvo que enfrentar la oposición obrera.

En el movimiento obrero, que durante la Guerra Civil del 1947 había sufrido una violenta derrota, se había formado la corriente guionista del Partido Colorado que creó la Organización Republicana Obrera (ORO), con el intento de anular el poder y la independencia de la Confederación Paraguaya de Trabajadores. Esta se reorganizó en el período 1949-1954, durante la presidencia de Federico Chaves.

---

[1] E. ACUÑA – al., El precio de la paz, 41.

[2] Cfr. E. ACUÑA – al., El precio de la paz, 41.

[3] A. BOCCIA – M.A. GONZALEZ – R. PALAU AGUILAR, Es mi informe, 18.

En 1958 la Confederación Paraguaya de los Trabajadores pidió, junto con el aumento del sueldo del 30%, el levantamiento del Estado de Sitio, la declaración de la amnistía general y la convocación de una asamblea constituyente. Fue declarada una huelga general que tomó por sorpresa al entonces Ministro de Justicia y Trabajo, González Alsina. La reacción no se hizo esperar: los locales del sindicato fueron ocupados, la policía arrestó a más de 200 militantes y al secretario general de la CPT, que siendo miembro del Congreso contaba con inmunidad parlamentaria. La CPT fue intervenida. Los líderes comunistas Antonio Maidana, Alfredo Alcorta, Julio Rojas y otros fueron apresados y permanecieron en la cárcel veinte años. El estado de sitio permitía la prisión de ciudadanos por un tiempo indefinido. Con esta derrota el movimiento obrero «quedó totalmente descabezado y sus sindicatos clausurados o intervenidos. Posteriormente, la reorganización de los sindicatos quedó al arbitrio del Estado. Stroessner será declarado por la "nueva" CPT, el "primer trabajador de la República" y miembro honorario de esa central obrera»[4].

Se producía paulatinamente la supresión de cualquier tipo de movimiento de oposición para crear el estado de paz y bienestar tan querido por el régimen.

1.2 El movimiento estudiantil

En el mes de mayo de 1959 los estudiantes de los Colegios secundarios, a causa del aumento del precio del pasaje, realizaron una protesta. Según algunos autores la concentración de estudiantes agrupados en la FESA (Federación de Estudiantes Secundarios de Asunción), que reunía a los centros de Colegios oficiales y dirigentes del Centro y Colegios Incorporados, fue de unos cinco mil estudiantes[5]. Ante la negativa de los manifestantes de suspender el acto, las fuerzas policiales, a caballo, los reprimieron duramente con garrotes y bastones. El hecho indignó a la población y los estudiantes se declararon en huelga indeterminada, pidiendo la renuncia del Ministro del Interior Egdar Ynsfrán, del jefe de la policía Ramón Duarte Vera y del jefe del Departamento de Investigaciones Juan Erasmo Candia, como directos responsables de la represión. El 30 de mayo la policía allanó el local del Colegio Nacional que los estudiantes habían ocupado. Muchos dirigentes estudiantiles fueron apresados, torturados, exiliados. Victor Marcial Miranda, estudiante, 18 años, fue apresado «el 26 de junio de 1959 en el Dpto. de Investigaciones y tres días después lo internaban en el Policlínico Policial "Rigoberto

---

[4] V.J. FLECHA – C. MARTINI – J. SILVERO SALGUEIRO, *Autoritarismo*, 35.
[5] Cfr. E. ACUÑA – *al.*, *El precio de la paz*, 95.

Caballero", en estado de coma, muriendo a las 5:45 de la tarde. Fue objeto de tortura. No fue procesado»[6].

La manifestación desató una violenta crisis política, que desembocó en la disolución de la Cámara de Representantes. De los 60 diputados que formaban el Congreso al comienzo de la crisis, 29 se quedaron para firmar su apoyo al gobierno de Stroessner. Los restantes tuvieron que irse al exilio, constituirán los disidentes del oficialismo en el exilio y formarán el Movimiento Popular Colorado (MOPOCO). «Pero lo más importante es que luego de la purga en el oficialismo con la colaboración de destacadas figuras de su Junta de Gobierno, nació lo que más adelante y con acierto alguien denominaría "el partido neo colorado stronista"»[7]. Se produjo así el vaciamiento del Partido Colorado que se convertía en instrumento de opresión al servicio de Stroessner.

2. La Iglesia en los años 50

En los años 50 la Iglesia Paraguaya constituía una Provincia Eclesiástica dividida en tres Diócesis: la Arquidiócesis de Asunción, la Diócesis de Villarrica y la Diócesis de Concepción. Existían también dos Vicariatos Apostólicos: El Vicariato Apostólico del Chaco Paraguayo y el Vicariato Apostólico del Pilcomayo.

Las parroquias eran 118. El número de los sacerdotes era de 234, de los cuales 111 diocesanos, con 103 nacionales y 8 extranjeros. Los sacerdotes regulares eran 123, de los cuales 31 nacionales y 92 extranjeros.

Una Iglesia que no había experimentado profundos cambios y mantenía las mismas características estructurales de los años 40.

2.1 *Mons. Mena Porta*

La muerte de Mons. Juan Sinforiano Bogarín había llevado a la sucesión a Mons. Mena Porta. Nacido el 30 de marzo de 1889, realizó sus estudios en la Escuela Normal de Asunción y en Villarica y luego, en febrero de 1908, ingresó en el Seminario Metropolitano de la Capital. Recibió la Consagración Sacerdotal el 20 de diciembre de 1913.

Fue nombrado Cura Párroco de la Catedral el 17 de mayo de 1919. Fundó la Federación de la Juventud Católica, la Liga de Damas Católicas y distintas ramas de la Acción Católica de la Parroquia. Entre sus distintos cargos recordamos el de Asesor General de la Juventud Católica del Paraguay.

---

[6] E. ACUÑA – al., *El precio de la paz*, 98.
[7] J.L. SIMON, *La dictadura de Stroessner*, 50.

El 25 de julio de 1936 fue nombrado Obispo Auxiliar del Arzobispo de Asunción, Monseñor Juan Sinforiano Bogarín y consagrado el 8 de noviembre del mismo año. El 14 de junio de 1941 fue nombrado Arzobispo con derecho de sucesión. En 1949, a la muerte de Mons. Bogarín, asumió la conducción de la Arquidiócesis.

Como ya hemos visto, su primera carta causó una cierta desilusión. Siendo un hombre de muy diferentes cualidades personales con respecto a su predecesor, promovió las principales instituciones eclesiásticas del Paraguay actual. En efecto las obras más destacadas de la Iglesia actual llevan su firma, y su nombre se halla en la creación de todas las jurisdicciones eclesiástica nuevas[8].

De los años 50 recordamos dos cartas pastorales que nos ayudan a aclarar mejor su manera de actuar y su aporte en los acontecimientos de aquella época.

La primera carta, del 19 de marzo de 1958, lleva el título: Declaraciones del Arzobispo de Asunción sobre algunas exigencias de política cristiana[9].

La carta, según las palabras mismas del Arzobispo, fue dictada por

la imperiosa necesidad de dirigir a nuestros conciudadanos, dado el ambiente político reinante muy caldeado y que era necesario aplacar con la voz ecuánime y serena de la Iglesia. Gracias a Dios, ella fue un sedante que vino a tranquilizar mucho los ánimos alterados por la pasión política[10].

La protesta de los trabajadores que pedían aumento de los salarios y el cese tanto del estado de sitio, como de la política de represión, son el telón de fondo de estas Declaraciones.

El Arzobispo se mantiene en equilibrio entre las dos partes afirmando que una excesiva centralización del poder, ejercido unilateralmente y sin control suficiente de la opinión pública, lleva siempre consigo, en mayor o menor grado, el riesgo del abuso, de la arbitrariedad y de la anormalidad jurídica, a pesar de la buena voluntad y del patriotismo sincero de los gobernantes, y que «Por otra parte, el espíritu de sedición y de conspiración, y la codicia del poder en algunos sectores políticos del pueblo, son una reacción políticamente inmoral y manifiestan una crisis de civismo en los gobernados»[11].

Según el Arzobispo, «esta doble crisis tiene su origen en un debilitamiento general del sentido del bien común»[12].

---

[8] Cfr. A. ACHA DUARTE, «Presencia evangelizadora», 206.

[9] J.A. MENA PORTA, «Declaraciones», 19 de marzo de 1958.

[10] J.A. MENA PORTA, «Carta al Embajador», 13 de mayo de 1958.

[11] J.A. MENA PORTA, «Declaraciones», 19 de marzo de 1958, 39.

[12] J.A. MENA PORTA, «Declaraciones», 19 de marzo de 1958, 39.

Las circunstancias actuales imponían a los responsables del poder la tarea urgente de normalización, y era preciso que continuaran los esfuerzos

hacia una mayor representación de los diversos sectores políticos del país en los organismos del Estado, hacia una participación real y progresiva del pueblo en la vida política — especialmente en la génesis de los poderes públicos —, y finalmente, hacia una sana libertad de la opinión pública[13].

El Estado, afirma el Arzobispo, «debe estimular con predilección la promoción de la persona humana, respetando sus libertades legítimas»[14].

Obra del Estado no es solamente preocuparse de obras públicas, sino más bien de la normalidad jurídica y de «un orden social de justicia y de paz; debe custodiar y cultivar con predilección las reservas culturales y espirituales del pueblo»[15]. Al analizar el papel de la oposición se subraya:

El deber de colaborar con espíritu constructivo en estas tareas del Estado, que son tareas del bien común. Especialmente la restauración progresiva de la normalidad política exige de los grupos opositores un civismo acendrado, buena fe, voluntad de colaboración, olvido del pasado, desinterés político y respeto a la autoridad constituida. El espíritu de agitación y de conspiración, la crítica negativa y la denigración sistemática y, por fin, el anarquismo que instiga a la desobediencia cívica, son procedimientos políticamente inmorales[16].

A pesar de las declaraciones del Arzobispo, los ánimos no se apaciguaron. Prueba de esto es la agitación estudiantil que culminó con la represión y la muerte, por tortura, de algunos estudiantes. El Arzobispo, el 19 de abril de 1959, «Ante un nuevo recrudecimiento de la crisis política [...] vuelve a hacer sentir luego de una madura reflexión»[17] la voz de la Iglesia con una *Nota Doctrinal. Sobre la Moral de los Partidos Políticos y las Condiciones de una Pacífica Convivencia entre los mismos.*

Según el Arzobispo, la numerosa proliferación de manifestaciones «no ha contribuido a la instauración de un clima propicio para la normalización de la vida política del país, sino más bien ha tendido a condensar peligrosamente las pasiones, amenazando convertir la oleada de malestar en marejada incontenible»[18]. El Arzobispo invita a una actitud de serenidad y reconciliación. En lo que se refiere a los partidos políticos señala que entre las tentaciones frecuentes están la tendencia a identificarse indebidamente con la Nación y el Estado para convertirse en la práctica:

---

[13] J.A. MENA PORTA, «Declaraciones», 19 de marzo de 1958, 40.
[14] J.A. MENA PORTA, «Declaraciones», 19 de marzo de 1958, 41.
[15] J.A. MENA PORTA, «Declaraciones», 19 de marzo de 1958, 42.
[16] J.A. MENA PORTA, «Declaraciones», 19 de marzo de 1958, 42.
[17] J.A. MENA PORTA, «Nota Doctrinal», 19 de abril 1959, 45-46.
[18] J.A. MENA PORTA, «Nota Doctrinal», 19 de abril 1959, 46.

en un órgano ejecutivo del gobierno; la presión demagógica sobre la voluntad de la masa en provecho de intereses particulares presentados falazmente como genuinos intereses nacionales; y, en fin, el espíritu de facción, que es la exageración y la deformación del legítimo espíritu de partido[19].

Se invoca la victoria sobre el odio, la desconfianza mutua «sobre el funesto principio de que la utilidad es la base y la regla de los derechos; que la fuerza crea el derecho [...] sobre esos gérmenes de conflicto que consisten en desigualdades demasiado estridentes»[20].

El llamado del Arzobispo no tuvo en la ciudadanía ni en el Gobierno el efecto esperado. Se nota todavía en las cartas una falta de análisis de la realidad, y el deseo de mantener un equilibrio entre las dos partes. En efecto, muchos eran todavía los vínculos, con el Gobierno, que debilitaba la palabra del Arzobispo. Debemos concordar con Paul Lewis cuando habla de un padrinazgo eclesiástico[21].

No tenemos que olvidar, en efecto que los Obispos, en algunos casos, tenían necesidad de pedir ayuda económica al mismo presidente[22].

Nos preguntamos si en este período la jerarquía supo mantenerse a la altura de la situación o si su postura no se concordaba bien con las exigencias de una presencia profética en el mundo. Una toma de posición más clara habría podido encauzar de manera diferente los problemas que afectaron al país.

No faltan, en la correspondencia de Mons. Mena Porta, algunas cartas de petición a favor de los presos políticos:

Hágole llegar, en forma privada, mis profundas preocupaciones con respecto a los presos de emergencia de la Guardia de Seguridad [...] no sólo para evitar reacciones de la opinión pública nacional e internacional, sino principalmente para demostrar la nobleza y rectitud en el cumplimiento de la justicia dentro del respeto adecuado a los derechos naturales de la persona humana y de las exigencias del bien común. [...] Que se aleje todo maltrato a los presos de emergencia, que pudiera herir la sensibilidad popular, dar lugar a la exacerbación de inquietudes en el ambiente [...] también pido a V.E., de acuerdo con lo que hemos convenido verbalmente, que no se les hiciere trabajar en los días en que la Iglesia Católica lo prohibe, y, además, se les permita recibir comida de sus familiares[23].

---

[19] J.A. MENA PORTA, «Nota Doctrinal», 19 de abril 1959, 49.

[20] J.A. MENA PORTA, «Nota Doctrinal», 19 de abril 1959, 50.

[21] Cfr. P. LEWIS, Paraguay bajo Stroessner, 348.

[22] Cfr. J.A. MENA PORTA, «A S.E.», 6 de junio de 1955; J.A. MENA PORTA – E. SOSA GAONA, «A Su Excelencia», 14 de agosto de 1958; «Mena Porta José Anibal», 22 de agosto de 1960.

[23] J.A. MENA PORTA, «Carta», 12 de mayo de 1960.

Las mismas peticiones hace algunos días después al Presidente de la República:

> En estos últimos días se presentaron a la Curia Metropolitana numerosos grupos de señoras y señoritas, deudos de los presos de la Guardia de Seguridad, para pedirme que intercediera a favor de los mismos ante las Autoridades Nacionales [...]. Además de esas personas, directamente interesadas, esta Curia Metropolitana ha sido enterada por otras fuentes fidedignas que existen de parte del personal subalterno de la Guardia de Seguridad maltratos morales y aún físicos innecesarios a los presos políticos[24].

Debemos señalar, sin embargo, que estos pedidos se inscriben todavía en una esfera personal y no reflejan una postura general y pública, que habría tenido mucho más peso y eficacia.

2.2 *Carta de Navidad*

Los Obispos, al finalizar el año 60, a los pocos meses de haberse dado a conocer una carta «Sobre algunos aspectos del Problema Escolar»[25], escribieron la *Carta de Navidad*[26].

Durante el año se habían registrado en el país movimientos de oposición armada a la dictadura de Stroessner. Uno de ellos pertenecía al Partido Comunista Paraguayo y otro estaba integrado por miembros del Partido Liberal y por el partido Revolucionario Febrerista. El intento de derrocamiento del Gobierno basaba su estrategia en la guerrilla. Estos grupos preparaban su acción fuera del territorio paraguayo, en territorio argentino, y luego penetraba en el país a través de la frontera con la Argentina. El movimiento, perteneciente al Frente Unido de Liberación Nacional (FULNA), actuó en los primeros meses del año 1960, pero sus miembros cayeron en una emboscada. La mayoría fueron torturados y asesinados.

Otro movimiento, llamado *14 de Mayo*, a pesar de tener la desaprobación del directorio de los partidos a los que pertenecía, intentó cruzar la frontera. Los integrantes fueron cruelmente reprimidos, «fueron torturados brutalmente, muchos descuartizados o arrojados vivos desde un avión en vuelo. Pocos pasaron a prisiones o reparticiones militares»[27].

El anticomunismo fue una de las ideas claves sobre la cual se apoyaba la dictadura de Stroessner. La lucha contra el comunismo le valió al gobierno ayuda y apoyo de los Estados Unidos. En efecto «Con la justi-

---

[24] J.A. MENA PORTA, «Carta», 4 de junio de 1960.

[25] CEP, *Pastoral colectiva del Episcopado Paraguayo*.

[26] CEP, «Carta de Navidad», 24 de diciembre de 1960, 4-18.

[27] E. ACUÑA – al., *El precio de la paz*, 114.

ficación que daba la Guerra Fría, el Paraguay recibió entre 1954 y 1960, 30.000.000 de dólares de los EEUU. Mayor entusiasmo aún demostraron los integrantes del gobierno con la posibilidad de créditos ofrecidos por la Alianza para el Progreso»[28]. Fue así como «Para la población paraguaya el hecho de ser comunista se convierte en algo que justifica la represión»[29]. En este clima muy pocos eran los que protestaban contra la represión a comunistas.

La *Carta de Navidad* refleja esta situación. Al hablar, en efecto, del comunismo afirma que «El mundo entero está amenazado. América Latina también presencia la organizada y audaz penetración del comunismo. Nuestro propio país no se halla exento de esta amenaza»[30].

Los obispos hablan de su plan y red de infiltración que se extienden a los diversos grupos y capas sociales e instituciones. La carta es una condena clara de la insurrección armada que se presenta como la única solución. Aclaran los Obispos «Esta creencia convertida en norma de acción lleva no a la paz, sino a la violencia y a la venganza y no es extraño que se sucedan los movimientos armados cuya esterilidad todo el pueblo comprueba con meridiana evidencia a lo largo de nuestra historia»[31].

Por otro lado, los Obispos condenan también «los ultrajes a la persona humana, los procedimientos violentos para arrancar declaraciones, las ejecuciones sumarias, las medidas de represalias que perjudican a los inocentes»[32]. La carta propone como meta la creación de un clima favorable que obtenga la paz y la concordia entre todos. A los que tienen la responsabilidad política de orientar la Nación, la carta presenta un genérico objetivo de una sincera cooperación.

Los Obispos no van mucho más allá de simples afirmaciones de principios y no hay un análisis de la realidad. En la conclusión se afirma que «La vigencia en el amor y la justicia nos encaminará asimismo a un saneamiento del orden económico que permitirá, a su vez, la explotación más racional de los recursos naturales del país»[33].

2.3 *P. Talavera*

Perteneciente a una familia influyente de Asunción, P. Pedro Ramón Talavera Goyburu ya desde 1951, como Cura Párroco de San Antonio,

---

[28] E. ACUÑA – al., *El precio de la paz*, 104.
[29] E. ACUÑA – al., *El precio de la paz*, 104.
[30] CEP, «Carta de Navidad», 24 de diciembre de 1960, 15.
[31] CEP, «Carta de Navidad», 24 de diciembre de 1960, 16.
[32] CEP, «Carta de Navidad», 24 de diciembre de 1960, 16.
[33] CEP, «Carta de Navidad», 24 de diciembre de 1960, 18.

recibe, por medio del Arzobispo, una nota del Ministerio de Relaciones Exteriores y Culto, en que se le denuncia por quebrantar la moral de la familia colorada, al haber llevado a cabo varias reuniones de carácter cultural en distintos lugares de la jurisdicción, criticando y censurando las medidas adoptadas por el Gobierno del Dr. Chaves. Continúa la nota que: «el Domingo 17 de los corrientes con sus acostumbradas críticas se había instalado al Púlpito en la Parroquia local ante un mundo de personas, denigrando en particular a las autoridades del lugar, apestando el ambiente con palabras no dignas para un Sacerdote»[34].

La postura de P. Talavera continúa en los años siguientes. Será él el primero que pondrá en discusión un régimen al que, sólo más tarde, una larga franja de la Iglesia se opondrá con firmeza.

Las primeras denuncias al régimen de Stroessner por el P. Talavera, fueron hechas en las homilías de febrero de 1958. A raíz de eso, fue arrestado por algunas horas. El 10 de marzo el Padre continuó sus denuncias: «Esta vez sus palabras desataron una cadena de manifestaciones en las iglesias del país, donde sacerdotes y feligreses protestaban por el prolongado estado de sitio»[35].

Stroessner intentó acallar al sacerdote a través del Vicario General, pero, frente a la negativa de éste, recurrió al mismo Arzobispo, que «se negaba a disciplinar a un sacerdote que era tan popular entre sus feligreses y entre los otros sacerdotes»[36].

En todo caso, en este mismo año los Obispos escriben *Directivas reservadas y confidenciales para el clero diocesano y regular de la Provincia Eclesiástica del Paraguay*, en las que se dictan una serie de normas con referencia a la postura de los sacerdotes. Leemos en las mismas:

> Que cuando haya motivos reales de gratitud para con las autoridades temporales o se quiera obtener de las mismas algún beneficio que se deba expresar en nombre propio o de alguna comunidad, lo hagan con la sobriedad y mesura convenientes, sin jamás caer en actitudes serviles[37].

En el mismo tiempo:

> Que cuando el deber pastoral y la prudencia exijan tomar actitudes públicas y definidas ante hechos injustos o inmorales, perpetrados por alguna autoridad temporal, que contraríen a la ley natural, al bien común o los derechos de la Iglesia, se haga con el equilibrio y la mesura convenientes, guardando siempre el respeto debido a las autoridades y a las personas[38].

---

[34] «Nota n° 203», 10 de julio de 1951.
[35] P. LEWIS, *Paraguay bajo Stroessner*, 349.
[36] P. LEWIS, *Paraguay bajo Stroessner*, 349.
[37] CEP, «Directivas reservadas», octubre de 1958.
[38] CEP, «Directivas reservadas», octubre de 1958.

El P. Talavera después de varias vicisitudes tendrá que salir del país[39].

En un discurso, pronunciado en Uruguay, podemos leer denuncias claras sin rodeos:

Y de esta manera hemos aprendido el dolor paraguayo, no en medio de libros eruditos y gabinetes aristocráticos, sino visitando y llevando el aliento a los barrios más humildes y abandonados; como capellán de la cárcel, lugar donde sistemáticamente se encierran a presos políticos, pudimos ser testigos presenciales de atropellos sin límites a la persona humana, y como caso concreto y ejemplo sorprendente, entre tantos, no podemos dejar de mencionar al oficial Orihuela, bárbaramente torturado, quien se libró de una muerte segura por nuestra intervención, y la de Monseñor Bogarín Argaña, en noviembre del año 1956[40].

En las palabras de P. Talavera encontramos la descripción clara del problema campesino paraguayo, ya que el 75% de los agricultores no poseen tierra propia, mientras once empresas capitalistas poseen en propiedad cerca de 5.000.000 de hectáreas de las mejores tierras. La vergüenza más grande para un país que debe ser esencialmente agrícola-ganadero, es que apenas el uno por ciento de la tierra paraguaya está realmente destinada a la agricultura.

Son, en efecto, palabras nuevas que el P. Talavera pronuncia, donde el derecho a la vida no es sólo para algunos pocos cristianos sino más bien para todos los hombres, cualquiera sea el credo o religión que profesen:

Nuestra fe y nuestro testimonio está contra todo ateísmo y materialismo militante; estamos contra todas las dictaduras de oriente y occidente; pero también, nuestra misma fe y nuestro mismo testimonio nos obliga a ser respetuosos y a defender a muchos ateos y materialistas, que son torturados y vejados por el solo delito de reclamar justicia y libertad y nos indignamos aún más cuando estos atropellos a la dignidad de la persona humana provienen de gobiernos y estados, que pretendidamente se dicen cristianos[41].

---

[39] Tenemos una carta de Mons. Mena Porta a Mons. Manuel Larrain en la que leemos: «El P. Talavera, salió de Asunción hacia Montevideo, estando yo en Roma, con la licencia expedida por el Obispo Auxiliar Mons. Maricevich. En esa ciudad, Mons. Barbieri le privó de las mismas por no someterse a las condiciones de tipo políticos. A pedido de Asunción Mons. Barbieri, le devolvió las licencias para un tiempo después volver a retirarlas. Pasó a Buenos Aires donde siguió su actividad siendo rodeado de personas de sospechosa filiación e ideario político. En esta ciudad fue visitado en numerosas ocasiones por Mons. Blujaki, el P. Nuñez, el P. Usher y el mismo P. Moledo se interesó por su situación, todos fueron defraudados», cfr. «Mena Porta José Aníbal», 9 de enero de 1961.

[40] R. TALAVERA, Mensaje para la Liberación, 5.

[41] R. TALAVERA, Mensaje para la Liberación, 7.

El del P. Talavera hace un llamado a toda la Iglesia, en modo especial a los Obispos y sacerdotes, poniendo el dedo en la llaga de una Iglesia que demasiadas veces se doblega frente al poderoso:

Sistemáticamente y obstinadamente desconocemos que existen torturados y perseguidos contra todo principio de ley y justicia. Sistemáticamente y obstinadamente seguimos desconociendo la mentira organizada que se hace sistema. Debemos reconocer, nosotros los sacerdotes, que hacemos muy poco, o casi nada para que en el manejo de la cosa pública se cumplan la Ley Natural y las auténticas normas cristianas. Así muchos [...] sacerdotes se acercan al poderoso para pedirle mil ladrillos y tienen que retribuirle diciendo a todo pulmón, por radiotelefonía y por la prensa, de que debemos bendecir a Dios por tener un gobernante patriota y constructivo, a pesar de que estamos seguros de tener un presidente inmoral, mentiroso y cruel[42].

La voz de este sacerdote se quedó lastimosamente aislada.

3. La Iglesia paraguaya en los años 60

En la década del 60, la estructura de la Iglesia paraguaya va creciendo con un ritmo acelerado. El número reducido de obispos aumentó con la creación de la prelatura Nullius de Caacupé que fue puesta a cargo de Mons. Ismael Rolón. En 1957 fue creada la Diócesis de San Juan Bautista de las Misiones. Todo el territorio de la Diócesis se encontraba en el área de las antiguas reducciones jesuíticas. En este lugar aislado del centro y apto para la ganadería, fue enviado como Obispo Mons. Ramón Bogarín Argaña. En el mismo año fue creada la prelatura Nullius de Encarnación y Alto Paraná, donde fue enviado como Prelado Nullius Monseñor Juan Wiesen de la Congregación del Verbo Divino. En el año 1961 fue creada la Prelatura Nullius de Coronel Oviedo donde fue nombrado Monseñor Jerónimo Pechillo de la Tercera Orden Regular de los Padres Franciscanos.

En 1961 fue nombrado Auxiliar de Asunción Mons. Felipe Santiago Benítez, reemplazando así a Mons. Aníbal Maricevich Fleitas, nombrado Obispo Coadjutor de Villarica. Mons. Julio Benigno Laschi González fue nombrado Administrador Apostólico de Concepción, con motivo de la dimisión del Obispo Diocesano Emilio Sosa Gaona, que pasó a ser Obispo Titular de Sergenza.

En los Vicariatos Apostólicos del Pilcomayo y del Chaco se encontraban, en la época, Mons. Sinforiano Lucas y Mons Angel Muzzolón respectivamente.

---

[42] R. TALAVERA, *Mensaje para la Liberación*, 21.

El cambio y el crecimiento estructural de la Iglesia paraguaya va acompañado, aunque lentamente, por el desarrollo de una nueva conciencia, de una nueva teología y por la búsqueda de nuevas líneas pastorales. Ello ocurre dentro del marco de una nueva situación política internacional, ya que se despierta en los países de Africa, Asia y América Latina «un ansia fuerte de participar en los frutos del desarrollo económico y acceder por fin a los niveles de bienestar que han alcanzado ya los países industrializados»[43]. A esto tenemos que agregar el anticomunismo continental, las zonas de influencias de grandes potencias, la revolución cubana y el multiplicarse de gobiernos militares, en el panorama latinoamericano.

Sin duda el hito principal para la vida de la Iglesia ha sido el evento del Concilio Vaticano II y, posteriormente, la II Conferencia General del Episcopado Latinoamericano celebrada en Medellín en 1968.

3.1 El problema social paraguayo

A dos años de la publicación de la *Mater et Magistra*, los Obispos del Paraguay publicaron una carta pastoral sobre *Las exigencias de la doctrina social cristiana ante el insuficiente desarrollo del país*. Elaborada al comienzo de 1962, fue, en efecto, una relectura de la *Mater et Magistra* a la luz de la realidad paraguaya. En⸱ esta carta se mencionan los documentos más significativos producidos por los Obispos a partir de 1946 y «el texto fue muy trabajado y discutido y hasta fue enviado previamente a la Santa Sede para que el panorama presentado no apareciese con valoración muy negativa»[44].

A pesar de que a los Obispos no hubiesen llegado todavía las ideas del Concilio, sin embargo este documento presenta una perspectiva muy distinta de los otros. La primera diferencia que podemos resaltar es ante todo en el estilo y lenguaje que abandona el aire clerical moralizante e ingenuo, para asumir otro lenguaje moderno y técnico, congruente con el tema de que se trata[45]. Se deja el método deductivo para partir de la realidad y de los hechos[46]. La situación de la realidad nacional no se funda sobre palabras vagas y abstractas sino más bien sobre datos: «Nos encontramos con una renta nacional que flota en torno a los 12.600 guaraníes anuales, lo que, por consecuencia, repercute directa y desfavorablemente

---

[43] I. CAMACHO, *Doctrina Social de la Iglesia*, 219.

[44] *ISH*, 75.

[45] Cfr. S. NUÑEZ, «Cambio en la conciencia eclesial», 12.

[46] Cfr. CEP, *El problema social paraguayo*, 8.

sobre la ración alimenticia de una gran parte de la población y sobre su nivel sanitario»[47].

Con respecto a los otros documentos, su contenido, mucho más amplio, abarca los distintos aspectos de la vida social, sin limitarse al orden solamente político: «Al reflexionar sobre cuáles sean los factores de esta situación de subdesarrollo, hemos encontrado implicadas determinadas ideologías, conductas sociales moralmente negativas y estructuras inadecuadas o insuficientes»[48]. Además se agrega que la jurisdicción de la Iglesia «va más allá del simple derecho de "predicar la moral social". Tiene también la misión de juzgar el valor de las estructuras y de las instituciones con relación a la dignidad de la persona humana»[49].

El documento está dividido en tres parte. En la primera se analiza la *Situación actual*, en la segunda viene presentada *La respuesta cristiana* y en la tercera se hace la *Exhortación final*. Frente a la elaboración de la primera y segunda parte, que se presentan bien estructuradas y completas, la última parte habría exigido una mayor atención y menor síntesis.

Al analizar el documento en sus distintas secciones, podemos tener un cuadro de la situación en la que se encontraba el Paraguay en aquel momento.

Entre los primeros puntos se examina el de la agricultura, tema tan querido por Mons. Sinforiano Bogarín, y que ahora los Obispos afrontan diciendo que la agricultura se caracteriza por sus prácticas rutinarias, y por su baja productividad, lo que trae aparejado un nivel de vida extraordinariamente bajo y un reducido poder adquisitivo de la población agrícola, que representa las dos tercera partes de la población total[50].

Al afirmar que la agricultura es el sector predominante, los Obispos ven con claridad que este es el sector que ha sido golpeado con mayor crueldad por el desequilibrio social. Los factores que tradicionalmente obstaculizan su desarrollo, se pueden encontrar sobre todo en el poder adquisitivo muy reducido de la población agrícola, en la vulnerabilidad de los precios de los productos, en la ausencia del mercado interno, en la tierra empobrecida por la concentración de la población en la región central y en el débil volumen de las exportaciones. De todo esto deriva el bajo nivel de vida, la pobreza extrema, el desempleo, el éxodo rural, las deficiencias sanitarias y alimenticias y las insuficiencias de la vivienda[51]. Como se puede comprobar, el problema de la agricultura no se

---

[47] CEP, *El problema social paraguayo*, 8.
[48] CEP, *El problema social paraguayo*, 10.
[49] CEP, *El problema social paraguayo*, 25-26.
[50] Cfr. CEP, *El problema social paraguayo*, 8.
[51] Cfr. CEP, *El problema social paraguayo*, 19.

debe a la falta de estímulo y entusiasmo que hace que los agricultores se entreguen a su triste suerte, sino más bien a motivos más complejos que abarcan toda la vida del campo. Se habla de una reforma agraria en sus aspectos múltiples: como el saneamiento jurídico-legal de los títulos de propiedad, la colonización planeada de las tierras fiscales e improductivas, el fomento del cooperativismo y del sindicalismo agrario, la asistencia técnica, la educación agrícola y un sistema eficaz de crédito agrícola.

3.2 El auténtico desarrollo

Los Obispos, al analizar los factores de la situación de subdesarrollo, mantienen el equilibrio entre los componentes ideológicos, morales y estructurales. Entre los elementos ideológicos encontramos la mentalidad liberal capitalista que «lleva a cada uno y a cada grupo a preferir su propio interés al bien común de la nación»[52]. Entre los factores morales se hallan, en vastos sectores sociales influyentes, la falta de sensibilidad a las exigencias y a los problemas del bien común. A esto se tiene que agregar una pasión política que se manifiesta en luchas estériles e irracionales, orientada más bien hacia el acceso al poder, y finalmente una carencia de educación cívica y un bajo nivel cultural de la mayoría de la población[53].

Pero a esto los Obispos agregan las estructuras sociales defectuosas o deficientes como:

el escaso número de habitantes del país [...] la distribución geográfica de la población, cuyo 63% se encuentra acumulada en la zona central, que apenas representa el 7% de la superficie total [...] la limitación de nuestros recursos y posibilidades; la insuficiencia de los servicios; la excesiva y anormal centralización de la vida económica, administrativa y cultural en la Capital; la ausencia de planes que aseguren la continuidad necesaria para una solución adecuada [...] y finalmente la escasez de inversiones extranjeras[54].

Frente a estos problemas la respuesta tiene que ser sobre la doble vertiente moral y estructural porque, si es verdad que

«una estructura mejor surge siempre de un hombre mejor» [...] es también un error, o más bien una ingenuidad, la actitud de muchos cristianos que lo esperan todo de una mera reforma de costumbres, sin esforzarse en modificar las estructuras para hacerlas más justas y más cristianas[55].

---

[52] CEP, El problema social paraguayo, 10

[53] Cfr. CEP, El problema social paraguayo, 10-11.

[54] CEP, El problema social paraguayo, 12.

[55] CEP, El problema social paraguayo, 14.

Además al analizar el desarrollo, los Obispos, siguiendo las huellas de la *Mater et Magistra*, hablan de un desarrollo integral: «Todo progreso material o económico debe ir acompañado por un proceso de humanización y de espiritualización»[56], y lo que nos parece muy importante es el hecho de que hablan de un desarrollo «"autopropulsivo", es decir, la comunidad debe encontrar, en su propio seno, los principales factores de su crecimiento»[57]. En fin, cualquier desarrollo «humano y auténticamente social debe saber conciliar las exigencias de la libertad con la eficacia técnica. Ningún hombre debe verse obligado a elegir entre el pan y la libertad, porque o el pan es libre, o no es humano»[58].

3.3 *La VII Semana Nacional del Clero*

A partir del lunes 8 de julio hasta el viernes 12 del año 1963, se llevó a cabo la VII Semana Nacional del Clero. A diferencia de otras anteriores, fue necesario introducir algunos cambios, debido a que el tema que se desarrolló fue *El Clero ante el problema social paraguayo*. En efecto, al lado de las exposiciones y debates, se dieron también algunas conferencias a modo de introducción a la Economía Política y a otros problemas del desarrollo económico y social. Se organizaron grupos de trabajo donde se discutían temas que, posteriormente, se utilizarían para la redacción de las Conclusiones finales.

Participaron los 12 Obispos y 87 sacerdotes, un número muy reducido, respecto al año anterior.

A propósito de esta semana, así comentaba el entonces P. Acha Duarte que tuvo a cargo la dirección de la jornada: «Es una gran necesidad de nuestro tiempo un encuentro sacerdotal que ponga al día a los pastores de la Iglesia sobre los múltiples y complejos problemas que deben afrontar. Se impone una mayor unidad de acción que no puede nacer sino de una mayor unidad de pensamiento»[59].

En estos encuentros fueron varios los temas tratados, pero todos estaban en relación con el tema recién tratado por los Obispos en la Carta Pastoral que acabamos de analizar.

El primer día, por ejemplo, se analizó el Fundamento del derecho de la Iglesia para intervenir en el mundo socio-económico. En el segundo: La parroquia y sus organizaciones al servicio de la comunidad. En el tercero: El papel de la Iglesia en el orden socio-asistencial. En el cuarto:

---

[56] CEP, *El problema social paraguayo*, 16.
[57] CEP, *El problema social paraguayo*, 18.
[58] CEP, *El problema social paraguayo*, 26-27.
[59] A. ACHA DUARTE, «El Clero», 18.

Etica del desarrollo y en el último, a cargo de Mons. Bogarín Argaña y del P. Acha: El acondicionamiento ambiental y la vida cristiana.

En las Conclusiones de las jornadas los sacerdotes, conscientes de la gravedad y urgencia de los angustiosos problemas que afectan al pueblo, a fin de hacer posible la presencia eficaz de la Iglesia en el compromiso de justicia y caridad social, solicitan de los Obispos la convocatoria de un año de acción social y católica, para promover una campaña intensiva de formación y educación de la conciencia social de sacerdotes y fieles, y despertar así un sentimiento de caridad y responsabilidad social.

Solicitan también la promoción de servicios sociales, tomando como objetivo primordial el núcleo familiar en sus múltiples problemas, tales como su constitución cristiana, su vivienda, la propiedad rural, el saneamiento de los títulos de propiedad, la educación de base, la colonización de nuevas tierras, la instrucción elemental.

Otras iniciativas que se llevaron adelante fueron la promoción del funcionamiento regular y pleno del V Sub-secretariado de la Conferencia Episcopal Paraguaya, de Acción Social y Asistencia, con todas sus dependencias a fin de que fuera el organismo coordinador y promotor de la empresa nacional del año de acción social.

En sus conclusiones los sacerdotes solicitaron la creación de institutos para la formación de líderes sociales, para el campo y la ciudad. Se propusieron también estimular los movimientos apostólicos laicos ya existentes que trabajaban en el orden social, como por ejemplo la Juventud Obrera Cristiana.

Finalmente resolvieron alentar los movimientos de orden temporal de inspiración cristiana, que trabajaban para instaurar un orden más justo y más cristiano, tales como los movimientos sindicales cristianos, cooperativas, movimientos agrarios. Por último se pidió que la próxima jornada nacional del clero tratase el tema de la familia en su aspecto social[60].

4. Las Ligas Agrarias

4.1 *El comienzo*

Es difícil establecer una fecha exacta del comienzo de las Ligas Agrarias. Algunos consideran al año 61 como el inicio de dicha organización, otros el 68. Los mismos campesinos afirman: «Nosotros no nos quedamos ni con uno ni con otro porque nuestra identidad está con

---

[60] Los Obispos ecribieron al final del mismo año una Pastoral sobre la familia; cfr. CEP, *Hacia una renovación*, 8 de diciembre de 1963.

aquellos que siempre lucharon por una vida más digna para el campesinado paraguayo antes y después de los años señalados»[61].

Su origen se debe al movimiento de renovación que, a partir del año
de acción social y fortalecido por el Vaticano II, alcanzó la Iglesia del
Paraguay poniendo todas sus energías en caminar con los más pobres y
«Desde esta nueva óptica, de "compromiso con los desposeídos" la
Iglesia Católica alentará ciertos gérmenes espontáneos de organización
campesinas, surgidas en varios puntos del país»[62].

Las primeras Ligas nacieron en el Departamento de Misiones en el
pueblo de San Juan Ruguá. En efecto, en esta zona del país se vieron los
primeros «cambios tecnológicos sin precedentes, asociados a procesos
interrelacionados: modernización de las estancias y arrozales; explotación empresarial del trigo y de la soja e intensificación del cultivo del
algodón»[63]. Los cambios en la organización de las estancias disminuye-
ron la demanda de trabajo para los cercados y terminaron con un tipo de
protección paternalista de los propietarios. Además «La demanda de
tierra por empresas para uso intensivo en agricultura y en ganadería y la
elevación de su precio inciden en la presión sobre campos comunales y
sobre las tierras apropiadas familiarmente por los pequeños productores»[64]. Con ocasión de un intento de cercamiento de un campo comunal
de los vecindarios de Tovahü, San Juan Rugua y San Jerónimo, aproximadamente 400 familias campesinas se movilizaron llegando hasta la
capital departamental, para denunciar el hecho ante la autoridad militar.
En estas y otras luchas encontraron el apoyo del Movimiento Sindical
Paraguayo y

> un grupo de sacerdotes jesuitas y de otras congregaciones que a la par nuestra
> supieron pasar persecuciones, cárceles, torturas y destierros por haber come-
> tido el mismo pecado que nosotros «buscar la unidad». Cada uno de ellos ha
> dejado huellas muy profundas en nuestros sentimientos[65].

Entre los que alentaron y trabajaron para la organización de los campesinos, encontramos a Mons. Ramón Bogarín que, había sido enviado
como Obispo a esta zona del país. Podemos aprender del testimonio de
los campesinos lo que significó esta figura:

> En realidad la figura de Monseñor Bogarín era muy importante para nosotros.
> Casi nos atreveríamos a decir que a él se lo debemos que hayamos nacido

---

[61] *Ko'ãga roñe'ëta*, 10.

[62] V.J. FLECHA – C. MARTINI – J. SILVERO SALGUEIRO, *Autoritarismo*, 41.

[63] R. FOGEL, *Movimientos campesinos*, 87.

[64] R. FOGEL, *Movimientos campesinos*, 88.

[65] *Ko'ãga roñe'ëta*, 10-11.

como organización y como tal no hayamos muerto. El fue nuestro guía, nuestro compañero de ruta, nuestro amigo, nuestro hermano, nuestro padre. Gracias a él, pudimos emerger nuevamente hacia la superficie y con sabiduría pudimos descubrir nuevas cosas, fijarnos nuevas metas y saber dar mejores respuestas a cada momento histórico que nos tocaba estar pasando[66].

Durante la represión más dura de las Ligas Mons. Bogarín murió de infarto masivo el 3 de setiembre de 1976:

Lamentablemente se quedó de nosotros a mitad de camino, porque su corazón ya no podía resistir las injusticias cometidas contra nosotros; le falló su corazón porque nosotros — sus hijos dilectos, como él solía decir — éramos llevados como animales y tratados como criminales en las salas de torturas por el sólo hecho de buscar la hermandad y la unidad basada en el amor[67].

El testimonio de los campesinos continúa con estas palabras: «En cada uno de nuestros corazones hay un íntimo y profundo agradecimiento hacia Monseñor Bogarín porque cuando había que jugarse, él se jugaba, pues él era así, porque supo tener los pantalones bien puestos cuando había que tenerlos»[68].

Y finalmente, concluyen los campesinos:

Hubiéramos querido que no nos dejara a mitad del camino. Entendemos su sufrimiento porque él nos enseñó a entender el dolor ajeno, pero queríamos que él llegara hasta el fin con nosotros. Nunca quisimos convencernos de lo avanzado de su edad ni de que su salud ya estaba un poco deteriorada. Queríamos que él viviera eternamente entre nosotros pero con carne y hueso y no sólo en nuestra mente y en nuestro corazón como ahora. El, como otros, dejaron inconcluso el trabajo iniciado y caminado por mucho tiempo. Pero bien, aprendimos de él, que aunque haya caídas, derrotas o victorias, había que seguir andando y no detenerse, y aquí estamos, hablando también de él porque es lo menos que podemos hacer, contarles a todos que gracias a Monseñor Bogarín nosotros pudimos seguir caminando[69].

4.2 *Las Ligas a partir de la voz de los campesinos*

Mucho se ha hablado sobre esta experiencia[70]. Lo que a nosotros nos parece interesante es tratar de resumir el problema de las Ligas a partir del relato de los mismos campesinos: «Somos campesinos de la zona de

---

[66] *Ko'ãga roñe'ëta*, 16.

[67] *Ko'ãga roñe'ëta*, 17.

[68] *Ko'ãga roñe'ëta*, 17.

[69] *Ko'ãga roñe'ëta*, 17.

[70] Véase con respecto al tema de las Ligas entre otros: J.L. CARAVIAS, *Vivir como hermanos*; EQUIPO EXPA, *En busca*; *Oñondivepá*.

Misiones y por este medio queremos contarles nuestra tragedia [...] y no pretendemos filosofar como sólo lo saben hacer los escritores — nosotros no somos tales — para explicar lo que fue y lo que quedó de nuestro andar»[71]. La tragedia de estos campesinos empieza en el momento de tomar conciencia de estar entre los últimos, «entre los que no debían tener espacio para hacer oir su voz, entre los que ni siquiera podían tener nombres, ni estudios, ni vestidos, ni salud, ni descansos»[72]. Es a partir de esta realidad que se tiene que estudiar el fenómeno de las Ligas en Paraguay, una realidad de postergación, de olvido y de desprecio de parte de los mismos paraguayos:

> Muchas veces hasta éramos mirados como bichos raros por los «ciudadanos» cuando caminábamos por sus calles, entrábamos en sus negocios o viajábamos de tanto en tanto en sus mismos transportes. Aunque a decir verdad, los callos de nuestros pies descalzos contrastaban con los que siempre estaban calzados y el grosor de nuestras manos no se asemejaba en nada con la de aquellos que están acostumbrados a las máquinas de escribir o los papeles o el dinero: y no al arado, al machete, a la pala y a la azada como lo hacíamos nosotros [...] y todas estas cosas no deben interpretarse como un reniego hacia nadie, además no tenemos — y nunca lo tuvimos — tiempo para ello. Simplemente queríamos romper la barrera que nos separaba del resto de nuestros compatriotas y así fue que comenzamos a andar, de a poco, pero seguros[73].

La finalidad de las Ligas era, según el sencillo relato de los mismos, «luchar por mejorar nuestra vida. Nuestra culpa fue el haber amado tanto la tierra en que nacimos porque ella es sinónimo de vida»[74].

Por lo que se refiere a la conexión con los partidos políticos los campesinos aclaran que nunca estuvieron comprometidos con ninguno porque generalmente éstos, les dividían en su pobreza y ellos mismos lo que querrían era justamente enfrentar esa división en que les habían llevado los opresores de turno; «estábamos convencidos de que si no buscábamos la unión de todos y nos quedábamos en la lucha estéril de los partidos políticos no íbamos a poder cumplir con nuestra misión de cristianos en camino a la liberación»[75]. La experiencia que los campesinos tenían de los políticos estaba muy vinculada al tiempo de las elecciones, momento en el cual «venían los políticos de las ciudades a

---

[71] *Ko'ãga roñe'ëta*, 7.
[72] *Ko'ãga roñe'ëta*, 8.
[73] *Ko'ãga roñe'ëta*, 8.
[74] *Ko'ãga roñe'ëta*, 9.
[75] *Ko'ãga roñe'ëta*, 11.

prometernos soluciones a nuestros problemas, y terminadas las elecciones, *opa reipa* (terminaban) las promesas realizadas»[76].

El otro aspecto fundamental de las Ligas fue tratar de cambiar la manera de educar a los hijos:

> Apenas pisaban hijos nuestros una escuela ya se encontraban con una contradicción insalvable; mientras en nuestras casas hablábamos en guaraní, en las escuelas eran obligados a estudiar y a aprender en castellano con consiguientes castigos si persistían hablar en guaraní durante las clases. Esto generaba problemas de aprendizaje además de enseñarles realidades totalmente diferentes a las nuestras[77].

Fue así como se crearon las escuelas campesinas en que se trató de educar a los niños a partir de la realidad en que vivían. Encontramos escuelitas en Misiones, Cordillera, Caaguazú, Jejui, Monday, Chorro, Horqueta y Cecilio Baez. En 1971 se fundó también un Equipo de Coordinación Nacional. A los de la comunidad que estaban mejor preparados se les encomendaba la tarea de educar a los niños «Eran los *pytyvohara* (el que ayuda) y las clases las daban en una casa específica utilizando para tal efecto el *mangovy* (debajo del mango), el corredor o alguna habitación especialmente preparada para la enseñanza»[78].

Para ayudarse entre ellos los campesinos emprendieron el trabajo de tipo comunitario utilizando el sistema de *minga*, «que se basaba en las mismas tradiciones indígenas, grupos de campesinos encaraban juntos las faenas agrícolas, trabajando por turno en sus respectivas chacras»[79]. También fue reavivada la costumbre del *jopói*, cuya práctica consistía en compartir los frutos de una faena o cosecha.

5. La Constitución de 1967

A principios de los años 60, Stroessner buscaba la legitimación de su poder opresivo simulando una apertura que nunca existió. En 1963 organizó una elección «farsa», en que logró atraer a un grupo de liberales: el Movimiento de Renovación. El semanario *Comunidad*, en vísperas de este evento, así escribía: «Cualquiera que sea la valoración política que merezca este acontecimiento en los diversos sectores de la opinión nacional, un cristiano no puede soslayarlo con despreocupada indiferencia, sin medir su responsabilidad cívica y moral a este respecto»[80].

---

[76] *Ko'ãga roñe'ëta*, 11.

[77] *Ko'ãga roñe'ëta*, 13.

[78] *Ko'ãga roñe'ëta*, 14.

[79] R. FOGEL, *Movimientos campesinos*, 95-96.

[80] «Elecciones», 3.

Según el semanario, la moral política exigía que las elecciones fueran la expresión honrada de la voluntad de la mayoría de los ciudadanos, lo cual implicaba que el proceso electoral fuera correcto, que existiera libertad de oposición y que no se sucumbiera a la tentación muy latino-americana de falsificar el resultado de las urnas[81]. Muy claramente el periódico afirma que el analfabetismo de la población, su ignorancia de los complejos problemas del Estado moderno, y la consiguiente apatía política contribuyen al enviciamiento del proceso electoral. Proceso en el cual, denunciaba el diario, «los muertos van a las urnas para votar por los vivos»[82]. De unos 710 mil inscritos se presentó a votar cerca del 85%. Por primera vez las mujeres accedieron a las urnas. El Estado de Sitio en esa ocasión se levantó por 9 horas durante el acto. En la víspera hubo detenidos y bombas terroristas. Cuando faltaban todavía 15 pueblos por escrutar, los resultados atribuían a Stroessner 485.238 votos, a Gavilán 14.388 y en blanco resultaban 32.512 votos[83].

La victoria de 1963, según elecciones «democráticas» le valió a Stroessner, frente a los Estados Unidos, una fachada de legalidad, permitiéndole al mismo tiempo recibir una ayuda económica tan necesaria para el fortalecimiento de su gobierno. En 1966 en el juego político ingresó también el Partido Revolucionario Febrerista y, finalmente, Stroessner logró la participación del Partido Liberal, con la cual coronó el intento de mostrar que en su Gobierno existía una oposición y por ende, democracia.

En estos años empezó a surgir la idea de una nueva constitución «Aunque en sordina todavía, ya estamos escuchando en la prensa y en la calle campanas que suenan a asamblea constituyente y a reforma constitucional»[84]. Los sectores de la opinión pública querían establecer mayores garantías que se tenían que expresar en los principios de soberanía popular, en la igualdad política, en la consulta popular garantizada y en una mayoría bien controlada por la minoría. La Constitución del 40, no favorecía una evolución democrática. En ella estaba frenada la libre expansión de varios derechos esenciales y la libertad era relativa. Lo que se quería era que la nueva Ley Fundamental, contuviera en sus disposiciones la naturaleza sustancial de la doctrina democrática. En ella, la igualdad política, debía significar no sólo que cada ciudadano valiera un voto, sino también que ese mismo ciudadano tuviera la garantía

---

[81] Cfr. «Elecciones», 3.
[82] «Elecciones», 3.
[83] Cfr. «Alto porcentaje de inscriptos», 1.
[84] «Libertad Religiosa», 2.

suficiente para disponer de igual oportunidad que los demás miembros de la comunidad, para participar en la actividad de la vida pública. En pocas palabras, se quería garantía a la libertad de expresión, a la libertad de prensa, a la libertad de reunión y que los procesos de las personas acusadas gozaran de la debida protección. Con la Constitución del 40 el Presidente de la República reinaba y gobernaba.

El tema se debatió durante el año 1966 y despertó la esperanza de una verdadera apertura democrática «Nos emocionaría hasta las lágrimas en un solo caso: si la reforma constitucional connotara la institucionaliza-ción efectiva — y, correlativamente, la despersonalización — del poder y de la autoridad en la vida política paraguaya»[85].

5.1 *La participación de la Iglesia en el debate*

En este debate los Obispos participaron activamente por medio de tres cartas pastorales.

Con la reforma constitucional se planteaba «el espinoso problema de las relaciones entre Iglesia y Estado»[86]. El Arzobispo de Asunción durante la clausura de la Asamblea Nacional, pronunció un discurso, en nombre del Episcopado paraguayo, siguiendo las huellas del Concilio, recién terminado; se limitó, con respecto a este tema, a exigir un régi-men jurídico de libertad religiosa y relaciones de colaboración recíproca con el Estado, puesto que la comunidad política y la Iglesia, si bien independientes y autónomas, «están al servicio de la vocación personal y social del hombre»[87], aunque por títulos diversos.

El semanario *Comunidad*, que desde algunos números trataba el problema, fue muy explícito afirmando que la Iglesia que surgió del Vaticano II, ya no exigía para sí un estatuto de privilegio ni un estado católico apostólico y romano, sino la Libertad Religiosa para todos:

> El Estado tendrá que renunciar a su vieja pretensión de «nacionalizar» la religión mediante el anacrónico régimen del patronato, y dejar de una vez por todas que la Iglesia elija libremente a sus pastores y prelados [...]. Ya es hora de que terminen esos misteriosos forcejeos entre nuncios apostólicos y hombres de Gobierno, por empeñarse estos últimos en aceptar solamente ternas episcopales constituídas por candidatos simpatizantes del «partido»[88].

El mismo semanario, al comentar el discurso del Arzobispo, escribía que la Iglesia se había reducido voluntariamente a una especie de

---

[85] «Reforma Constitucional».

[86] «Libertad Religiosa», 2.

[87] *Gaudium et spes*, n. 76.

[88] «Libertad Religiosa», 2.

«pobreza jurídica», apenas revestida de un esencial ropaje concordatario, en igualdad de condiciones con las minorías religiosas, salvo su derecho al reconocimiento de su acción civilizadora a lo largo de la historia nacional[89]. En efecto, el Arzobispo en su discurso había afirmado que no se podía olvidar, guardando el debido respeto a las minorías confesionales y salvando sus derechos, que el Paraguay en su ser de nación llevaba el sello profundo de la Iglesia Católica que lo acuñó y acompañó en su historia de 155 años de vida independiente.

Esta realidad, según el Arzobispo debía ser reconocida, no como una fuente de privilegio sino como el principio que iluminaba las futuras relaciones entre la Iglesia y el Estado paraguayo. El discurso agregaba que se abrigaba también la esperanza que la nueva Constitución abriría nuevos cauces en las relaciones entre la Iglesia y el Estado paraguayo, mediante un instrumento jurídico más acorde con los principios enunciados, concretado en un concordato entre la Santa Sede y el Gobierno paraguayo[90].

5.2 La reforma Constitucional – La Asamblea Nacional Constituyente – A la Convención Nacional Constituyente

Como ya hemos dicho, el debate sobre la nueva Constitución que se estaba preparando tuvo el aporte de los Obispos que no sólo tuvieron la posibilidad de aclarar en esta ocasión su postura con respecto a la relación Iglesia-Estado, sino que vieron, en este acontecimiento, la oportunidad de poder formular los principios verdaderos sobre los cuales tenía que basarse la Carta Magna de la República. Así se podría «tutelar la verdad y la dignidad moral del hombre y de la sociedad, tan gravemente comprometidas en todo ordenamiento constitucional»[91].

El primer documento de la Conferencia Episcopal salió bajo la forma de *Orientaciones Doctrinales*, el 25 de diciembre de 1966[92], a pocos meses de la declaración del Arzobispo de Asunción. El esquema adoptado en este documento se conforma al tema tratado. En efecto, en la primera parte se analizan: *los atributos del Poder Constituyente*, para pasar a la: *Legitimidad moral y jurídica de la Constituyente*, posteriormente al: *Contenido de la nueva Constitución* y finalmente, en la parte IV, se trata el tema de: *La Iglesia ante el Estado paraguayo*.

---

[89] Cfr. «La Iglesia y la Constituyente», 2.
[90] Cfr. J.A. MENA PORTA, «Discurso», 30 de mayo de 1966.
[91] CEP, *Con motivo*, 25 de diciembre de 1966, 6.
[92] Cfr. CEP, *Con motivo*, 25 de diciembre de 1966, 6.

La elaboración del documento toma como punto de arranque la *Gaudium et Spes* para analizar, por ejemplo, la *Legitimidad Moral y Jurídica de la Constituyente*, pero sin olvidar nunca la realidad de la situación paraguaya. En efecto, al hablar de la representatividad se siente cercano el problema del proceso electoral paraguayo. Según los Obispos, la representatividad debe interpretarse a la luz de las reglas del limpio juego democrático y comprende, antes que nada, la libre participación de todos los sectores políticos en el proceso electoral, de manera que la convención refleje con fidelidad toda la gama de opiniones y corrientes que animan la vida política del país. En efecto, la plena representatividad depende, en gran medida, de una justa formulación de la ley electoral. Si esta ley llega a ser manipulada por un sector político-partidario, impidiendo la participación de los otros, el proceso electoral resultará radicalmente viciado; la asamblea resultante no será realmente representativa y su labor revisora carecerá de valor jurídico y de justificación moral[93]. El semanario *Comunidad*, en su editorial, comenta que las reflexiones episcopales resultan oportunas, en un país donde muy pocas veces ha habido limpieza en las luchas políticas.

En realidad, en el Paraguay se ha jugado bajo el mito de la mayoría popular, atribuyendo al pueblo un poder platónico y fantasmal, pero despojándolo de hecho, de toda posibilidad de expresar su voluntad real[94].

En efecto, según el semanario, el pueblo ha sido más bien domesticado en las seccionales políticas[95]; se lo ha hecho desfilar masivamente en pintorescas cabalgatas partidarias; se lo ha conducido *en tropa* hacia las urnas, teleguiando su voto[96]. En la parte que se refiere al *Contenido de la Nueva Constitución*, los Obispos señalan que «la nueva Constitución, como estructura arquitectónica de la nación, debería evitar la concentración excesiva del poder político en un sólo órgano constitucional, de modo que la función del Ejecutivo no se convierta, en la práctica, en una dictadura legal»[97]. En efecto, dicen los Obispos, el pueblo aspira a una mayor participación en las instituciones políticas del país, y desea, por lo mismo, un instrumento constitucional de mayor elasticidad democrática que le permita satisfacer plenamente sus aspiraciones[98]. En este sentido se declara que la Constitución del 40 ya no está acorde a las exigencias de la sociedad, en cuanto consagra el absolutismo

---

[93] Cfr. CEP, *Con motivo*, 25 de diciembre de 1966, 11.

[94] Cfr. «Limpio juego democrático».

[95] Se les llaman así a los comités locales del Partido Colorado.

[96] Cfr. «Limpio juego democrático».

[97] CEP, *Con motivo*, 25 de diciembre de 1966, 15.

[98] Cfr. CEP, *Con motivo*, 25 de diciembre de 1966, 14.

de un poder, que no tenía que rendir cuentas a nadie de su gestión del bien común. Comentando el pasaje de los Obispos, el editorial de *Comunidad* hace algunas referencias muy interesantes afirmando que siempre ha existido en el Paraguay, como tradición y como mito, una concepción patriarcal del poder, de donde deriva la concepción personalista y no institucional de la autoridad política. La historia del Paraguay se ha caracterizado casi siempre por una sucesión de regímenes patriarcales, con muchos padres que gobernaron con patria potestad. Pero, a pesar de que hayan tenido alguna justificación histórica, han despertado en el pueblo una especie de complejo de Edipo, que lo ha impulsado a buscar en quien abdicar voluntad, vida y hacienda, ya sea un Patriarca, un Supremo, un *Tendotá* (Jefe) Gran Médico o un «Reconstructor». Concluye el editorial: «Aquí se nos plantea toda una tarea de educación cívica, sin la cual resultará ficticia e ineficaz la más democrática de las reformas constitucionales»[99].

En la parte en que tratan *Sobre el Contenido de la Nueva Constitución*, los Obispos, aclarando las características del Estado moderno, hablan de los derechos fundamentales. La encíclica *Pacem in Terris* constituye el telón de fondo de este capítulo.

La última parte de la orientación de los Obispos está dedicada al problema de *La Iglesia ante el Estado Paraguayo*. Un particular relieve reviste el párrafo sobre el patronato:

> El patronato de derecho público, incorporado en la Constitución vigente, por el cual se otorga al Jefe de Estado el privilegio de proponer la nómina de candidatos para proveer las sedes episcopales, conceder el pase a los decretos Conciliares, las bulas, breves y rescriptos del Sumo Pontífice, debe considerarse hoy como una institución anacrónica, constituye prácticamente una lesión a la autonomía corporativa interna de la Iglesia[100].

El segundo documento de la Conferencia Episcopal, que se refiere a esta etapa de la vida nacional en la que se está gestionando la formación de una nueva Carta Magna, lleva la forma de una Instrucción Pastoral, con el título *Ante la Asamblea Nacional Constituyente*. A diferencia del primer documento, éste tiene una estructura mucho más simple y un lenguaje más sencillo, que refleja el objetivo mismo que los Obispos quieren alcanzar: despertar a la ciudadanía[101]. Dicen los Obispos que no

---

[99] «La necesidad de que el pueblo».

[100] CEP, *Con motivo*, 25 de diciembre de 1966, 23.

[101] Es una actitud de la jerarquía que empieza a cambiar y que un poco más tarde se ve reflejada también en dos documentos sobre la *Caritas*: cfr. CEP, «Comunicación», 29 de junio de 1967, 221-227; ID., «Comunicado», 21 de diciembre de 1972, 205-207. Con el primero se hace la restructuración del mismo organismo y con el segundo se

se puede esperar indiferentes y pasivos que, por voluntad de poder, o por otros recursos tortuosos, se imponga una Constitución prefabricada al margen del conocimiento y de la libre opción[102]. En efecto, se había presentado un Anteproyecto colorado, que reforzaba la autocracia con varios injertos totalitarios, «malogrando lamentablemente sus principios democráticos»[103]. Este proyecto había ya recibido varias críticas. En un editorial *Comunidad* afirmó que representaba una evolución regresiva en el proceso político del país, una guillotina de los derechos políticos, y de las libertades del pueblo[104].

El documento de los Obispos es un llamado a la ciudadanía para que dialogue y discuta sobre cada tema, con hondo sentido del bien común y con toda la nobleza que exige el limpio juego democrático[105].

Sobre el mismo tema, los Obispos dirigieron, algunos meses después, una carta abierta a la Honorable Convención Nacional Constituyente[106]. Allí analizan el anteproyecto de los colorados, que sin duda se habría tomado como base de discusión, tanto en sede de comisiones como en las deliberaciones de la misma Asamblea[107]. Las objeciones que plantean, no son ya a partir de sus derechos y mucho menos de sus privilegios, sino a partir de los derechos del pueblo.

Según los Obispos, el anteproyecto no había previsto el control social o institucional de las funciones del Poder Ejecutivo, consagrando así una estructura personalista y dictatorial de la autoridad política. De esta manera, los mismos derechos humanos carecían de tutela y de garantía estructural, a pesar de una preocupación social que se hallaba en el mismo anteproyecto. Por otra parte afirman que si se aceptaba la redacción presentada por los colorados, las atribuciones no controlables que se otorgaban al Ejecutivo, habrían constituido una agudización de la estructura discrecional del poder y, por ende, una permanente amenaza a la libertad de los ciudadanos, derecho este último «tan sagrado de la persona humana»[108].

Las críticas de los Obispos apuntan también al hecho de que el ante-proyecto no protege los valores del matrimonio y, en materia de

---

abandona una pastoral asistencial para que se pueda realizar una autopromoción de las mismas personas que necesitan.

[102] Cfr. CEP, *Ante la Asamblea*, 14 de abril de 1967, 10.

[103] I. RAMIREZ – GATTI, «Dos opiniones».

[104] Cfr. «Todos a medias».

[105] Cfr. CEP, *Ante la Asamblea*, 14 de abril de 1967, 11.

[106] Cfr. CEP, *A la Honorable Convención*, 20 de junio de 1967.

[107] Cfr. CEP, *A la Honorable Convención*, 20 de junio de 1967, 4.

[108] CEP, *A la Honorable Convención*, 20 de junio de 1967, 6.

educación parece, consagrar el principio del monopolio estatal de las escuelas. Y, por último, rechazan el así llamado voto político, que los colorados imponían por disciplina a sus parlamentarios, en pro de los preceptos constitucionales. Afirman los Obispos:

La razón estriba en que los derechos del hombre, de la sociedad y del Estado, garantizados por el derecho natural, penetran hasta las capas más profundas de la conciencia humana, y su vigencia no puede hallarse sometida a una decisión partidaria, y ni siquiera a una votación mayoritaria o masiva. En el caso de la reforma constitucional, la presión partidaria sobre la decisión de los Convencionales — mediante el mecanismo del «voto político» — equivaldría prácticamente a un golpe de Estado[109].

5.3 *La nueva Constitución*

La Convención Nacional Constituyente culminó el viernes 25 de agosto de 1967, a las 16 horas.

Fueron aprobados todos los derechos individuales y sociales propuestos, pero concentrando el poder en las manos del Ejecutivo, se dio acto a un estado autoritario que anulaba de hecho todos los derechos. Fueron aprobados las libertades e igualdades y los derechos sociales económicos, los derechos de los trabajadores, los derechos políticos y el derecho a la tierra. Se aprueban también los Recursos de Amparo y el *Habeas Corpus*.

Muy duro el editorial del semanario *Comunidad* que escribe:

Un admirable preámbulo. Una excelente parte dogmática con algunos reparos. Una estructura vertical del poder, que deja muy atrás a la Constitución del 40. Un Ejecutivo reforzado con facultades no controladas de soberano absoluto, al que se aplica letra por letra la dura crítica del Episcopado en su Carta abierta a la Convención Nacional Constituyente, en lo referente a la estructura del poder [...]. Una oposición muchas veces ingenua. Y un pueblo nuevamente defraudado, a quien se le exige ahora la más absoluta obediencia[110].

Stroessner, gracias a esta Constitución, pudo postularse legalmente como presidente en 1968 y 1973. En resumen «La Constitución de 1967 — como la de 1940 — dio base legal al Estado Autoritario. Pero la presencia de los convencionales de la oposición dio legitimidad a la PAZ de la dictadura stronista»[111].

---

[109] CEP, *A la Honorable Convención*, 20 de junio de 1967, 11.
[110] «La nueva Constitución», 3.
[111] E. ACUÑA – al., *El precio de la paz*, 109.

6. Los presos políticos: una llaga abierta

Antes que terminara la controversia sobre la nueva Constitución Nacional, la situación en que se debatían más de un centenar de presos políticos, afectó la conciencia cristiana del país.

La mayoría de los detenidos llevaban años de reclusión, incomunicados, sin poder ver a sus familiares ni recibir asistencia de ninguna especie. Entre ellos había hombres maduros, mujeres y jóvenes de apenas veinte años.

El semanario *Comunidad* se hizo portavoz de este problema describiendo las condiciones inhumanas en que vivían: «Las celdas donde se los tiene hacinados son lóbregas y húmedas, "panteones para vivos" [...]. Allí en medio de la promiscuidad y de la hediondez, ni las más elementales necesidades pueden cumplir decorosamente»[112].

El diario se hacía eco de las numerosas cartas de los detenidos y de sus familiares, que reclamaban el más fundamental de todos los derechos: ser sometidos a la Justicia ordinaria. No se les permitía la defensa, no les amparaba la presunción legal de la inocencia, ni tampoco se los declaraba legalmente culpables.

A los partidos políticos, corporaciones y entidades gremiales que habían planteado el tema ante el Presidente de la República, la Corte Suprema de Justicia y la Cámara de Representantes, se les había contestado que los detenidos eran comunistas. El diario concluía con ironía «Si los Tribunales no resuelven debidamente este problema, la Justicia de nuestro país habrá de cambiar de símbolo. En vez de la clásica balanza, la representaría mejor una palangana»[113].

El problema de los presos políticos se plantea de nuevo, al final de noviembre de 1967, siempre en el diario *Comunidad,* que afirmaba que no se estaba prejuzgando la culpabilidad o la inocencia de los detenidos. Las fuentes oficiales habían repetido hasta la saciedad que se trataba de militantes comunistas, subversivos, terroristas, guerrilleros, dinamiteros, asesinos políticos y conspiradores profesionales. Pero aún así, y aunque fueran los criminales más feroces de la República, no dejaban de ser personas humanas, y tenían el derecho inalienable de ser procesados según las leyes del país y ante los tribunales ordinarios, con todas las garantías que podían ofrecerles las instituciones jurídicas de la nación[114].

Además de una defensa al valor sagrado de la libertad, el diario intenta llamar a la conciencia del pueblo, que parece haber perdido su capacidad

---

[112] «Una situación insostenible», 2.
[113] «Una situación insostenible», 2.
[114] Cfr. «Dos Justicias», 3.

de indignación ante una enormidad semejante, porque piensa que después de todo no vale la pena armar escándalo por la suerte de unos pocos, por el abuso de poder en casos que son de excepción. Pero sería suficiente reflexionar para darse cuenta que la injusticia impunemente cometida contra uno solo, constituye una injusticia contra todos, porque amenaza los derechos de todos. Continúa el periódico

> Tradicionalmente el despacho del Sr. Arzobispo ha sido siempre el último refugio de tantos familiares desahuciados, que han ido a buscar allí un poco de esperanza: y jamás han salido defraudados. Pero, la solución efectiva y radical del problema cae bajo la grave responsabilidad de las autoridades correspondientes[115].

El problema llega a su punto culminante, cuando los dirigentes y militantes del apostolado seglar hacen llegar una nota a la Conferencia Episcopal Paraguaya, en su última Asamblea Ordinaria de 1968.

Por la importancia que reviste, vamos a detenernos sobre el texto de la nota.

Los laicos están motivados por las señales de injusticias y los angustiosos problemas que enmarcan la realidad del país. En este contexto expresan el deseo de responder al llamado de Medellín y de dar una respuesta paraguaya a la convocatoria universal de Pablo VI «quien al instituir la Jornada Mundial de la Paz de 1969, consagrada a la promoción de los *Derechos Humanos*, está pidiendo en forma dramática una movilización de las fuerzas cristianas para dar un testimonio Evangélico, audaz y valiente, de solidaridad humana»[116].

Era de público conocimiento que en los locales policiales estaban recluidas, en condiciones muchas veces infrahumanas, decenas de personas a quienes bastó el epíteto de *subversivo* o *comunista*, para perder sus legítimos derechos. No habiendo sido juzgados, nunca podrían demostrar si realmente eran culpables o inocentes. La situación no constituía un hecho aislado: «Ella es la expresión de un sistema estructural solventado por un gobierno autocrático no dispuesto a permitir discrepancias con su particular proceder»[117]. Y la Constitución recién aprobada avalaba ampliamente estas situaciones. Toda la manifestación de la estructura socio-política respondía a una idea de poder, entendido como prepotencia y no como función de servicio. La consecuencia de eso, según la nota, se encontraba en un comportamiento social que se expresaba en la pasividad y el conformismo, con que eran recibidas y

---

[115] Cfr. «Dos Justicias», 3.

[116] JOCF – *al.*, «Presos políticos», 8.

[117] JOCF – *al.*, «Presos políticos», 8.

aceptadas cualesquiera demostraciones de prepotencia, y que llegaba al extremo de considerar como dádiva generosa, el conceder su derecho de libertad a un ser injustamente privado de él. Continúa la nota: «En efecto, los apresamientos seguidos de acusaciones espectaculares, producen en el medio campesino, analfabeto funcional en su mayoría, anonadamiento y confusión que lleva a una disminución progresiva del espíritu de solidaridad y de justicia»[118]. La misma situación se reproducía entre los sectores obrero y estudiantil. A esto había que agregar el marco histórico, en el que los régimenes dictatoriales habían provocado la carencia de una sólida educación cívica del pueblo.

Después de haber analizado la realidad de la sociedad, la nota pasa a examinar la forma en que la Iglesia paraguaya, sacerdotes y laicos, responde a los desafíos de la realidad nacional:

Tendríamos que reconocernos formando parte de una Iglesia que consume la mayor parte de sus energías en la conservación de sus instituciones (muchas de ellas caducas), de sus estructuras internas y que muchas veces se sirve a sí misma quedando, por lo tanto, al margen del proceso histórico[119].

Citando Medellín, la nota así continúa:

Habéis expresado también en Medellín vuestro deseo de «inspirar, alentar y urgir un orden nuevo de justicia». Mas, nos duele tener que afirmarlo, pero nos parece que no siempre hemos estado totalmente «libres de ataduras temporales, de convivencias indebidas y de prestigio ambiguo». De otra manera no se explica que, como en el caso de los presos políticos, prefiramos la intercesión silenciosa y secreta, que tranquiliza nuestras conciencias, a la denuncia valiente, testimonial y profética de las realidades que constituyen una afrenta al espíritu del Evangelio (Is; 88, 1, ss), actitud que forma parte de nuestra misión específica[120].

La nota prosigue afirmando que hay necesidad de obrar, sobre todo en la hora en que la historia y la fidelidad a la misión exigen una completa autenticidad, «que no puede ser de otro modo expresada, que a través de la unidad entre el criterio plenamente humano y el gesto comprometido de una fraternidad operante»[121]. Las sugerencias tienen esta finalidad «con la plena conciencia de que no serán suficientes al Señor sólo las buenas intenciones que Obispos y laicos albergamos, si ellas no van avaladas por el fervor y el empeño de llevarlas a la práctica»[122].

---

[118] JOCF – al., «Presos políticos», 8.

[119] JOCF – al., «Presos políticos», 8.

[120] JOCF – al., «Presos políticos», 8.

[121] JOCF – al., «Presos políticos», 8.

[122] JOCF – al., «Presos políticos», 8-9.

La nota lleva un anexo con una breve descripción de las condiciones de los presos políticos, y una lista parcial de más de 80 recluidos. En el anexo se señala que existe una Comisión Paraguaya de Defensa de Derechos Humanos, cuya Presidenta es la Sra. Carmen Casco Miranda de Lara Castro; Vice Presidente, el Dr. Jerónimo Irala Burgos y Secretario, el Abogado Nelson García Ramírez. La nota expresa que dicha Comisión «Hace cuanto puede para la atención a los presos y a sus familiares, para la concientización de la opinión pública sobre este particular y para la presentación periódica y siempre infructuosamente de estos casos ante el Poder Judicial»[123]. Se agrega también que, por mediación personal del Señor Arzobispo y de Mons. Rodríguez, se ha obtenido la libertad de algunos y, en ocasiones, no sólo un trato más humano en las cárceles, sino también la normalización del régimen de visitas de los familiares. Concluye la nota: «La última esperanza de estos prisioneros y de sus familiares radica hoy en la Iglesia. Ellos creen — y con razón — que es la única fuerza moral y social capaz de conseguir si no la libertad de los detenidos, por lo menos un trato humano y proceso legal»[124].

Siguen las firmas de los responsables de las varias organizaciones[125], de sacerdotes y particulares.

La nota que acabamos de comentar, constituye un hito en la vida de la Iglesia paraguaya, fruto de la toma de conciencia de un relevante sector de laicos y sacerdotes que, a la luz del Concilio y de Medellín, intenta dar una respuesta a los desafíos de la realidad. En este proceso podemos notar que los sucesos y los documentos no van por carriles distintos, sino que «se entrecruzan y se iluminan recíprocamente en una serie impresionante, difícil de seguir paso por paso»[126]. En esta postura no faltarán dificultades y tensiones que, sin embargo, se enmarcan en este cambio fundamental de perspectiva.

Como respuesta a esta nota, los Obispos, en enero de 1969, presentaron al Presidente de la República una carta en la que se hacen eco de «las numerosas y angustiosas voces, procedentes de todos los sectores del pueblo cristiano, reclamando nuestra mediación y nuestra

---

[123] JOCF – al., «Presos políticos», 14.

[124] JOCF – al., «Presos políticos», 14.

[125] Entre las muchas organizaciones que firmaron la nota recordamos: Juventud Obrera Católica Femenina (JOCF); Juventud Obrera Católica (JOC); Juventud Agraria Católica (JAC); Movimiento de Egresados Universitarios Católicos; Comité Directo Pax Romana; Movimiento Familiar Cristiano; Equipo Nacional del Movimiento Familiar Cristiano; Movimiento de Cursillo de Cristiandad; Sindicato Empleados y Obreros del Comercio; Equipo de Elaboración Doctrinal y la Junta Nacional de AC.

[126] S. NUÑEZ, «Cambios en la conciencia eclesial», 13.

intervención moral a propósito de la situación de los presos políticos, en nombre de la defensa de los derechos humanos»[127].

Los Obispos afirman que no escapa a su conocimiento que muchos de ellos están cumpliendo una condena desmesuradamente larga, y que otros se hallan en delicado estado de salud, por haber intentado formas desesperadas de resistencia pasiva en defensa de su libertad[128]. Agregan los Obispos: «Nos preocupa, de modo singular, la suerte de cierto número de mujeres que bajo acusaciones similares, se hallan detenidas en locales policiales no habilitados para el efecto»[129]. Pedían además una audiencia que se realizó el 10 de febrero de 1969 a las 10.00, según el Comunicado de prensa de la Conferencia Episcopal.

Al salir de la visita, la Subsecretaría de la Presidencia de la República hizo conocer un comunicado en el que se señalaba que: «los Señores Obispos escucharon atentamente la extensa exposición del Primer Magistrado interponiendo sugerencias en ciertos pasajes para finalmente, reducir la petición original a una variante de la misma: la de que los detenidos sean mejor tratados»[130]. La dictadura intentaba reducir la audiencia de los Obispos a una conversación sin ningún alcance, en la que Stroessner había llevado el rol principal y protagonista, permitiéndose también ridiculizar los pedidos de los Obispos, «Como si el interés de la Iglesia se redujera a que se sirva a los presos "tallarines todos los domingos", para emplear una burda ironía de un alto jerarca del gobierno»[131].

Los Obispos, el 12 de marzo del mismo año, dan a conocer a toda la Iglesia los dos textos que se tenían que agregar durante las Misas a las peticiones generales ordinarias: «El texto de la primera petición está tomado del Mensaje Papal con motivo de la Jornada de la Paz de 1969; y el segundo, de la carta de la CEP al Señor Presidente de la República»[132]. Las Peticiones así rezaban:

> Para que nuestras autoridades comprendan que «no habrá verdadera Paz allí donde no hay respeto, defensa y promoción de los derechos del hombre». — Para que alcancen buen éxito las gestiones de nuestros Obispos en favor de «los que se hallan recluidos sin proceso alguno en los diversos locales policiales»[133].

---

[127] CEP, «De la Conferencia Episcopal», 27 de enero de 1969, 8-9.

[128] Se hallaban recluidos en el Policlínico Policial haciendo huelga de hambre: Epifanio Lovera, Teresio Asilvera, Wilfrido Alarcón, Ignacio Chamorro y Abdón Román; cfr. JOCF – al., «Presos políticos», 14.

[129] CEP, «De la Conferencia Episcopal», 27 de enero de 1969, 9.

[130] Citado en «La Iglesia, los presos políticos», 3.

[131] «La Iglesia, los presos políticos», 3.

[132] CEP, «Se rezará», 1.

[133] CEP, «Se rezará», 1.

6.1 *Juan José Farías*

Las gestiones de la Iglesia a favor de los recluidos no tuvieron ningún efecto inmediato. Al contrario, podríamos decir que el régimen de Stroessner desafió la opinión pública asesinando a Juan José Farías, un vendedor ambulante de golosinas, afiliado al PLR (Partido Liberal Radical). Su cuerpo fue devuelto a los familiares con señales de brutales torturas, mientras que el certificado de defunción le atribuía muerte natural «por infarto del miocardio». Según el comunicado del directorio del Partido Liberal Radical, «la víctima fue detenida el 7 de marzo en perfecto estado de salud y entregada a sus familiares el día 12 a las 15 y 15 horas en el Policlínico *Rigoberto Caballero*, presentando signos evidentes de torturas»[134].

El caso conmovió a la ciudadanía. Escribía el semanario *Comunidad*: «No sea que por nuestra cobardía o por nuestro miedo, la sangre de José Farías nos salpique la cara y caiga sobre nuestras cabezas, como un rayo, esta terrible interpelación de Dios: "¿Dónde está tu hermano, Caín?"»[135]. Frente a la impunidad del delito, en otro editorial el diario afirma:

> Porque para Dios, Juan José Farías no es una hormiga insignificante, sino una persona humana erguida a dignidad, emparentada con su sangre y heredera de un destino de amor. Y si se ha cometido un crimen contra ese pobre, tal crimen habrá atravesado los espacios y las constelaciones para manchar de sangre el propio rostro de la divinidad[136].

La reacción más fuerte vino de parte de los estudiantes, que se reunieron en varias asambleas. Fue organizada una Misa en la Iglesia de San Roque y al finalizar la misma, en el patio de la Iglesia, tomaron la palabra algunos dirigentes. La Policía intervino reprimiendo a los participantes. Algunos fueron detenidos. El 2 de abril fue tomado preso, con otros estudiantes, Alfredo Carrillo Iramain.

El Centro de Estudiantes de Medicina, a pesar de la suspensión de las clases por las vacaciones de la Semana Santa, convocó una Asamblea General Extraordinaria. De ella surgió una comisión, que trató infructuosamente de ubicar a las autoridades responsables. Se movilizaron estudiantes de distintas facultades. El 8 de abril se difundió el Manifiesto N° 3 del Centro de Estudiantes de Medicina, en que se declaró la toma de la Facultad. La Facultad de Medicina estaba «forrada» de carteles que pedían «salud, pan, libertad» y proclamaban a «J.J. Farías:

---

[134] C.A. GONZALEZ, «Comunicado del Directorio», 4.

[135] «Muerte en Investigaciones», 3.

[136] «Sin novedad...», 3.

mártir paraguayo»[137]. Los Obispos en esa oportunidad «vinieron a dar su adhesión a los estudiantes»[138].

6.2 La Misión de nuestra Iglesia hoy

Frente a estos acontecimientos, como respuesta a las numerosas acusaciones de parte del gobierno de «meterse en política», y también para dilucidar su actitud con respecto a posturas tradicionales pretendidamente cristianas, los Obispos dan a conocer una Carta Pastoral sobre La Misión de nuestra Iglesia hoy[139]. Esta carta fue acompañada de ulteriores declaraciones del Clero de Villarrica, Caacupé y San Juan Bautista de las Misiones, que se solidarizaron con sus respectivos Obispos[140].

El tono y el estilo de la Carta reflejan una actitud seria y reposada, lejos del ardor de la polémica que, sin embargo, los eventos habrían podido dictar.

En los primeros párrafos se rechaza una cierta imagen de la Iglesia desencarnada, puramente religiosa, que se identifica con la Jerarquía, con «la inofensiva misión de pacificar sin denunciar, de cubrir con el manto de la "unidad espiritual" las profundas diferencias sociales que dividen el país»[141]. A esta imagen de Iglesia sedante, los Obispos oponen aquella que «existe en este mundo como signo de liberación total del hombre»[142], comprometida «con el hombre concreto que en su esfuerzo penoso a través de las vicisitudes de la historia lucha por su liberación en el orden temporal»[143]. Por este motivo,

cuando ese hombre se encuentra oprimido o disminuido por estructuras económico-sociales injustas o por excesos de poder que lesionan los derechos humanos, la misión de la Iglesia asume también la forma de denuncia profética y actúa como una fuerza de presión moral a favor de la liberación y del respeto a los derechos humanos[144].

Hay, de parte de la Obispos, el reconocimiento de la labor del Estado por acelerar el desarrollo nacional, pero se agrega también que estas transformaciones son inadecuadas. De aquí se originan crisis y confusiones en el orden político y cultural. En efecto, el Paraguay ha entrado

---

[137] «Carteles en el local», 8.
[138] E. ACUÑA – al., El precio de la paz, 170.
[139] CEP, La Misión de nuestra Iglesia hoy.
[140] Cfr. «Manifiesto del Clero de la Diócesis de Villarrica», 13; «Documento de los sacerdotes de Caacupé»; «Documento de los sacerdotes de San Juan Bautista».
[141] CEP, La Misión de nuestra Iglesia hoy, 5.
[142] CEP, La Misión de nuestra Iglesia hoy, 6-7.
[143] CEP, La Misión de nuestra Iglesia hoy, 7.
[144] CEP, La Misión de nuestra Iglesia hoy, 8.

en un proceso de cambio que se puede detectar a través de transformaciones provocadas por fenómenos tales como: la urbanización creciente de la capital, la intensificación de los medios masivos de comunicación social y el crecimiento demográfico. Y «Estas transformaciones suscitan en la mayor parte de nuestro pueblo perspectivas nuevas y esperanzas que actúan como fuerza de presión sobre las estructuras socio-políticas»[145].

La carta finaliza expresando el deseo firme de «comprometernos con la vida de nuestro pueblo en la búsqueda angustiosa de soluciones adecuadas para sus múltiples problemas»[146], y la decisión de llevar a cabo una Jornada de Reflexión en torno al Documento Final de Medellín junto con los Superiores Religiosos.

7. Persecuciones

7.1 Manifestaciones estudiantiles

Los estudiantes, como ya hemos visto, en los primeros meses de 1969, alcanzaron un grado de coordinación suficiente para llevar a término manifestaciones públicas de protesta contra la represión policial, y a favor de la liberación de los recluidos. Tales formas de expresión:

> Encontraron en los templos un lugar relativamente seguro para manifestarse, por lo que distintos edificios católicos se vieron invadidos por grupos juveniles que efectuaban ocupaciones pacíficas y huelgas de hambre, más efectivas para sensibilizar a la opinión pública que para conmover al gobierno[147].

La participación de los dirigentes en el Servicio de Extensión Universitaria (SEU), en el que desarrollaban una intensa labor miembros de la Compañía de Jesús, y en la Juventud Estudiantil Católica (JEC), creaba una fuerte vinculación de los jóvenes estudiantes con la Iglesia. Además, el semanario *Comunidad*, dirigido por el presbítero Gilberto Giménez y el sacerdote jesuita José Miguel Munárriz, constituía una ocasión y un espacio donde los jóvenes podían acudir, para expresar sus inquietudes y sus ideas. La misma Facultad de Filosofia de la Universidad Católica (UC), con su Departamento de Medios Modernos de Comunicación, dirigido por los jesuitas Francisco de Paula Oliva y José Miguel Munárriz, representaba los pocos espacios de libertad a disposición de la juventud estudiantil. A todo esto no se tiene que olvidar el rol que desarrolló la Iglesia de Cristo Rey, con las Misas dominicales de las 20 horas, momento de reflexión y de activa participación. Como bien afirma

---

[145] CEP, *La Misión de nuestra Iglesia hoy*, 4.
[146] CEP, *La Misión de nuestra Iglesia hoy*, 9.
[147] G. LATERZA, «La experiencia autonómica», 266.

Laterza, las actividades estudiantiles «que contaban con la evidente simpatía del clero y de las organizaciones católicas, terminaron por involucrarlos también a éstos y a las mismas autoridades episcopales»[148].

7.2 La visita de Rockefeller

La protesta estudiantil tuvo su punto álgido en junio, con ocasión de la visita de Nelson Rockefeller al Paraguay. La juventud paraguaya había emitido un pronunciamiento en el que se afirmaba que la gira de Rockefeller «como un nuevo esfuerzo de la política exterior norteamericana por encontrar mejores métodos de sometimiento y explotación a favor de sus intereses, incompatibles con la liberación y el desarrollo latinoamericanos»[149].

Las manifestaciones de protesta de los estudiantes fueron cruelmente reprimidas, no sólo por la fuerza del orden sino también por civiles armados. De parte de los estudiantes universitarios, se organizó una tribuna libre donde varios oradores, tanto estudiantes como obreros hicieron uso de la palabra. En la calle, en señal de repudio al visitante, se quemó una bandera de los Estados Unidos.

Posteriormente, siguieron las manifestaciones y continuaron los arrestos y las represiones. El 25 de junio, al finalizar una tribuna libre en la Facultad de Filosofía de la Católica, los estudiantes decidieron la *toma* de la Iglesia de Cristo Rey que estaba a cargo de los Padres Jesuitas. La policía rodeó el local, cortando la luz, el agua y el teléfono. «Los "ocupantes" se avinieron a dejar el local, con la promesa de que los detenidos pasarían al penal de Tacumbú y sería procesados por el Poder Judicial. El mayor temor era que fuesen torturados en Investigaciones»[150]. Al no cumplir la policía con su promesa, los estudiantes empezaron a ocupar varios templos de la capital, hasta que los detenidos no fueran puestos en libertad o hubiesen pasado a la justicia ordinaria.

7.3 Medidas de represión

El gobierno aumentó su control y represión, sancionando un decreto que prohibía las informaciones sobre los acontecimientos de los estudiantes[151]. Se ventilaba también la idea de un proyecto de ley para la *Defensa de la Democracia*, en el que se castigaba con 2 a 10 años de

---

[148] G. LATERZA, «La experiencia autonómica», 266.
[149] ALIANZA REVOLUCIONARIA – al., «Pronunciamiento de la juventud», 5.
[150] E. ACUÑA – al., *El precio de la paz*, 171.
[151] Cfr. J.M. MUNARRIZ, «Mes de junio en Asunción», 21.

cárcel, a los que propagaban ideas subversivas y contrarias a la salvaguardia del orden político y social constituido en el Estado. El proyecto castigaba a los funcionarios *negligentes* encargados de la represión, con 6 meses de cárcel y la destitución. Los Obispos, en agosto de 1969, manifestaron su preocupación ante el Proyecto de *Ley de Defensa de la Democracia y el Orden Político y Social del Estado*, juzgándolo, por su formulación y su misma concepción, radicalmente injusto. En efecto, consideran que el proyecto aniquilaba los derechos fundamentales: se pretendía defender la democracia instaurando el absolutismo, se prevenía la subversión desatando la violencia institucionalizada, se garantizaba la paz instalando una situación permanente de inseguridad y de terror[152]. El decreto fue votado y aprobado en setiembre de 1970, y se hizo famoso bajo el nombre de ley *liberticida*, N° 209/70.

El 22 de octubre del mismo año, el Padre Francisco de Paula Oliva, citado para una entrevista a la Jefatura de Policía, fue expulsado y trasladado al territorio argentino. A la inmediata reacción de los alumnos y profesores de la Facultad de Filosofía de la Católica, que hicieron un *Via Crucis* en señal de protesta, las fuerzas policiales, bajo el mando del Mayor Brítez, reprimieron el acto: «fueron bárbaramente golpeados estudiantes, sacerdotes y religiosas; se llegó hasta el extremo de golpear a personas como el Padre Juan José Gómez Rocafort, de 73 años de edad»[153].

La protesta del Arzobispo fue inmediata y, en su mensaje a los fieles de la Arquidiócesis, declara las excomunión de las autoridades, el Ministro del Interior Montanaro y el Jefe de la Policía Francisco Britez, que ordenaron los agravios, y de los ejecutores materiales, como así también la renuncia por un día a la máxima expresión del culto religioso, la celebración de la Santa Misa[154]. A la condena del Arzobispo se agrega la de todos los Obispos que expresaron su solidaridad con él. Siguieron actos y cartas de protestas de todas las diócesis del país.

Mientras tanto, el 24 de octubre, se secuestró la edición de *Comunidad*, por orden directa del Ministerio del Interior. Pudieron leerse unas hojas mimeografiadas, que relataban los hechos, y que fueron las últimas palabras de un diario, que por varios años había informado y concientizado a la población. El 19 de noviembre salía un *Boletín de Informaciones*, órgano de la Comisión Nacional de Medios de Comunicación Social, cuyo Presidente Delegado de la CEP era Mons. Ismael

---

[152] Cfr. CEP, «Episcopado paraguayo», agosto de 1969, 269-273.
[153] J.A. MENA PORTA, «Mensaje», 27 de octubre de 1969, 277-278.
[154] J.A. MENA PORTA, «Mensaje», 27 de octubre de 1969, 277-278.

Rolón. Se intentó así, por parte de los Obispos, remediar el creciente aislamiento al que el Gobierno intentaba someter a la Iglesia.

El Boletín declaraba, en su primera edición:

> Por lo que toca a la misión de la Iglesia, el Gobierno pretende confinarla dentro de lo «estrictamente espiritual», substrayéndole todo el ámbito de los derechos humanos y de la justicia social [...]. En razón de esta fe encarnada, la Iglesia tiene el deber de intervenir en defensa de los derechos humanos y de denunciar «las leyes humanas que contrastan con el derecho natural». En otras palabras, la Iglesia tiene el deber de asumir una opción ética frente al fenómeno político global[155].

7.4 Caacupé 8 de diciembre de 1969

El 9 de noviembre de 1969 el Obispo de Caacupé Mons. Ismael Rolón comunicaba a sus fieles la suspensión de la procesión en los días 8 y 15 de diciembre[156]. Afirma el Obispo «Desde hace tiempo hemos estado escuchando y viendo injusticias y falsedades de parte de los responsables del buen gobierno [...]. La Procesión de la Virgen hubiera debido significar íntima alegría de todos los hogares»[157].

El santuario de Caacupé con su devoción a María se remonta a comienzo de la Evangelización de los Franciscanos en el Paraguay y «Como en todos los casos de devociones del pueblo, aparece junto a la historia de una "leyenda" o construcción mítico-literaria que vincula la piedad popular a otros acontecimientos concomitantes»[158]. A esta ciudad suelen acudir más de un millón de personas cada año, de toda condición social y de todos los ámbitos del país[159]. Lo dicho, para significar la trascendencia de un acto, que quiso responder a una situación especial en que vivía el país, a la que la festividad más importante de la comunidad católica nacional no podía permanecer ajena.

La celebración de esta fiesta había sido siempre fiesta de unidad del pueblo paraguayo, pero las circunstancias habían cambiado: las crecientes desigualdades económicas entre los varios sectores del pueblo, el sistema de represión frente a las justas aspiraciones del pueblo se había endurecido, llegando hasta la supresión de los más elementales derechos humanos. Para los pastores, estando así las cosas, la expresión de fe en Caacupé no podía ser manifestación de una unidad existente, «sino acto

---

[155] «La Verdad de un Episodio», 2.
[156] Cfr. B.I. ROLON, «A los Fieles», 9 de noviembre de 1969, 5.
[157] B.I. ROLON, «A los Fieles», 9 de noviembre de 1969, 5.
[158] A. ACHA DUARTE, «El Santuario y las peregrinaciones», 75.
[159] Cfr. A. ACHA DUARTE, «El Santuario y las peregrinaciones», 77.

penitencial por el que nos convertimos a Dios para reconquistar la unidad perdida»[160]. En efecto afirma el *Boletín de Informaciones* en su edición en la víspera de la fiesta:

Vamos a Caacupé a pedirle perdón a la Virgen. Porque si en nuestra Patria hay injusticias, si hay hambre, si hay presos políticos, si hay falta de libertad, si los derechos de la Iglesia han sido pisoteados, es porque todos somos culpables. Nuestra cobardía, nuestros silencios, son silencios y cobardías que nos hacen cómplices y pecadores[161].

Esta decisión de suspensión de la procesión, se inscribe en este proceso largo de una Iglesia, que con todos los medios intenta defender los derechos suyos y de los demás, por actos que están muy vinculados a la cultura y al sentir del pueblo.

Con este acto, se termina el año 69, «un año intensamente vivido. Un año que, sin duda, quedará marcado en la Historia de nuestra Iglesia con luces especiales. Porque nuestra Iglesia, en este año, se ha comprometido, ha hablado, ha actuado y ha sufrido»[162].

8. La Iglesia en los años 70

Al comenzar los años 70, se presentaba para los Obispos un desafío: continuar las lineas del Vaticano II y de Medellín que se manifestaban la tarea del compromiso de la defensa del hombre disminuido en su dignidad.

Al finalizar el año 69, se llevó a cabo la LII Asamblea Ordinaria de la Conferencia Episcopal Paraguaya. El 17 de diciembre se realizaron las elecciones para los cargos de Presidente y Vice-presidente. Resultaron electos respectivamente Mons. Ramón Bogarín Argaña, Obispo de San Juan Bautista de las Misiones y Mons. Sinforiano Lucas, Prelado de la Vicaría Apostólica del Pilcomayo.

Además, teniendo en cuenta las líneas trazadas por los Documentos, la LII Asamblea Plenaria de la Conferencia decidió dividir su acción pastoral en tres grandes áreas: Evangelización y crecimiento de la Fe; Promoción humana; y Estructuras visibles[163]. A la Asamblea fueron presentadas las conclusiones de la Jornada Sacerdotal, llevada a cabo el 9 y 10 de diciembre. Al aprobarlas los Obispos afirmaron «Se debe insistir, como tarea pastoral prioritaria, en la línea ya anteriormente

---

[160] «Caacupé centro de unidad», 5.
[161] «Caacupé 1969», 1.
[162] «Un año más», 2.
[163] Cfr. «Conclusiones de la LII Asamblea», 3.

trazada en otras Jornadas Nacionales de Pastoral, a saber: La evangelización y la promoción humana, dentro de la pastoral social»[164].

Los sacerdotes, en estas jornadas, comprueban el amplio atropello de los derechos humanos, y la gravedad del conflicto producido entre la Iglesia y el Estado.

Afirman también que la promoción y tutela de los derechos humanos es tarea irrenunciable de la Iglesia, y que de esta tarea quieren ser buenos continuadores hasta sus últimas consecuencias. El logro de esta misión supone tanto una revisión de los método pastorales, como también la redistribución del personal eclesiástico sobre todo en el área rural, además de la creación de las comunidades de base.

En este esfuerzo, los sacerdotes ven serias tentaciones como: el menosprecio de los medios evangélicos pobres, la búsqueda sólo de la promoción económica de las personas, la substitución del papel del laico por un neoclericalismo. A todo esto se suma el miedo a la pérdida de ciertos privilegios.

Los sacerdotes ponen entre las sugerencias: la unidad; un intenso trabajo de concientización de los mismos sacerdotes, del pueblo; de las élites; el testimonio de vida.

Entre las medidas concretas añaden la de multiplicar encuentros y contactos a nivel diocesano, zonal y por sectores de actividad pastoral.

Al finalizar, rechazan las medidas de represión como la expulsión de dos miembros del presbiterio nacional[165]. Concluyen:

deseamos que, hasta en el más remoto confín de la República, los eclesiásticos nos solidaricemos con aquellos militantes laicos o simplemente cristianos de buena voluntad, que sufren persecución por asumir valientemente la línea de acción que en estos momentos ha adoptado la Iglesia[166].

8.1 *Entrevistas con Stroessner*

Los miembros de la Conferencia Episcopal Paraguaya se reunieron desde el 16 al 22 de febrero de 1970.

En esta ocasión, el Presidente de la Conferencia Episcopal Paraguaya Mons. Ramón Bogarín Argaña, recibió la delegación expresa para entrevistarse con el Presidente Stroessner. Las entrevistas se realizaron en dos ocasiones, una el 7 de abril de 1970 y la otra el 22 del mismo mes.

Los temas que se abordaron fueron:

---

[164] «Jornadas Sacerdotales de Caacupé», 4.

[165] Al P. Oliva se había sumado también la expulsión de P. Ramallo al que, encontrándose en el extranjero no se permitió entrar al país, cfr. «Nota y comentarios», 6.

[166] «Jornadas Sacerdotales de Caacupé», 5.

1. Necesidad de un diálogo institucionalizado a un nivel útil; 2. Juicio de presos políticos; 3. Libertad de prensa: *Comunidad*; 4. Retorno de los PP. Oliva y Ramallo; 5. Ley 863 para que su aplicación sea indiscriminada, pero controlada y si no, sea suprimida[167]; 6. Libertad de la Iglesia en su acción; 7. Respeto a las organizaciones apostólicas y para-apostólicas; 8. Cese de persecución de líderes cristianos, especialmente campesinos; 9. Retorno de los deportados sin juicio previo: Jerónimo Irala, Jorge H. Escobar, Lelio Cáceres Marín, Alejando Encina Marín, José María Bonín y Carlos Livieres; 10. Cáritas[168].

Los Obispos buscaron un diálogo que pudiera llevar a una adecuada solución de los problemas pendientes. En él, como se puede comprobar, señalaban la posición de la Iglesia paraguaya en su postura de defensa y promoción de los derechos humanos.

Entre los puntos a tratar, se nota que, a la llaga de los presos político, se añadía la persecución de los líderes cristianos, especialmente campesinos.

En la LIV Asamblea de la Conferencia Episcopal, llevada a cabo en los días 3, 4, y 5 de junio de 1970, Mons. Bogarín informó detalladamente sobre sus visitas al Presidente: «Ambas entrevistas se desarrollaron en un ambiente de franca sinceridad y buena voluntad, lo cual dio lugar a una exposición serena y completa de los problemas que en la mente de la CEP requería pronta solución»[169].

Se consideró, de parte de la CEP, que las entrevistas habían tenido un valor positivo, en cuanto se había iniciado un contacto oficial, se habían planteado con claridad los puntos de vista de ambas esferas, se había abierto y establecido un cauce institucionalizado, para la pronta y eficaz solución de los asuntos que mantenían la tensión entre la Iglesia y el Estado[170]. Se encomendó, así, la prosecución de las conversaciones a Mons. Ramón Bogarín y al Dr. Juan Oscar Usher, secretario General de la CEP.

Sin embargo las represiones continuaron, especialmente en el campo. Por eso, en junio de 1970 la Federación Cristiana de Campesinos (FCC) volvió a denunciar los atropellos cometidos, especialmente en la zona de Caaguazú[171].

---

[167] Es una ley que se promulgó en el año 1963 en base a la cual Stroessner otorgaba reconocimientos y privilegios a la Iglesia, como por ejemplo franquicias para la libre importación de implementos para la labor pastoral, cfr. M. CARTER, *El papel de la Iglesia*, 63.

[168] CEP, «Comunicado», 5 de junio de 1970, 361-362.

[169] «Comunicado», 5 de junio de 1970, 361.

[170] Cfr. «Comunicado», 5 de junio de 1970, 362.

[171] Cfr. COMITE EJECUTIVO DE LA FCC, «Manifiesto de la FCC», 2.

8.2 *Mons. Rolón*

Después del retiro de Mons. Mena Porta, Mons. Rolón tomó cargo del Arzobispado de Asunción el 19 de julio de 1970. Como él mismo nos cuenta:

> Desde el comienzo, las gestiones pastorales no fueron fáciles, pues no conocía a mis inmediatos colaboradores — como en Caacupé — ni los problemas internos de la Arquidiócesis. Mi primer empeño fue tomar contacto con los párrocos en sus parroquias, para facilitar el entendimiento[172].

En la Navidad de 1970, el nuevo Arzobispo envió su mensaje a los fieles desde su Cátedra Apostólica, y no desde el palacio presidencial como solía hacer Mons. Mena Porta. Ya desde el principio la postura de Mons. Rolón fue bien clara, y se destacará durante todo su cargo por su capacidad de llevar adelante los problemas sin vacilaciones: «Difícil es olvidar los gestos firmes y serenos, las actitudes claras y valientes»[173].

Según el Art. 189 de la Constitución Nacional, el Arzobispo era miembro del Consejo de Estado de la República. El 27 de enero de 1971, Mons. Rolón prestó juramento de toma de posesión del cargo. Pero, como él mismo nos relata:

> Dados los numerosos casos de violaciones de los derechos humanos, violencias en las comisarías contra indefensos ciudadanos acusados de «comunismo» o de «terrorismo»; de la tensión entre Iglesia y Gobierno, de la persecución a la acción de la Iglesia a favor de los pobres y campesinos me hacía dudar de la conveniencia y oportunidad de mi participación en las sesiones del Consejo[174].

Fue así como, habiendo consultado con los entendidos en derecho y política, después de haber averiguado los procedimientos y, «En vista de que dicho Consejo era más bien un instrumento político partidario [...] decidí, libre, personal y conscientemente comunicar a la presidencia del Consejo que no asistiría a las sesiones, por razón de conciencia moral y religiosa, y de fidelidad y servicio al pueblo»[175]. La carta que el Arzobispo escribe al Consejo de Estado marca el fin de una época:

> se sale de aquella vieja mentalidad de Patronato, según la cual algunos pensaban que las relaciones Iglesia – Estado se reducían a un equilibrio de poderes y que el Estado concedía protección y privilegios a la Iglesia, mientras ésta bendecía y apoyaba moralmente las gestiones "políticas" del Estado[176].

---

172 B.I. ROLON, *No hay camino...*, 61.
173 J. LIVIERES BANKS, «Palabras preliminares», 5.
174 B.I. ROLON, *No hay camino...*, 62.
175 B.I. ROLON, *No hay camino...*, 62.
176 B.I. ROLON, «El Arzobispo», 4 de febrero de 1971, 7.

La carta, que lleva la fecha del 4 de febrero de 1971, plantea la situación «de crecientes abusos y patentes violaciones de los derechos humanos más elementales»[177]. Violaciones que afectan a la Iglesia misma, que «ha sido privada de su libertad de expresión y de comunicación por clausura de su propio órgano de prensa. Ha sido coartada en su acción pastoral, especialmente en lo que se refiere a la organización de los laicos en las áreas rurales siendo mal interpretada, intencional o erradamente»[178].

Concluye el Arzobispo:

> Esta penosa situación, que configura un estado de resistencia y hostilidad ante los reclamos de la Iglesia, me impone una actitud de reserva y hace muy difícil mi actuación en el Consejo de Estado [...]. Por coherencia, en fin, con mi propia misión de Obispo, que debe ser signo permanente del Evangelio en medio de su pueblo, solidarizándome así particularmente con los más pobres, con los oprimidos, con los perseguidos[179].

Muy fuertes fueron las reacciones en algunos miembros del Consejo: «Lo que Ud. tiene que hacer, es dejar esa cruz que cuelga de su cuello, y poner en su lugar, la hoz y el martillo!»[180]. Así le contestó el arquitecto Romero Pereira, al enterarse de la decisión. Fueron estas reacciones las que motivaron una sucesiva carta del Arzobispo a sus fieles, fechada el 6 de febrero de 1971. Aclarando aún más su posición, escribe que en las razones de su renuncia se encuentran entre otras, la «coherencia con las enseñanzas sociales de la Iglesia conciliar y de Medellín, en cuanto al compromiso de la misma con el hombre concreto, en su lucha por la liberación integral y su desarrollo humano y cristiano»[181].

La CEP se solidariza con el Arzobispo:

> La Conferencia Episcopal Paraguaya (CEP) que fue consultada por Mons. Rolón antes de adoptar su determinación y le dio su pleno apoyo, en su Asamblea Ordinaria del 9 al 17 de diciembre de 1970, según en el Acta número 64, pág. 38, al número 62, sintiendo su responsabilidad colegial episcopal, se solidariza con la actitud asumida por uno de sus miembros y con la reacción de repudio del pueblo cristiano. Le llena de alegría tanto la decidida y libre actitud del Sr. Arzobispo, como el comprobar que los miembros del Pueblo de Dios vieran en ella una señal de esperanza, que muestra el camino de la verdadera paz[182].

---

[177] B.I. ROLON, «El Arzobispo», 4 de febrero de 1971, 7.

[178] B.I. ROLON, «El Arzobispo», 4 de febrero de 1971, 7.

[179] B.I. ROLON, «El Arzobispo», 4 de febrero de 1971, 7.

[180] B.I. ROLON, No hay camino..., 62.

[181] B.I. ROLON, «El Arzobispo», 4 de febrero de 1971, 9.

[182] CEP, «Carta abierta», 22 de febrero de 1971, 11.

La posición de la Iglesia se define cada día más y siempre más clara es su defensa de los derechos. De parte de la dictadura inmediata fue la respuesta.

8.3 El secuestro del Padre Monzón

El 27 de febrero, sólo algunos días después de la firme carta que Mons. Rolón había enviado al Consejo de Estado, un sacerdote uruguayo, Uberfil Monzón desapareció en Asunción. Invitado por Mons. Ramón Bogarín a trabajar en el Departamento de Laicos del CELAM, «fue inducido a una celada, por una llamada de una supuesta compatriota suya que le traía una carta»[183]. En realidad en el lugar de la cita lo aguardaba la policía que lo llevó al Departamento de Investigaciones donde permaneció un mes, sometido a tortura. Mons. Bogarín, presidente de la CEP y del Departamento de Laicos del Consejo Episcopal Latinoamericano, se trasladó desde su diócesis de San Juan Bautista, «para tomar el timón de la nave en medio del temporal»[184], divulgando cuanto estaba aconteciendo. La detención del sacerdote no estaba dirigida sólo contra él sino, como hemos visto ya varias veces, «Stroessner le estaba "pasando la factura" a la Iglesia por su posición firme e inclaudicable de denuncia contra las violaciones de derechos humanos y de defensa a las organizaciones campesinas y estudiantiles»[185].

Siguieron largos trámites, para que el sacerdote recobrara su libertad. Se publicaron una serie de cartas y notas de protesta de la Conferencia Episcopal Paraguaya, de los Obispos en sus respectivas Diócesis, y del Arzobispo de Asunción[186]. El 8 de marzo, el Obispo Auxiliar de Montevideo, Mons. Andrés M. Rubio, y un sacerdote que lo acompañaba miembro del Consejo Presbiteral de Montevideo, llegaron a Asunción para interesarse por la suerte del sacerdote detenido e incomunicado. Al llegar fueron agredidos a golpes por un grupo de mujeres. El incidente se produjo frente a Mons. Ramón Bogarín, Mons. Rolón y otras autoridades eclesiásticas y civiles, que habían llegado para recibir al Obispo uruguayo[187].

El 10 de marzo de 1971, el Arzobispo Mons. Rolón publica un decreto por el que se declaraba la excomunión a quienes participaron en el secuestro del P. Monzón y en la agresión física del Mons. Rubio y del

---

[183] C. TALAVERA, «Un Obispo "Católico"», 119.
[184] C. TALAVERA, «Un Obispo "Católico"», 120.
[185] C. TALAVERA, «Un Obispo "Católico"», 120.
[186] Cfr. R. BOGARIN ARGAÑA, «Nota de protesta», 3 de marzo de 1971, 11-12.
[187] Cfr. B.I. ROLON, «Acto de barbarie», 1971, 17.

P. Rodríguez[188]. Incurrían por segunda vez en la excomunión Sabino Montanaro, Ministro del Interior y el Gral. D. Francisco Brítez Jefe de Policía de la Capital.

El 5 de abril el P. Uberfil Monzón estaba nuevamente libre, sin recibir ninguna explicación de lo que había ocurrido.

Al finalizar el triste acontecimiento, los Obispos escribieron una carta al Ministro de Educación, en la que aclaran que la paz puede ser quebrantada y destruida no solo desde abajo sino también desde arriba, por el abuso del poder, del autoritarismo y de la represión arbitraria, que frecuentemente tienden a sofocar el derecho legítimo a disentir y a participar democráticamente en la gestación de las decisiones que afectan al bien común[189].

El P. Monzón fue secuestrado por tener, según el Ministerio del Interior, actitud sospechosa y por tener vínculos con el Movimiento de Liberación Nacional de Uruguay (Tupamaros). Su llegada a Paraguay tenía como finalidad contactar simpatizantes de dicho movimiento. Por eso, los Obispos en la Carta afirman:

> Por lo que toca a la inculpación de ciertos Obispos y sacerdotes presuntamente subversivos, el Gobierno nunca ha llegado a documentar con pruebas sus afirmaciones ante la legítima autoridad eclesiástica, como correspondía en el caso. Mientras que la Jerarquía, por su parte, hechas las averiguaciones correspondientes, no ha podido hallar nada censurable en la actuación de los inculpados, salvo quizás ciertas exageraciones verbales[190].

8.4 Las primeras persecuciones de las Ligas Agrarias

La experiencia de las Ligas empezaron a extenderse en casi todo el país. Se formó la FERELAC (Federación Regional de Ligas Cristianas) y a nivel nacional la FENELAC (Federación Nacional Ligas Agrarias Cristianas). En 1971 nació la Coordinación Nacional de Bases Campesinas Cristianas (KOGA) en la que se incorporaron las bases de la FENELAC, la FCC (Federación Cristiana Campesina) y otros grupos.

Desde su nacimiento, las Ligas sufrieron persecuciones; al comienzo fue algo aislado y algunos casos fueron relacionados a la posesión de tierra[191].

---

[188] Cfr. B.I. ROLON, «Decreto Nº 55», 10 de marzo de 1971, 18-19.

[189] CEP, «Hacia una Iglesia nueva», 23 de abril de 1971, 429.

[190] CEP, «Hacia una Iglesia nueva», 23 de abril de 1971, 436.

[191] Podemos citar como ejemplo el desalojo brutal de 48 familias pobres en la compañía «Rosado», el 1º de setiembre de 1967. En esta ocasión intervino el Obispo de Villarrica que condenó enérgicamente la violencia y alojó en la Catedral a esas familias, cfr. S.F. BENITEZ «El Obispo de Villarrica» (3 de setiembre de 1967) 1. Véase

Pero a principios de los años 70 las persecuciones asumieron un aspecto más sistemático y más amplio.

El *Boletín de Informaciones* en su edición del 1° de febrero así escribía: «Las noticias que nos van llegando sobre las Ligas Agrarias Cristianas, cada vez son más alarmantes. En todas las zonas donde existe esta organización, sufren una persecución sistemática y arbitraria de parte de las autoridades locales que, día a día, se va acentuando»[192]. Se les prohibía toda clase de reunión fuera de la Iglesia y el trato con sus sacerdotes. Se les tildaba de comunistas. Sus líderes eran apresados y se creaba así un clima de miedo entre los campesinos de modo que no se atrevían más a hablar de sus problemas, ni a organizarse para resolverlos. En todas las regiones donde existían las Ligas, las persecuciones tenían las mismas características. No se tocaba a los sacerdotes que en ellas trabajaban pero se encarcelaba a los cristianos.

A causa de esta persecución la Diócesis de Caacupé emitió un comunicado en el que se daba explicación de lo que eran las Ligas[193]. Ante todo, el Documento aclaraba que las Ligas no era un movimiento ni una organización política partidaria. En efecto admitían en su seno, sin discriminaciones políticas ni religiosas, a todo campesino de buena voluntad y de mente sana. Tampoco eran organizaciones meramente religiosas o piadosas. No eran organizaciones comunistas o subversivas que complotaban contra el Gobierno constituido. Según el informe presentado por los Secretarios Generales de la FCC y FENALAC, agregaba el documento, que eran campesinos cristianos organizados y comprometidos dentro de una tarea común, cuyo objetivo esencial era cumplir el mandato evangélico de liberar a los oprimidos a la luz del Evangelio, interpretado en el presente, por el Vaticano II, Medellín y las Pastorales de los Obispos.

Continuaba el documento citando lo que los mismos campesinos expresaban:

En nuestro método de formación es en lo que ponemos más interés. Buscamos una educación liberadora, tal como la propone Medellín. Nuestro primer objetivo es formar hombres capaces de pensar y de decidir su destino por sí mismos. Para conseguirlo tenemos continuas jornadas de reflexión, cursos, retiros, seminarios, reuniones semanales en cada base[194].

---

con respecto al tema de la represión de las Ligas entre otros: CNRDHC, *Kokueguará rembiasa*, III; *Tekojoja rekavo*.

[192] «¿Las Ligas Agrarias?», 3.

[193] Cfr. «La Diócesis de Caacupé informa», 1° de marzo de 1970, 6.

[194] Cfr. «La Diócesis de Caacupé informa», 1° de marzo de 1970, 6.

Mons Bogarín también el 23 de mayo de 1971, algunos días después del secuestro de P. Monzón escribe una carta a sus fieles frente a los hechos persecutorios promovidos y alentados por las autoridades locales

larga y sistemáticamente repetidos, en contra de las organizaciones de católicos conscientes de su fe y de los sacerdotes que los acompañan en la búsqueda de una mayor personalización y concientización de nuestros cristianos, a la luz del Evangelio y de los principales documentos de nuestra Iglesia contemporánea[195].

Varias autoridades locales pretendían sostener que ningún sacerdote, ni siquiera el Obispo tenía la facultad de reunir a los cristianos fuera de los templos y oratorios públicos. Invocando así una «orden superior», las autoridades apresaban a los campesinos que habían cedido sus casas para realizar reuniones, cursos y cursillos. En distintas localidades miembros del Partido Colorado se apostaban en las entradas de los pueblos para impedir que los católicos del propio partido concurrieran al templo parroquial. El obispo agrega que las persecuciones, las amenazas, las citaciones arbitrarias y los apresamientos e incomunicaciones por días y semanas «produjeron, en un primer momento confusión y temor en el mundo campesino, pero, poco a poco, la reacción fue haciéndose sentir, empezando por los grupos ya más conscientes de sus derechos de ciudadanos y de cristianos»[196].

El Obispo subraya cómo allí donde la Iglesia, sigue su andar tradicional con sus cultos, sus devociones, que no interpelan a una fe más comprometida y a un amor verdadero que se debe al prójimo, todo sigue tranquilo, todo anda bien. Si al contrario algún sacerdote, siguiendo las orientaciones marcadas por la Conferencia Episcopal Paraguaya y por su propio Obispo, a la luz de los documentos del Concilio Vaticano II y de Medellín, inicia una labor pastoral actualizada renovando la fe, una fe que comprometa ante Dios a sus hermanos los hombres, todo está mal[197]. Continúa el Obispo «En las parroquias donde se ha iniciado este resurgir cristiano se vuelven sospechosos los sacerdotes, los cristianos más comprometidos y, por supuesto, las nuevas organizaciones de católicos, por ejemplo, las ligas agrarias, las juventudes agrarias, las escuelas campesinas»[198].

El Obispo distingue en el proceso de persecución dos etapas. La primera, que se basaba en una propaganda difusa contra Obispos y

---

[195] R. BOGARIN ARGAÑA, «Carta Pastoral», 23 de mayo de 1971, 439.
[196] R. BOGARIN ARGAÑA, «Carta Pastoral», 23 de mayo de 1971, 441.
[197] Cfr. R. BOGARIN ARGAÑA, «Carta Pastoral», 23 de mayo de 1971, 442.
[198] R. BOGARIN ARGAÑA, «Carta Pastoral», 23 de mayo de 1971, 442.

sacerdotes que, sin embargo, no convencían a nadie y se mostraban cada vez con menos consistencia. Esta acción directa y desenmascarada, en contra de la Iglesia de sus presbíteros y Obispos podría ser radicalmente rechazada, por los tradicionales sentimientos religiosos del pueblo paraguayo. Fue así cómo se pasó a la segunda etapa, que culminó en el secuestro de P. Monzón, con el propósito de arrancarle la confesión de que, no sólo el Obispo, sino también otro sacerdote paraguayo pertenecían a organizaciones subversivas. Se presentaba así a algunos sacerdote y a algunos obispos como personas falsas, hipócritas, que desean llevar al país al caos y posteriormente al comunismo. Finaliza el Obispo que el objetivo es:

> Apartar a los fieles cristianos de sus sacerdotes y obispo, atribuyéndose ellos mismos el derecho de clasificar a sacerdotes y obispos en buenos los unos y en malos los otros. Una vez obtenida esta separación de los católicos de sus legítimos pastores, les sería muy fácil seguir reprimiendo y aplastando al pueblo que se va concientizando y personalizando cada vez más[199].

La reacción también esta vez no se hizo esperar; el 22 de febrero de 1972 fue apresado, torturado y desterrado el Padre Luis Vicente Barreto, paraguayo de nacimiento. Al regresar a su país procedente de Santiago de Chile, fue detenido por personal de la Aduana, fue inmediatamente remitido a la Prefectura Fluvial y luego al Departamento de Investigación en la Delegación, donde se le mantuvo incomunicado y fue sometido a interrogatorio[200].

Su Obispo, Mons. Bogarín, le hace llegar una carta abierta «Francamente, estimado P. Barreto, no sé si condolerme con Ud. o felicitarlo. Más me inclino en gozar con Ud. el privilegio de sufrir persecución por la justicia, como digno discípulo del Divino Maestro»[201]. Unánimes fueron también las protestas de parte de los Obispos y de instituciones religiosas de Paraguay[202].

8.5 *Presos políticos esa ardiente herida – Historia de una noche triste*

Al comienzo del año 1972 el Arzobispo de Asunción escribe una carta al Ministro del Interior, Sabino Montanaro, a favor de los presos políticos «La Iglesia, compañera del hombre y de su historia, sobre todo en la desgracia, levanta su voz maternal, serena y firme; y reclama

---

[199] R. BOGARIN ARGAÑA, «Carta Pastoral», 23 de mayo de 1971, 444.
[200] Cfr. B. VANRELL, «Nota del Superior Provincial Jesuita», 457.
[201] R. BOGARIN ARGAÑA, «Carta abierta», 1972, 465-467.
[202] Cfr. *ISH*, 463-486.

Justicia para todos»[203]. El Arzobispo, tomando el tema de la Paz tan utilizada por el Gobierno, afirma que la paz social se hace realidad cuando todos los ciudadanos sin discriminación alguna, tienen acceso a los servicios sociales y a las ventajas del progreso material; y al mismo tiempo tienen la posibilidad de gozar de la libertad, de la seguridad, del respeto a la persona que garantiza la Constitución Nacional[204]. La carta responde a la situación de 14 reclusos, que desde el 13 diciembre del mismo año estaban en huelga de hambre. Según la carta, el pedido de los detenidos era:

> un trato más humano: más ventilación de las celdas, convertidas en hornos por los calores; que puedan tener alguna lectura para distraer la mente del tiempo inútil que corre, y del recuerdo de su cautiverio; atención médica para los enfermos; que las visitas de familiares sean más normales y tranquilas[205].

Después de algunos meses de esa petición, fue desterrado otro sacerdote jesuita, P. José Luis Caravias, Asesor de las Ligas Agrarias y responsable de la Pastoral Campesina de la Diócesis de Caacupé. De Clorinda donde lo condujeron escribía «En el campesino paraguayo he encontrado el rostro de Cristo. Me he encontrado personalmente con Cristo a través de ellos»[206].

Mons. Rolón como respuesta, oído el parecer del Clero reunido en asamblea plenaria con la participación de laicos calificados, suspende el oficio religioso del *Te Deum*[207]. Este acto tenía el significado de agradecer a Dios por el Presidente. Al tomar posesión de la Arquidiócesis Mons. Rolón lo había transformado en Celebración de la Palabra y oración por la Patria[208].

A su vez los directores de colegios de la Iglesia y párrocos, en una reunión del 10 de mayo de 1972, decidieron por mayoría absoluta, en señal de protesta, la no participación en el desfile del día de la Patria[209].

El año finaliza con lo que fue definida por el *Boletín de Informaciones* «Historia de una Noche Triste»[210].

El 12 de setiembre, los Centros y movimiento independientes de la Universidad Católica y Nacional, invitaron a todos los estudiantes y

---

[203] B.I. ROLON, «Presos políticos», 8 de enero de 1972, 454.
[204] Cfr. B.I. ROLON, «Presos políticos», 8 de enero de 1972, 454.
[205] B.I. ROLON, «Presos políticos», 8 de enero de 1972, 455.
[206] J.L. CARAVIAS, «Carta desde el destierro», 487.
[207] Cfr. B.I. ROLON, «Carta», 10 de mayo de 1972, 497-499.
[208] Cfr. B.I. ROLON, *No hay camino...* , 69.
[209] Cfr. B.I. ROLON, *No hay camino...* , 70.
[210] «Historia de una Noche Triste», 1.

pueblo en general, a una Jornada de Reflexión sobre los presos políticos, simbolizados en los estudiantes Miguel Angel Gauto y Blanca Florentín López. En el acto, desde el comienzo, se notó tanto la presencia de fuerzas policiales civiles y de grupos de civiles organizados, dirigidos por el entonces jefe de Investigaciones Pastor Coronel, como también la participación de estudiantes al servicio de la policía. A las 19.40 de la noche, al invitar un estudiante que dirigía la asamblea, a los compañeros a pasar al lugar de reflexión, un grupo:

> empieza a tirar piedras y pedazos de madera sobre el grupo que permanecía sentado en el pasto. A una señal, avanzan hacia el centro y empiezan a castigar a todos los que encuentran a su paso, hombres, mujeres [...]. Es una horda que arrasa con todo. Profesores, sacerdotes, monjas, estudiantes y congresistas son brutalmente apaleados unos más que otros, sin ninguna compasión[211].

Las protestas llegaron de parte del Consejo Universitario, del Rector de la Universidad Católica, del Departamento de la Educación de la CEP, de la Federación de Religiosos del Paraguay y de los Directores de Instituciones Educacionales Cristianas.

En las reuniones de reflexiones del 8-9-11 de mayo del mismo año, numerosos militantes laicos y religiosas, junto con el Arzobispo Mons. Rolón habían declarado: «Enfrentamos, por una parte, a un sistema socio-político autoritario y violento, que, asentado en la fuerza y en artificio de la propaganda, se alza en provecho de un escaso porcentaje de privilegiados y es opresor de los derechos ciudadanos más elementales»[212]. Continuaba el documento: «Vivimos por otra parte, el despertar lento pero ascendente, de una Iglesia hondamente renovada [...]. La voz de la Iglesia jerárquica se ha alzado varias veces en este último decenio denunciando la presente situación con claridad y firmeza crecientes»[213].

En efecto, en este análisis de los documentos de los obispos hemos constatado que la Jerarquía había roto el silencio, había denunciado la injusticia enérgicamente. Había pasado de una postura en la que estaba consumiendo la mayor parte de sus energías en la conservación de sus estructuras internas, quedando al margen del proyecto histórico, a una actitud de denuncia a favor de los más pobres, en particular de los presos políticos. Como hemos visto este cambio empezó gracias también al aporte de algunos grupos de laicos. Pero parecía que la palabra pronunciada había producido sólo torturas, destierros y pocos resultados. A

---

[211] «Historia de una Noche Triste», 4.
[212] PRESBITERIO DE LA ARQUIDIOCESIS, «Reflexiones», 520.
[213] PRESBITERIO DE LA ARQUIDIOCESIS, «Reflexiones», 520.

cada carta, como hemos podido comprobar, a cada pronunciamiento, más dura se abatía la persecución sobre la gente más humilde, causando una fuerte contradicción. Si es muy cierto y claro que los Obispos actuaron por la defensa de la persona y no precisamente por alguien de sus filas, pero es bastante claro que las consecuencias de sus palabras y de sus denuncias han recaído más bien sobre los pobres. Por eso era necesario llegar a una reflexión.

En realidad, si por un lado la Iglesia tenía que seguir hablando, «porque callar por miedo es dejar de ser hombre»[214], por otra parte tal vez se tenía que meditar profundamente sobre lo que expresaba muy bien un slogan del 12 de setiembre de 1972: «La libertad ha muerto, la patria está en luto»[215].

Fue así como se emprendió el camino de la reflexión, camino que vamos a ilustrar en el capítulo siguiente.

---

[214] «Romper el Silencio», 3.
[215] «Historia de una Noche Triste», 5.

CAPITULO III

1973-1980. Reflexión y planificación

1. Año de reflexión eclesial

Como hemos visto en el capítulo anterior, la Iglesia advirtió la necesidad de una reflexión detenida, que pudiera dar nuevas pautas a los problemas que todavía habían quedado por solucionar. Nació así el Año de Reflexión Eclesial. Las razones que hicieron surgir esta propuesta fueron varias y podemos encontrarlas en una entrevista de Mons. Ramón Bogarín para el semanario *Sendero*. En primer lugar, según el Obispo, en el Paraguay trabajaban muchos agentes pastorales que venían de otros países. Cada uno de ellos traía una Teología y una Eclesiología propia de su país de origen. Dice el Obispo: «Teníamos un mosaico de ideas y acciones pastorales [...]. Así fue naciendo en los Obispos la necesidad de una "puesta en común" de los diversos matices, para llegar a unas líneas comunes»[1]. A esto agrega el impacto del Concilio y de Medellín que trajo verdaderos replanteos de la problemática pastoral. Se hizo un esfuerzo para que esta renovación llegara adecuadamente a todos los Sacerdote, Religiosos y Laicos militantes. De aquí «Se veía cada vez más la necesidad de un *aggiornamento* profundo en Teología y Eclesiología, para llegar a una línea pastoral coherente y que llegue a todos los rincones del país»[2].

En este año, siguiendo las directivas de la Carta Pastoral Colectiva de Pentecostés, se intentó recoger las inquietudes de las diversas diócesis. Al respecto: «Un Comité Central, cuyos miembros se reunían todos los meses fue trazando un "mapa" de los problemas existentes»[3]. Los

[1] JOTAEME, «Hacia una evangelización renovadora», 10.
[2] JOTAEME, «Hacia una evangelización renovadora», 10.
[3] JOTAEME, «Hacia una evangelización renovadora», 10.

Obispos vieron la necesidad de llegar a una planificación de todo el pensamiento y labor de la Iglesia[4].

Como hemos visto ya, las posturas tomadas a lo largo de los años 60 fueron dictadas por la necesidad de dar respuestas inmediatas y coherentes con la defensa del hombre aniquilado bajo una dictadura mucho más resistente de lo que se pensaba. A pesar de los esfuerzos, los Obispos se dieron cuenta de que era necesario aunar los trabajos para no actuar aisladamente. De otra manera estaban comprometidos no sólo el éxito de la victoria, sino también la vida de centenares de pobres. De aquí ese «período extraordinario en el que la Iglesia, sin dejar de atender en lo esencial a su labor ordinaria, deberá volcarse con todas sus fuerzas en el trabajo de planificación»[5].

No faltaron las críticas a esta empresa:

Al principio nos tomó un poco de sorpresa la aparición de un nuevo término en el ambiente eclesial [...]. Acaso ya no hubo antes una larga reflexión en Medellín, donde se descubrió a la Iglesia Latinoamericana y su misión en este continente? No sería ya la hora de la acción y no de tanta reflexión que muchas veces desemboca a otra nueva reflexión interminable[6]?

Continúa el artículo diciendo que el pueblo esperaba mucho de la Iglesia en un momento tan difícil, pero tal esperanza se había mermado mucho con la nueva actitud que ésta estaba tomando. «No escucha el clamor del sufrido pueblo, pareciera que ha regresado nuevamente a la "sacristía" para encerrarse y olvidarse del mundo como si Ella no fuera del mundo»[7].

Por otra parte, podemos decir que:

Por este camino de oración, reflexión, estudio y diálogo que el pueblo de Dios transitó en esos meses y que afortunadamente coincidió con el Año Santo que el Papa Pablo VI acababa de proclamar, la Iglesia pudo volver sobre su propio misterio, sopesar sus logros y fracasos, revisando sus cuadros e instrumentos de acción, para animarse, luego, a un vasto y detenido trabajo de planificación pastoral[8].

1.1 Crisis sacerdotal

La década del 60 había llevado también a una crisis sacerdotal.

---

[4] Cfr. JOTAEME, «Hacia una evangelización renovadora».
[5] JOTAEME, «Hacia una evangelización renovadora», 10.
[6] «Todo un año de Reflexión», 4.
[7] «Todo un año de Reflexión», 4.
[8] S. NUÑEZ, «La Iglesia que peregrina», 79-80.

En la LXVIII Asamblea de la Conferencia Episcopal Paraguaya figura el tema de los sacerdotes reducidos al estado laical «Después de una ojeada sobre el panorama nacional, la Iglesia mira su propia realidad para constatar sus posibilidades y medios. Un punto tratado en esta sesión se refiere a los sacerdotes reducidos al estado laical»[9]. Afirman los Obispos: «Este paso por sí mismo no significa pérdida de la fe ni es signo de menor amor a la Iglesia o de compromiso con el hermano [...]. Toda decisión tomada en conciencia, en efecto, debe merecer nuestro respeto, máxime cuando es fruto de una serena, madura y exhaustiva reflexión»[10].

A pesar de esta afirmación, no se esconde la gravedad del fenómeno:

En esta Asamblea primeramente se constató la cantidad de casos en el país de esta vuelta a la condición laical, contándose unos 50 en total, lo cual significa un elevado porcentaje, dado el reducido número de sacerdotes, que no llega ni a 500 (cuando en otros países, una sola Diócesis tiene hasta 2.000)[11].

Continúan los Obispos: «Se estudió seguidamente la eventual cooperación que muchos de ellos quieren seguir prestando a la Iglesia a nivel de institución»[12]. La jerarquía asume una postura ajena de toda polémica, sin embargo:

No podemos negar ni menospreciar el impacto espiritual de tales sucesos en la vida y conciencia de la Iglesia. Quizá, hoy día, esas heridas se han restañado ya en cierta medida, gracias a una labor callada de catequesis, enseñanza de la doctrina social y promoción temporal en que muchos de ellos se han comprometido[13].

En los años 70 el Paraguay contaba con 388 sacerdotes. Al finalizar el año 71, la problemática del sacerdote del Paraguay se puede analizar a través de las respuestas que los mismos dieron en una encuesta realizada por el CELAM[14].

En los resultados de esta encuesta se descubren ciertas líneas de fuerza y tendencias.

Como primer punto, se evidencia la existencia de una crisis de identidad sacerdotal. Como factor determinante de los abandonos, se subraya la confusión con respecto a la tarea del sacerdote en el momento actual. Por lo que se refiere a la disminución a de las vocaciones sacerdotales,

---

[9] «La realidad nacional», 7.
[10] «La realidad nacional», 7.
[11] «La realidad nacional», 7.
[12] «La realidad nacional», 7.
[13] S. NUÑEZ, «La Iglesia que peregrina», 81.
[14] Cfr. «El sacerdote en el Paraguay».

las causas principales aparecen ser la falta de una imagen sacerdotal definida. Además «Se evidencia la disconformidad del clero con relación a un único tipo de sacerdote vigente, resultado de un determinado proceso histórico-cultural»[15]. Y finalmente se afirma la especificidad de la función sacerdotal en la sociedad contemporánea.

Con referencia a la imagen sacerdotal, se afirma que a la tradicional imagen cultural del ministerio sacerdotal, se la va sustituyendo con la del sacerdote como figura profética y como testimonio, y el sacerdote como pastor y servidor de la comunidad.

En el sacerdote lo que se valora más es el ser testimonio del misterio de Cristo y luego «su misión de servicio en la sociedad», y «su misión de ordenamiento hacia Dios, del mundo y del hombre de hoy»[16].

En el año 1974, en los días 12, 13 y 14 de febrero, se llevó a cabo una reunión especial del Episcopado paraguayo sobre el tema de la problemática sacerdotal.

Contando con los aportes de las reuniones previas, y también con las conclusiones de los sacerdotes vueltos al estado laical que se reunían periódicamente en Asunción, la finalidad de la Conferencia Episcopal Paraguaya fue que los Obispos asumieran con conciencia y responsabilidad esta materia[17]. No se vio la conveniencia de llegar a emitir documentos o sacar conclusiones definitivas, pero sí se tomaron algunas líneas de acción que pudiera ayudar para acercarse al problema.

Se resolvió realizar encuentros espirituales y pastorales a nivel de Obispos. Se programaron reuniones en cada Diócesis sobre el tema de la vida y ministerio del sacerdote. Se vio también la necesidad de intensificar las reuniones del clero, como también los retiros espirituales reorganizando, además, el trabajo del sacerdote.

En esta reunión los Obispos afirmaron que «toca a todos los miembros del Pueblo de Dios el tomar también como propia responsabilidad de valorar, cuidar y estimular a los sacerdotes que están a su servicio, y el fomento de las vocaciones para que no falten al pueblo cristiano los ministros que necesitan»[18].

La crisis del sacerdote afectaba también la relación entre éste y los Obispos.

En la homilía del Jueves Santo de 1972, Mons. Rolón, con respecto a la unidad sacerdotal con el Obispo, afirmaba que no se trataba de una

---

[15] «El sacerdote en el Paraguay», 10.
[16] «El sacerdote en el Paraguay», 11.
[17] Cfr. «Ecos de una reunión episcopal».
[18] «Ecos de una reunión episcopal», 8.

unidad de casta ni de una unidad meramente canónica y formal «Se trata de unidad de conciencia sacerdotal que incluye esencialmente una común manera de interpretar su misión y su papel en la situación concreta y conflictiva en que vivimos»[19].

La crisis que afectó al sacerdote de aquella época y que de alguna manera fue uno de los muchos motivos de reflexión, provino, entre otras cosas, del descubrimiento «que el pueblo católico caminaba mucho más lentamente que sus apresurados pastores, que las clases medias y dirigentes no pretendían embarcarse en el proyecto y que el Estado era mucho más poderoso y enraizado en una cultura tradicional de lo que se había supuesto»[20].

1.2 *Itaipú*

El comienzo de los años 70 está caracterizado por el proyecto de las grandes centrales hidroeléctricas binacionales de Itaipú y de Yacyretá.

El costo para la represa de Itaipú estaba previsto en 12 mil millones de dólares y de Yacyretá en 18 mil millones[21].

Mientras las obras continuaban su ritmo acelerado, el debate se abría sobre el uso de la energía que, gracias a esta empresa, se iba a generar y el tratado con el Brasil. En el diario *ABC Color* de los primeros días de 1973 empiezan los primeros cuestionamientos. Decía el periódico «Este acontecimiento está llamado — sin duda — a introducir poderosos factores de cambio en nuestra nación»[22]. El diario, en efecto, ponía de relieve cómo la distribución de la nueva riqueza que se perfilaba, creaba condiciones para el Estado Paraguayo hasta aquella fecha desconocidas. El peligro que se vislumbraba, según el diario, era que éste se erigiera como dominador directo de los medios de producción en una escala que podía resultar excesivamente alta, en relación al producto interno bruto. Estaba en juego hasta el tipo de Estado que se tendría en el futuro. Además, la posesión de la extraordinaria fuente energética del Paraná conduciría, según el diario, a la alteración de la fisonomía del país en los diferentes escalones de la relación internacional.

En abril del mismo año, en otro artículo, el diario afirma que el país se halla en vísperas de celebrar uno de los más trascendentales acuerdos

---

[19] B.I. ROLON, «El sentido de nuestro sacerdocio», Jueves Santo de 1972, 287.

[20] J.M. CARRON, «Iglesia Católica y Estado», 122.

[21] Cfr. A. GONZALEZ DORADO, «Vocaciones para el Paraguay».

[22] «La energía hidroeléctrica», 8. El diario continúa sus cuestionamientos en varios artículos: cfr. «A catorce céntimos»; «Itaipú: no es cierto»; «¿Leyó usted el Contrato?»; «Contrato de Itaipú»; «El Brasil tiene el poder»; «Sorprendentes declaraciones del Canciller»; «Itaipú: gran responsabilidad».

internacionales en toda su existencia como nación independiente[23]. Se destaca, en el artículo, cómo el Paraguay se encamina a la firma del acuerdo sobre Itaipú en condiciones muy especiales. No eran de público conocimiento todavía todos los textos de los instrumentos binacionales anteriores, que marcaron los primeros pasos del acuerdo y tampoco se conocía el texto base de discusión para el acuerdo final. Consecuentemente, se desconocía el alcance del impacto que sobre la sociedad paraguaya habría tenido la mera realización de la obra. El mismo desconocimiento existía con respecto a la utilización interna de la energía. A pesar de que al Paraguay le pertenecía la mitad del potencial que se generara, sin embargo no había ningún plan para la utilización de la misma. Insiste el diario en un artículo sucesivo:

> El hermetismo con que en nuestro país se rodeó a las negociaciones anteriores no ha permitido a la opinión en general y a la prensa en particular, cumplir debidamente con el aporte que quizá pudiera haber hecho sobre la cuestión, la más grande — insistimos — de todas las realizaciones que se han encarado en el país[24].

Con un Tratado que se firmó el 26 de abril de 1973, el Gobierno paraguayo aceptó condiciones mediante las cuales el Brasil tenía asegurada la totalidad de la energía que necesitaba con urgencia a un precio extraordinariamente bajo, y además, fijo e inamovible para un lapso de cincuenta años[25].

Frente al precio irrisorio en que se contrató la energía eléctrica del Paraguay el diario afirma: «Desde luego, vender 35.000 gigawatt-hora, durante cincuenta años por cuarenta millones de dólares, no es negocio, es apenas una donación»[26].

La revista *Acción* en mayo del 1974 escribía: «Se ha dicho que Itaipú significa para nosotros todo un desafío. Podemos afrontarlo exitosamente con inteligencia, con capacidad, con honestidad y con sentido nacional. Pero, lastimosamente esas no son las condiciones que se dan hoy en la política gobernante»[27].

El Arzobispo de Asunción, el 2 de junio de 1973, agradeciendo a la prensa local, los comentarios por los que el pueblo va tomando conciencia y conocimiento, subraya que: «El Tratado de Itaipú, firmado en Brasilia el 26 de abril de 1973, con la República Federal del Brasil,

---

[23] «La participación nacional en Itaipú», 8.
[24] «Itaipú: gran responsabilidad», 8.
[25] Cfr. «Itaipú: precio».
[26] A. GONZALEZ DELVALLE – E. BRITEZ, *Por qué clausuraron ABC Color*, 140.
[27] «Un esquema político», 4.

para la utilización hidroeléctrica del Río Paraná, inquieta profundamente la opinión pública»[28]. Según el Arzobispo, Itaipú es una ocasión única en la historia del Paraguay. Por este motivo la libre y serena expresión de las ideas y de las críticas ayuda a transitar por los caminos de la verdad, de la justicia, del honor y de la libertad[29]. Al confiar Cristo a la Iglesia el deber de acompañar al hombre en su historia, no sólo por medio del testimonio, sino también como fermento y promotora de su desarrollo y liberación integral[30], afirma el Arzobispo «Ni intereses privados ni intereses partidarios han de prevalecer en esta hora nacional»[31]. Por otra parte, el pueblo «tiene el derecho y el deber de seguir con interés y responsabilidad el proceso de elaboración y las aclaraciones absolutamente imprescindibles que deberán ir haciéndose, y no limitarse a esperar con ingenua alegría o a inclinarse con humillación culpable»[32].

1.3 Carta Colectiva de Pentecostés

El Año de Reflexión Eclesial, fue marcado por la Carta Colectiva que llevaba la fecha del 10 de junio de 1973, fiesta de Pentecostés[33].

La primera constatación que se hace en la carta es que hay un proceso de cambio vasto y vertiginoso que «padecen la mentalidad de los hombres y sus estructuras»[34]. En la carta no se cita ningún índice o indicador del cambio tomado de la experiencia cotidiana o de las ciencias humanas[35]. Los Obispos se limitan a una afirmación aclarando que la Iglesia en Paraguay ha tenido que tomar conciencia clara de sí misma y asumir con valor la fidelidad a su propia vocación.

Los rasgos salientes de este proceso de cambio son ante todo el paso de una actitud eclesial más preocupada por los problemas de adentro a una actitud más atenta por los problemas del mundo y del hombre concreto de hoy[36]. Podemos afirmar que es éste el punto central de la carta. De esta postura nueva hacia el mundo y hacia el hombre deriva el serio peligro de que las actividades pastorales de los Obispos, vaciadas del sabor evangélico, pierdan su eficacia trascendente y queden reducidas

---

[28] B.I. ROLON, «Responsabilidad ante el Tratado», 2 de junio de 1973, 425.
[29] Cfr. B.I. ROLON, «Responsabilidad ante el Tratado», 2 de junio de 1973, 425.
[30] Cfr. B.I. ROLON, «Responsabilidad ante el Tratado», 2 de junio de 1973, 426.
[31] B.I. ROLON, «Responsabilidad ante el Tratado», 2 de junio de 1973, 426.
[32] B.I. ROLON, «Responsabilidad ante el Tratado», 2 de junio de 1973, 426.
[33] CEP, Año de Reflexión Eclesial, 10 de junio de 1973.
[34] CEP, Año de Reflexión Eclesial, 10 de junio de 1973, 5.
[35] Cfr. J.M. MUNARRIZ, «Reflexión».
[36] Cfr. CEP, Año de Reflexión Eclesial, 10 de junio de 1973, 6.

a simple humanismo[37]. Por ello el sentido del Año de Reflexión, año en que se quiere tomar un espacio para evaluar el compromiso de la Iglesia, de manera que ella no se quede como sal sin sabor. Los Obispos dicen que, en la actual situación de cambio, no son pocos los cristianos que ponen el acento sobre el compromiso histórico hasta llegar a caer en la tentación del horizontalismo por la preocupación de construir la ciudad terrestre[38].

Además el descubrimiento de la Iglesia como comunidad de fe, a pesar de ser muy positivo, lleva con frecuencia a una cierta indiferencia y hasta descrédito de todo lo que es institucional y sacramental.

Los Obispos confirman el logro de una mayor conciencia de la dignidad común entre todos los cristianos, que tiene su fuente en la misma fe bautismal. Pero, por otra parte, no pueden desconocer ciertas actitudes y criterios que parecen significar desconocimiento y hasta desdén por el ministerio jerárquico[39]. La carta quiere subrayar la dimensión de una Iglesia peregrina, en la que la Palabra de Dios logra su fecundidad, cuando está íntimamente unida al camino de los hombres, pero tiene la preocupación de la dimensión escatológica «Ella tiende hacia el misterio inconmensurable de Cristo»[40].

Los Obispos alertan contra las actitudes y criterios que, en el momento de cambio, se aferran al pasado anulando la originalidad de un designio divino, que está llamando en el tiempo.

La Iglesia del Paraguay, tanto la jerarquía como el laicado, anunciando la verdad del Evangelio y denunciando las injusticias que van contra la dignidad de la persona humana y pesan sobre la vida de los pobres, había dado un valeroso testimonio. Sin embargo, señalan los Obispos, esta actitud de denuncia ha sido motivo de dolorosas tensiones. Más adelante se aclara el tipo de tensiones; por un lado una mentalidad desencarnada y ahistórica, que no llega a comprender que el compromiso efectivo por los que tienen hambre de amor y de justicia transforma a los cristianos en signo eficaz de salvación para los hombres; por otra parte, la postura demasiado radical e impaciente de algunos laicos y religiosos, por la urgencia con que se planteaban las necesidades del pueblo.

Los Obispos, haciendo alusión a estos cristianos impacientes, afirman que comprenden el celo apasionado de sus compromisos, pero quieren decirles «con cristiana franqueza, que en situaciones tan irritantes como

---

[37] Cfr. CEP, *Año de Reflexión Eclesial*, 10 de junio de 1973, 8.
[38] Cfr. CEP, *Año de Reflexión Eclesial*, 10 de junio de 1973, 9.
[39] Cfr. CEP, *Año de Reflexión Eclesial*, 10 de junio de 1973, 10.
[40] CEP, *Año de Reflexión Eclesial*, 10 de junio de 1973, 11.

las que frecuentemente tiene que afrontar nuestra pastoral, usar de las mismas armas que avasallan "las conciencias débiles" (1 Corintios 8,9-12) constituye un flaco testimonio de cristianos»[41].

La carta termina con una exhortación al laicado, al campesinado, a los jóvenes, a los que viven fuera de la Patria y a los hermanos cristianos de otras confesiones.

La carta despertó algunas reacciones entre las cuales la de un antiguo secretario de la CEP: «No sé si a alguno le pueda extrañar el tono de este escrito de un antiguo secretario de la CEP. Sé, sí, que a los Obispos no les va a llamar la atención, pues están acostumbrados (y les agrada) mi sinceridad»[42]. Continuando en su reflexión afirma: «Hay una parte de la Iglesia que ha optado, consciente y comprometidamente, por un cambio radical del mundo en que vivimos para hacerlo más humano y más cristiano»[43]. Añade, entre otras observaciones: «Los "radicales e impacientes" tienen, sencillamente, la necesidad de que la Iglesia sea signo *eficaz* de salvación para los hombres»[44].

Lo que podemos subrayar es que la carta no reflexiona sobre hechos, sino que es más bien una evaluación sobre posturas diferentes, que sin duda habían creado tensiones, en el seno de la misma Iglesia. La realidad parece que se ha quedado afuera del alcance del contenido de la carta. El hombre con que la Iglesia se había comprometido parece quedarse lejos de la Reflexión, si no fuera que la carta es solamente un momentó del Año de Reflexión.

El contenido de la Carta se puede esclarecer mejor si analizamos también las palabras, que Mons. Benítez pronunció en la Asamblea de la Federación de Religiosos del Paraguay, que se realizó en Asunción el 16-19 de julio de 1973. En este texto encontramos, en efecto, algunos términos del problema que existía. Lo que los obispos en realidad cuestionaban, era el hecho de que la pastoral no se podía considerar una experimentación, una hipótesis de trabajo «como el que se hace con conejillos a ver qué resultado da»[45]. Agrega Mons. Benítez que la pastoral «Es actividad con personas humanas, grupos humanos. La experimentación se convierte muchas veces en "jugar a la pastoral"»[46]. En la actividad pastoral, el Obispo afirma que no se pueden trasladar mentalidades, estructuras y metodologías de otros contextos. Por ser un

---

[41] CEP, *Año de Reflexión Eclesial*, 10 de junio de 1973, 11.

[42] J.M. MUNARRIZ, «Reflexión», 3.

[43] J.M. MUNARRIZ, «Reflexión», 4.

[44] J.M. MUNARRIZ, «Reflexión», 5.

[45] S.F. BENITEZ , «Ser y quehacer», 1973, 7.

[46] S.F. BENITEZ , «Ser y quehacer», 1973, 7.

proceso de formación del hombre, del cristiano, ella se desarrolla en forma ordinaria, sin saltos. «Los cambios bruscos o imposibilitan o truncan el proceso, pierden los valores originarios, al hombre mismo, que es un ser histórico portador de herencias en todos los niveles de su existencia [...]. Pueden destruir también su fe cristiana. El problema es de extrema seriedad»[47].

En estas pocas palabras está resumida la cuestión que se vivió en la Iglesia al comienzo de los años 70[48]. Algunos se preguntaron, en especial una parte de la Jerarquía, si los métodos utilizados por los agentes pastorales habían sido elegidos después de una atenta y profunda búsqueda llegando a la conclusión que eran los más aptos, para alcanzar el progreso del hombre paraguayo en la particular situación en la que se encontraba, o si era más bien algo que se le imponía al hombre concientizándolo sobre una problemática cuyas graves consecuencias fácilmente previsibles eran: prisión, tortura, muerte.

En palabras muy sencillas ¿Sobre quién habrían recaído las secuelas de una acción liberadora, que chocaba con un régimen autoritario? ¿Se había previsto una reacción tan fuerte?

Hemos visto que los efectos de una acción concientizadora cayeron por lo general sobre los campesinos que en la gran mayoría fueron perseguidos, torturados, matados. Se trató para muchos de ellos de una crisis de fe:

No en Dios, ni en Cristo, sino en una comunidad cristiana que, teniendo tan hermosa doctrina, no respalda después el compromiso práctico y concreto. Se trata, para muchos creyentes, del encuentro verdadero con el misterio pascual; con un auténtico morir y ser purificado, para salir con nueva vida y con fe más humilde y sincera, pero igualmente firme en su compromiso por la justicia[49].

---

[47] S.F. BENITEZ , «Ser y quehacer», 1973, 7.

[48] Para entender más las distintas posiciones, cfr. CEP, «Conferencia Episcopal Paraguaya. LXV Asamblea», 1972. Entre otros cuestionamientos el Nuncio, Antonio Innocenti, manifiesta: «Afirmar la validez de los carismas individuales es afirmar la posibilidad de un pluralismo legítimo y necesario. Los hijos de la Iglesia pueden y deben empeñarse en las opciones y responsabilidades propias de su estado, sea familiares o profesionales, sea económicas o políticas. Todos debemos buscar la paz, la justicia, la libertad en pro de un mundo más justo y mejor. Pero una vez más, nuestras opciones personales, prudenciales y opinables, no se identifican con el mensaje de liberación y redención, centrados en los valores absolutos de la fe y del amor, que se participa por el misterio pascual de la muerte y resurreción de Cristo. Moderación y equilibrio son los atributos del hombre de gobierno, puesto al servicio de todos, para salvaguardar los derechos y el respeto de todos; en otras palabras, puesto al servicio del bien común».

[49] R. ANTONICH – J.M. MUNARRIZ, La Doctrina Social, 283-284.

En 1978, cuando estaban para iniciarse los trabajos de Puebla, estos mismos campesinos, al salir de su Pascua de pasión, escribían una carta[50], testimonio de una fidelidad crucificada por la lucha por la justicia. Una carta que tendría que ser, según nuestro parecer, el verdadero término de una Reflexión.

La carta comienza trazando el camino de concientización que signa el paso de una concepción fatalista de la vida en la que «todos nuestros sufrimientos personales y comunitarios, familiares y sociales, estábamos con creencia de que eran pruebas divinas, que teníamos que soportarlo»[51], a una idea de «un Dios justo y bueno, que incluso tiene un Plan de Salvación, preparado al comienzo de la historia para todos los hombres»[52]. Los campesinos empezaron sobre esta base, acompañados ya de algunos sacerdotes, a practicar la vida de amor fraternal, y con la claridad de que Dios no era el culpable de los sufrimientos.

Este proceso los llevó, como hemos visto ya, a realizar juntos trabajos agrícolas, como prueba efectiva de su deseo de fraternidad y como medio para solucionar sus problemas. Entonces empezaron las acusaciones, las persecuciones, amenazas, apresamientos, torturas, destrucción de los trabajos realizados. En la carta afirman los campesinos:

La Biblia, los documentos de la Iglesia, especialmente los documentos de Medellín, nos enseña nuestra situación, pues se refiere más concretamente a nuestra realidad latinoamericana y constatamos que tiene razón al decir que nosotros vivimos en una «injusticia institucionalizada». Nosotros habíamos tomado en serio la recomendación de ustedes que hay que cambiar vida y que «necesitamos hombres nuevos para una sociedad nueva»[53].

Sin embargo, el entusiasmo y el empuje que inyectaron los obispos tuvieron que enfrentarse con una represión continua, generalizada:

La decidida intervención de los obispos apoyando la justicia de nuestros reclamos en sus documentos, muy pronto se fue apagando en la práctica. Son muchos los hermanos que echaron sus esperanza por el suelo, al no encontrar una rápida solución a los problemas actuales y temiendo perder más, que avanzar algo. Esto mismo observamos en la mayoría de nuestros obispos y sacerdotes que nos fueron abandonando a poco[54].

La carta sigue con la descripción de los sufrimientos y de la persecución por las autoridades «han invadido nuestras comunidades, destruído

---

[50] Cfr. «Carta de los campesinos».
[51] «Carta de los campesinos», 177.
[52] «Carta de los campesinos», 177.
[53] «Carta de los campesinos», 178.
[54] «Carta de los campesinos», 179.

nuestras bases de trabajo; forzosamente hemos abandonado nuestros lugares, después de prisiones prolongadas, controlan todos nuestros movimientos y siguen controlándonos»[55]. Y, trágicamente, continúan los campesinos: «Estamos dispersos, abandonados y con miedo»[56]. Esta situación de abandono se manifiesta en una desconfianza que se va convirtiendo en una enfermedad grave que según los campesinos, si sigue llevará a una destrucción de lo construido. Acusaciones pesadas llegan por medio de esta carta:

En las últimas represiones lo hemos notado silencio total a pesar de las bárbaras torturas, asesinatos alevosos, nada! Después de dos meses comienzan a manifestarse, porque se les insistió desde todos los ángulos; se pronunciaron por exigencia, no por convencimiento; no para ser la voz de los que no la tienen. Es que Dios da fuerza y valor a través de los humildes, de los pobres y abandonados y no a través de los poderosos y ricos[57].

La carta continúa señalando, a pesar de todo, la acción de Mons. Maricevich:

Un padre y obispo que nos parece ejemplar [...]. En su continuo contacto con nosotros, campesinos agricultores, nos ha sabido entregar a Cristo que nos da fuerza y valor para seguir adelante. Mons. Maricevich nunca nos abandonó, en los buenos y malos momentos y también en situaciones difíciles, por eso él tiene coraje y lo trasmite a los demás sacerdotes que están con él en su diócesis[58].

La carta no está firmada, por miedo de que caiga en manos de personas mal intencionadas y dé lugar a represalias.

1.4 Conversión y Reconciliación

Al finalizar el año 73, los Departamentos Nacionales de la CEP presentaron su Balance. En el área de la Promoción humana, presidida por Mons. Aníbal Maricevich y el P. Angel Acha, entre las realizaciones encontramos la Constitución del Equipo Nacional. Además, se menciona la Organización de la IV Reunión de los Organismos Católicos de Migración del Cono Sur, realizada en Asunción del 7 al 12 de mayo[59]. Leemos, también, entre las finalidades la de asegurar, a través de un responsable, un efectivo control de las comunidades de base campesinas,

---

[55] «Carta de los campesinos», 179.
[56] «Carta de los campesinos», 179.
[57] «Carta de los campesinos», 179.
[58] «Carta de los campesinos», 178-180.
[59] Cfr. DEPARTAMENTO CEP, «Departamentos Nacionales», 9.

de la orientación ideológica y organizativa de las mismas. Además, se busca acompañar a estas comunidades de base en su experiencia. Y finalmente, a través de un responsable, se asiste al aspecto formativo del área rural suburbana, con líderes que ya ejercitan responsabilidad en sus comunidades[60].

En la homilía de Navidad de 1973 Mons. Rolón introduce, en el año de Reflexión de la Iglesia, el tema de la Reconciliación «Y cuando se nos propone del tema de una reconciliación, no podemos ni pensar en "rupturas"; y si ahondamos en sus exigencias, veremos que reconciliación supone siempre conversión, renovación, cambio, un retorno sincero y leal a la concordia»[61]. La primera ruptura que el hombre debe superar es aquella que se ha establecido con Dios, la segunda es la que se ha practicado con los otros hombres.

El sentido de la reconciliación se encuentra en la conversión y en la renovación. La reconciliación: «no quiere ser un anestésico que congele injusticias [...] no quiere decir disculpa general y olvido de las injusticia y daños causados a los demás»[62]. Concluye el Arzobispo que la reconciliación no es ni blanda ni tibia sino que tiene la exigencia urgente y radical del Evangelio.

En marzo de 1974, el Obispo de Villarrica, Mons. Benítez, afirmaba, en el marco del Año Santo, la ruptura que se había realizado con Dios y con nuestros hermanos: «Las injusticias institucionalizadas siguen intocables y aumentan su fuerza destructora de la dignidad del hombre, hijo de Dios»[63]. El Obispo afirma que en ese clima se agudizan las amarguras, los rencores y odios, reconcentrados en los corazones. Se alimentan los desquites, las violencias. Se pasean impunemente los prepotentes mientras que los que sufren los atropellos se callan impotentes «Silencio que grita; mudez que acusa»[64].

En la homilía del 15 de mayo de 1974, en ocasión de la conmemoración de la Independencia Nacional, Mons. Rolón afirmaba: «Concebimos la libertad no como un acto aislado, sino como un largo proceso»[65]. En este camino el Arzobispo subrayaba como no se puede construir la Patria terrena sin mirar al cielo, no se puede llegar al cielo sin preocuparnos de la tierra, solicitando la creación de una nueva mentalidad social, solidaria y comunitaria y de servicio, que destierre los odios y

---

[60] Cfr. DEPARTAMENTO CEP, «Departamentos Nacionales», 9.

[61] B.I. ROLON, «La conversión», Navidad 1973, 70.

[62] B.I. ROLON, «La conversión», Navidad 1973, 72-73.

[63] S.F. BENITEZ , *Rehacer al hombre*, 25 de marzo de 1974, 7.

[64] S.F. BENITEZ , *Rehacer al hombre*, 25 de marzo de 1974, 7.

[65] B.I. ROLON, «Construir la Patria», 15 de agosto de 1974, 9.

elimine las desigualdades injustas entre los hombres y entre los pueblos; que acabe con los abusos y privilegios injustificables.

Del 1 al 5 del mes de julio de 1974, el Episcopado Paraguayo realizó su Asamblea Ordinaria. Varios los puntos tratados: el tema de la Evangelización, algunos problemas litúrgicos, el diaconado, el seguro médico del clero, la misión en Buenos Aires entre los 600.000 paraguayos en exilio[66] y la planificación familiar[67]. Un día fue dedicado al estudio del borrador del documento de la CEP sobre el Año Santo. El mismo llevaba el título *Conversión y Reconciliación*[68].

Este, tomando como punto de partida la proclamación del Año Santo, es una invitación para vivir esta hora singular para la conversión y el compromiso. Una hora en que, según los Obispos, el pueblo y sobre todos los jóvenes, esperan de la Iglesia una respuesta a sus legítimas aspiraciones de liberación integral. Continúan los Obispos afirmando que no se puede reducir el Evangelio a una simple declaración de los derechos humanos y a una violenta reclamación contra la injusticia de los poderosos. Y agregan «Tampoco puede reducirse a una abstracta proclamación de los misterios divinos sin ninguna relación con la situación concreta del hombre. No se puede dividir arbitrariamente promoción humana, anuncio del mensaje cristiano y sacramentalización»[69].

El sentido de la reconciliación obliga a cada uno a reconocer los propios pecados, de los cuales los Obispos proporcionan una larga lista: «egoísmo, envidias, injusticias, discriminaciones, injusta distribución de los bienes y riquezas, fanatismo, opresión, persecuciones y venganzas, torturas, miedo, infidelidades, sobornos, omisiones de las propias responsabilidades»[70].

La reconciliación significa también perdonar, y perdonar significa «restitución e instauración de nuevas relaciones de justicia social»[71].

Los Obispos hacen un llamado de manera especial a los responsables del país para que tengan una consideración «peculiar en favor de los

---

[66] En aquella época la población paraguaya que emigraba representaba el 28% de la población total. Se calculaba que en Argentina vivían seiscientos mil, en Brasil setenta mil y el resto en diversas partes del mundo. Cfr. «Seiscientos mil paraguayos»; J. MONTERO TIRADO, «El río que se va».

[67] Sobre este tema la CEP el 17 de abril de 1974, tomando como punto de partida el año de la Población, había emitido un documento, Cfr. CEP, *Los problemas*, 17 de abril de 1974.

[68] CEP, *Conversión y Reconciliación*, 5 de julio de 1974.

[69] CEP, *Conversión y Reconciliación*, 5 de julio de 1974, 6.

[70] CEP, *Conversión y Reconciliación*, 5 de julio de 1974, 9.

[71] CEP, *Conversión y Reconciliación*, 5 de julio de 1974, 9.

presos políticos para que dispongan la revisión de sus situaciones e inclusive su definitiva liberación. Estamos seguros que de este acto de justicia y buena voluntad brotarán frutos de Paz y reconciliación duraderas»[72].

El 8 de setiembre de 1974 Mons. Rolón recibió la imposición del Palio y durante la celebración pronunció una importante homilía. Siempre a la luz del Año Santo, en el que la Iglesia recibía de modo especial el llamado a la conversión y a la reconciliación «adquiere mayor relieve aún, la tradicional enseñanza de la Iglesia sobre el papel de la Autoridad como Servicio, y su expresión germina en el ejercicio o práctica del perdón»[73].

El Arzobispo aclara que obrar con misericordia no significa ni debe interpretarse en la Iglesia de Cristo, como insensibilidad ante la maldad individual y social, ni como desconocimiento de las injusticias y mentiras instaladas en las personas y en las estructuras; ni tampoco como desaprobación de las justas reclamaciones de los derechos humanos conculcados, ni mucho menos como desautorización de los que sinceramente y con recta intención cristiana están comprometidos con los pobres, con los marginados y luchan por su liberación y promoción integral. Afirma el Arzobispo: «Ni es "entreguismo" como osan decir algunos; ni es "demagogia" como quieren afirmar otros. Nada de todo esto»[74]. Obrar con misericordia es saber leer y entrever en la maraña sicológica de las decisiones del hombre, los escondidos lazos del miedo, de la ignorancia, de la prepotencia y del propio egoísmo, que llegan a cuestionar la libertad de decisión y del obrar, es afirmar que la Iglesia no es un grupo cerrado de puritanos sino el Pueblo de Dios que marcha penosamente, hacia una deseada tierra nueva.

En razón de estas reflexiones el Arzobispo, da por concluida una situación dolorosa de la Comunidad archidiocesana, con el parecer del Consejo Presbiteral, del Consejo de Curia y de Laicos comprometidos y responsables:

obtenidas las cautelas exigibles del caso, y en uso de mis facultades ordinarias y de las especiales concedidas por la Santa Sede, con entera libertad y conciencia, declaro levantadas en el «foro externo» las penas y censuras en que hubieren incurrido todas las personas involucradas en el Decreto N° 55 del 10 de marzo de 1971[75].

---

[72] CEP, *Conversión y Reconciliación*, 5 de julio de 1974, 11.
[73] B.I. ROLON, «Fidelidad a la Iglesia», 8 de setiembre de 1974, 7.
[74] B.I. ROLON, «Fidelidad a la Iglesia», 8 de setiembre de 1974, 7.
[75] B.I. ROLON, «Fidelidad a la Iglesia», 8 de setiembre de 1974, 7.

Con este acto se quedaba libres de la excomunión el Ministro del Interior, Sabino Montanaro y todos los que habían participado en el doloroso caso del P. Uberfil Monzón.

Este gesto no cambió la actitud del gobierno que continuó en su política de represión como podemos ver en los acontecimientos que siguieron.

2. Entre las persecuciones del mundo y los consuelos de Dios

2.1 *Mons. Aníbal Maricevich*

Nacido el 16 de diciembre de 1917 en Ypacaraí, ingresó en el Seminario Metropolitano de Asunción en 1932. El mismo nos cuenta la experiencia de su vocación personal: «En realidad, la pequeña historia de mi vocación es muy sencilla y muy simple, nada de especial. La verdad es que, nunca yo pensé de ser sacerdote de chico, nunca se me ha ocurrido»[76]. Fue la presencia de la tía Rosa que trabajaba en el seminario y que un día lo invitó «El instrumento del que Dios se valió [...] entonces yo tenía diez años»[77]. Con el pasar del tiempo «Mi respuesta fue madurando, como fui madurando yo también en edad. Tenía que responder al Señor, un problema serio, un problema grave de una responsabilidad»[78]. El 21 de noviembre de 1943 fue ordenado sacerdote. Fue nombrado Vicario Cooperador de la Parroquia de Luque por dos años, y, sucesivamente durante seis años, estuvo en Asunción en la parroquia de Encarnación. En el año 1946 fue nombrado Cura Párroco interino de la Parroquia de N. Sra. de las Mercedes, y luego Cura Párroco titular de la misma. Aquí estuvo 10 años y trabajó intensamente: «en un programa de vida: pastoral-comunidad»[79]. Fundó un periódico parroquial, *Comunidad*, más tarde órgano oficioso del Episcopado Paraguayo y que se hizo muy famoso en Paraguay.

Elegido Obispo Auxiliar de Asunción el 5 de febrero de 1957, sucesivamente fue nombrado Obispo Coadjutor de la Diócesis de Villarrica el 19 de abril de 1961. Posteriormente nombrado Obispo de Concepción el 4 de diciembre de 1965, tomó posesión el 6 de febrero de 1966.

La Diócesis de Concepción fue creada el 1° de mayo de 1929. Tuvo como primer Obispo a Mons. Sosa Gaona. El 29 de junio de 1955 fue nombrado Obispo Auxiliar Mons. Julio Benigno Laschi González que al renunciar Mons. Sosa Gaona, fue nombrado Administrador Apostólico de la misma.

---

[76] «Entrevista con Mons. Aníbal Maricevich Fleitas, obispo», 358.

[77] «Entrevista con Mons. Aníbal Maricevich Fleitas, obispo», 359.

[78] «Entrevista con Mons. Aníbal Maricevich Fleitas, obispo», 359.

[79] «Entrevista con Mons. Aníbal Maricevich Fleitas, obispo», 360.

De la Diócesis de Concepción fueron creados: el Vicariato Apostólico del Chaco Paraguayo, el 11 de marzo de 1948; las prelaturas de Encarnación y Alto Paraná el 19 de enero de 1957 y la Diócesis de Caacupé, el 2 de agosto de 1960; la Diócesis de Coronel Oviedo el 10 de setiembre de 1961.

En 1975 la Diócesis contaba todavía con el II Departamento de San Pedro y se extendía por un territorio de alrededor de 50.000 Km². El 5 de junio de 1978 fue creada la Diócesis de San Pedro Apóstol con territorio desmembrado de la Diócesis de Concepción.

La actividad de Mons. Maricevich en la Diócesis se centró en la Pastoral rural. El mismo afirmaba, en un entrevista referente a la condición de su zona: «El 75% de la gente pobre es campesina. Y el campesino norteño realmente es una persona, una familia pobre [...]. A nuestro campesino le falta educación, le falta salud, le falta recreación, le falta vivienda»[80]. Hablando de la acción de evangelización afirmaba que el objetivo era que el hombre paraguayo y el hombre campesino fueran no solamente buenos cristianos sino más bien «Un hombre con un mayor sentido crítico, con mayor sentido servicial, más fraternal más amante del desarrollo, más amante de salir de su miseria. Queremos que el hombre tenga una verdadera dignidad, sea más imagen de la casa de Dios»[81].

Podemos analizar algunos puntos que se destacan a lo largo del servicio episcopal. En la carta pastoral que dirigió al tomar posesión de la Diócesis de Concepción, pronunció algunas palabras en que se puede entrever el programa de su acción:

Yo soy modestamente hijo y padre al mismo tiempo del Vaticano Segundo [...] como padre he colaborado con mis oraciones y modesto esfuerzo para el éxito del Concilio y como hijo de él, debo de seguir fielmente las normas y espíritu Conciliares. Por eso, en esta solemne circunstancia, debo declarar que mi gobierno se inspirará con la máxima fidelidad en el alma conciliar[82].

En ocasión de un iniciativa diocesana el Obispo escribía, en 1968, en su carta: *La Gran Misión de Evangelización*[83]:

La Fe auténtica, aquella que salva y consuela, es un movimiento que arrastra, no solo a la inteligencia, sino a todo el hombre hacia Dios y las cosas de Dios; es una respuesta personal y libre del hombre a Dios que habla; es una vivencia profunda y amorosa de la Palabra que es revelación, promesa y regla de vida[84].

---

[80] «Entrevista con Mons. Aníbal Maricevich Fleitas, obispo», 366.
[81] «Entrevista con Mons. Aníbal Maricevich Fleitas, obispo», 367.
[82] A. Maricevich Fleitas, «Discurso», 6 de febrero de 1966.
[83] A. Maricevich Fleitas, *La Gran Misión*, 2 de febrero de 1968, 6.
[84] A. Maricevich Fleitas, *La Gran Misión*, 2 de febrero de 1968, 6.

Una auténtica fe implica, según el Obispo, un compromiso vital con Dios y un compromiso ineludible con el hombre y la comunidad de los hombres. De manera que el desarrollo de los hombres y de las comunidades es una exigencia perentoria de la Fe y, al mismo tiempo, una reclamo imperioso de la misma realidad de las cosas: «Como Obispo del Vaticano Segundo, queremos ser la conciencia evangélica de esas masas que viven en condiciones realmente infrahumanas, que ofenden gravemente la dignidad de la persona humana y la de los hijos de Dios»[85]. Agrega el Obispo que esos hombres exigen liberarse de la miseria, del abandono, del analfabetismo, de la falta de vivienda, de la enfermedad, de la inseguridad de la vida; esa gente reclama precio justo y dinero efectivo, y no especies, por el fruto de su silencioso trabajo; esos seres humanos piden liberarse de la marginalidad y claman por la participación adecuada en los adelantos de la ciencia y de la técnica y en los centros de las decisiones políticas, económicas y sociales; en una palabra, esas masas humanas piden en justicia los medios necesarios para su desarrollo integral y armónico.

Se preguntaba el Obispo en 1971: «¿Cuántos son los que se vuelcan a sí mismos, en actitud de liberación y de promoción, sobre esa muchedumbre inmensa de desposeídos de los bienes materiales, culturales, sociales y espirituales, que sufren y apenas subsisten en nuestros campos, estancias y barrios urbanos?»[86].

Además señala que el amor cristiano es un movimiento originado en lo alto, que punta necesariamente a Dios y al hombre. Es imposible separar a Dios del hombre y éste de Aquel. El que ama de verdad a Dios no puede no amar al hombre.

Muy unido a la Iglesia universal y muy atento a las directivas del S. Padre, cuenta emocionado su encuentro con Pablo VI:

Fue en la mañana del 26 de mayo del año en curso. He de anotar la circunstancia de que el Papa me ha concedido la audiencia no obstante sus graves preocupaciones y múltiples ocupaciones, particularmente a causa del concurridísimo Año Santo Romano en marcha en estos momentos. Este gesto del Papa sin duda es signo de su paternal benevolencia e interés por las cosas de nuestra diócesis[87].

Al relatar la audiencia añade:

Y, ¿qué me dijo el Santo Padre? Pues, cosas reconfortantes y estimulantes! En efecto, después de los cordiales saludos, inmediatamente él comenzó la

---

[85] A. MARICEVICH FLEITAS, *La Gran Misión*, 2 de febrero de 1968, 11.

[86] A. MARICEVICH FLEITAS, «Carta Pastoral», 11 de marzo de 1971, 1.

[87] A. MARICEVICH FLEITAS, «Carta Pastoral», 4 de julio de 1975, 1.

conversación. De entrada afirmó que *él conocía bien mi trabajo y la línea de mi acción pastoral*. Afirmación fundamental, sin duda [...]. Añadió a continuación, que *él considera bueno el trabajo y buena la línea de mi acción pastoral y que él los bendice y los aprueba*. He aquí el punto culminante y consagratorio de mi entrevista[88].

Agrega emocionado: «Aunque me causa profunda confusión, creo deber informales con toda sencillez, que el Papa amablemente me ha dicho, en dos momentos, que *yo soy un buen Obispo*. Pueden imaginarse Uds. lo que esta afirmación ha producido en mi corazón de pastor»[89].

La preocupación de Mons. Maricevich fueron los campesinos y en esta carta no puede no acordarse de cómo el Santo Padre se acordó de ellos «En varios momentos de mi entrevista el Papa habló de los campesinos, sector mayoritario de nuestra diócesis, y al hacerlo expresaba una evidente emoción. Esto demuestra en el Santo Padre una exquisita, profunda y amorosa sensibilidad para con los sectores pobres»[90].

Con ocasión del desmembramiento de la Diócesis de Concepción para la creación de la nueva Diócesis de San Pedro, el Obispo hace un relato interesante de sus líneas pastorales y del trabajo de las comunidades eclesiales de base:

En los últimos tiempos el trabajo pastoral realizado con sacrificio, peligro y alegría, ha dado origen a la red creciente de las comunidades eclesiales de base. En los lugares pobres y duros, como son las colonias agrícolas de la zona, comenzaron a brotar y crecer, cargadas de promesa y de optimismo, esas pequeñas organizaciones comunitarias[91].

Según el Obispo, ellas son espacio de una experiencia fecunda de vida comunitaria, que se deslizaba penosamente bajo el luminoso y contagiante signo de fraternidad, basada en el descubrimiento y en la vivencia gozosa de Dios como Padre y de Cristo como Hermano y Libertador.

Además, son exigente escuela de formación de líderes cristianos con responsabilidad y criterios propios, generosos servidores de sus hermanos pobres.

Y, finalmente, un poderoso foco de irradiación apostólica en su triple dimensión: Evangelización, Promoción Humana y Sacramentalización.

Recuerda el Obispo, con emoción, las largas horas y días enteros de reflexión bíblica, sentados en rústicos bancos o en duros troncos de árboles caídos, con el modesto pizarrón en frente, bajo el techo de una

---

[88] A. MARICEVICH FLEITAS, «Carta Pastoral», 4 de julio de 1975, 1.
[89] A. MARICEVICH FLEITAS, «Carta Pastoral», 4 de julio de 1975, 2.
[90] A. MARICEVICH FLEITAS, «Carta Pastoral», 4 de julio de 1975, 2.
[91] A. MARICEVICH FLEITAS, *Carta pastoral*, 26 de julio de 1978, 3.

humilde capillita rural o a la sombra de un frondoso árbol, buscando trabajosamente captar el mensaje divino escondido en un pasaje de la Sagrada Biblia, para iluminar, luego con él la realidad en que viven sumergidas injustamente tantas familias y comunidades campesinas.

De este diálogo entablado entre la Palabra de Dios y la realidad circundante, surgían análisis, criterios y programas de acción liberadora. De estos cursos de reflexión salían los catequistas y evangelizadores[92].

Fue así como: «De la misma fuente de reflexión sobre la Palabra de Dios y la realidad humana, brotó una poderosa corriente de auténtica promoción humana de la inmensa masa campesina envuelta en denigrantes condiciones infrahumanas»[93].

Continúa el Obispo:

Imbuidos de una aguda conciencia de justicia y de caridad, nuestros dirigentes, armados con los principios de la Doctrina Social de la Iglesia, se dirigían hacia las compañías y colonias a promover por medio de cursos apropiados a personas y grupos humanos en la línea de una nueva conciencia social. De inmediato florecieron organizaciones de campesinos y para campesinos[94].

El Obispo finaliza que al calor del Concilio y de Medellín, se formaban conciencias renovadas que se manifestaban y concretaban en movimientos, en equipos de trabajo y en obras positivas de asistencia y promoción. Ambas acciones paulatinamente construyendo la diócesis y, al mismo tiempo, al hombre paraguayo y a las comunidades carcomidos por el egoísmo y por toda clase de pecado con sus consecuencias.

Maricevich no fue un Obispo de grandes construcciones de estructuras:

Poco hicimos, hay que confesarlo honestamente, en el orden material, especialmente en el de las construcciones. Pero, hay que convenir, que durante la lucha por Dios y el hombre, de los últimos tiempos, era difícil e inconveniente instalarse en la comodidad tranquila y ocuparse de cosas materiales. Además, no había llegado aún el momento propicio para ello. Nuestra prioridad marcaba la construcción del hombre y del cristianismo, de la comunidad eclesial y humana[95]!

2.1.1 Jejuí

Los hechos que afectaron más a la Diócesis de Mons. Maricevich fueron aquellos relacionados a la Comunidad de Jejuí.

---

[92] Cfr. A. MARICEVICH FLEITAS, «Carta Pastoral», 4 de julio de 1975, 3-4.

[93] A. MARICEVICH FLEITAS, «Carta Pastoral», 4 de julio de 1975, 4.

[94] A. MARICEVICH FLEITAS, «Carta Pastoral», 4 de julio de 1975, 4.

[95] A. MARICEVICH FLEITAS, «Carta Pastoral», 4 de julio de 1975, 4.

En 1975 grandes sectores del campesinado paraguayo estaban pasando por nuevas angustias en el orden económico. La falta de mercado para sus productos y la fijación arbitraria de los precios, por parte de los acopiadores, llevó muchos a pasar hambre. El tártago de 60 Gs. por kilo bajó a 10; la esencia de petit-grain de 2.850 Gs. el kilo descendió a 650 Gs. igual pasaba con el algodón y el tabaco[96]. En aquel mismo período el Editorial de *Sendero* reclamaba el más elemental derecho a organizarse «La organización campesina le permitirá buscar mercados para sus productos, discutir precios más justos»[97].

La LXXII Asamblea de la CEP, que tuvo lugar en Caacupé del 6 al 12 de enero de 1975, bajo la presidencia de Mons. Benítez, analizó las actividades de la Iglesia en 1974 y programó los trabajos para el 1975. Se afirmaba, entre otras cosas, que la evangelización tenía necesariamente consecuencias en el orden social y económico. Agregaba que la fraternidad campesina se expresaba en organizaciones como cooperativas, *minga* y almacenes de consumo, y que algunos creían que estas actividades eran ajenas a la religión o a la Iglesia. Esta incomprensión había llevado a las intrigas, delaciones y persecuciones contra los pobres campesinos. Informaron los Obispos que en algunos lugares se retomaba la postura de que las reuniones de los cristianos debían realizarse dentro del templo, los domingos[98].

El 8 de febrero de 1975, a las 4 de la mañana, un pelotón de 70 soldados, fuertemente armados, al mando del Tte. Coronel José Grau, asaltó una comunidad campesina de la colonia San Isidro de Jejuí, en el Departamento de San Pedro en la Diócesis de Concepción[99].

El pueblo de Jejuí se encuentra a 300 km de Asunción y a 250 km de Concepción. En el momento del asalto, la comunidad de Jejuí estaba constituida por alrededor de 24 familias, un sacerdote católico, una comunidad de religiosos contemplativos *Pequeños Hermanos de Jesús* y miembros de la *Asociación Misioneras Seglares de España*. La comunidad, según la declaración de la autoridad eclesiástica de Concepción, se había propuesto, bajo la dirección de la jerarquía local, una experiencia de vida comunitaria a la luz del Evangelio[100]. En la declaración se afirma también que la interesante experiencia de vida cristiana se había

---

[96] «Organización campesina», 3.
[97] «Organización campesina», 3.
[98] Cfr. «Anotaciones sobre la 72 Asamblea», 6-7.
[99] «Jejuí: secuestro de Biblias», 3.
[100] «Sucesos de Jejuí», 4.

extendido a varios lugares de la diócesis de Concepción[101]. De la voz misma de Mons. Maricevich podemos captar algo de esta experiencia:

> Allí en Jejuí nos lanzamos con fuerza en pos de la justicia y la caridad social, por amor del hombre [...] y así se han establecido experiencias que queríamos hacer a la luz de la fraternidad, de una lucha, no de comunismo, sino comunitaria. Hicimos trabajos muy grandes, difíciles, en medio de la pobreza increíble y con una persecución terrible de parte del gobierno[102].

Es siempre Mons. Maricevich que señala que «Jejuí queda en la memoria de nuestra diócesis, particularmente en la de la zona Sur, como símbolo de nuestros esfuerzos amasados con dramas y esperanzas!»[103].

Dice el Obispo que del seno fecundo de esas luchas y sufrimientos emergieron verdaderos héroes cristianos, incluso mártires morales que, con alegría, fortaleza y sin odios, daban testimonio de su fe en Dios y de su amor a sus hermanos:

> Nosotros los conocemos: son humildes y sencillos laicos campesinos, sacerdotes y religiosos. Sus nombres, maldecidos por unos, son benditos por Dios, por la Iglesia y por los hombres de buena conciencia [...]. Nosotros, que sabemos quiénes son, les decimos ahora emocionados: ¡Sois grandes y merecéis bien de Dios, de la Iglesia y de la Patria! ¡Os admiramos y os agradecemos el magnífico testimonio evangélico que habéis dado[104]!

Durante la operación, al revisar la casa de los habitantes, fueron secuestrados: libros, Biblias, apuntes y síntesis de reflexiones. Desapareció también la suma de 900.000 guaraníes, donada para el pago de algunas hectáreas de tierra y la suma de 100.000 guaraníes que pertenecían a los *Pequeños Hermanos de Jesús*.

El lunes 10 de febrero Mons. Maricevich llegó al lugar, pero no le fue permitido ingresar. Al día siguiente pidió la entrevista con el Ministro del Interior, quien se negó a recibirle. El 15 de febrero el Obispo y Presbiterio de Concepción expresan su solidaridad con todos los campesinos organizados en torno a Cristo, y particularmente con la comunidad de la colonia de San Isidro de Jejuí, condenando con energía el brutal procedimiento represivo aplicado en contra de una pacífica y laboriosa comunidad cristiana, que con grandes sacrificios venía labrando su consolidación religiosa, económica y social, en la línea de la búsqueda

---

[101] «Sucesos de Jejuí», 4.
[102] M. MIRANDA, «Una entrevista que apasiona», 16-17.
[103] A. MARICEVICH FLEITAS, *Carta pastoral*, 26 de julio de 1978, 5.
[104] A. MARICEVICH FLEITAS, *Carta pastoral*, 26 de julio de 1978, 6.

de una autenticidad cristiana integral a la luz del Evangelio, del Concilio Vaticano II, de Medellín y de la Conferencia Episcopal Paraguaya[105].

A un mes de los hechos, la comunidad cristiana estaba todavía cercada por las fuerzas militares. En ella se encontraban 26 madres de familia, 11 en estado de gravidez, 11 muchachas, 8 jóvenes, 15 padres de familias y 76 niños, la mitad de los cuales menores de 7 años[106]. Los trabajos estaban parados; faltaban alimentos y había necesidad de cosechar tabaco, arroz, soja que los campesinos habían sembrado para su abastecimiento y autoconsumo. Afirmaba el Obispo de Concepción: «Un campamento guerrillero no puede estar formado por una comunidad con tantas mujeres y con tantos niños y con hombres ocupados en tantos trabajos»[107]. El Obispo presentó ante la Corte Suprema de Justicia un recurso a favor de los detenidos, fundamentado en que fueron detenidos sin orden judicial, en un lugar donde no regía el estado de sitio, que no habían cometido ningún delito y que estaban indebidamente privados de su libertad por un tiempo excesivamente largo. La respuesta fue que estaban detenidos por orden del Poder Ejecutivo, en virtud del estado de sitio[108].

El 8 de marzo de 1975 la Conferencia Episcopal Paraguaya y la Federación de Religiosos de Paraguay dieron a conocer una declaración, en la que tomaban una firme posición de protesta frente a los hechos que «siembran la zozobra, la inseguridad y el sufrimiento en todas las capas sociales»[109]. Agrega el documento que la Iglesia:

> Por fidelidad al Evangelio y su preocupación por el bien común en el Paraguay, en todo momento mantiene y mantendrá el compromiso asumido con la defensa y promoción de los derechos fundamentales del hombre, consagrados en la propia Constitución Nacional y, al mismo tiempo seguirá con todas sus fuerzas, prestando su voz a los que carecen de ella para poder defenderse[110].

Se invitaba también a todos los cristianos a participar en los actos penitenciales que se iban a celebrar en todos los templos del país el domingo 16 de marzo «para elevar junto a sus Pastores la oración fraternal por las víctimas de esta persecución, la conversión de los perseguidores, y porque la Iglesia siga fiel a su misión evangelizadora y defensora del hombre y su dignidad»[111].

---

[105] A. MARICEVICH FLEITAS, «Actitud del Obispo», 15 de febrero de 1975, 4.
[106] A. ARAMBURU, «La colonia de San Isidro», 7.
[107] A. ARAMBURU, «La colonia de San Isidro», 7.
[108] Cfr. «Los sucesos de Jejuí», 8.
[109] CEP – FERELPAR, «Declaración», 8 de marzo de 1975, 6.
[110] CEP – FERELPAR, «Declaración», 8 de marzo de 1975, 6.
[111] CEP – FERELPAR, «Declaración», 8 de marzo de 1975, 6.

Jejuí no fue un hecho aislado, sino que constituyó el comienzo de un proceso represivo sumamente duro a lo largo de tres años, con el objeto indudable de cortar de raíz el inicio de un fortalecimiento de la sociedad civil y de las organizaciones que se dedicaban a ello[112]. Jejuí fue también el caso más conocido, «fue un "castigo ejemplar" para una comunidad de base ejemplar»[113].

A un mes del ataque a Jejuí, el 8 de marzo, cuatro hombres que se identificaron como policías de Asunción entraron en la Colonia de Acaray, formada por 29 familias: 38 hombres y el resto, 134 personas, entre mujeres y niños. El Hermano Franciscano Anastasio, que trabajaba en el lugar, fue arrestado con otras personas de la colonia y llevado a Asunción. Al día siguiente fue expulsado del Paraguay.

A los hechos de Jejuí y de Acaray se agrega la persecución a la experiencia educativa de Tuna, compañía de Santa Rosa de Misiones, donde estaban trabajando dos voluntarios españoles. La policía apresó a los dos maestros que fueron expulsados del Paraguay al día siguiente[114].

2.2 El colegio Cristo Rey

El Colegio Cristo Rey, a cargo de los Padres Jesuitas empezó a funcionar como tal en el mes de febrero de 1938. Al comienzo contaba sólo con la escuela primaria. El número de alumnos en 1942 oscilaba entre 350 y 450. En 1952 el P. Antonio Abad se encargó de iniciar los cursos secundarios.

En 1968 el Colegio contaba con 2.264 alumnos, incluyendo 700 de la Facultad de Filosofía de la Universidad Católica y 168 de la Escuela Parroquial *Fermín Montaña*. El año anterior se habían creado los cursos de alfabetización de adultos y posteriormente los cursos acelerados[115].

El alumnado pertenecía a familias de obreros, empleadas domésticas y algunos oficinistas.

La acción concientizadora, llevada adelante por los educadores del colegio, fue la causa de los hechos que vamos a relatar.

El 13 de enero de 1976 fue promulgado el Decreto 20.088, firmado por el Presidente de la República, por el cual se declaraba intervenido el Colegio Cristo Rey, nombrando una comisión a tal efecto presidida por el Director General de Culto, Dr. Manfredo Ramírez Russo.

---

[112] Cfr. V.J. FLECHA – C. MARTINI – J. SILVERO SALGUEIRO, *Autoritarismo*, 44.

[113] V.J. FLECHA – C. MARTINI – J. SILVERO SALGUEIRO, *Autoritarismo*, 44.

[114] EQUIPO EXPA, *En busca de la Tierra*, 147-148.

[115] Cfr. «Breve Historia», 7.

El decreto decía:

Visto: la constatación de situaciones irregulares que afectan el normal funcionamiento del Colegio Cristo Rey de esta capital, y, Considerando: que las reiteradas denuncias de padres de familias y también de alumnos que han cursado sus estudios en dicho colegio respecto a la formación de grupos con el objetivo de estudiar y poner en práctica doctrinas que hacen la apología del odio y de la violencia, como asimismo la comisión de hechos atentatorios de la moral y las buenas costumbres: que dichas irregularidades comprometen gravemente el cumplimiento de la función educativa cuya fiscalización corresponde al Estado, que tiene a su cargo el régimen y la enseñanza en todos sus grados conforme lo dispone el Art. 91 y demás concordantes de la Constitución Nacional [...] la mencionada comisión asumirá sus funciones en la fecha del presente decreto con todas las facultades que sean necesarias para el cumplimiento de su cometido[116].

El decreto suscitó gran sorpresa en toda la población del país. En una declaración a la prensa, el Dr. Ramírez Russo aclaró que los hechos denunciados fueron previamente constatados, y que aquella era una comisión no simplemente investigadora sino interventora[117].

El 19 de enero, el Padre González Dorado, Superior Provincial de los Jesuitas informa que desconoce las causas y antecedentes que provocaron la intervención del Colegio.

El 23 de febrero de 1976, la Conferencia Episcopal Paraguaya da a conocer una declaración sobre la intervención del Colegio Cristo Rey. En este documento se afirma el sentimiento de extrañeza de la gente, que conoce y aprecia la labor de la Iglesia y se pregunta sobre el significado y alcance de una medida tan grave: «La solvencia, con que los Padres Jesuitas han llevado adelante su obra educativa en favor de nuestros jóvenes, es evidente»[118]. Continúan los Obispos que no se puede admitir que se califique de comunista todo esfuerzo que tiende a mejorar la suerte de los hermanos «que se considere dudosa una educación que lleve a los hombres a tomar conciencia activa de su situación y que los capacite para luchar por su propia elevación moral, social y económica»[119]. El director del Colegio P. Vanrell fue depuesto y fueron expulsados 17 profesores. La intervención duró un año.

---

[116] «Crónica del Proceso», 6.
[117] Cfr. «Crónica del Proceso», 6.
[118] CEP, «Declaración», 23 de febrero de 1976, 2.
[119] CEP, «Declaración», 23 de febrero de 1976, 2.

2.3 *De la tierra expulsado perdí la tierra de mis pies* ...[120]

El 8 abril de 1976 fueron allanados el Colegio Cristo Rey y la casa de los Jesuitas. El Padre José Miguel Munárriz, que hasta el mes de febrero había trabajado en la elaboración del Plan de Pastoral Orgánica de la Iglesia, fue apresado. El 22 de abril deja el país «por deseos de las autoridades nacionales [...] comunicados por la Nunciatura Apostólica»[121], junto con el P. Gelpí. El 5 de abril fue allanado el Seminario Metropolitano. El P. Ignacio Parra, Director de la Pastoral Juvenil de la Arquidiócesis, fue encarcelado. El 6 de abril fue allanado el Seminario Mayor Nacional y detenido un seminarista cuyo apellido coincidía con uno de los individuos buscados por la policía.

Las represiones y los allanamientos de instituciones de la Iglesia se extendían al interior del país.

En Villarrica se encontraron en la misma situación: el Colegio María Auxiliadora, El Seminario Diocesano y el Instituto de Desarrollo Rural de la Diócesis. Lo mismo pasaba en Misiones. El 2 de mayo fue allanado el Colegio Agrónomo *Carlos Pfanel*, en Santa María de Coronel Oviedo. Los profesores e instructores fueron apresados.

El 29 de abril fue allanada la casa parroquial de San Antonio y llevado preso el Cura Párroco Francisco Romero. El 1º de mayo fue detenido P. Isidro Figueredo, franciscano, Párroco de Ypané[122].

El Gobierno desea librarse de varios sacerdotes, la mayoría jesuitas, para descabezar el movimiento estudiantil y campesino y, «Oficiosamente [...] hace saber que "desea que diez jesuitas sean trasladados por sus mismos superiores Regulares fuera del Paraguay"»[123]. Un documento enviado en forma oficiosa a la Santa Sede decía que los Padres tenían una:

Intromisión indebida en la actividad política [...]. Tercermundista [...] Ideología extremista [...]. Su permanencia en el país constituye un motivo de agravio para la seguridad nacional y la paz pública [...]. Prédica contra los valores democráticos [...]. Orientación marxista y marxistizada [...]. Orientación y promoción de la educación a nivel primario y secundario en el país [...]. Adiestramiento y preparación político guerrillero. Las Ligas Agrarias se han formado para enfrentar el Gobierno[124].

El documento no encontró ningún respaldo pero igualmente comenzaron las expulsiones[125].

---

[120] B. MELIA, «Ese polvo atesorado», 160.
[121] «Los PP. Gelpí y Munárriz», 9.
[122] Cfr. «Para un reflexión cristiana», 6.
[123] B. MELIA, «Las siete expulsiones», 29.
[124] Citado en EQUIPO EXPA, *En busca de la Tierra*, 156.
[125] Cfr. EQUIPO EXPA, *En busca de la Tierra*, 156.

El 31 de marzo el P. Farré tuvo que salir, y el 21 de abril lo hizo el P. Ortega. Un documento, con la firmas del Obispo y un sacerdote, representante del Presbiterio de la Diócesis de Juan Bautista de las Misiones, en la que el sacerdote trabajaba, expresa toda la amargura por el acontecimiento: «En efecto, es doloroso que, frente a una escasez cada vez mayor de sacerdotes, se tengan que venir usando repetidamente tales procedimientos que afectan sensiblemente a la marcha de la Iglesia en nuestra Patria»[126]. Continúa el texto: «Todos lamentamos, por otra parte, la indiscriminada persecución de tantas personas humildes, agricultores en su mayoría, dejando en desamparo a niños y ancianos; los trabajos agrícolas sin poder ser atendidos, creando serios problemas para la subsistencia familiar»[127].

En mayo fue expulsado a P. Antonio Caballo, mientras «los PP. Vanrrell, Veza y Castillo, al ser suspendidos por el gobierno en sus actividades en el colegio Cristo Rey, y habiendo salido del país por diversos motivos, el Gobierno los da por expulsados e impide que regresen»[128]. El P. Miguel Sanmartí había salido el 2 de enero del mismo año.

El día 6 de mayo fue expulsado y tuvo que abandonar el país P. Bartomeu Meliá, escribía el semanario *Sendero*:

No lo olvidarán los alumnos que se beneficiaron con su erudición en las aulas universitarias y cuantos leyeron sus artículos y obras de amena claridad y severa honradez científica.Y más que nadie le recordarán los Indígenas Guaraníes en sus reuniones religiosas, al ritmo de sus cantos rituales, en el misterio de la selva[129].

2.4 *La Pascua de la Represión: 1976*

La represión tuvo su punto culminante en el año 1976. Las motivaciones que permitieron al Gobierno desatar una ola de encarcelamientos, torturas y destierro de centenares de paraguayos, fueron ante todo el descubrimiento de una Organización clandestina denominada oficialmente OPM (Organización Político Militar). Los integrantes de este movimiento político clandestino eran estudiantes universitarios que se dieron el nombre de Organización Primero de marzo resumida en la sigla OPM. A este movimiento adhirieron algunos líderes campesinos. Se planeó un trabajo a muy largo plazo, a través de células cuyos miembros tenían su pseudónimo. Actuando en la clandestinidad, los

---

[126] R. BOGARIN ARGAÑA, «Sobre la expulsión de sacerdote», 1976, 2.
[127] R. BOGARIN ARGAÑA, «Sobre la expulsión de sacerdote», 1976, 2.
[128] EQUIPO EXPA, *En busca de la Tierra*, 158.
[129] «Bartolomé Meliá», 9.

miembros de cada células desconocían a los otros. El Gobierno, al descubrir algunos miembros dirigentes, pudo llegar fácilmente a toda la organización[130].

El Ministerio del Interior divulgó los nombres de Juan Carlos Da Costa y del sacerdote Miguel Sanmartí García, responsables de la Organización.

Fue así como la dictadura encontró la oportunidad para sembrar el terror, ya sea en la ciudad como en los campos, donde se desató una tremenda represión contra las Ligas Agrarias. De abril a mayo de 1976 fueron registrados 412 presos[131].

Vale la pena recorrer el camino de esta persecución, dejando una vez más que sean ellos mismos, los campesinos, quienes nos la relaten.

En el año 1976 los campesinos tenían una administración de consumo, que consistía en la entrega de productos a precios mucho más baratos que en cualquier comercio. Esto alentó las falsas acusaciones de algunos comerciantes, que por lo general eran también presidentes de seccionales coloradas, con mucha influencia en las comisarías del lugar y en la Delegación del Gobierno.

Empezaron a ser acusados de comunistas: «Ya desde meses anteriores, algunos *pyragües* (soplones) de nuestra compañía hacían correr la bolilla de que cuando íbamos a la iglesia no nos íbamos para rezar sino para conspirar»[132]. Fue así como «A medida que pasaban los meses, el ambiente se iba enrareciendo más y más. El aire se volvía cada vez más pesado, y nosotros cada vez más fortalecidos»[133]. La tensión aumentó hasta que «Un día cualquiera de abril — plena semana santa — llegan a nuestras compañías agentes de la policía de Asunción [...]. Hubo un ensañamiento increíble con todos nosotros. No se salvaron ni ancianos, ni mujeres ni niños»[134].

Las casas fueron destruidas:

Nuestras cacerolas, jarros y pavas — negras ya por el humo de nuestro brasero a leña — vieron derrumbarse de sus posiciones porque hasta ellos eran subversivos pues podían tener algún «arma» en su interior, y sufrían caídas, patadas y rebotes *jo'a jo'a* (encimados), como preludio de lo que después nos tocaría a nosotros[135].

---

[130] EQUIPO EXPA, *En busca de la Tierra*, 162-163.
[131] Cfr. E. ACUÑA – *al.*, *El precio de la paz*, 207.
[132] *Ko'ãga roñe'eta*, 20.
[133] *Ko'ãga roñe'eta*, 20.
[134] *Ko'ãga roñe'eta*, 21-22.
[135] *Ko'ãga roñe'eta*, 21-22.

Continúa el relato de los campesinos: «Nos fuimos demasiado lejos ... pensamos ... pensamos y nos ayudamos. Nos habíamos olvidado que estaba prohibido pensar ... como también era prohibido ayudarse»[136].

El anuncio de cada represión llegaba de un programa radial a cargo del Gobierno, denominado *La voz del Coloradismo*. Relata un campesino: «Cuando la voz del Coloradismo comenzaba a llover sus maldiciones y amenazas sobre determinadas organizaciones o sus dirigentes en tal o cual región, era prueba infalible de que los garroteros, civiles y policiales, iban a sembrar el terror "sobre la tierra previamente mojada"»[137].

Las acusaciones fueron creciendo: las Ligas Agrarias comenzaron a ser acusadas de leer el evangelio; después se dijo que los liguistas eran liberales; más adelante, se los consideró comunistas, y las persecuciones se hicieron más pesadas. Y al final, cuando ya comenzó la matanza, se dijo que los liguistas eran guerrilleros[138].

El sufrimiento no se puede describir y tampoco los tormentos de los que fueron objeto «Imaginarse de Albino Vera, de Paraguarí al que ultimaron a garrotazos después de haberlo tambeado y prensado, con muchas vueltas de coyundas en un cocotero lleno de espinas»[139].

Al contar el calvario, los campesinos quieren hacer denuncia pública de atropello: «de nuestras personas y nuestros derechos, para que quede en la memoria de nuestro pueblo para que así pueda evitarse, en el futuro, otra época de fanatismo y brutalidad como la hemos vivido»[140]. Muy fuertes son las palabras de los campesinos que han sobrevivido a la represión:

Como cristianos adultos, maduros en nuestra fe, ya no caeremos en el desatino de la supuesta «fraternidad universal» que nos obligaría a considerar hermano al terrateniente usurpador e inclemente, aunque nosotros no tengamos un pedazo de tierra que cultivar; considerar hermano al propio torturador y verdugo, con la consecuente obligación de olvidar sus crimenes, sin exigir justicia[141].

Los campesinos finalizan su relato con estas palabras: «Pero nosotros no caeremos en la trampa de confundir perdón con olvido, bondad con ingenuidad, y de separar justicia y perdón»[142].

---

[136] *Ko'ãga roñe'eta*, 23.
[137] CNRDHC, *Kokueguará rembiasa*, I, 3.
[138] Cfr. CNRDHC, *Kokueguará rembiasa*, III, 5.
[139] CNRDHC, *Kokueguará rembiasa*, III, 4.
[140] *Ko'ãga roñe'ëta*, 20.
[141] CNRDHC, *Kokueguará rembiasa*, II, 6.
[142] CNRDHC, *Kokueguará rembiasa*, II, 5.

2.5 *Carta Pastoral de 12 de junio de 1976*

Con el año de Reflexión, los Obispos intentaron aunar los esfuerzos, planificar su acción pastoral y encaminarse también hacia un diálogo con el Gobierno que, sin embargo, no tuvo ningún resultado. Las dos cartas: *Conversión y reconciliación*; *Sobre la necesaria Conversión en la hora actual*, en realidad, parecen dejar de lado el enfrentamiento y optar por una línea más moderada. ¿Se intentó evitar una oposición dura cuyas consecuencias, como hemos visto, recaían, sobre los más humildes? Es lo que a nosotros nos parece más probable. Si éstas eran las intenciones, por su parte la dictadura se sintió más fuerte y más poderosa para reprimir.

En la celebración litúrgica del 15 de mayo de 1976, Mons. Rolón aclaraba que:

La Iglesia está en la Historia humana y en su desarrollo, camina con el Pueblo, viviendo sus alegrías y sus angustias. No es una comunidad marginal, como tampoco es un apéndice de la vida ciudadana. Ella es presencia, es fermento y signo de esperanza. Por eso, la Iglesia no puede ser identificada ni confundida con una organización política, ni con una estructura económica, ni encerrarse en la inmanencia de una ideología estéril. Ella abraza a los hombres y a los pueblos en todas sus dimensiones, en el espacio, en el tiempo y en la eternidad[143].

Concluye el Arzobispo que cuando miembros de la Iglesia, sacerdotes, religiosos, laicos se dedican a la educación del pueblo:

Se empeñan en la promoción económica y cultural de sus conciudadanos, y procuran honestamente encontrar, con los débiles y los más necesitados, caminos de superación y de seguridad; y cuando despiertan las conciencias a las realidades, a sus derechos y obligaciones para consigo mismos, para sus semejantes y para con la Patria, están cumpliendo con el mandato divino evangélico[144].

Al hablar de la violencia, el Arzobispo señala que ésta crece cuando los que deben imponer y asegurar el orden no toman medidas adecuadas:

No solamente represivas, que no resuelven nunca el problema, antes bien lo empeoran; sino y sobre todo preventivas contra las verdaderas causas y los culpables; y esto mediante el imperio de la justicia insobornable, de la igualdad ante la ley justa; mediante la vivencia por todos, del respeto a la persona y a sus bienes; mediante el saneamiento urgente de los focos de injusticias y abusos[145].

---

[143] B.I. ROLON, «La convivencia ciudadana», 15 de mayo de 1976, 166.
[144] B.I. ROLON, «La convivencia ciudadana», 15 de mayo de 1976, 165-166.
[145] B.I. ROLON, «La convivencia ciudadana», 15 de mayo de 1976, 167.

El 12 de junio de 1976, los Obispos dieron a conocer una carta sobre la situación que venían soportando la Iglesia y el país. El texto fue difundido por los principales diarios de la Capital: *ABC* y *Tribuna*. Los Obispos volvían a escribir después de un año de silencio. En efecto, en la Cuaresma de 1975 habían publicado una carta *Sobre la necesaria conversión en la hora actual*[146].

Los Obispos afrontan, de manera clara y sin dejar dudas, los hechos que se habían desarrollado. Después de una parte preliminar en la que se afirma una «honda preocupación y viva inquietud, ante hechos que afectan muy seriamente la vida de nuestra Iglesia»[147], hacen una larga lista de los «Hechos preocupantes», entre los que señalan: indiscriminada represión y apresamiento de estudiantes y campesinos; recrudecimiento de la práctica de la tortura; delación; intriga; estímulo a la violencia; intervención de los Colegios religiosos; apresamiento de sacerdotes, seminaristas y empleados de instituciones de la Iglesia; expulsión arbitraria e indecorosa de numerosos sacerdotes de la Compañía de Jesús. Frente a una realidad de la que la carta hace una amplia y detallada descripción, los Obispos ofrecen algunas consideraciones, fruto de una detenida reflexión y oración. El objeto de las consideraciones son: La Iglesia, la violencia, la mentira, el totalitarismo, los valores cristianos.

Al hablar de la violencia, los Obispos distinguen entre el uso de la fuerza y la violencia: «La fuerza al servicio de la justicia es a veces necesaria; la violencia jamás», no es cristiana ni evangélica, por eso los Obispos afirman que: «no es cristiano pretender eliminar al terrorismo subversivo, cuya principal víctima es siempre el pueblo, desatando la violencia represiva»[148]. La violencia, que nace del duro egoísmo de unos pocos, es la que origina la protesta de una juventud que quiere luchar por un mundo diferente. En su carta los Obispos identifican la represión con la violencia y afirman que la maldad intrínseca de la violencia es que «se legitima a sí misma y se define a sí misma como su propia ley»[149]. La propaganda que el gobierno había utilizado para desacreditar a las instituciones educativas, a la Iglesia y las falsas acusaciones con las que justificaban la tortura de campesinos «comunistas», sugirieron el párrafo sobre la mentira. Afirman los Obispos: «En nuestro país, por desgracia [...] se ha vuelto sistema de vida y de propaganda: se oprime la verdad»[150]. Por lo que se refiere a la justicia, los Obispos

---

[146] CEP, *Sobre la necesaria conversión*, Cuaresma 1975.
[147] CEP, *Entre las persecuciones*, 12 de junio de 1976, 3.
[148] CEP, *Entre las persecuciones*, 12 de junio de 1976, 11.
[149] CEP, *Entre las persecuciones*, 12 de junio de 1976, 11.
[150] CEP, *Entre las persecuciones*, 12 de junio de 1976, 12.

introducen el tema del saneamiento de un poder judicial respetable y eficiente. Este tema será objeto de análisis algunos años más adelante. Por el momento los Obispos dan sólo una breve pincelada.

La última parte de la carta se refiere al totalitarismo, sin antes dejar de lado una firme condena al comunismo, en cuyo análisis los Obispos se detienen bastante a pesar de que se pregunten: «¿Hará falta que condenemos una vez más el comunismo?»[151]. La carta finaliza con tres propuestas muy concretas: poner término a la arbitrariedad, a la difamación de la Iglesia, y el empeño de parte de los gobernantes de asegurar suficientes garantías a los Pastores y fieles para que puedan desarrollar su misión.

Si en la vida de la Iglesia la carta fue recibida como una voz de aliento[152], para el gobierno parecía ser letra muerta[153].

3. El plan de Pastoral Orgánica

Del 14 al 17 de mayo de 1976 se realizó la 79ª Asamblea Plenaria de la Conferencia Episcopal Paraguaya. Participó en la misma el Presidente y los dos Vice-Presidente de la Federación de Religiosos del Paraguay. Y en una de las ocho sesiones asistió el Nuncio Apostólico, José Mees. En esta ocasión se completó y se aprobó el Plan de Pastoral Orgánica. En el Plan se preveía una reestructuración de los mismos organismos de la CEP que anteriormente se dividía en Departamentos. En su lugar se crearon Comisiones Episcopales; la de Evangelización y la de Agentes Pastorales. La primera presidida por el Obispo de Caacupé, Mons. Demetrio Aquino, estaba integrada por los Obispos Sinforiano Lucas (Pilcomayo), Aníbal Maricevich (Concepción), Alejo Obelar (Chaco) y Agustín Van Aaken (Alto Paraná). La segunda presidida por el Arzobispo de Asunción, Mons. Ismael Rolón, estaba integrada por los Obispos Ramón Bogarín Argaña (Misiones), Claudio Silvero (Coronel Oviedo), Juan Bockwinkel (Encarnación) y Juan Moleón Andreu (Vicaría Castrense).

La nueva estructuración correspondía a las líneas de la Exhortación Apostólica *Evangelii Nuntiandi* que «fue en este sentido un Documento de orientación segura y oportuna»[154]. La primera comisión tenía una sección que se denominaba la de *Evangelización explícita* y la de la *Promoción humana*, que entre otros sectores tenía a su cargo el de la Educación católica y la Pastoral Social. La otra Comisión de Agentes

---

[151] CEP, *Entre las persecuciones*, 12 de junio de 1976, 15.
[152] Cfr. «XVII Asamblea General», 7.
[153] Cfr. EQUIPO EXPA, *En busca de la Tierra*, 173.
[154] S. NUÑEZ, «La Iglesia que peregrina», 81.

Pastorales englobaba al clero, las vocaciones, los seminarios, el diaconado, los religiosos, los laicos, la familia, los jóvenes etc..

Mons. Felipe Santiago Benítez, Presidente de la CEP, al presentar el
Plan decía: «Nos toca ahora avanzar desde un seguro punto de partida a
convertir en realidad una Iglesia unida y compacta, de rostro sereno y
transparente de fe, esperanza y amor, de energía nueva, visión clara y
postura valiente»[155]. La Iglesia intenta, después de la Conferencia de
Medellín, una coordinación de organismos y servicios. Con la ayuda del
pastoralista francés, Canónigo Boulard, que se reúne con los agentes
pastorales de varias diócesis, se trabaja hacia un esfuerzo de planificación originado por una reflexión llevada a cabo al comienzo de los años
70. Gracias a esta reflexión, que llevó a una revisión de los métodos, a
una maduración y a una búsqueda de una unidad en las acciones pastorales «comenzó a percibirse con claridad y fuerza que frente a los grandes
desafios que nuestro continente arrojaba a las manos de nuestro compromiso, no bastan los grandes objetivos y el entusiasmo generoso»[156]. Era
necesario dejar de lado los actos espontáneos para planificar y organizar
una resistencia frente a una dictadura mucho más poderosa de lo que se
imaginaba y, al mismo tiempo, operar un cambio de conciencia, para
cuyo éxito necesitaba una labor profunda y paciente: «Era necesario
implementar un proceso de acción pastoral más amplio y más profundo
que rebasando los niveles socio-político-económicos, abarcara ordenada
y orgánicamente la historia y cultura de nuestros pueblos»[157]. Resultado
de este trabajo de reflexión y planificación fue el Plan de Pastoral
Orgánica, elaborado en los años 1974-1975. Entre las muchas personas
que trabajaron en este período, se destacó la figura y el papel desem-
peñado por Monseñor Ramón Bogarín Argaña «alma y nervio»[158] de
esta iniciativa. Se creó el Equipo de Planificación, y el ingeniero Luis
Alberto Meyer, tuvo la tarea de coordinar y llevar adelante los objetivo.
En la elaboración encontramos a los Padres Giacomuzzi, Munárriz y
Gaddi, la señora María Celia Frutos de Meyer, el Dr. Jerónimo Irala
Burgos y Carlos Talavera[159].

El Plan fue presentado el 22 de agosto de 1976 con una solemne
Liturgia Sinodal con Misa Pontifical, donde participaron todos los
Obispos del País, sacerdotes, religiosos, religiosas y laicos de las varias

---

[155] Citado en A. VILLALBA, «La Iglesia», 8.
[156] S. NUÑEZ, «La Iglesia que peregrina», 81.
[157] S. NUÑEZ, «La Iglesia que peregrina», 81.
[158] S. NUÑEZ, «La Iglesia que peregrina», 81.
[159] Cfr. A. VILLALBA, «La Iglesia», 8.

diócesis. En la presentación, a cargo de Mons. Benítez, se afirmó que el Plan ahondaba sus raíces en la vida de la Iglesia del Paraguay, «en el pasado rico de fe y en el presente marcado por los signos de los tiempos, y se proyecta al futuro signado de esperanza en la edificación de la Iglesia con rostro nuevo al servicio de Dios y del hombre»[160].

El Plan tenía este objetivo general, en el campo de la dimensión histórico-cultural: «Animar al pueblo cristiano a que asuma desde la fe sus compromisos temporales, educándolo en un verdadero patriotismo y fomentando su compromiso con la promoción de la justicia y el desarrollo, en solidaridad con los demás hombres y con su nación»[161]. Como objetivo particular en este mismo tema, estaba señalado entre otros: «Asumir continúa y plenamente la defensa y promoción de los derechos y de las libertades cívicas fundamentales»[162].

Podemos decir que:

fue un gran esfuerzo de ordenación y de prudencia eclesial que llevó a la conciencia del pueblo de Dios a un estado de madurez racional, quizá no tan entusiasta como se mostró en el decenio anterior. Pero los fundamentos de su acción pastoral fueron de mayor raigambre antropológico histórico cultural[163].

Fueron propuestos objetivos claros a largo plazo, medios adecuados que daban la posibilidad de una acción conjunta y más eficaz, ajena a una cierta espontaneidad que había dominado la década anterior, y quizá había restado fuerza a los resultados. Podemos afirmar que los pastores:

sin abandonar la palabra y los gestos de denuncia evangélica, acentúan mucho más desde entonces el aspecto positivo de la acción, yendo a los principios y fundamentos de la fe sacramental. Lo cual no ha significado un retorno al intimismo religioso, sino más bien un enraizamiento muy cuidadoso de toda la existencia y la acción del hombre cristiano en el misterio fecundo de la Pascua[164].

3.1 La muerte de Mons. Ramón Bogarín

Después de la presentación del Plan de Pastoral Orgánica, las distintas diócesis elaboraron sus propios planes. La de San Juan Bautista de las Misiones fue la primera que presentó su plan, el 29 de agosto de 1976. Mons. Bogarín, infatigable en su trabajo, dio el ejemplo, a pesar

---

[160] Citado en «Plan de Pastoral Orgánica de la Iglesia», 1.
[161] CEP, Plan de Pastoral Orgánica, 1976, 61.
[162] CEP, Plan de Pastoral Orgánica, 1976, 69.
[163] S. NUÑEZ, «La Iglesia que peregrina», 82.
[164] S. NUÑEZ, «La Iglesia que peregrina», 82.

de las dificultades que iba encontrando en su labor pastoral. El 12 y 13 de agosto, al participar a un encuentro en Riobamba en Ecuador, recibió la orden de expulsión junto con todos los otros participantes. Las acusaciones difundidas por el Gobierno eran así formuladas:

– Ingerencias en los asuntos internos del Ecuador:
– Fomentar la subversión tanto a nivel interno como internacional
– Conciliar el cristianismo con la ideología marxista[165].

Se quedó encerrado e incomunicado por 27 horas con otras 54 personas, y sólo después de algunos días pudo volver a Paraguay.

A su regreso el Gobierno, aprovechando la ocasión, desató una fuerte campaña para desprestigiarle. Jerónimo Irala Burgos relata: «me refirió que ciertas autoridades del Departamento de Misiones habían prohibido la concurrencia a las Misas y conferencias del Obispo "subversivo"»[166].

También en el interior del movimiento de Las Ligas Agrarias se presentaron varias dificultades. En un informe que el mismo Obispo había preparado para su *Visita ad Limina* del 1974 podemos leer:

Este humilde principio, a lo largo del tiempo, fue desarrollando un proceso de concientización y personalización de muchos campesinos. Más tarde, en forma subrepticia, se fueron infiltrando ideologías extrañas a nuestra fe para terminar en una marcada tendencia marxista. Esta infiltración llegó a radicalizar a ciertos grupos de campesinos que paulatinamente se volvieron antijerárquicos, luego Anti-Iglesia Institución, anti-magisterio de la Iglesia, etc. Este proceso que serpenteaba dentro de algunos grupos de base fue bien explotado por agentes confidenciales del gobierno que, para destruir el hermoso y válido movimiento campesino, consiguieron no sólo el hecho de la toma de propiedades de la Iglesia para usufructuarlas, sino también la toma de una Catedral en Coronel Oviedo y dos templos parroquiales[167].

Continúa el informe:

Estos hechos llegaron a confundir al mundo campesino cien por ciento católico y tuvieron la triste virtud de dividir profundamente al campesinado organizado y, atrás de esto, a parte del Clero. Felizmente el maravilloso sentido común y el *sensus fidei* de los campesinos hicieron que estos errores no progresasen y actualmente se encuentran reducidos a un ámbito totalmente minoritario y con fuerte rechazo por parte de los mismos campesinos. La lección fue dolorosa, pero muy útil[168].

---

[165] R. BOGARIN ARGAÑA, «A Los Señores Sacerdotes», 17 de agosto de 1976, 12.
[166] J. IRALA BURGOS, «El testimonio de su vida», 41.
[167] Citado en R. SARQUIS, «Monseñor Bogarín», 217.
[168] R. SARQUIS, «Monseñor Bogarín», 217-218.

En 1976 la represión, como hemos visto ya, fue violenta. Mons. Bogarín se iba a Asunción para intentar solucionar los problemas: «me visitó varias veces en ese tiempo para pedirme opiniones jurídicas sobre la defensa de aquellos desvalidos»[169]. El trato reservado a los prisioneros lo afligía profundamente: «Me contaba los rastros de torturas que encontraba en los arrestados, las penurias que éstos soportaban, los vejámenes a que eran sometidos. Y se desvivía por aliviar tanto dolor y tanta miseria»[170].

Fue así como la noche del 3 de setiembre de 1976, al terminar su cena con algunos sacerdotes en la Curia de su Diócesis «Mons. Bogarín sufrió un fuerte dolor en el pecho y cayó desplomado. Un infarto masivo acabó con su existencia»[171]. El evento conmovió a todos los que lo habían conocido «Había llegado el momento de una orfandad colectiva, perdíamos su voz valiente. Perdíamos su presencia siempre acogedora, y, sobre todo, perdíamos a un hombre de alma exquisita que amaba a su "prójimo" como quien pronuncia un "tú"»[172].

Así describió, Mons. Maricevich, su compromiso con los campesinos: «Se puso al servicio del campesino: lo defendió siempre, lo promovió, lo organizó, lo educó»[173].

En las palabras de Mons. Acha podemos encontrar resumidas sus actividades, reflejo de una vida al servicio del hombre y de la Iglesia, en la que engendró:

la más brillante generación de laicos católicos de los tiempos nuevos. Creó imprentas, lanzó periódicos, ayudó a organizar sindicatos cristianos; acompañó vocaciones sacerdotales de adultos; cooperó en la fundación de la Universidad Católica; concibió y concretó la línea directriz del Primer Seminario Mayor del Paraguay, donde se formarían todos los sacerdotes seculares y religiosos de este país. Su último servicio, y como coronación de toda su vida de Obispo fue la gestación y realización de un Plan de Pastoral Orgánica para toda la Iglesia del Paraguay[174].

A la falta de numerosos sacerdotes desterrados se sumaba la muerte de este Obispo. La estructura de la Iglesia en Paraguay iba perdiendo paulatinamente el número necesario para llevar adelante el plan de organización que se había propuesto.

---

[169] J. IRALA BURGOS, «El testimonio de su vida», 41.
[170] J. IRALA BURGOS, «El testimonio de su vida», 41.
[171] J. IRALA BURGOS, «El testimonio de su vida», 41.
[172] N.C. AMABILE , «Autorreportaje», 165.
[173] A. MARICEVICH FLEITAS, «Homilía en los funerales», 7.
[174] A. ACHA DUARTE, «Breve referencia», 6.

3.2 *Comité de Iglesias*

Como respuesta a la dura represión de 1976, y como respuesta a una necesidad de organización en el interior de la misma Iglesia católica, un grupo interconfesional elaboró un proyecto de ayuda a los detenidos y sus familias creando el *Comité de Iglesias*. En el acta de fundación leemos

> Movidos por la necesidad de dar un testimonio efectivo organizado y universal de caridad cristiana, principalmente en estos casos de emergencia que afectan a grupos enteros de personas que pasan por extrema necesidad, o que carecen de los medios mínimo de defensa, dejados a sus solas fuerzas, acuerdan constituir una organización ecuménica bajo la denominación de *Comité de Iglesias para ayuda de emergencias*[175].

En la LXXXII Asamblea de la CEP, llevada a cabo del 1 al 5 de agosto de 1977, se decía que el Comité de Iglesias para Ayuda de Emergencias era un organismo interconfesional del que participaba la Iglesia Católica a través de un representante, que era Mons. Juan Bockwinkel, Obispo de Encarnación. Se agrega que la Asamblea de la CEP había querido ser informada sobre las actividades de este Comité «y para ello se hicieron presentes el Pastor Armin Ihle, de la Iglesia Evangélica Alemana y otros colaboradores del Comité. Este organismo interconfesional funciona con carácter experimental y a fin de este año deberá decidirse sobre su figura y campo de actividad»[176].

En la reunión llevada a cabo el 27 de junio de 1979, se definieron los objetivos iniciales y se extendió la acción de este organismo «a cualquier otra emergencia seria y constituyéndose en vehículo de testimonio ecuménico de caridad en los momentos difíciles»[177].

Ya desde su creación implantó tres grandes programas. El primero se refería a la asistencia directa a los presos políticos, mediante la suministración de alimentos, medicamentos, otros servicios de salud y recursos económicos a través de fuentes de trabajo. El segundo programa comprendía la asistencia a los familiares de los detenidos y el tercero la asesoría jurídica y de documentación que tenía como objetivos inmediatos la defensa jurídica de los detenidos, con el fin de lograr su libertad.

En los años sucesivos, se pasó también a programas que incluían la asistencia jurídica a presos comunes. Se siguió con la implantación de programas para refugiados e inmigrantes y, en los años 80, se agregó el programa de la tierra. Este surgió ante la necesidad de solucionar los problemas de tierras de los campesinos.

---

[175] «Comité de Iglesias y ecumenismo».
[176] «Ecos de la 82ª Asamblea», 11.
[177] «Comité de Iglesias», 10.

Otro importante servicio de este organismo, fue la recolección de todos los actos de violación de los derechos humanos, para que posteriormente se pudiera publicar

no para reabrir heridas, que se fueron cicatrizando o que aún permanecen abiertas, sino para que la memoria colectiva no sucumba tan fácilmente ante el olvido. Y con la esperanza de que el pueblo no vuelva a permitir el reinado de terror, que lo mantuvo paralizado y mutilado durante décadas[178].

No fue una tarea fácil ni libre de peligros «Fue necesario duplicar, fotocopiar y hasta microfilmar los documentos para depositarlos en archivos paralelos, de manera a burlar la acción destructiva del régimen»[179].

Frente a la represión, la Iglesia aunaba su fuerza, y se organizaba, para la defensa del hombre, creando estructuras y creando conciencias nuevas.

3.3 Las Semanas Sociales

En el marco de la planificación, que se había propuesto el Plan de Pastoral Orgánica, se organizaron las así llamadas Semanas Sociales:

Con ocasión del lanzamiento del Primer Plan de Pastoral Orgánica (1976-78) tanto a nivel nacional como del sector laicos, la Conferencia Episcopal Paraguaya (CEP) se propuso la realización de Semanas Sociales con el fin de convocar a los laicos preocupados por la creación y difusión de ideas y valores cristianos, y reflexionar con ellos sobre temas de importancia y de repercusión nacional[180].

La Universidad Católica y el Equipo Nacional de Laicos participaron de esa iniciativa. Se movilizaron destacados exponentes del pensamiento católico nacional, que se reunieron para ocuparse de los grandes temas sociales y para que «los iluminara con los aportes del magisterio eclesiástico»[181].

Entre los varios objetivos, podemos destacar la sensibilización de los participantes con relación a la fe y al compromiso social. Consecuentemente, la difusión de la enseñanza social de la Iglesia: «una elaboración de un cuerpo de doctrina a partir de una realidad nacional adoptando una serie de conclusiones para la búsqueda de soluciones»[182].

El Segundo Plan de Pastoral Orgánica entre las Opciones, objetivos y prioridades pastorales, se plantea la de: «asegurar la presencia efectiva

---

[178] J.L. SIMON, La dictadura de Stroessner, 15.
[179] J.L. SIMON, La dictadura de Stroessner, 15.
[180] «Ecos de la primera semana», 22.
[181] «Ecos de la primera semana», 22.
[182] «Preparan la V Semana», 16.

de la Iglesia en el espacio de la creación y difusión de la cultura»[183], para poder: «contribuir eficazmente a rehacer el tejido social de la Nación»[184].

La iniciativa de las semanas sociales, más allá de sus objetivos específicos

se constituía en uno de los escasos espacios de análisis y reflexión de la Realidad Nacional en medio del autoritarismo imperante con sus consabidas prácticas represivas y amedrentadoras contra todo tipo de criticismo que intentaba develar la Realidad Paraguaya en cualquiera de sus aspectos[185].

El primer tema que se estudió fue el de la familia «con el fin de orientar los esfuerzos en la construcción de una familia más humana y más cristiana»[186]. Se enfocó el tema desde una visión socio-demográfica, jurídica, médica, sicológica y educativa.

En 1978 fue tratado el tema de la: «Presencia y función de la juventud en el Paraguay de hoy» y, en 1979, el tema: «Iglesia, cultura y sociedad».

3.4 El Saneamiento moral de la Nación

Al finalizar los años 70, la dictadura de Stroessner va perdiendo su fachada externa de legitimidad.

Ya desde el año 1976, se empieza a tratar el cambio de una cláusula del Artículo 173 de la Constitución. La cláusula establecía que el Presidente de la República «sólo podrá ser reelecto para un período más, consecutivo o alternativo»[187]. El cambio de esta enmienda daba la posibilidad a Stroessner de prolongar su período presidencial, sin que nadie pudiera acusarle de infringir las normas de la carta constitucional. En efecto, el cambio de esta cláusula le permitiría presentar su candidatura para un sexto período consecutivo.

La aprobación de la enmienda se realizó solamente con los representantes colorados.

Sendero, en su editorial escribía: «Esperamos, pues, que la enmienda constitucional, es decir, la continuación del mismo Jefe del Ejecutivo, signifique una nueva etapa en la que los hombres, las familias y las asociaciones puedan lograr sus fines, su propia perfección»[188].

---

[183] CEP, *Plan de Pastoral Orgánica*, 1981, 217.

[184] CEP, *Plan de Pastoral Orgánica*, 1981, 218.

[185] CEP – ENPS, *Proceso de Democratización*, 7.

[186] «Ecos de la primera semana», 22

[187] «Artículo 173», 8.

[188] «Enmienda constitucional», 3.

Al mismo tiempo, en este período empiezan a denotarse los primeros síntomas del resurgimiento de una sociedad civil que denuncia los males de un sistema corrupto.

El 4 de mayo de 1978, el Colegio de Abogados remitía una nota al Ministro de Justicia, en la que reafirmaba la necesidad de un Poder Judicial independiente, en la más amplia acepción de la palabra: «Que la garantía constitucional sea realmente amparo para la más alta autoridad judicial del país, como para el último Juez de Paz»[189]. El pronunciamiento tuvo un consenso nacional, y afirmaba que todos debían recuperar su confianza, en que el ejercicio de administrar justicia dependía exclusivamente de la recta aplicación de las leyes, y no estaba condicionada por otros factores extraños que rodeen la magistratura. El documento afirmaba:

> Es imprescindible que todos adquiramos conciencia del daño que significa para la Nación, esa suerte de convencimiento que existe, de que ciertos asuntos litigiosos se resuelven fuera de los estrados judiciales. Lograr erradicar estos males, provenientes de esos casos de la falta de independencia, permitirá hacer resaltar nuevamente a los magistrados honestos, que los hay[190].

La nota solicita un Poder Judicial integrado por magistrados honestos y capaces, designados por sus méritos personales, sin discriminaciones. Además, pide que ninguno sea designado antes de cinco años de haber egresado de la Universidad, y cuya remuneración esté acorde con la gran responsabilidad de sus funciones. Pide un Poder Judicial al servicio del pueblo, consciente de su trascendente labor al servicio de la libertad, la dignidad humana y el patrimonio moral y material de todos los paraguayos[191].

El diario *ABC Color* en su editorial del 22 de mayo de 1978, afirmaba que el Colegio de los Abogados, en el pronunciamiento dado a conocer a la opinión pública, había tocado un tema de fondo, el de la Justicia. En efecto, era inútil, según el diario, pretender un desarrollo hacia el Estado de Derecho sin que primero, el ciudadano común encontrara un trato justo[192].

En el diagnóstico sobre los males de la justicia paraguaya, el editorial subraya la necesidad de establecer el cargo de Magistrado, en la culminación de la carrera jurídica y no en el principio. Ve la necesidad de escoger, entre iguales, siempre a quiénes han tenido conducta intachable

---

[189] J. IRALA BURGOS, «La administración de justicia», 13.

[190] J. IRALA BURGOS, «La administración de justicia», 13.

[191] Cfr. J. IRALA BURGOS, «La administración de justicia», 13.

[192] Cfr. «La Justicia», 12.

en todos los planes. Además, agrega que considerar su edad, es primordial, porque juzgar no sólo implica el conocimiento del Derecho, sino que se logra con la vida vivida. El diario afirma que la inamovibilidad de los magistrados es, también, otro elemento imprescindible de la Justicia, porque presta tranquilidad y le permite juzgar los hechos por sí mismos, y no por las consecuencias que podrían sobrevenirle. Otro principio necesario es el nombramiento del magistrado, que debería ser una cuestión reglamentada de tal manera, que un Tribunal Jurídico analice los merecimientos de los candidatos, teniendo en cuenta títulos y conductas, y presente al Poder Ejecutivo los nombres adecuados. Concluye el editorial: «Si tan sólo se consiguiera en esta etapa consolidar una administración de Justicia basada definidamente en estos principios, este período de nuestra historia quedaría como uno de los más brillantes»[193].

Otra llaga que empezó a denunciarse fue el contrabando. La posición del Paraguay, que lindaba con dos países más desarrollados económicamente, el Brasil y la Argentina, favorecía una situación en la que los productos de menor costo pasaban la frontera. Las largas líneas de frontera sin ningún control, constituían un motivo más de atracción de un comercio fácil y sin riesgo. Afirmaba un editorial de *ABC Color*: «El contrabando es un mal endémico de nuestro país, cuyo volumen va creciendo a medida que avanza el desarrollo económico»[194]. Según el diario, la *enfermedad* se podía curar si se identificaran sus causas y sus consecuencias, con criterios objetivos y con la única finalidad de defender el interés nacional. El diario señalaba entre las causas: las diferencias de precios. Y, al analizarlas, reconocía su origen en el afán de lucro de los acopiadores, y en la excesiva intermediación que la libre competencia podría regular y las cooperativas anular. La explicación más realista, según el diario, del por qué los acopiadores del país no podían competir con los compradores clandestinos, consistía en los gravámenes a las exportaciones, que pesaban sobre los productores primarios, y que los contrabandistas podían eludir. Son estas circunstancias las que, el diario, señala como las causas que impulsan las exportaciones clandestinas al Brasil de semillas de tártago, esencia de menta, soja en grano, algodón, ganado en pie y rollos de madera[195].

Al finalizar los años 70 se presenta el problema del Instituto de Bienestar Rural (IBR). La ley que creaba tal Instituto y que establecía el

---

[193] «La Justicia», 12.
[194] «Lo que alienta el contrabando», 12.
[195] «Lo que alienta el contrabando», 12.

Estatuto Agrario, sancionada en marzo de 1963, tenía como objetivo transformar la estructura agraria del país, e incrementar la participación efectiva de la población campesina en desarrollo económico de la nación, a través de una justa distribución de la tierra. De aquí la gran importancia del Instituto por las funciones que se le había confiado. Entre las tareas del IBR, estaba la de solicitar del Poder Ejecutivo la expropiación de los inmuebles necesarios, para el cumplimiento de sus fines acompañando el plan de indemnización. Le pertenecía, además, la disposición de los loteos de tierras de su patrimonio para la fundación de colonias y asentamientos de poblaciones rurales; el fomento del cooperativismo rural; la construcción de escuelas primarias en las zonas rurales; la repatriación de connacionales y la redistribución de la población, conforme a las necesidades económicas y sociales del país. El IBR tenía también que supervisar la colonización privada, y adoptar los programas adecuados para la asistencia técnica, económica y social de los beneficiarios del Estatuto Agrario[196].

No obstante, el viejo problema de la tenencia de la tierra en el Paraguay no estaba solucionado. Escribía *ABC*:

La ignorancia de alguna gente humilde, la indiferencia o avaricia de muchos propietarios, la desidia o la corrupción en algunos organismos estatales, la mala fe y la voracidad de ciertos asesores letrados, hacen que la propiedad rural esté sujeta a vaivenes e inconvenientes que impiden una regularización armónica de intereses, y la protección, a todo trance, del principio de la inviolabilidad de la propiedad[197].

Agregaba, el diario: «No se puede admitir, hoy en día, que existan vastas propiedades incultas que esperan un aumento de su valor para proceder a su venta, con carácter meramente especulativo»[198].

El Instituto de Bienestar Rural presentaba muchos interrogantes con respecto a su política. Para realizar su función, pasaron a pertenecerle todas las tierras rurales del Estado, conocidas comúnmente como tierras fiscales. Eran las tierras que se tenían que utilizar para realizar la reforma agraria. El diario *ABC* afirma que IBR si bien realmente había otorgado numerosas fracciones a muchísimas personas que calificaban perfectamente dentro del objetivo fundamental procurado por la reforma agraria, también había procedido a vender muchas de sus tierras, a bajos precios y en largas y cómodas cuotas, a una variada gama de personajes y personajillos, que poco o nada se asemejaban a la figura típica del

---

[196] «La estructura institucional de la reforma agraria», 14.

[197] «Los problemas de la tierra», 12.

[198] «Los problemas de la tierra», 12.

campesino paraguayo[199]. Continúa el editorial: «De esta manera, se repartieron centenares de miles de hectáreas de tierra aptas para los agricultores, entre personas cuyo único objetivo era la especulación o el negociado»[200]. El diario pide que se haga una investigación, de manera que las tierras que fueron del Estado, y que pasaron irregularmente al poder de particulares y que están «ociosas por no haber sido colonizadas ni utilizadas, deberán ser devueltas para ser destinadas a quiénes realmente quiso la ley: Los campesinos sin tierras»[201].

Las que hemos expuesto arriba, fueron las cuestiones que los obispos acogieron de una opinión pública mucho más concientizada, y que se convirtieron en objeto de estudio de la carta *El saneamiento moral de la Nación*[202] publicada en junio de 1979.

En la primera parte, los Obispos constatan algunos logros «no se han repetido apresamientos masivos y la casi totalidad de los presos sin proceso han recuperado su libertad o han sido defendidos en juicio»[203]. A esto, agregan una mayor libertad de expresión de los medios de comunicación, que se han ocupado de los diversos aspectos del bien común y, denunciando los abusos, han podido ser la voz para muchas personas que han sufrido por la violación de sus derechos. Se señala, también, una mejoría en lo que se refiere a los ataques a la Iglesia y a sus ministros, y en la práctica de medidas restrictivas, para la incorporación de personal.extranjero en la actividad de la Iglesia.

Después de esta parte introductiva los Obispos pasan a aclarar que la actitud de silencio que ha caracterizado la Jerarquía en los últimos tres años, ha sido sugerida por «el propósito de contribuir a serenar los ánimos y por la acogida respetuosa de su palabra»[204].

Al analizar la situación, los Obispos reconocen también una cierta mejoría en las relaciones con el Gobierno del Estado.

La carta puntualiza después los hechos negativos: la mala administración de la justicia y la corrupción pública y privada. A esto se añade las acusaciones expresadas en la nota remitida por parte del Colegio de los Abogados.

Los hechos a los que los Obispos se refieren abarcan tres grandes categorías: el ídolo de la riqueza, el ídolo del placer, el ídolo del poder. Las grandes empresas económicas y las obras de infraestructuras, al

---

[199] Cfr. «Devolver al Estado», 12.
[200] «Devolver al Estado», 12.
[201] «Devolver al Estado», 12.
[202] CEP, *El saneamiento moral de la Nación*, 1979.
[203] CEP, *El saneamiento moral de la Nación*, 1979, 5-6.
[204] Cfr. CEP, *El saneamiento moral de la Nación*, 1979, 6.

traer al país indiscutible progreso económico, han traído también un valor supremo que exige sacrificios crueles y un insaciable deseo de ganancia; por ello, el trabajo honesto y paciente se ha vuelto raro. Las consecuencias más graves son la brecha siempre en crecimiento entre los ricos y los pobres, y el aumento de necesidades artificiales. En el campo, los agricultores están impulsados al cultivo de renta, en detrimento de los cultivos de subsistencia. Al mismo tiempo, aumentan «las explotaciones comerciales de las diversiones populares (bailes, funciones, etc.) cuyos organizadores terminan robando y corrompiendo al pueblo humilde principalmente»[205]. Agregan los Obispos: «Despreciando la austeridad en la manera de vivir hemos caído en el sufrimiento de la codicia y de la envidia de lo que no tenemos»[206].

En la parte que se refiere al ídolo del placer, se hace una larga lista de la invasión de criterios hedonistas en nuestra sociedad: los filmes, las revistas, los anuncios que propagan la pornografía, la permisividad del ambiente que lleva al placer sexual y la relaciones sexuales prematrimoniales y extra-matrimoniales; no deja de lado las campañas antinatalistas y a los métodos abortivos, divorcios etc, Mons. Rolón, algunos meses después, afirmará: «Constatamos una continuidad en los problemas nacionales que ya quebrantaron el ánimo de Mons. Bogarín y Mons. Mena Porta y de la comunidad»[207]. En efecto al leer algunos pasajes de esta carta nos parece que es cierto que algunos problemas continúan en el tiempo, sólo que nosotros nos preguntamos si después de varios años el enfoque no podría ser distinto.

La última categoría de hechos que los Obispos examinan, es el ídolo del poder. En particular se habla de la calumnia y las falsas delaciones tan enraizadas en la sociedad paraguaya. A esto añaden los Obispos «actos de atropello y desalojo contra pobladores campesinos y agricultores, con apoyo de las autoridades locales e indiferencia de las superiores»[208]. En la carta hay una clara denuncia a las instituciones que, por estar encargadas de promover el bienestar rural, son responsables de la situación en que se encuentran los campesinos. Por medio de dobles títulos de propiedad, mensuras y demarcaciones defectuosas, favoritismos e influencias injustificables, se perjudica la paz pública y la sana convivencia.

---

[205] CEP, *El saneamiento moral de la Nación*, 1979, 12.
[206] CEP, *El saneamiento moral de la Nación*, 1979, 6.
[207] B.I. ROLON, «Una herencia», 8 de setiembre de 1979, 210.
[208] CEP, *El saneamiento moral de la Nación*, 1979, 15.

Entre las causas de los problemas de este período los Obispos presentan: la deficiencia del núcleo familiar y del sistema educativo, la falta de orientación de los medios de comunicación social. En síntesis, los Obispos reconocen en una educación moral muy débil la causa principal de los males.

En la última parte de la carta, señalan los compromisos a tomar, que se pueden resumir en la necesidad de reconstrucción del hombre y en: «Rehacer el tejido social de la nación»[209] destruido por la quiebra, entre otras cosas, de los cuerpos intermedios y asociaciones voluntarias de ciudadanos. De aquí, la destrucción de los medios básicos para la formación de una conciencia crítica y libre, para organizarse dentro de las garantías constitucionales.

Siguiendo las pautas trazadas por la Conferencia de Puebla, los Obispos se proponen «promover un fuerte movimiento de promoción humana, en una auténtica pastoral social que tienda a educar las conciencias [...] en la justicia y en la caridad»[210]. En cuanto a la formación, el objetivo es privilegiar la pastoral juvenil.

En las tareas concretas de acción pastoral, los Obispos solicitan que se ponga particular atención cuando se absuelven algunos pecados, tales como el pecado del aborto, la corrupción de menores y el: «igualmente grave de la falsa delación y la intriga que llevan a la represión policial o militar con irreparable daño a los inocentes y a sus familiares»[211].

Esta carta fue escrita después de tres años de silencio.

En efecto desde el 12 de junio de 1976 no tenemos ningún pronunciamiento colectivo de parte de la CEP, a pesar de que se registraron varios casos de represión[212].

Afirman los Obispos que en aquel período les pareció suficiente a cada uno de ellos seguir ejerciendo su ministerio en su Iglesia particular al servicio del pueblo[213].

La carta escrita en 1978 por los campesino, analizada en las páginas anteriores, es una prueba de que las expectativas con respecto a la Jerarquía iban más allá del propósito expresado por los Obispos en esta carta, de serenar los ánimos. En realidad estos tres años de silencio han

---

[209] CEP, *El saneamiento moral de la Nación*, 1979, 20.

[210] CEP, *El saneamiento moral de la Nación*, 1979, 33.

[211] CEP, *El saneamiento moral de la Nación*, 1979, 34.

[212] Cfr. E. ACUÑA – al., *El precio de la paz*, 221-232.

[213] Véase por ejemplo la carta del Obispo de Caacupé, Mons. Demetrio Aquino, al Ministro del Interior, Sabino Montanaro, con relación a Arturo Bernal, detenido el 12 de mayo de 1976 y muerto en poder de la policía; fue devuelto a sus familiares ya dentro de un ataúd. Cfr. D. AQUINO, «Carta a Su Excia», 1976, 10.

pesado sobre una parte del pueblo, causando extrañeza y una sensación de abandono[214]. Podemos decir, entonces, que la afirmación de los Obispos sobre los tres años de silencio no encuentra una plena justificación y deja algunas dudas.

4. Los nuevos desafíos

En vista de la XCI Asamblea General Ordinaria de la CEP, a llevarse a cabo del 17 al 21 de noviembre de 1980, Monseñor Jorge Livieres Banks, secretario general, consultado sobre los puntos prioritarios de estudio, afirmaba que en primer lugar estaba el estudio de la situación del país y de la Iglesia. Con esto, agregaba el Obispo, no se pretendía escuchar solamente los informes, sino más bien tomar conciencia de la situación del país y de la Iglesia, pues era Ella quien determinaba las prioridades pastorales que se señalaban y se asumían[215]. En la misma entrevista aclaraba «No es una preocupación de corte burocrático, sino que consiste en ofrecer a los Obispos el marco de reflexión, para que la labor pastoral de la Iglesia sea eficaz y signifique un aporte para este pueblo»[216]. En la misma Asamblea se comunicó la promulgación del nuevo Plan de Pastoral Orgánica.

El mismo Obispo, al ser entrevistado durante los trabajos de la Asamblea, señalaba que una de las preocupaciones del Plan de Pastoral Orgánica era que la Iglesia no estuviera al margen de los acontecimientos, y se quedara al costado del camino. Era necesario contar con una Iglesia que acompañara al hombre concreto en su vida concreta.

El país estaba viviendo un cambio económico, social, político, y este proceso planteaba desafíos e interrogantes.

En la misma entrevista, Mons. Livieres, con referencia al desarrollo de las actividades pastorales afirmaba: «La impresión general que yo tengo es la de una Iglesia que ha hecho un esfuerzo grande de organización y planificación, pero que no se halla en condiciones de responder adecuadamente a todas las necesidades que exigen su acción o su presencia»[217].

Las razones que dificultaban a la Iglesia a ser, de manera efectiva, compañera del hombre paraguayo, según el Obispo, se resumían en dos causas: La primeras es, en la falta de formación de los agentes de pastoral: «Una Iglesia organizada y que desea responder a esta situación de

---

[214] Cfr. «Carta de los campesinos a los Obispos reunidos en Puebla».

[215] Cfr. «Mons. Livieres: "Deseamos"», 12.

[216] «Mons. Livieres: "Deseamos"», 12.

[217] «Mons. Livieres habla», 9.

cambio se ve con una gran carencia de personal cualificado»[218]. En efecto, uno de los logros de la dictadura en Paraguay ha sido el de penalizar, con el exilio o de otra manera, las voces más valientes y capaces que pudieran dar un aporte no sólo desde el punto de vista pastoral, sino también desde el punto de vista de reflexión teológica. La segunda causa está relacionada con la primera, ya que la falta de personal, dificulta también la realización de una planificación preparada en todas sus líneas, pero sólo en los papeles. De aquí, afirma el Obispo: «una Iglesia que tiene conciencia de la necesidad de trabajar en forma planificada y orgánica, pero que todavía no ha llegado a la puesta en práctica de esos propósitos y objetivos»[219].

Resultaba, entonces, difícil estar suficientemente presente en la realidad de los problemas diarios, y, consecuentemente, la Iglesia parecía no acompañar permanentemente para iluminar, orientar, animar y corregir los esfuerzos que se realizaban[220].

Hemos analizado así la labor de reflexión y organización empezada al comienzo de los años 70. Esta tuvo su origen en el deseo de mejorar el acompañamiento de un hombre angustiado por una dura dictadura y aniquilado en su dignidad.

Fue un empeño no exento de algunos fracasos, que dieron a los Obispos la conciencia de nuevos y más amplios desafíos planteados por una nación que necesitaba sanearse moralmente y crear un nuevo tejido social, donde el hombre fuera sujeto y no instrumento. Al profundizarse el compromiso social de los Obispos, surge el imperativo de trabajar a fin de crear un hombre nuevo para un nuevo Paraguay. Será la tarea de la Iglesia en los años que vamos a analizar en el próximo capítulo.

---

[218] «Mons. Livieres habla», 9.
[219] «Mons. Livieres habla», 9.
[220] Cfr. «Mons. Livieres habla», 9.

CAPITULO IV

El Paraguay nuevo necesita hombres nuevos

1. La tierra al servicio de la promoción del hombre

1.1 *La situación del Paraguay al comienzo de los años 80*

El comienzo de los años 80 constituye, para el Paraguay, el inicio de cambios en los varios sectores de la vida política, económica y social, que para la Iglesia, se transforman en verdaderos desafíos.

La consolidación de la dictadura y su larga duración eran el resultado de la soldadura entre el Partido Colorado, las Fuerzas Armadas y el poder unipersonal de Stroessner. Este amalgama política había impedido el surgimiento y el fortalecimiento de cualquier organización social independiente. El crecimiento económico en los años 70, favorecido por la construcción de la represa de Itaipú y por la expansión de las exportaciones agrícolas, permitió al Presidente dotarse de fondos para coimear y favorecer a los hombres del Partido Colorado, y a aquellos militares siempre listos a defenderle. Sería suficiente analizar cómo se realizó la distribución de tierras fiscales, a favor de personas que no tenían que ser beneficiarias del Estatuto Agrario. En la lista encontramos a miembros del Consejo de Administración y funcionarios del Instituto de Bienestar Rural, militares, políticos oficialistas, abogados, empresarios y/o asesores de latifundistas[1].

El crecimiento económico del Paraguay, en la década del 70, se dio en base a la dinámica del proyecto de Itaipú, que significó, no solamente entrada de inversión de parte de Brasil, sino también de inversión extranjera de distinto origen, sin olvidar la entrada de divisas del comercio ilegal de bienes como whisky, cigarillos y drogas[2]. La expansión del

---

[1] Cfr. T. PALAU – F. LUGO – G. ESTRAGO, *Dictadura*, 152-174.

[2] A. MIRANDA, «Más que crisis», 6.

sector de la construcción fortaleció el mercado de trabajo, y pudo absorber una porción importante de la mano de obra rural. El mismo sector agrícola experimentó un dinamismo, debido al crecimiento de exportación de los dos rubros principales del país: el algodón y la soja[3].

A partir de la mitad de 1981, «se pudieron establecer ya algunos factores de redimensionamiento de la economía paraguaya»[4]. El precio del algodón y de la soja empezó a declinar. Disminuyó la avalancha de capital, principalmente financiero, alrededor de las obras públicas y binacionales. Así, «en esas condiciones, resurgió la demanda campesina por la tierra»[5]. Escribía *Sendero*:

> De acuerdo con los datos que se poseen, en razón de que los principales trabajos de la obra civil ya están concluidos, se irán despidiendo un promedio de 150 trabajadores por día, hasta completar los cinco mil, número que se debe sumar a la cantidad de obreros que ya fueron despachados antes[6].

Al mismo tiempo, empieza a resquebrajarse «el componente económico de la maquinaria stronista»[7].

El panorama político nacional en 1982, año previo a las elecciones, manifestaba una dolorosa inercia. Stroessner renovó su candidatura para un nuevo período presidencial. La circunstancia dentro de la lógica del proyecto de la ANR, suscitaba el mayor interrogante, con respecto a la conducción de partido. La vieja generación seguía ocupando la mayoría de los cargos, mientras que la renovación por la que pugnaban sectores juveniles se postergaba[8]. De todas maneras, un debate interno gana terreno, no propiamente en la Junta de Gobierno, sino más bien en sus organismos auxiliares.

Por otro lado, en la oposición no hubo grandes novedades. Escribía *Sendero*: «La deportación de un conocido dirigente, y poco antes el rechazo de un grupo de exiliados que intentaban el retorno, marcaron a las claras la frontera de restricciones y limitaciones que debe soportar quien quiera hacer política desde tiendas diversas a las oficialistas»[9]. El Acuerdo Nacional, que reunía las agrupaciones reacias a la participación Nacional, seguía siendo un lugar de convergencia para los partidos opositores, sin embargo, se iba diluyendo progresivamente como protagonista eficaz de la escena política. En realidad, fuera del marco que el sistema

---

[3] Cfr. M. CARTER – L.A. GALEANO, *Campesinos, tierra y mercado.*
[4] A. MIRANDA, «Más que crisis», 6.
[5] M. CARTER – L.A. GALEANO, *Campesinos, tierra y mercado*, 63.
[6] «¿Qué pasará con los ex-obreros de Itaipú?», 10.
[7] M.V. BOUVIER, *Ocaso de un sistema*, 39.
[8] Cfr. «Inercia política», 3.
[9] «Inercia política», 3.

imponía para la actividad política opositora, los partidos carecían del oxígeno necesario para la supervivencia, que era la libre comunicación con el pueblo[10]. Al mismo tiempo, tampoco los partidos que optaron por la arena parlamentaria tenían mejor suerte. El Dr. Fulvio Hugo Celauro, por el Partido Liberal, y el Dr. Enzo A. Doldán, por el Partido Liberal Radical, candidatos a la presidencia, ofrecían al ciudadano una alternativa, cuyas posibilidades, ya bastante exiguas, se reducían aún más en el cuarto oscuro, donde cada ciudadano iba a votar.

Stroessner, en su campaña, preveía continuar con la estabilidad del guaraní, la realización de obras de infraestructura, pero sin ningún cambio significativo de la situación política del país. El candidato opositor, Enzo Doldán, centraba su preocupación en la reforma de la Constitución Nacional. En este sentido, hablaba del Estado de Sitio, una institución a la que se debía recurrir en momentos excepcionales. Como abogado, ponía el acento en las cuestiones jurídicas, y sostenía que se garantizaría el cumplimiento de las leyes básicas de protección al ciudadano, a sus bienes y sus derechos[11]. El otro candidato, Hugo Celauro, el más joven de los candidatos a presidente de la República, tenía como finalidad conseguir, para el Partido Liberal, la primera minoría parlamentaria, que le habría dado la representación de cuatro senadores, once diputados y dos miembros en la Junta Municipal de Asunción. Uno de los pensamientos más interesantes de Celauro era el llamado «cogobierno», es decir un Gobierno compartido por todas las facciones políticas del país[12].

El Departamento de Ciencias de la Comunicación de la Universidad Católica llevó a cabo una encuesta, administrada por estudiantes del mismo departamento. Se realizó el mes de setiembre de 1982, a 242 personas mayores de 18 años, expresamente seleccionadas en tres sectores de la actividad económica: obreros y empleados, profesionales independientes, y comerciantes e industriales, todos de la ciudad de Asunción. El 82 % de los entrevistados contaba entre los 18 y 49 años; un 64% era de sexo masculino y el 36% femenino. El 50% de las personas manifestó no conocer la ideología del Partido Colorado, el 64% no sabía quién era el presidente del Partido Liberal, el 44% no estaba afiliado a ningún partido, el 46% no votó en las últimas elecciones, el 80% no participaba en actividad político-partidista alguna, y el 40% no tenía ningún interés en las próximas elecciones presidenciales[13].

---

[10] Cfr. «Inercia política», 3.
[11] Cfr. «A dos meses».
[12] Cfr. «Perfil político».
[13] Cfr. «Interés y participación».

Afirmaba el editorial de *Sendero*: «Si algo ha caracterizado, en efecto, a la campaña electoral que culmina, es la repetición. Repetición de temas, de lemas y de consignas, de diatribas y de autoelogios»[14]. Según el semanario, las elecciones se realizaban en un momento de profunda crisis que se evidenciaba con más nitidez en el plano económico y representaba, el extremo visible de una problemática, que abarcaba los fundamentos éticos de la comunidad nacional, las bases mismas de la convivencia. El 15 de agosto de 1983 inició un nuevo período presidencial, en un contexto socioeconómico y político diferente a los anteriores. En un clima político poco tranquilo y en medio de una aguda crisis económica, Stroessner asumió, por séptima vez consecutiva, la primera magistratura de la nación[15].

1.2 *Al umbral de una nueva etapa para el Paraguay*

Frente a esta nueva situación, los Obispos, el 31 de diciembre de 1982, escriben un mensaje en el que están esbozados los nuevos y antiguos problemas. Afirman: «Nuestra condición de ciudadanos y el amor a la Patria nos hace compartir el anhelo de cambio y superación que percibimos»[16]. En el mensaje se reitera la preocupación de la Iglesia por el olvido o menosprecio de la persona humana y sus derechos, tanto en la convivencia social como en la vida política. No se justifica de ninguna manera la detención arbitraria de personas, la aplicación de la tortura, la falta de libertad y la ausencia de garantías personales. Preocupa profundamente a los Obispos la identificación del bien común con el de grupos o parcialidades: pasa a ser bien común sólo lo que es participado por el pueblo. Según los Obispos, no se compagina esta concepción del bien común con el doloroso fenómeno de los exiliados, la falta de vigencia del principio de igualdad de los ciudadanos ante la ley, la aplicación de criterios discriminatorios para el acceso a cargos públicos. En el mensaje, se señala también el desinterés ante el llamado a las elecciones, la falta de credibilidad en los gobernantes, en los políticos y en la administración de la justicia. Los Obispos reiteran la urgencia de rehacer el tejido social de la nación, a través de la activación de los organismos intermedios: «Urge devolver a los organismos intermedios su importancia y su papel»[17].

---

[14] «Educar para la convivencia», 4.
[15] «Al inicio», 4.
[16] CEP, «En el umbral», 31 de diciembre de 1982, 6.
[17] CEP, «En el umbral», 31 de diciembre de 1982, 7.

Además, afirman que la actuación de los poderes públicos tiene que estar regida por el principio de subsidiaridad. Cuando el hombre y los grupos intermedios no pueden hacer realidad la consecución del bien común, sólo entonces el Estado debe intervenir, pero su intervención no debe ser absolutista ni paternalista: «Buscará siempre un sano equilibrio para el bien de todos»[18].

Se reitera la importancia de llevar a la realidad el objetivo del Plan de Pastoral Orgánica: «construir una sociedad más fraterna y justa, abierta a Dios»[19].

Finalizan los Obispos:

Sobre todo, parece necesario buscar los medios adecuados para ir logrando un tipo de hombre nuevo: libre, responsable, abierto al diálogo con alto sentido de los derechos de cada persona, sensible a la situación de los más desposeídos, que sepa sacrificar sus propios intereses al bien común, más interesado en el ser que en el poseer, cuyo ideal sea el hombre-Dios, Cristo-Jesús[20].

La revista *Acción*, comenta en un artículo, que el tono magistral de los obispos se justifica, dado que la ciudadanía necesita que «nuestros pastores, nos recuerden los principios básicos de la ética política [...]. A lo largo de su mensaje señalan algunos aspectos de esa realidad, aunque lo hacen con tono mesurado y digno de su investidura»[21].

1.3 *La XI Jornada Nacional del Clero del Paraguay*

Se realizó del 26 al 30 de julio de 1982, en Ypacaraí. Coordinador general fue el P. Aquilino Villalba, cuya muerte algunos días después, ni siquiera permitió hacer llegar a los miembros las conclusiones. Participaron casi doscientos sacerdotes y doce Obispos. El tema de la jornada era: *Desafíos del Paraguay actual a la misión sacerdotal a la luz del Plan de Pastoral Orgánica*. En una entrevista al semanario *Sendero*, el P. Villalba señalaba que, frente a un cambio que se está produciendo, «Impulsar y equilibrar este cambio es el desafío que la Iglesia enfrenta actualmente. Esta responsabilidad es mucho mayor teniendo presente la confianza que el campesinado y los grupos marginados depositan en el clero»[22].

---

[18] CEP, «En el umbral», 31 de diciembre de 1982, 7.
[19] CEP, *Plan de Pastoral Orgánica*, 1981, 100.
[20] CEP, «En el umbral», 31 de diciembre de 1982, 7.
[21] R. JUSTE, «Mensaje de la CEP», 18.
[22] A. VILLALBA, «Distinguir signos», 8.

Las conclusiones de la jornada están divididas en varios párrafos, que llevan los siguientes títulos: Reflexión teológica; Espiritualidad sacerdotal; Recomendaciones pastorales; Conferencia episcopal; Obispos; Equipo nacional del Clero; Equipo Nacional de Educación; Equipo Nacional de Pastoral Familiar; Equipo Nacional de Catequesis; Seminarios; Ferelpar.

En la reflexión teológica, en el punto 4 además de una referencia a la especialización del sacerdote, se subraya la necesidad de «Estar convencido de que la dimensión social de la fe, es decir la doctrina social de la Iglesia, forma parte de su misión y el ministerio sacerdotal sin ella sería trunca»[23]. En varios puntos se reitera la necesidad de una formación sacerdotal adecuada.

Las conclusiones de esta jornada, apenas esbozadas, fueron recogidas por la Conferencia Episcopal que, el 31 de diciembre de 1982, escribió una breve carta a todos los sacerdotes de la Provincia Eclesiástica[24]. En la primera parte de la carta, que se refería a las conclusiones, los Obispos aseguran que muchas de ellas habían sido asumidas por los Equipos Nacionales. En la segunda parte se aludía al momento que estaba viviendo el país, en las vísperas de las elecciones presidenciales, y a la vida del Clero. Con referencia al primer punto, los Obispos dicen: «Para eso será imprescindible un serio esfuerzo de reflexión y una inteligente labor de aplicación de las responsabilidades personales y comunitarias en la gran tarea de construir un Paraguay mejor. O, como decíamos en Caacupé hace poco "un santuario de paz y de justicia"»[25]. Con relación a la vida del Clero, afirman la necesidad de redoblar esfuerzos, para lograr el gran anhelo del pueblo y la gran esperanza de la Iglesia. Se ve la urgencia de un Clero que dé testimonio evangélico de amor al pueblo, en la fidelidad de su ministerio, en la austeridad de vida, en la alegría y entusiasmo de su dedicación a la labor de evangelización, en la apasionada defensa de la justicia y de la verdad, en la real opción por los pobres. Los Obispos señalan algunas medidas concretas:

Y nos proponemos iniciar un perseverante esfuerzo de mejor organización institucional que posibilite una mayor consagración personal al ministerio sacerdotal. Esto se concretará en la mejor implementación del Seguro Sacerdotal y en la adecuada organización económica de la Iglesia que libere al Sacerdote de la preocupación de su sustento personal y de la atención de todo lo necesario para la labor pastoral de la Iglesia y sus Instituciones y Obras[26].

---

[23] *Undécima Jornada Nacional*, 1.
[24] CEP, «A los sacerdotes», 31 de diciembre de 1983, 2.
[25] CEP, «A los sacerdotes», 31 de diciembre de 1983, 2.
[26] CEP, «A los sacerdotes», 31 de diciembre de 1983, 2.

En la carta se anuncia, también, la puesta en práctica de un servicio, que ayude a la formación continua de los sacerdotes:

La Asamblea de Obispos aprobó el proyecto del Equipo Nacional correspondiente, que concreta una sentida necesidad y común anhelo, reiteradamente expuesto. Cada dos años se tendrá, durante unas tres semanas la convivencia de sacerdotes para la actualización pastoral, espiritual y doctrinal. En los años intermedios se realizarán las Jornadas Nacionales, de tan rica tradición y comprobada eficacia para la promoción de una auténtica fraternidad sacerdotal[27].

1.4 *Hacia una Pastoral de la tierra*

Como respuesta al desafío que presentaba el problema de la tierra en el Paraguay, la Iglesia encomendó al Equipo Nacional de Pastoral Social, ya desde 1981, la elaboración de un documento que pudiera servir de base para una pastoral de la tierra[28]. El equipo de Pastoral Social puso a disposición de las diferentes diócesis el servicio de un departamento jurídico a cargo de un grupo de profesionales. Al mismo tiempo, se realizaron encuentros con responsables diocesanos de Pastoral Social, a fin de detectar las necesidades y preparar un diagnóstico adecuado de la realidad. La finalidad de estos encuentros fue el conocimiento de los problemas en las diferentes regiones y zonas. Se trabajó en grupos, analizando las nuevas áreas que abarcaban Alto Paraná, Encarnación, Caaguazú, las áreas de minifundio que comprendían los departamentos Central, Cordillera, Paraguarí y Guairá, y las áreas de latifundios que abarcaban las zonas de Misiones, Chaco, Concepción y San Pedro. Entre los objetivos, estaba el de formular recomendaciones a la Conferencia Episcopal Paraguaya, y discutir las bases para un posible documento o pronunciamiento de la CEP.

En el plan de trabajo del mismo Equipo, aprobado por la CEP, se contemplaba la investigación, a nivel nacional, de la tenencia y ocupación de la tierra, a cargo del Centro de Investigación de Derecho y Reforma Agraria de la Universidad Católica, que tenía también que ser la base del pronunciamiento de la Cep. Además, se proyectó la elaboración de la Fundamentación Doctrinal de la Pastoral de la Tierra, a cargo de un equipo formado por los Padres Cuquejo, Sergio Campara, Rafael Carbonell y el Doctor Secundino Nuñez[29].

---

[27] CEP, «A los sacerdotes», 31 de diciembre de 1983, 2.
[28] Cfr. «Hacia una Pastoral», 16.
[29] Cfr. «Hacia una Pastoral», 16.

Al comienzo de 1982, *Sendero* escribía, con respecto a la problemática de la tierra que la política agraria estatal, así como la acción de la mayoría de las instituciones privadas, incluso de la Iglesia, habían sido orientadas prioritariamente a asegurar a los campesinos la tenencia y propiedad de la tierra. Sin embargo, algunos interrogantes se abrían con respecto a la validez de esta opción. ¿Era, en efecto, la propiedad de la tierra el factor único de la problemática agraria o sólo uno de sus componentes[30]? El diario señalaba que a pesar de que para los pequeños productores la propiedad de la tierra adquiriera una dimensión importantísima, porque gracias a ella podían tener acceso al sistema de crédito que otorgaban los bancos, sin embargo, debido a los bajos precios de los productos de renta, los créditos no podían ser levantados y mucho de ellos se encontraban en una situación desventajosa con respecto a los ocupantes precarios. El diario, en el mismo artículo, afirmaba que otro aspecto importante de la problemática agraria era la exagerada valorización especulativa de la tierra. En varias zonas del país entraban las inmobiliarias, así como las empresas multinacionales que, a través de una coacción jurídica, económica o política, acarreaban el desalojo de los pequeños productores. Muchas familias, en precaria situación económica, aceptaban la oferta de una gran cantidad de dinero y vendían su tierra, y se reubicaban en una nueva área de colonización, donde debían comenzar todo de nuevo. Señalaba el diario: «El hecho muestra que la especulación de la tierra viene gradualmente a descapitalizar el sector campesino, empobreciéndolo, situación ésta que es fenómeno de la "descomposición campesina"»[31]. Todo esto, según el diario, llevaba el empobrecimiento a un grado extremo. Los motivos se podían encontrar en el encarecimiento de los insumos que necesitaba la familia campesina, ya sea para producir y vivir y, por otro lado, en los bajos precios de los productos. Sumados a estos aspectos, el diario citaba el estrechamiento del mercado de trabajo, y el problema de la comercialización en su doble aspecto, ya sea para la compra como para la venta. Continuaba, el diario: «La orientación de la política agraria, incluyendo la orientación del cultivo, mira fundamentalmente los intereses de los exportadores en detrimento de las necesidades de los campesinos»[32]. El diario finalizaba afirmando que todos los aspectos señalados debían ser afrontados en su propia raíz y por los mismos campesinos que, sin embargo, carecían del espacio político, para que la organización campesina fuera un instrumento de lucha en defensa de los intereses agrarios. El diario,

---

[30] Cfr. R. ZARZA, «Polémica», 12.

[31] R. ZARZA, «Polémica», 12.

[32] Cfr. R. ZARZA, «Polémica», 12.

en su editorial, añadía que el grave inconveniente era que poderosos intereses se oponían a todo intento serio de organización del campesinado. A pesar de que el propio Ministro de Agricultura instara a menudo a la formación de comités de agricultores o cooperativas, sin embargo, apenas tales organizaciones incipientes afectaban a intereses de acopiadores o de grandes propietarios, recaía sobre las mismas toda suerte de persecuciones e intrigas[33].

Con el Plan de Pastoral Orgánica, la Iglesia, entre las Prioridades Pastorales, había puesto la de contribuir eficazmente a rehacer el tejido social de la nación. Este objetivo comprendía, entre otras tareas, la atención a una Pastoral de la tierra que, «apoyada en el fomento de organizaciones campesinas, defienda a los trabajadores rurales contra el avance de las grandes empresas que amenazan con dejarlos sin tierra»[34].

1.5 La IV Semana Social

En el marco de la preocupación de la jerarquía por la problemática de la tierra, se llevó a cabo, del 11 al 15 de octubre de 1982, la IV Semana Social[35]. El tema elegido fue: «La tierra, don de Dios para todos los hombres». «Toda familia paraguaya tiene derecho a un hogar asentado sobre tierra propia» (Art. 83 Constitución Nacional)[36].

Las palabras de apertura estuvieron a cargo de Mons. Oscar Páez Garcete, Obispo de la Diócesis de San Pedro de Ycuamandyyú y del Dr. Laureano Pelayo, Vicerrector de la Universidad Católica. En las jornadas posteriores se desarrollaron los siguientes temas: Aspectos históricos, legales y doctrinales; La problemática actual en el campo, en la ciudad y en las parcialidades indígenas; Modelos operativos de desarrollo rural; Degradación ambiental en poblaciones cercanas a Asunción.

En las palabras de apertura, Mons. Oscar Páez subrayó los propósitos de la Semana Social: difundir el pensamiento social de la Iglesia, sensibilizar a la gente ante algunos problemas sociales, elaborar el pensamiento social de la Iglesia, a partir de la realidad y de la situación del país, a la luz de la Doctrina Social de la Iglesia[37].

Sin pretender agotar el tema de esta problemática tan compleja, nos vamos a detener sobre el contenido del los distintos temas tratados en los paneles.

---

[33] Cfr. «El don de la tierra», 3.
[34] CEP, Plan de Pastoral Orgánica, 1981, 107.
[35] «La tierra y los bienes», 8-9.
[36] TDD, 5-6.
[37] Cfr. O. PAEZ GARCETE, «Palabras de apertura», 1983, 5.

Al plantear algunas formulaciones sobre los antecedentes históricos, el acceso a la tierra y su explotación, se intentó sugerir alternativas que tuvieran arraigo en la cultura campesina, y que al mismo tiempo, pudieran ser de utilidad en la explicación de los problemas actuales[38]. Este tema estuvo a cargo de Ramón Fogel, cuyo análisis se remontó hasta la Epoca Colonial. En este primer período histórico, se señalaron los abusos que dificultaron la apropiación y la explotación comunal de la tierra, que caracterizaba la igualitaria sociedad de los guaraníes, en el período pre-colonial. En el período independiente las tierras de propiedad del Estado se incrementaron tanto que más de la mitad de la región oriental y toda la región occidental formaban parte de las tierras del Estado.

Las grandes estancias particulares empiezan a aparecer al finalizar la Guerra de 1870. De este período hasta los años 50, se incrementa la constitución de las grandes propiedades, que surgen con la apropiación privada de la tierra. Sólo:

a partir de la década del 50, la presión campesina sobre la tierra comienza a aliviarse ante las condiciones favorables que permiten al Estado responder a la demanda de tierra a través de la colonización. En este proceso de envergadura se facilita el acceso de la tierra a miles de campesinos de zonas minifundiarias, aunque con frecuencia no cuentan con las condiciones necesarias para encarar en forma adecuada la producción de sus parcelas, o las mismas no están asentadas en suelos con la aptitud necesaria[39].

Concluye, el orador, que esta colonización es la que se ve afectada negativamente en los últimos años por el acelerado proceso de expansión del capitalismo en la agricultura, que convierte en mercancías la tierra, el trabajo y la producción, tendiendo a separar al pequeño productor de la tierra, y dificultando la expansión de la frontera agrícola[40].

Los aspectos jurídicos de la propiedad inmobiliaria rural fueron analizados por el Dr. Carlos A. González[41]. A pesar de que el proceso de colonización permitió que un importante número de agricultores accediera a la tenencia o a la propiedad de la tierra, el orador subraya, sin embargo, que el número de familias campesinas carentes de tierra iba aumentado en los últimos tiempos, presentando caracteres verdaderamentes críticos. Entre los motivos, que causan esta situación se señalan: el crecimiento natural de la población rural, la ausencia de industrias o

---

[38] Cfr. R. Fogel, «Aspectos históricos». Véase con referencia a los aspectos históricos de la problemática de la tierra: C. Pastore, *La lucha por la tierra*.

[39] Cfr. R. Fogel, «Aspectos históricos», 8-9.

[40] Cfr. R. Fogel, «Aspectos históricos», 9.

[41] C.A. González, «La propiedad inmobiliaria».

de otras actividades capaces de absorber el excedente de mano de obra de las fincas rurales, el encarecimiento de la tierra, las expropiaciones de inmuebles con motivo de la construcción de la represa hidroeléctrica de Itaipú, la venta de tierras del patrimonio del IBR a personas no beneficiarias del Estatuto Agrario. La propiedad inmobiliaria está regida por normas constitucionales, contenidas en el Estatuto Agrario, y Leyes complementarias del Estatuto Agrario.

El orador resalta, como fundamento de la propiedad privada, el Art. 96 de la Constitución Nacional, que garantiza la propiedad privada, pero exige que cumpla una función económica y social, y admite la expropiación por causa de utilidad pública o de interés social[42]. La Constitución agrega que la ley fijará la extensión máxima de tierra que una persona puede poseer, de esta manera las áreas en exceso serán consideradas latifundios, y deberán venderse a plazos y en condiciones especiales, que se establecerán por ley. En conclusión, el orador afirma que el latifundio será objeto de un sistema impositivo progresivo, que contribuya a su extinción[43]. Señala, además, que según el Estatuto Agrario el Bienestar Rural:

> consistirá en la transformación de la estructura agraria del país, obtenida con la incorporación efectiva de la población campesina al desarrollo económico y social de la Nación, mediante un sistema justo de distribución de la tierra, asistencia técnica y social, adecuada organización del crédito, de la producción y su colocación de modo tal que permitan al productor rural lograr su estabilidad económica, como garantía de su libertad y dignidad y fundamento del bienestar social[44].

En la exposición, se subraya cómo la ley estimula y garantiza la propiedad privada, en la medida en que cumpla con su función social y económica. Sin embargo, se señala cómo el concepto de función social adquiere un criterio estrictamente económico en el Art. 158 del Estatuto Agrario, en el que se considera, que un inmueble cumple con la función socio-económica de la explotación racional, cuando en él se encuentra asentado un establecimiento, que puede ser indistintamente agrícola, ganadero, forestal, industrial o mixto, cuyas mejoras permanentes representan, por los menos, el 50% del valor fiscal de la tierra[45].

En lo que se refiere al latifundio, el Dr. González hace notar la enorme extensión establecida para que un inmueble sea considerado latifundio.

---

[42] Cfr. C.A. GONZALEZ, «La propiedad inmobiliaria», 13.
[43] Cfr. C.A. GONZALEZ, «La propiedad inmobiliaria», 13-14.
[44] «Ley No. 854», Art. 2.
[45] Cfr. «Ley No. 854», Art. 158.

En realidad, «A los efectos de la ley se considera latifundio a todo inmueble de más de 10.000 has, ubicado en la Región Oriental o más de 20.000 en la Región Occidental, que no esté racionalmente explotado»[46]. En cuanto al minifundio, el orador afirma que la ley consagra varias disposiciones sobre el tema. En el Art. 8, se preve que las propiedades rurales tendrán un área mínima a determinarse en cada Departamento, por el IBR: lo que no se hizo hasta la fecha.

El Art. 10 afirma que los lotes agrícolas no podrán tener un área menor de 2 has, dentro de las zonas suburbanas, y de 7 has fuera de ellas, de acuerdo con las normas que fijará el IBR. Este artículo, según el orador, tampoco se cumple.

El Art. 11 establece que las fracciones de tierra de un área menor que las mínimas establecidas, que por su configuración o características particulares no puedan ser explotadas racionalmente, se podrán unificar en lotes de mayor superficie, por medio de acuerdos voluntarios entre las partes o recurriendo, si fuere necesario, a la expropiación[47]. En la última parte de su relación, se habla de la tierra destinada al Bienestar Rural, de la expropiación de las tierras rurales, del precio de las tierras expropiadas. La exposición finaliza hablando sobre las leyes complementarias del Estatuto Agrario y las normas legales relativas a las comunidades indígenas. En un artículo, la revista Acción se pregunta si se puede lograr algo por el camino legal[48]. La revista resalta que muchas de las leyes que han sido sancionadas en el país, en los últimos años, tienen un contenido social bueno, pero «El problema no es que nuestra legislación no sirva; el problema es de hombres que vivan y actúen de acuerdo a las leyes y que no rija la impunidad de los infractores de la ley»[49].

En su disertación el Dr. Luis Galeano señaló cómo la problemática de la tierra es un proceso socio-económico, político global y complejo, en cuanto no se limita a las cuestiones existentes en torno a la tenencia de la tierra, sino que comprende los condicionamientos referidos a su explotación y a su producción[50]. En los condicionamientos generados por las viejas causas inciden, en la problemática actual, aquellos generados por el presente estilo de desarrollo que trae consigo la sobrevaloración de la tierra como una mercancía, un bien de lucro y de acumulación. Si a esto se agrega el cúmulo de transformaciones, que la modernización trae consigo, «resulta comprensible el ensanchamiento y la profundiza-

---

[46] C.A. GONZALEZ, «La propiedad inmobiliaria», 15.

[47] C.A. GONZALEZ, «La propiedad inmobiliaria», 15.

[48] Cfr. R. JUSTE, «El problema de la tierra», 5.

[49] R. JUSTE, «El problema de la tierra», 5.

[50] Cfr. L.A. GALEANO, «Notas sobre la problemática actual», 32.

ción del empobrecimiento de numerosos segmentos campesinos; empobrecimiento, que se traduce en el cada vez más pronunciado desarraigo y asalaración»[51].

Según el expositor, los dilemas más importantes con los cuales se enfrenta el productor campesino son de fondo y complejos, pero no por cierto novedosos. En efecto, siguen siendo aquellos que se refieren a la tenencia de la tierra, al aparato productivo y a la viabilidad de ciertos cambios tecnológicos. En lo que se refiere a la particularidad paraguaya, cuya especificidad consiste en corresponder a un país con una gran reserva de tierras colonizables, se ve la necesidad de diferenciar entre minifundio funcional y minifundio absoluto. El primero aparece en las áreas de colonización, con una insignificante cobertura técnico-crediticia. El segundo se encuentra sin posibilidad alguna de acumulación y de obtención de créditos institucionales, ni de cambios significativos en la capacidad productiva y empresarial. Según el expositor:

> junto a la escasez o a la mala tierra del minifundio absoluto, en los últimos tiempos se ha sumado la incapacidad de cultivar la tierra disponible, por más exuberante y fértil que ella pueda ser. En ambos casos el resultado de la situación se traduce en una única consecuencia primordial: la incapacidad de la unidad parcelaria minifundista de ofrecer a la familia campesina los bienes necesarios para la cobertura de las necesidades básicas, hasta el punto que ella se ve impulsada a realizar trabajos asalariados destinados a atender dichas necesidades[52].

El autor analiza algunas características más resaltantes de los conflictos, vinculados a la lucha por la tenencia de la tierra. Ellos tuvieron lugar en los departamentos de apertura de frontera agrícola y de incorporación, y de más pronunciada consolidación de unidades productivas empresariales capitalistas. En estos conflictos, los campesinos se han visto desprovistos de apoyo político.

Finaliza el autor afirmando que, en no pocos casos, los campesinos han perseguido sus causas hasta dar la vida y:

> Esto demuestra que por detrás de la tenencia de la tierra se encuentra toda una cultura e ideología, todos los condicionamientos socio-económicos, que hacen que la tierra en parte sea vista y utilizada no sólo como bien comercial sino también como fuente de sustento y de vida; por más que esa cultura esa ideología y esos condicionamientos hayan cambiado últimamente, perdiendo hasta cierto punto sus caracteres originarios, debido al avance de los agentes de la economía y cultura modernas[53].

---

[51] Cfr. L.A. GALEANO, «Notas», 32.

[52] L.A. GALEANO, «Notas», 34.

[53] L.A. GALEANO, «Notas», 35.

La IV Semana Social terminó sus trabajos el 15 de octubre de 1982. Entre las conclusiones y recomendaciones encontramos, que cabe a la Iglesia el rol de acompañar el proceso de organización de los campesinos, dentro de un plan orgánico de pastoral, que posibilite nuevas formas asociativas y revitalice otras de carácter tradicional. Se recomienda la difusión, por todos los medios posibles, de la Doctrina Social de la Iglesia a todos los sectores de la población. Finalmente, se insta a asumir el desafío, planteado por la problemática de la tierra, y participar activamente en la búsqueda de soluciones, según la competencia de sus distintos miembros[54].

1.6 *El campesino paraguayo y la tierra*

Escribía la revista *Acción*, en junio de 1983 que el primer cuatrimestre del año presentaba un panorama poco halagador. A los efectos de la aguda recesión económica, se añadía la crítica situación creada por las crecidas extraordinarias de los ríos Paraná y Paraguay, que habían inundado vastas zonas del territorio nacional, habían dañado gravemente la agricultura, habían perjudicado la ganadería, acentuaban el problema de la vivienda, y preocupaban profundamente a la población capitalina, al ver llegar el dolor de los damnificados[55]. En esta coyuntura, la clase trabajadora llevó la parte peor en la aguda crisis que afectaba al país. Las empresas estatales y privadas habían entrado progresivamente en una etapa de recorte de sueldos, reducción masiva de personal y recargo de trabajo, sobre quienes tenían la posibilidad de continuar en sus puestos. A los problemas de Itaipú, se agregaban los de la Entidad Binacional Yacyretá, que había puesto en vigencia un régimen de gratificación especial a funcionarios, que decidiesen desvincularse voluntariamente de la institución. Todo eso, en un plan que miraba a la reducción de personal, encuadrada a su vez, en un plan de austeridad, para disminuir costos. Señala la revista que, «Mientras la tasa de desempleo llegó al 9,4% en 1982 (según estadística del Banco Central), la más elevada en los últimos 13 años, se estima que en el primer trimestre de 1983, este índice ya ha sobrepasado con creces el 10% de la población económicamente activa»[56]. Por otro lado, el asalariado que todavía tiene su puesto de trabajo, tiene que afrontar los aumentos con un salario mínimo de 27.151 Gs. establecido hace dos años.

---

[54] Cfr. ENPS – CEP, «Conclusiones y recomendaciones», 83.

[55] Cfr. «Una de Cal», 4.

[56] «Una de Cal», 5.

A esto, se agrega la llaga del contrabando de dulces, bebidas, embutidos, jabones, fósforos, cigarillos, que agrava todavía más la situación de los fabricantes locales.

La revista finaliza su análisis señalando la nueva represión, que afecta a gremios y dirigentes del sector estudiantil-universitario, de la clase trabajadora y a funcionarios del Banco Paraguayo de Datos. Escribe: «Es probable que en el trasfondo de la represión esté la preocupación oficial por las temidas actividades del marxismo y por los focos de descontento emergentes, a raíz de la crisis económica y la desocupación generada en el sector de los trabajadores»[57].

En este clima, los Obispos del Paraguay escriben su carta pastoral *El campesino paraguayo y la tierra*, del 12 de junio de 1983[58]. «Un documento largamente esperado», escribe la revista *Acción*, y agrega que se sabía que los obispos estaban trabajando, hacía mucho tiempo, sobre el borrador de la carta: «El problema, tomado en su conjunto, es demasiado complejo y los obispos querían encararlo con responsabilidad. Al fin, optaron por enfocar la realidad campesina y dejar tal vez para otra oportunidad el difícil problema de la tierra urbana y la problemática de los indígenas»[59]. En efecto, como hemos podido demostrar, este documento lleva una larga trayectoria. En este caso, es el resultado de algunos años de trabajo, de investigación, de estudio de la realidad, de una atenta escucha de los problemas, que ha conducido a una lenta maduración, para finalmente concluir con la carta sobre los campesinos. El esquema que los Obispos siguen es el de ver, juzgar y actuar. En la introducción aclaran que el problema no es nuevo y que, sin embargo, se ha agudizado por la concurrencia de distintos y nuevos factores y que, sin desconocer la importancia de las dificultades en otros sectores, la carta se refiere sólo al rural. A pesar de que los Obispos no tienen la solución integral del problema, cuyo aspecto técnico tampoco les corresponde, sin embargo, no pueden dejar de hablar, como pastores de la Iglesia, sobre un tema que golpea constantemente sus corazones, al ponerse en contacto con el permanente desfilar de campesinos por los despachos buscando esperanza. En la primera parte, la carta trata algunos aspectos más importantes de la realidad; la segunda trata de la visión cristiana de esa realidad y la tercera parte señala respuestas eclesiales a corto y largo plazo.

---

[57] «Una de Cal», 6.
[58] CEP, *El campesino paraguayo*, 12 de junio de 1983.
[59] R. JUSTE, «Un documento largamente esperado», 10.

Al analizar los aspectos de la realidad campesina, los Obispos desta-can la rápida y compleja transformación que se ha experimentado en el sector rural, cuyas raíces se hallan no sólo en el modelo de desarrollo socio-económico vigente, sino también en la concepción y aplicación de una política de distribución y explotación de la tierra.

Con referencia a la distribución, los Obispos señalan el esfuerzo desplegado por el IBR, en la distribución de lotes de tierra a los campe-sinos. Afirman: «Esta ingente labor puede medirse recordando que de 1955 a 1980 se distribuyeron aproximadamente 80.000 lotes agríco-las»[60]. Pero, según los Obispos, por positiva que fuera esta acción, el problema se presenta mucho más hondo y complejo. El modelo de desarrollo sigue siendo agro-exportador, «pero se distingue por la insta-lación y el predominio de la unidad empresarial capitalista a partir de escalas desconocidas en el Paraguay»[61]. De este modelo de desarrollo, los Obispos señalan las principales consecuencias: el empobrecimiento del campesino, el aumento de la asalarización, la valorización de la tierra y su especulación, el cambio cultural. Al analizar los problemas de la posesión y explotación de la tierra, los obispos mencionan algunos casos tendientes a consolidar la modernización de la economía agraria: la reconstitución de grandes propiedades, la ejecución de créditos hipo-tecarios, la apropiación de campos comunales, los desalojos. Entre las deficiencias de las instituciones administrativas enumeran: las ventas dobles, el desposeimiento directo, los problemas de mensuras y linderos, el desalojo para aumentar el precio de las tierras y, finalmente, la acción de la justicia, «Una vez más debemos señalar con pena pero con claridad, la desconfianza en la labor de los jueces»[62].

En esta primera parte de la carta, los Obispos analizan también la actitud del hombre paraguayo ante la tierra, que puede vivir años sin preocuparse por la titulación de su tierra y, muchas veces vuelve a vender sus terrenos, sin considerar que pocas personas tienen sus documentos y tampoco se preocupan de obtenerlos. Según los Obispos «El hombre de campo tiene la convicción entrañable de que con rela-ción a la tierra sus mejores títulos han sido y siguen siendo la ocupación y el trabajo»[63].

El análisis de la realidad finaliza subrayando la importancia funda-mental de las organizaciones, que protegen y orientan a los campesinos

---

[60] CEP, *El campesino paraguayo*, 12 de junio de 1983, 9.
[61] CEP, *El campesino paraguayo*, 12 de junio de 1983, 10.
[62] CEP, *El campesino paraguayo*, 12 de junio de 1983, 17.
[63] CEP, *El campesino paraguayo*, 12 de junio de 1983, 18.

en sus planes de trabajo; una prioridad ya señalada en el Plan de Pastoral Orgánica que contribuye a rehacer el tejido social de la nación. Entre las experiencias positivas que se han llevado a cabo en el plano de las organizaciones se citan: las cooperativas, los comités de agricultores y las comunidades de base. No se menciona la experiencia de las Ligas Agrarias cristianas.

En la segunda parte, al referirse a la visión cristiana de la realidad, los Obispos recurren a la palabra de Dios, a la Tradición y al Magisterio de la Iglesia, destacando algunas reglas fundamentales que se pueden resumir en que: la tierra es un don de Dios para todos los hombres; esto significa que «la participación universal de los bienes es la ley fundamental que legitima y regula la posesión y el uso de los valores»[64]. Los Obispos agregan que la apropiación individual de la tierra es legítima, toda vez que ella no se constituya como un derecho absoluto, ilimitado e inamovible. Además, señalan que el trabajo humano y la explotación técnica de la naturaleza, para una subsistencia digna, se tiene que llevar adelante de manera racional y moral. Finalizan subrayando que el derecho natural del campesino de poseer un lote de tierra significa, además del título de propiedad, también poder contar con medios de educación técnica, créditos, seguros y comercialización. Finalmente concluyen: «No es posible, por tanto, olvidar el carácter complejo de la justicia en una situación concreta. Y, sobre todo, no es posible dejar de subrayar que todos están obligados a contribuir al bien común de la humanidad entera»[65].

En la tercera parte, se trata de las orientaciones pastorales, que comprenden las tareas a corto plazo y a largo plazo. Entre las primeras encontramos las de orientar, promover y acompañar a los cristianos a vivir su realidad eclesial, en comunión y participación. Se subraya la importancia de una educación adecuada, y se destacan los servicios de la Pastoral Social que facilitan la tarea de sanear la posesión de la tierra que se trabaja.

Entre las tareas a largo plazo, destacamos la del estudio de un nuevo modelo de apropiación, tenencia y uso de la tierra. La necesidad de revisar la existencia de latifundios improductivos, en cuyas proximidades existen campesinos sin tierra, para buscar una nueva distribución de tales propiedades, en forma más equitativa.

La carta termina con un compromiso que involucra personalmente a los Obispos «de escuchar, estar cerca, generar y acompañar todo proceso

---

[64] CEP, *El campesino paraguayo*, 12 de junio de 1983, 28.
[65] CEP, *El campesino paraguayo*, 12 de junio de 1983, 30.

de crecimiento y maduración en el bienestar integral humano en que los mismos campesinos asuman la gestión y defensa de sus legítimos derechos, y estén en condiciones de cumplir sus correlativas obligaciones»[66].

El semanario *Sendero*, al comentar la carta afirmaba que constituía la primera puntada de una larga trama «en la que deberán ir aportando, además de la Iglesia, tanto el Estado como los propios interesados. Su principal mérito tal vez radique en poner sobre el tapete un tema de vital importancia para el futuro de nuestra convivencia armónica»[67].

2. **Diálogo Nacional: hacia la búsqueda del bien común**

Desde el año 1986 hasta el 1987, los Obispos y toda la Iglesia del Paraguay estuvieron comprometidos en una iniciativa llamada Diálogo Nacional, que marcó profundamente la vida religiosa, política y social del país. A pesar de que no tenemos en este lapso documentos de gran trascendencia, sin embargo, la Conferencia Episcopal, en medio de las habituales actividades, y sin desatender los desafíos de la realidad nacional, se vio empeñada en esta tarea que, por representar una búsqueda auténtica de movilización de todos los sectores de la vida política y social, fue un cabal compromiso con el hombre hacia la búsqueda del bien común.

En efecto, «Con plena conciencia evangélica, nuestros Obispos señalaron a esta Iglesia peregrina la inmensa responsabilidad de procurar el reencuentro y la colaboración pluralista de las voces y energías más conflictuadas de nuestra sociedad política»[68].

2.1 *La crisis política*

Después de más de treinta años de Gobierno ininterrumpido, el general Alfredo Stroessner, a pesar del estado de sitio y de las represiones, estaba soportando el fuerte embate de una crisis política, económica y social, a lo que se sumaba una muy desfavorable imagen internacional.

El Partido Colorado, como un volcán con el cráter tapado por mucho tiempo, presentaba toda la precariedad de la supuesta unidad granítica, mostrando grietas que, lejos de soldarse, se ampliaban y se relacionaban entre sí[69]. A pesar de que, en las filas del Partido Colorado, nadie estaba en condiciones de disputar la candidatura a Stroessner, sin embargo, el

---

[66] CEP, *El campesino paraguayo*, 12 de junio de 1983, 38.

[67] «El campesino paraguayo», 4.

[68] S. NUÑEZ, «La Iglesia que peregrina», 85.

[69] Cfr. A. IRALA BURGOS, «La crisis ideológica», 18. Véase para este tema: E. BRITEZ, «Una confrontación»; ID., «El fantasma»; «ANR».

poder autocrático se le estaba escapando, se iban creando acontecimientos que el sistema no podía dominar[70]. En las filas de su partido, detrás de un consenso forzado por las circunstancias, se estaba generando una división entre militantes, tradicionalistas y los de Autenticidad Colorada[71]. A éstas se agregó la corriente *ética* y *el grupo de los 34*, cuya figura prominente, Edgar Insfrán había representado, en la época pasada, uno de los personaje más duros, al servicio de la dictadura, como Ministro del Interior. A pesar de que las divisiones no manifestaban todavía su componente ideológico, y que todas las corrientes seguían jurando fidelidad a Stroessner, en realidad eran el resultado de diferentes planes, que miraban a la sucesión de Stroessner. Los militantes pretendían dar una connotación stronista al sucesor del Presidente, llegando a proponer la candidatura del hijo mayor, el teniente coronel Gustavo Stroessner[72].

Los tradicionalistas aspiraban a dar al Partido Colorado un rol más preponderante[73]. *El grupo de los 34* hacía hincapié en la reconciliación de todos los colorados, como un medio esencial para alcanzar la unidad y, también, vigorizar la agrupación, que debía enfrentar períodos más críticos, en un futuro inmediato. En una entrevista el mismo Ynsfran afirmaba: «Lejos de pensar en un ciclo político personal, yo creo que tal vez ha llegado la ocasión de hacer una reestructuración de la etapa histórica de metas que ya hemos cumplido a cabalidad»[74]. En realidad, «la idea de la reconciliación, más que la preocupación de "leales soldados del coloradismo" parece ser, el caso del "Grupo de los 34" una propuesta de autoblanqueo y la marginación político-partidaria del bloque o por lo menos de sus principales dirigentes»[75]. El grupo de los éticos había sostenido una postura crítica contra el Gobierno, desde el segundo semestre del año 1985 y, posteriormente, asumió una actitud crítica con respecto a la conducción partidaria[76]. Su líder Carlos Romero Pereira en una entrevista, afirmaba:

Nuestro partido contribuirá poderosa y positivamente para asegurar un nuevo modelo político en nuestro país: más democrático, más flexible, menos sometido a presiones férreas de una cúpula esclerosada. Queremos desarmar totalmente la estructura partidaria elitista, verticalista, autoritaria,

---

[70] Cfr. A. IRALA BURGOS, «La crisis ideológica», 18.
[71] Cfr. J.L. SIMON, «Paraguay: coyuntura política», 4.
[72] Cfr. «¿Otro Stroessner?»; E. BRITEZ, «¿Un "stronismo" sin Stroessner?».
[73] Cfr. E. BRITEZ, «ANR».
[74] «Con la reconciliación», 4.
[75] E. BRITEZ, «¿Qué busca?», 4.
[76] E. BRITEZ, «No va más», 4.

de disciplina militarizada, en la que el pueblo colorado tiene poca o absolutamente ninguna capacidad de decisión y elección. Queremos reemplazarla por un sistema auténticamente democrático, donde las bases deliberen libremente, elijan con criterios propios, permitiendo convenciones abiertas y libres donde surjan las discrepancias partidarias[77].

A esta crisis, se sumó el desprestigio internacional del régimen y el completo aislamiento del Jefe del Estado. Corea del Sur, Chile, Sudáfrica y Taiwan no constituían buenas cartas de presentación, en el complejo y sutil mundo de las relaciones internacionales[78]. En el lanzamiento de las bases del futuro Mercado Común Latinoamericano, el 28 de julio de 1986 en Buenos Aires, Stroessner no fue invitado debido a la naturaleza autoritaria de su régimen[79]. El mismo subsecretario de Estado Adjunto para Asuntos Latinoamericanos, Robert Gelbard al despedirse después de su visita a Paraguay, leyó una declaración en la que expresaba, entre otras cosas:

Estamos preocupados en este momento por los problemas de derechos humanos en este país [...]. A los Estados Unidos les gustaría seguir viendo el Paraguay libre de la violencia que ha caracterizado a otros países de la región. Por este motivo desearíamos ver un verdadero diálogo que tenga lugar entre todos los sectores democráticos de la sociedad, que podría producir un nuevo consenso nacional[80].

En el mismo discurso apeló a «un sistema verdaderamente democrático y una apertura hacia una democracia más amplia»[81].

En esta crisis, además, no se tiene que olvidar el rol clave de las Fuerzas Armadas, por sus conexiones políticas con el partido gobernante. ¿Asumirían un rol distinto en esta nueva coyuntura? ¿Con cuáles de los distintos sectores del oficiliasmo formarían su alianza? Son éstas las preguntas que quedarán en la mente de muchos, hasta el final de los años 80.

2.2 El Acuerdo Nacional

El Acuerdo Nacional (AN) fue una coalición de partidos de oposición, constituida el 30 de diciembre de 1978 por los siguientes partidos: El Partido Revolucionario Febrerista (PRF), el Partido Liberal Radical Auténtico (PLRA), el Partido Demócrata Cristiano (PDC) y el Movi-

---

[77] «Ver a mi país feliz», 16.
[78] Cfr. A. IRALA BURGOS, «La crisis ideológica», 20.
[79] J.L. SIMON, «¿El Stronismo llega?», 5.
[80] J.L. SIMON, «¿El Stronismo llega?», 5.
[81] J.L. SIMON, «¿El Stronismo llega?», 5.

miento Popular Colorado (MOPOCO). Fue ratificado el 3 de febrero de 1979. Las reivindicaciones político-democráticas que constituían el programa de convergencia nacional explicitados en 14 puntos, se reconocían en una autonomía de todos los partidos integrantes. El 14 de agosto de 1984, el Acuerdo Nacional amplió su base «incorporando a los objetivos políticos comunes que dieron lugar a su creación, objetivos económicos y sociales, además de tomar posturas definidas sobre política internacional, fuerzas armadas y principios generales»[82]. Un exponente de la coalición, el Dr. Arnaldo Valdovinos, militante del Partido Revolucionario Febrerista, a la pregunta sobre la gestión del Acuerdo como medida eficiente para la lucha por la democracia, contestaba que la eficiencia del mismo se daba, en la medida en que para esa lucha se convocaran a todos los ciudadanos independientes, a todos los hombres y mujeres «que viven dentro y fuera del país, aún a aquellos que alejados de la militancia, sientan al menos vergüenza de que la Patria esté sometida a la más absurda, inverosímil y larga dictadura que se conoce en América»[83]. Agregaba, en la misma entrevista: «Lo que importa es desterrar a la dictadura. Hay que dejar de lado los planteos ideológicos, para evitar los enfrentamientos internos que sólo sirven para consolidar al régimen»[84]. De manera concreta, el Acuerdo Nacional convocaba al pueblo para algunos objetivos como por ejemplo: el levantamiento del estado de sitio, la libertad de los presos políticos, la promoción de los derechos humanos, el desmantelamiento del aparato represivo, una nueva ley electoral, la libertad de prensa. En cuanto a las Fuerzas Armadas, consideraba que tenían que: estar integradas por profesionales que, mientras siguieran en servicio activo, no podrían estar afiliados a ningún partido; tenían que estar sujetas al poder constitucional y ser un sostén de la democracia. Entre los objetivos sociales y económicos, el Acuerdo ratificaba el valor fundamental del trabajo, frente a los otros factores de la economía, la autonomía de las organizaciones sindicales y la ampliación de las conquistas sociales del trabajador[85]. Con el pasar del tiempo, algunos grupos intermedios pidieron al Acuerdo Nacional que se transformase en alternativa e instrumento de convergencia nacional. La propuesta encontró, en algunos partidos integrantes, temores y prejuicios. En efecto, los temores radicaban en el hecho de que la ampliación podría representar el ingreso del comunismo y de otras organizaciones liberales,

---

[82] E. BRITEZ, «Análisis», 213.
[83] P. KOSTIANOVSKY, *28 entrevistas*, 214.
[84] P. KOSTIANOVSKY, *28 entrevistas*, 212.
[85] Cfr. E. BRITEZ, «Acuerdo Nacional».

irreconciliables con los liberales auténticos. Se optó, entonces, por ampliar las bases programáticas del mismo Acuerdo[86].

A pesar de su amplia resonancia en el exterior, sin embargo, era blanco constante del oficialismo que lo acusaba de orfandad popular. No obstante en los actos públicos el Acuerdo reunía gran cantidad de gente de distintos credos políticos, contrariamente a lo que decía el oficialismo, sin embargo los frutos se hacían esperar[87].

2.3 Antecedentes del Diálogo Nacional

En esta coyuntura, los Obispos dieron su palabra para rehacer el tejido social de la Nación.

El aporte se concretó en un evento que llevó el nombre de Diálogo Nacional que, a pesar de estar localizado en los años 1986 y 1987, sin embargo, tiene una larga trayectoria que queremos trazar brevemente.

En una entrevista Mons. Jorge Livieres Banks, secretario general de la Conferencia Episcopal Paraguaya, explicaba que la idea del diálogo nació a partir del Plan de Pastoral Orgánica, en 1981, «uno de los problemas fundamentales que le correspondía a la Iglesia era atender la situación de desunión, de enfrentamiento y de una progresiva pérdida de capacidad de convivencia en el disenso»[88]. Continúa, el Obispo: «Entonces habíamos ofrecido la Iglesia como espacio de encuentro y de diálogo, y habíamos comenzado algunos pasos en este sentido»[89]. Esta postura quedó truncada frente al endurecimiento de las autoridades que procedieron a la clausura del diario *Abc Color*[90]. Al final de 1985, ante hechos como la situación socioeconómica, los casos de corrupción administrativa y la presentación del Acuerdo Nacional, los Obispos retoman la idea de asumir la responsabilidad de la iniciativa.

En el mensaje de la CEP, el 5 de abril de 1983, los Obispos escribían:

Debemos liberarnos de todo lo que en el orden personal, familiar y social impide que el reino de Dios se construya entre nosotros. El jubileo de la redención puede ser la gran ocasión para el reencuentro de la familia paraguaya. No podemos ni debemos permanecer aferrados a tanto egoísmo, a tanto resentimiento, a tanta soberbia. Los frutos de todo esto están a la vista y es insensato negarlos. De ahí que reiteramos hoy, con preocupación, pero

---

[86] Cfr. E. BRITEZ, «Acuerdo Nacional».
[87] I. ALVAREZ, «Acuerdo Nacional», 6.
[88] «En esta tarea», 8.
[89] «En esta tarea», 8.
[90] Cfr. A. GONZALEZ DELVALLE – E. BRITEZ, *Por qué clausuraron ABC Color*.

también con esperanza, el propósito y la invitación a construir un Paraguay mejor[91].

Antes de finalizar el año 1983, luego de 25 años de exilio, los directivos del Movimiento Popular Colorado (MOPOCO), volvieron a Paraguay en forma separada, como lo había indicado el Ministro del Interior, Sabino Montanaro[92]. El 3 de enero de 1984 algunos miembros visitaron la sede de la CEP y, al entrevistarse con las autoridades presentes, manifestaron su agradecimiento por los pronunciamientos y gestiones en favor de la vigencia de los derechos humanos en el país, por el retorno de los exiliados y la libertad de los presos políticos. En esta visita, los políticos ratificaron su adhesión como integrantes del Acuerdo Nacional a la propuesta de mediación ofrecida por la Iglesia para el diálogo[93]. Por su parte, los Obispos reiteraron el llamado al diálogo fecundo y sincero, conscientes de su papel y del que tienen los organismos políticos y los responsables del bien común[94].

En abril de 1984, un mensaje de la CEP hacía un llamado a la unidad y a la reconciliación, exhortando a todos a deponer resentimientos y prejuicios, para que fuera posible el reencuentro en la verdad, en la justicia y en el amor. Los Obispos afirmaban: «Conscientes de nuestra responsabilidad y misión, ofrecemos a todos una palabra de reconciliación y de paz. Para que se verifique el encuentro y sea posible el diálogo fecundo y constructivo, es necesario un mínimo de buena fe y de decidida actitud de asumir el bien común»[95].

La XII Jornada Nacional del Clero, que se realizó del 23 al 27 de julio de 1983, tuvo como tema: *Imagen del sacerdote en los distintos sectores representados*. El objetivo principal fue transmitir a los participantes de la jornada, las percepciones dominantes, en el ámbito en que cada orador se desenvuelve, acerca del sacerdote y su misión. En aquella ocasión los participantes se preguntaban si la realidad eclesial respondía al ideal evangélico querido por Cristo[96].

Con ocasión de la visita *ad Límina*, los Obispos, antes de salir del Paraguay, dieron a conocer un documento sobre la situación del momento, en el que trazaban un panorama de la situación, y reiteraban algunos principios. Señalaban que la Iglesia tiene la obligación de enseñar su doctrina con auténtica libertad, como también, de ejercer su misión

---

[91] CEP, «Mensaje», 5 de abril de 1983, 9.
[92] Cfr. «Luego de 25 años».
[93] Cfr. CEP, «Comunicado», 3 de noviembre de 1984.
[94] Cfr. CEP, «Comunicado», 3 de noviembre de 1984.
[95] CEP, «Exhortamos», 25 de abril de 1984, 5.
[96] «Situar al sacerdote», 4.

entre los hombres, sin traba alguna y dar su juicio moral, incluso sobre las materias referentes al orden político, cuando lo exijan los derechos fundamentales de la persona humana, o la salvación de los hombres[97]. Los Obispos, en este documento, afirman aceptar, como gran obligación, la solidaridad afectiva y efectiva con el pueblo. Aclaran: «Los obispos juzgamos que nuestro compromiso pasa por el hombre y el pueblo. De todos somos responsables. Pero también hoy queremos repetir que miramos con preferencia a tantos hermanos necesitados»[98].

Del 19 al 22 de diciembre de 1985, se realizó la CII Asamblea Plenaria ordinaria de la Conferencia Episcopal Paraguaya. En esta ocasión, luego de 12 años de presidencia de la misma, Mons. Felipe Santiago Benítez, dejó su cargo y fue reemplazado por el Arzobispo de Asunción Mons. Ismael Rolón; lo acompañaban en la vicepresidencia, Mons. Carlos Villalba, obispo de San Juan Bautista de las Misiones, y en la secretaría general, Mons. Jorge Livieres Banks, obispo auxiliar de Asunción[99].

El nuevo presidente de la CEP, al enfrentar su tarea, señala algunos problemas de la Iglesia paraguaya: la escasez de sacerdotes, la incomprensión de las actividades eclesiales, la corriente de declinación moral de la sociedad, la falta de una mejor coordinación de los movimientos pastorales. El Obispo señala también la necesidad de la reconciliación y de la unidad nacional. Al subrayar que se trata de una tarea nada fácil, pero posible, afirma que es necesario, antes de pretender una reconciliación nacional, acabar con las rencillas y divisiones domésticas, dentro de los partidos políticos. Agrega: «El diálogo será fructífero, si cada cual admite sus propios errores y limitaciones, y reconoce en el otro capacidad y derecho de opinar»[100].

Del Acuerdo Nacional, en diciembre de 1985, vino el pedido de mediación. En efecto «El Acuerdo Nacional planteó a la Iglesia Católica la intermediación en un diálogo entre las fuerzas políticas del país»[101]. Con una nota dirigida al presidente de la Conferencia Episcopal Paraguaya por el Dr. Waldino Lovera, presidente de turno del Acuerdo Nacional, el Acuerdo manifestaba su honda preocupación por la situación política y socio económica del país y proponía la necesidad de un diálogo nacional, para poder lograr la conciliación de los paraguayos y evitar males mayores al pueblo[102].

---

[97] Cfr. CEP, «Quienes pretenden dividirnos», 7 de octubre de 1984.

[98] CEP, «Quienes pretenden dividirnos», 7 de octubre de 1984, 4.

[99] Cfr. «Los temas analizados».

[100] B:I. ROLON, «Problemas y esperanzas», 1985, 4.

[101] E. BRITEZ, «Piden mediación», 4.

[102] «Nuestra Iglesia», 8.

2.4 El 1986: año del Diálogo Nacional

El 21 de enero de 1986, el consejo permanente de la Conferencia Episcopal Paraguaya consideró el tema del pedido, formulado a la CEP acerca del diálogo nacional e informó que la iniciativa de los distintos sectores de opinión, merecía el apoyo de la Iglesia. Se afirmaba que «En consecuencia, con estos principios, la Conferencia Episcopal Paraguaya asume la responsabilidad de implementar el proyectado diálogo nacional, con absoluta limpieza de intenciones y consciente de su propia misión evangelizadora que no puede dejar de lado»[103]. En la ocasión se dispuso que en las oraciones de los fieles se incluyera la siguiente petición: «Por la concordia entre los paraguayos, para que se fortalezca la unidad nacional y sea efectiva la participación de todos en la búsqueda del bien común de la nación»[104]. Para el inicio de los trabajos se formó un grupo de Obispos, integrado por el obispo de Villarrica del Espíritu Santo y presidente de la Comisión Doctrinal de la CEP, Mons. Felipe Santiago Benítez, el obispo de San Pedro Apóstol y responsable de la Pastoral Social, Mons. Oscar Páez Garcete, y el obispo auxiliar de Asunción y secretario general de la CEP, Mons. Jorge Livieres Banks, que tuvo a su cargo la relación con los medios de comunicación.

El comunicado afirmaba que una labor como ésta, suponía reflexión serena y elaboración cuidadosa de principios y bases, que hicieran factible la iniciativa, «No es sano despertar expectativas que no pueden hallar respuesta ni conviene rodear a una gestión semejante de un sensacionalismo que hará difícil el proceso que será largo y arduo»[105]. El comunicado reiteraba que necesitaba la colaboración de todos, para la construcción de una sociedad más justa, fraterna y abierta a Dios.

Comentaba el semanario *Sendero*, que el Diálogo Nacional: suponía en primer lugar, que el acorde o pacto fundamental sobre el cual se asentaba la convivencia política estaba profundamente quebrantado, «Supone que la voluntad ciudadana se halla seriamente desgarrada y dividida en lo que atañe a valores fundamentales del Bien común. Supone que los medios y caminos del proceso democrático se hallan impracticables o difíciles»[106].

De parte del Gobierno, se dijo que no había necesitad de diálogo porque éste ya se practicaba. Dura fue la reacción del semanario *Sendero* que escribió:

---

[103] CEP, «La Iglesia», 22 de enero de 1986, 3.
[104] CEP, «La Iglesia», 22 de enero de 1986, 3.
[105] CEP, «La Iglesia», 22 de enero de 1986, 3.
[106] S. NUÑEZ, «Diálogo: Compromiso», 2.

El oficialismo tiene toda la razón del mundo para rechazar la propuesta del diálogo nacional. Después de todo, a sus miembros en nada afectan el estado de sitio, el exilio, la clausura de diarios, el contrabando, los efectos de la evasión de divisas, la partidización de la central obrera, la afiliación obligatoria para ocupar cargos públicos e ingresar a la Policía o a las Fuerzas Armadas[107].

Frente a la antigua crítica de meterse en política, Mons. Rolón escribía:

Nuestra participación en el diálogo, solicitada por entidades del quehacer político, es una colaboración libre y procuraremos realizarla con espíritu de servicio, no como amos, ni técnicos, ni árbitros, ni jueces. Solamente servir y ayudar para que el encuentro suceda y el diálogo se desarrolle pacíficamente, racionalmente, patrióticamente, buscando la verdad y la justicia, como camino para el bien de la nación; el pueblo es verdadero amo[108].

De distintas partes llegaron los comentarios. Roa Bastos, el más famoso escritor paraguayo, escribía, desde su exilio en que la dictadura lo había obligado a vivir: «En esta encrucijada, sólo hay un camino que puede conducir a la solución pacífica tanto de la crisis interna del régimen como a la salida del callejón en que está encerrado el país. Este camino es el de la reconciliación nacional»[109].

La Federación de Religiosos del Paraguay (FERELPAR), al concluir su encuentro de tres días mantenido con la Conferencia Episcopal Paraguaya, emitió un mensaje dirigido al Presidente de la CEP, Mons. Rolón, apoyando la postura de los obispos, en su papel de mediación del Diálogo Nacional[110].

El 20 de abril de 1986, la Conferencia Episcopal dirige un Mensaje al pueblo sobre el Diálogo Nacional.

Conscientes de la misión difícil y delicada que los espera, los Obispos evocan la figura de Mons. Juan Sinforiano Bogarín, que un su larga trayectoria, procuró servir al pueblo como un auténtico pastor[111].

A los Obispos interesa, ante todo, esclarecer una vez más la naturaleza de la iniciativa, «La Iglesia percibe que la situación del país es delicada y se siente obligada a hacer algo en favor del mismo»[112]. Es un gesto de servicio que la Iglesia ofrece, sin pretender imponer un programa ni aspirar a lograr ganancia de ninguna clase, «Quiere propiciar el

---

[107] E. BRITEZ, «Rechazo del diálogo», 4.
[108] B.I. ROLON, «El diálogo y la Iglesia», 1986, 3.
[109] «Carta abierta», 13.
[110] FERELPAR, «Adhesión de FERELPAR», 7.
[111] Cfr. CEP, «Mensaje», 20 de abril de 1986, 2.
[112] CEP, «Mensaje», 20 de abril de 1986, 2.

diálogo, servir al diálogo, hacerse "espacio" de diálogo»[113]. El llamado al diálogo está dirigido a todos los sectores de opinión, no se limita a los partidos políticos, sino que debe abarcar a todas las formas de relación y de gestión social. Es nacional, porque alcanza a toda la nación y porque se refiere a todos los problemas que afectan al hombre paraguayo, a las familias paraguayas, a la comunidad nacional, «El bien que se pretende es el común, no el que pueda interesar a una parte tan sólo de la nación»[114]. Termina el documento, afirmando que el diálogo tiene como fin alcanzar la participación de todos en la construcción del bien común.

Por su parte, el Gobierno continuaba la represión de los actos pacíficamente organizados. Fue reprimida una manifestación de enfermeras y empleados del Hospital de Clínicas, que reclamaban aumento del salario[115]. En la Facultad de Derecho, la policía, violando el recinto universitario, intervino con bombas lacrimógenas. Fueron dispersados los asistentes a una misa que se celebraba en la Catedral Metropolitana, y golpeados periodistas extranjeros y miembros de la embajada alemana. Por fin, se atacó Radio *Nandutí*, una de las voces de protesta contra el Gobierno. Escribía Jerónimo Irala Burgos, en *Sendero*: «En esta hora de oscuras maquinaciones, se impone el diálogo. Cesen la fuerza bruta, el látigo y la cachiporra y ábrase paso a la confrontación de ideas, de planes y proyectos, que es la única forma civilizada de construir una nación»[116]. Pero, el Gobierno parecía volverse más sordo. En efecto:

Un poder político arrinconado, habituado por años en el modo inconsulto de mandar, fácilmente acrecienta su soberbia y se hace ciego y sordo a todo gesto de sensatez gubernativa. Atenaceado por el miedo y escoltado por la soledad de los pocos servidores que le van quedando, su severidad puede volverse cruel y desalmada[117].

El 30 de mayo de 1986, la FERELPAR realizó una marcha del silencio en apoyo a los Obispos en el compromiso del Diálogo Nacional, y en denuncia de las situaciones de injusticias. La marcha, con la presencia de aproximadamente 2.000 religiosos, quiso ser, como explicó el P. Gogorza, presidente de la FERELPAR, un signo de fe, de compromiso de los religiosos con su Iglesia y con sus Obispos, como respaldo a la convocatoria al Diálogo Nacional y un acompañamiento al peregrinar del pueblo. En la Misa que concluyó el acto, Mons. Rolón expresó: «Somos

---

[113] CEP, «Mensaje», 20 de abril de 1986, 2.
[114] CEP, «Mensaje», 20 de abril de 1986, 2.
[115] Cfr. J. ZARZA – M.A. SAGUIER, «¿Por qué la gente?».
[116] J. IRALA BURGOS, «La violencia y el terrorismo», 11.
[117] S. NUÑEZ, «De la hora negra», 7.

una Iglesia que camina, no como una tropa de animales, a los que hay que castigar, sino que caminamos como gente, y como gente consciente de nuestra misión, conscientes también de nuestra responsabilidad»[118].

A cinco meses del lanzamiento del Diálogo Nacional, Mons. Livieres, al ser interpelado sobre la marcha del mismo, destacaba dos aspectos[119]. En primer lugar, la importancia de haber incorporado al equipo episcopal al presidente de la CEP, el Arzobispo de Asunción, Mons. Rolón y Mons. Aquino, decisión que ampliaba el marco del Diálogo. En segundo lugar, el prelado resaltó la importancia de la información a los distintos niveles del país, y del material de apoyo, que permitiría conocer qué era el Diálogo.

Finalizaba Mons. Livieres, afirmando que la convocatoria había empezado con el sector de los políticos y se había extendido a todos los sectores. Uno de los grandes desafíos que permanecía era la consulta al sector campesino, que habría tenido un ritmo diferente al de los otros sectores.

Del 14 al 18 de julio del mismo año, se realizó la XIII Jornada Nacional del Clero, que centró su atención en la pastoral social y el Diálogo Nacional[120]. Participaron casi doscientos sacerdotes, que destacaron la gran expectativa del pueblo en torno al Diálogo. A este evento siguió la constitución de una Comisión Nacional de Sacerdotes, con representantes de todas las jurisdicciones eclesiásticas del país, que tuvo a su cargo promover, orientar y coordinar las iniciativas en las diócesis[121]. Al finalizar la jornada, los sacerdotes dieron a conocer un mensaje, en el que afirmaban asumir, en comunión con los obispos, la empresa del Diálogo Nacional, medio eficaz y necesario para el logro del bien común, «a través de una auténtica evangelización, que incluye el anuncio de la Buena Nueva, la celebración litúrgica y el compromiso de la justicia social»[122].

La marcha del Diálogo destacó, con mayor claridad, la falta de organismos intermedios. Señalaba el semanario *Sendero*: que el hombre paraguayo difícilmente podía expresar sus problemas, sus inquietudes, sus aspiraciones, por no tener dónde hacerlo «Ni el vecindario o el municipio, ni el gremio o sindicato, ni la asociación de cualquier tipo tiene efectiva vigencia entre nosotros. Por eso se hace difícil participar.

---

[118] «Denuncia profética», 13.
[119] Cfr. «Se amplía la convocatoria».
[120] Cfr. «El diálogo visto por el clero».
[121] «Ecos de la 107 asamblea», 7.
[122] «Mensaje de los sacerdotes», 3.

Porque no estamos organizados»[123]. Así finalizaba el artículo: «Quizás el Diálogo Nacional esté prestando, sin que nos demos cuenta, un doble servicio muy importante: nos esté enseñando la necesidad de organizarnos para participar. Y nos esté haciendo ver la urgencia de retomar el camino de los hombres dignos y libres»[124].

Al terminar el año 1986, seguían llegando los últimos aportes de parte de los distintos sectores, acerca del contenido u objeto del Diálogo Nacional. Posteriormente, los Obispos se proponían estudiar todas las opiniones recibidas, y trazar con ellas, un panorama de la realidad y un conjunto de pautas para entrar, a partir de febrero y marzo de 1987, en la siguiente etapa.

En su última edición de 1986, escribía *Sendero*: «1986 fue el año del diálogo, no sólo porque la Iglesia lo proclamó, sino sobre todo porque el pueblo paraguayo descubrió o recordó este valor y lo puso en práctica»[125]. Señalaba el diario, que, a pesar de la valoración positiva, no se tenía que olvidar una dolorosa constatación sobre el miedo: «Un miedo sistemáticamente sembrado para evitar toda crítica y para frenar toda iniciativa de cambio [...] producto de un largo silencio ante delitos, injusticias y mentiras que se han hecho habituales»[126]. Esto fue un factor que pesó negativamente sobre esta empresa que la Iglesia había puesto en marcha.

2.5 *Diálogo Nacional, segunda etapa: un renovado desafío*

Al finalizar el 86 se anunció, para el año siguiente, el año Eucarístico Nacional[127]. Mucha gente quedó sorprendida: «Parecía que una vez más, nuestro venerable episcopado le hurtaba el cuerpo a la historia real, esa que sabemos y que nos hace sufrir mañana y tarde, para refugiarse en el intimismo religioso, desencarnado y vacío»[128]. ¿No era suficiente el arduo compromiso del Diálogo Nacional? El evento coincidía con los 50 años del primer Congreso Eucarístico Nacional, que tanto influyó en la labor de la Iglesia de Paraguay[129]. Durante el Año Eucarístico Nacional, se pretendía promover la conversión personal y la coherencia de vida cristiana como camino a la unidad de todos los paraguayos «se

---

[123] «Seis meses», 6.
[124] «Seis meses», 6.
[125] «El Diálogo Nacional», 15.
[126] «El Diálogo Nacional», 15.
[127] Cfr. «Año Eucarístico Nacional».
[128] S. NUÑEZ, «Diálogo Nacional y Eucaristía», 3.
[129] Cfr. «Año Eucarístico Nacional».

promoverá la reconciliación de todos los paraguayos por medio del Diálogo Nacional, instrumento elegido y promovido por la Iglesia como ayuda a la construcción de un nuevo Paraguay»[130]. El lema que resumía este objetivo era: *Cristo Eucaristía para un nuevo Paraguay*. Podemos decir que «la Iglesia sabía desde hace tiempo que los males políticos y económicos no eran sino proyección y efecto de males espirituales mucho más profundos. Sin escamotear en ningún momento el desbarajuste político y económico, el diagnóstico de la Iglesia miraba más adentro»[131]. Era, según nosotros, el sentido más profundo del año Eucarístico que para muchos vino a yuxtaponerse al proyecto del Diálogo Nacional. En la alocución pronunciada por Mons. Rolón, el 15 de mayo de 1987, con ocasión de las fiestas patrias, encontramos la explicación de los dos acontecimientos que los Obispos quisieron celebrar juntos. Afirma el Arzobispo: «La santísima Eucaristía es el alimento de almas, y es capaz de transformar al hombre en otro Cristo; para que este "hombre nuevo" sea, a su vez, capaz de transformar el mundo en la "civilización del amor" que es reino de justicia, de amor y de paz»[132].

La segunda etapa del Diálogo Nacional se había puesto en marcha. Era imprescindible que todos los que tenían confianza en el hombre paraguayo, tuvieran también el coraje de asumir la responsabilidad indispensable. La Jerarquía estaba en esa línea[133].

El año 1987 se presentaba, desde el comienzo, difícil y conflictivo para el desarrollo de la sociedad paraguaya. Escribía *Sendero*: «Enfrentamientos de diversa índole, clamores de justicia social, situaciones de avasallamiento de derechos humanos, carencias económicas y sociales, etc. demandarán nuevamente de todos los paraguayos grandes esfuerzos por encontrar las soluciones más adecuadas»[134]. El Diálogo Nacional representaba, para varios sectores, muchas esperanzas. El artículo terminaba afirmando: «Los cristianos debemos tener fe en el Diálogo Nacional, porque es el camino más apto que ven nuestros obispos para iniciar el proceso de superación de las discriminaciones, odios e injusticias que afectan gravemente la convivencia socio-política nacional»[135].

En los primeros meses de 1987, se seguían recibiendo aportes de los distintos sectores de opinión, organismos representativos, asociaciones

---

[130] «Año Eucarístico Nacional», 7.
[131] S. NUÑEZ, «Diálogo Nacional y Eucaristía», 3.
[132] B.I. ROLON, «Alocución», 15 de mayo de 1987, 3.
[133] Cfr. «Diálogo Nacional, segunda etapa».
[134] «No temer los desafíos que nos trae el 87», 2.
[135] «No temer los desafíos que nos trae el 87», 2.

de profesionales. Significativos fueron los de la Coordinación Nacional de Productores Agrícolas. Los Obispos tenían que evaluar todos los aportes para poder llegar a un temario básico, punto de partida de la etapa sucesiva, en la que se convocaría el diálogo propiamente dicho. Hasta el momento se habían recogido opiniones para formular las bases del diálogo, ahora se trataba de instalar las mesas del diálogo en torno a temas considerados centrales.

Los Obispos aprobaron un esquema del documento base, y el equipo de Obispos responsables hicieron la redacción final del mismo. Este documento contenía el pensamiento de la Conferencia Episcopal Paraguaya sobre el momento que vivía el país y sobre el Diálogo Nacional, pero resaltaba el semanario *Sendero* que el gran protagonista del Diálogo Nacional seguía siendo el pueblo, el hombre paraguayo.

> No cabe duda que este hombre, este pueblo, es el que tomará asiento en la mesa del diálogo y expondrá su opinión sobre el temario y tratará de encontrar coincidencias y de establecer los pasos necesarios para concretar soluciones reales y efectivas a los problemas. Su papel es esencial. Su labor, irreemplazable[136].

El tema de la segunda etapa se refería a las «Alternativas para el futuro inmediato de la nación y pasos para viabilizarlas»[137]. Sobre este argumento central, cada mesa habría tenido las ideas y problemas propuestos por los participantes en la etapa de consulta. Se hizo un gran esfuerzo de síntesis para reunir en capítulos las propuestas. Además de cada capítulo, se había elaborado una síntesis que haría factible un intercambio de ideas.

Al comenzar los trabajos de la II etapa, los Obispos dan a conocer un segundo mensaje sobre el Diálogo Nacional[138]. En la primera parte de este documento, se hace una evaluación de los pasos necesarios para llevar adelante la iniciativa. Una lista de entidades invitadas y participantes, el cuestionario de consulta y el listado de temas propuestos, figuran como Anexo del mismo documento. Subrayan los Obispos que no puede medirse el resultado pensando solamente en las entrevistas de los distintos organismos con el Equipo de Obispos, sino que se deben mencionar la intensa difusión doctrinal: la predicación, las campañas pastorales, los novenarios, las peregrinaciones, las jornadas de estudios, los encuentros, los foros, los paneles, la Semana Social Paraguaya. Al evaluar las respuestas obtenidas en la etapa de consulta del Dialogo

---

[136] «Los Obispos y el Diálogo Nacional», 6.
[137] «Los Obispos y el Diálogo Nacional», 6.
[138] Cfr. CEP, «II Mensaje», 10 de mayo de 1987, 8-9.

Nacional, los Obispo detectan desajustes graves que originan «un vivo malestar que requiere cauces de libre expresión y un serio tratamiento»[139]. Lamentan, además, la ausencia de algunos sectores en el Diálogo, especialmente del Partido Colorado, partido de Gobierno. Ellos «han privado de su aporte a esta reflexión de alcance nacional, responsabilidad que la historia juzgará pero que constituye, evidentemente, más que un desaire a la Iglesia, una resta al bien común y al propio partido»[140]. Deploran, también, las presiones y las amenazas del Gobierno que han impedido a distintos sectores ofrecer una colaboración valiosa. Señalan los Obispos que las respuestas obtenidas revelan la aspiración a un estilo diferente de convivencia, cuyos rasgos son: el predominio de un auténtico espíritu democrático, una mayor igualdad de oportunidades, sobre todo económicas y sociales, y una mayor participación de las organizaciones sociales en el proceso nacional. Al detenerse sobre las causas de la situación, los Obispos afirman que no son sólo de orden inmediato, sino que, más allá de la responsabilidad de un régimen, de un partido y de un dirigente, hay causas más generales y de orden estructural, cultural e histórico. Los obispos hablan de una tradición autoritaria y afirman: «Es por eso que, sin dejar de proponer pasos inmediatos y tomar medidas concretas que puedan corregir la situación, aportando mayor alivio y mejor esperanza, ciertamente no serán suficientes ni eficaces si no afrontan los grandes temas globales señalados en la etapa de consulta»[141]. Al necesitarse una reforma profunda, los Obispos, descartan las impaciencias, las declaraciones perentorias, las acusaciones sobre el pasado y las actitudes intransigentes.

Al pasar a la segunda etapa, se pretende partir de los planteamientos de la primera para que «los representantes de los distintos sectores encuentren, en la reflexión y el diálogo, canales y cauces de expresión de ideas e inquietudes que se traduzcan en aportes concretos a la construcción del bien común»[142]. El mensaje indica las áreas temáticas ya definidas en la primera etapa: problemas globales, político-jurídicos, económicos, sindical-laborales, sociales. Al reconocer la dificultad del camino, los Obispos confían en la voluntad de diálogo del hombre paraguayo y agregan: «nos compromete y nos mueve a perseverar en este servicio a nuestra patria, el pensar en la juventud, en los campesinos, en

---

[139] CEP, «II Mensaje», 10 de mayo de 1987, 8.
[140] CEP, «II Mensaje», 10 de mayo de 1987, 8.
[141] CEP, «II Mensaje», 10 de mayo de 1987, 8.
[142] CEP, «II Mensaje», 10 de mayo de 1987, 8.

los indígenas, en los trabajadores y en todos los que, aún viviendo momentos difíciles, son capaces de apostar al futuro de este país»[143].

El treinta de junio empezaron a funcionar las «mesas de diálogo». Amplias aulas o amplios salones acogían a los cinco grupos que estaban presididos por dos obispos. Las reuniones tenían la duración de dos horas y media. Para facilitar el clima de libertad y sinceridad, las sesiones no estuvieron abiertas al público y tampoco a la prensa. Se preguntaba *Sendero*:

> ¿Qué dirán nuestros descendientes, los hijos de nuestros hijos, cuando en el futuro estudien el año 1987? [...] Cómo los hombres de ayer y de hoy, cómo los hombres de siempre, juzgarán con severidad a quiénes optaron por los beneficios propios y por los egoísmos personales antes que por el bien de sus hermanos [...]. Nos preguntamos, en un momento decisivo del Diálogo Nacional, cómo podemos promoverlo e impulsarlo. Para que la historia no nos ubique entre quiénes pudiendo, nada hicieron por el bien común[144].

Entre los grandes ausentes a las mesas figuraron el Partido Colorado, La Unión Industrial Paraguaya (UIP) y la Federación de la Producción, la Industria y el Comercio (FEPRINCO)[145]. Estas últimas limitaron su participación poniendo a disposición de la CEP sus documentaciones y reflexiones[146]. Tampoco la Confederación Paraguaya de Trabajadores (CPT) tomó parte del diálogo. Afirmaba el secretario general, Sotero Ledesma: «No tenemos nada que ver con estos asuntos del "diálogo" ni con nada que sea político, religioso o de índole que escape a lo laboral»[147]. Esta declaración reflejaba la situación en que se encontraba la CPT. En efecto esta organización estaba vinculada con el Gobierno y la dictadura[148]. El 14 de julio de 1987, se retiró de la mesa de diálogo número 1 el Partido Liberal Radical, suspendiendo así su participación, a causa del agravio recibido de otro partido participante de la misma mesa[149].

La tercera y última etapa de la iniciativa se desarrolló en el Seminario Metropolitano, en los días 12, 13 y 14 de diciembre. Al finalizar el evento, Mons. Jorge Livieres afirmaba que, concluida la tercera etapa del Diálogo Nacional, se podía decir que se había dado un paso «no sólo

---

[143] CEP, «II Mensaje», 10 de mayo de 1987, 9.
[144] «Diálogo Nacional: semillas», 6.
[145] Cfr. M. CARTER, *El papel de la Iglesia*, 108.
[146] «Diálogo: invitaron a UIP y SPP», 8.
[147] «La CPT resolvió no entrar en el Diálogo Nacional», 12.
[148] Cfr. M. CAPURRO, «Movimientos Sindicales Contemporáneos», 27-28.
[149] «Diálogo Nacional: Presencias», 10.

por lo que implica el cumplimiento de un emprendimiento que desde el primer momento se veía muy difícil, sino también por la forma en que se ha dado este paso»[150].

El prelado destacaba además:

En ese sentido, a partir de ahora en más podemos afirmar que los paraguayos tenemos experiencias de ser capaces de sentarnos sin renunciar a nuestro punto de vista para dialogar con otros compatriotas interesados y preocupados por el porvenir del país. Y somos capaces no sólo de conversar y escuchar, sino también de coincidir y de acordar propuestas que buscan el bien común[151].

El Obispo afirmó que hubo una gran coincidencia sobre la necesidad de cambios profundos en orden institucional del país y, en este sentido, se habló de la reforma de la Constitución Nacional, que asegurara la real convivencia democrática. Entre los temas más preocupantes, Mons. Livieres señaló el problema del campesinado. Al lamentar las ausencias de algunas entidades, el Obispo afirmó: «La no participación de representantes del Gobierno en las discusiones ha sido una resta importante para el desarrollo del emprendimiento y creo sobre todo fue una resta para el país»[152]. Entre los obstáculos encontrados, el Obispos, señaló: la desaparición de las organizaciones intermedias, los organismos sociales, la poca representatividad del sector campesino, la oposición del Gobierno y el miedo: «este ha restado y ha impedido que se desarrollara mejor el emprendimiento y esto es de lamentar, pero es una constatación que no se puede ignorar, ni ocultar»[153].

Las entidades que habían participado en el Diálogo, al finalizar los trabajos, dieron a conocer el documento final, donde enfatizaron la necesidad de cambio social y político. Algunos comentaron que la experiencia había sido única en el género, en las últimas décadas, a pesar de algunas ausencias, sobre todo la del Partido Colorado[154]. Terminaba, así, un evento que ocupó la Iglesia durante dos años en reuniones, convocatorias, programación, y la puso al centro de la vida social del país. Significó, en realidad, una convocatoria de la Iglesia y una respuesta del pueblo. Una convocatoria, que tuvo una repercusión en ámbito nacional e internacional, ocupando un lugar privilegiado en los medios de comunicación, que dieron espacio a varios comentarios sobre la experiencia

---

[150] «Concluyó el Diálogo Nacional», 6.

[151] «Concluyó el Diálogo Nacional», 6.

[152] Concluyó el Diálogo Nacional», 6.

[153] Concluyó el Diálogo Nacional», 6.

[154] E. BRITEZ, «¿Quiénes ven un fracaso?», 2.

inédita de prolongadas sesiones con representantes de muy distintas ideologías, que, en un marco de sinceridad y respeto, abordaron los temas más espinosos de la vida nacional.

En la segunda etapa, el evento, por varios motivos, tuvo una menor trascendencia. El hecho de que la participación ya estaba circunscrita a los representantes de las instituciones invitadas, que habían respondido positivamente, y el traslado a la Prelatura Ordinaria de Encarnación del que fue el arquitecto del Diálogo[155], Mons. Jorge Livieres Banks, restaron importancia al acontecimiento[156]. El cansancio por lo prolongado que estaba resultando el tema, la pérdida de la novedad y las dificultades surgidas entre los que participaron hicieron perder un poco del entusiasmo inicial. A pesar de todo esto, señalaba un artículo:

> Hay que poner de relieve que el Diálogo Nacional ha cosechado ya un fruto importante: en el alma del pueblo ha penetrado la palabra y el concepto del diálogo y ha cundido la convicción de que sólo a través de él se solucionarán nuestros problemas. Lo cual no es poca cosa en unos tiempos y situaciones en que la tentación de la violencia es continua y cercana[157].

Los Obispos, asumiendo la tarea con espíritu de servicio y a pesar de todas las limitaciones, se habían comprometido aún más con la historia del hombre paraguayo, para que éste pudiera dirigirse hacia la construcción de una sociedad, donde se dieran las condiciones necesarias y suficientes para la realización de todos los derechos: el bien común.

3. Una visita que compromete

La noticia de la visita del Papa a Paraguay corría ya desde el año 1982[158]. Al finalizar aquel año, el semanario *Sendero* publica el texto de la carta del Secretario de Estado, Cardenal Casaroli, a Mons. Felipe Santiago Benítez, con la que Su Santidad Juan Pablo II había aceptado la invitación[159]. La realización de este evento se pudo dar sólo en el año 1988, al concluirse los trabajos del Diálogo Nacional y al término del Año Eucarístico Nacional, en medio de una atmósfera cada vez más tensa entre el Gobierno y la Iglesia, y de problemas sociales económicos y políticos cada vez más graves.

No pretendemos, en este trabajo, analizar todo lo que se refiere a esta visita, tampoco todo lo que el Santo Padre dijo e hizo en Paraguay.

---

[155] Cfr. M. CARTER, *El papel de la Iglesia*, 109.
[156] «Asume nuevo Obispo de Itapúa», 7.
[157] C. LOPEZ, «Una Iglesia ágil», 16.
[158] Cfr. «En espera del Santo Padre».
[159] Cfr. «Visita de Juan Pablo II».

Queremos sólo subrayar algunos aspectos que nos ayudarán a entender mejor la labor de los Obispos, en el tema de la enseñanza social. En efecto, el alcance que tuvo el evento, no permite dejarlo de lado sin restar importancia al contexto en que se desarrolló la actividad de la jerarquía de la Iglesia en Paraguay.

Desde el principio se subrayó, por parte de la Iglesia del Paraguay, el carácter eminentemente pastoral de la visita del Papa, y al mismo tiempo, el compromiso que esta visita llevaba consigo «A Juan Pablo II no le importa que su actuar vaya contra intereses creados o intereses de poderosos. El representa a Cristo y trae la fuerza audaz del Evangelio, que debe ser presentado y promovido aún al precio de la propia vida»[160].

3.1 Mensaje de la CEP del 6 de enero de 1988

El año 1988 empezó entre problemas y tensiones. La Conferencia Episcopal Paraguaya dio a conocer un mensaje, donde se encuentra reflejada la situación del país. Las elecciones generales, en el mes de febrero del mismo año, dieron la oportunidad a los Obispos, para retomar algunos elementos de la situación general del país, para la reflexión de todos.

La primera consideración que hacen los Obispos, se refiere a la persona humana:

El hombre debe ser el centro de las preocupaciones de la comunidad nacional. Dar a la persona humana la primacía que tiene, es reconocer el valor del varón y de la mujer, es respetar y promover sus derechos, es prestarles los servicios indispensables y considerarlos en la práctica como sujeto y destinatario del desarrollo socio-económico y cultural del país[161].

Afirman, los Obispos, que «La sistemática deformación de la conciencia moral por el empleo de formas de servilismo, corrupción y violencia, y la represión y supresión de todas organizaciones sociales independientes, indican una destrucción del hombre paraguayo que lastima y preocupa la conciencia honrada del país»[162]. En el mensaje se destaca que, al finalizar dos años desde el llamado del Diálogo Nacional los síntomas del mal se han agudizado, «Si en abril de 1986 podíamos hablar de una desunión constante y de un enfrentamiento creciente, el año transcurrido nos muestra como hemos llegado a formas de violencia

---

[160] J. Montero Tirado, «Presencia de esperanza», 6.
[161] CEP, «La Iglesia exhorta», 6 de enero de 1988, 8.
[162] CEP, «La Iglesia exhorta», 6 de enero de 1988, 8.

física imposible de negar e imposible de justificar»[163]. Frente a la convocatoria electoral, los Obispos quieren recordar que se tiene que tener en cuenta el cuadro del país, y pensar que las elecciones pueden cambiarlo. El mensaje subraya que el bien común es obligación de todo ciudadano y que nadie tiene derecho a excluirse ni a ser excluido de esta responsabilidad. Al hablar de las votaciones, los Obispos recuerdan que no hacen la democracia: «debemos declarar, con toda responsabilidad, que el proceso hasta ahora seguido en los partidos políticos para la designación de candidatos, no constituye un ejemplo de democracia»[164]. Agregan que se debe iniciar un cambio de mentalidad, para que se pueda establecer el conjunto de leyes que permitan la efectiva y real vigencia de un sistema democrático. Finalmente, exhortan a deponer resentimientos personales e intereses egoístas, que escandalizan al pueblo y ofenden la convivencia.

Distintas fueron las reacciones de los políticos. El Ministro del Interior y presidente de la Junta de Gobierno, Sabino A. Montanaro, afirmó: «Aquí en el Paraguay se trabaja en paz y en tranquilidad; ustedes los periodistas lo saben bien. Si hubo algunas detenciones, una vez aclarada la circunstancia, los afectados recuperan su libertad»[165]. El Paraguay tenía, en ese mismo período, el preso político más antiguo de América, Modesto Napoleón Ortigoza Gómez[166]. El Ministro de Educación y Culto y secretario político de la ANR, Carlos Ortíz Ramirez afirmó, entre otras cosas: «Lo más preocupante es que salen del ámbito estrictamente espiritual, evangélico, religioso, y hace que una vez más nosotros constatemos la absoluta politización de la jerarquía eclesiástica»[167]. Por otra parte Domingo Laíno, presidente del Partido Radical Auténtico, dijo que el documento desnudaba la verdadera naturaleza, de un sistema político intolerante y opresivo, e interpretaba y traducía las inquietudes de las grandes mayorías nacionales. También José M. Bonín, titular del

---

[163] CEP, «La Iglesia exhorta», 6 de enero de 1988, 8.

[164] CEP, «La Iglesia exhorta», 6 de enero de 1988, 9.

[165] «Reacciones al mensaje», 10.

[166] El capitán Ortigoza fue detenido el 17 de diciembre de 1962 y acusado de la muerte de un cadete que, según la versión oficial, era utilizado como intermediario entre oficiales que participaban de un complot contra Stroessner. Fue condenado por un juicio marcial a la pena de muerte que, le fue conmutada a 25 años, gracias a la gestión de Josué Arketa, un sacerdote franciscano que amenazó con revelar el nombre del verdadero asesino si se cumplía la condena. Ortigoza salió de la cárcel el 17 de diciembre de 1987, pero fue confinado en la localidad de San Estanislao; cfr. J. L. SIMON, *Testimonio de la represión política en Paraguay 1954-1974*, 63-88; «Sigue ensañamiento del poder»; «Ortigoza "una nueva celda"…».

[167] «Reacciones al mensaje», 10.

Partido Demócrata Cristiano, afirmaba que el diagnóstico estaba correcto, y al alcance de cualquiera que fuera capaz todavía de examinar objetivamente la realidad nacional, y agregaba: «La dictadura se debate en medio de una crisis formidable y se va quedando sola en lo interno y también en el plano internacional»[168].

3.2 *Concepción ciudad postergada*

En este clima se inician los preparativos para la visita del Papa. Uno de los momentos importantes previsto para la estadía del Santo Padre en Paraguay, era la visita a la diócesis de Concepción cuyo Obispo Mons. Maricevich, ya algunos años atrás había predispuesto algunos cambios, en la curia, para acoger al *Mensajero del Amor*[169].

Al dar a conocer el programa oficial, preparado por la comisión mixta, la ciudadanía supo que el Santo Padre no iría a Concepción, porque el Gobierno consideraba que no estaban dadas las condiciones técnicas del aeropuerto de la misma ciudad. Mons. Pastor Cuquejo, coordinador de la visita por la Conferencia Episcopal, así se expresó:

> Concepción no podrá recibir al Santo Padre, lastimosamente, debido a problemas de seguridad y vialidad. Esta cuestión le compete exclusivamente al Gobierno. La CEP insistió en su deseo para que el Papa pueda estar en el norte del país, pero el Gobierno se reafirmó en su postura de que iba a ser imposible por razones técnicas; es una lástima, porque Concepción es una de las diócesis más importantes, conjuntamente con Villarrica[170].

Con una carta al Ministro de Educación y Culto, Carlos Ortíz Ramírez, del 8 de enero de 1988, el Arzobispo de Asunción, Mons. Rolón, hace precisiones sobre la eliminación de Concepción del itinerario del Papa. Al señalar, ante todo, que la elaboración del programa de la visita pastoral del Santo Padre es responsabilidad de la Conferencia Episcopal, manifiesta que:

> no resultan convincentes las razones aducidas para la exclusión de la ciudad de Concepción del itinerario pontificio. En efecto, la posibilidad de disponer — en los meses que preceden a la llegada del Santo Padre — la construcción de una pista con las garantías correspondientes según testimonio de peritos y técnicos, queda en pie. Como intacta queda la realidad de una vasta zona del país con sus características de lejanía y de aislamiento que no tendrá la oportunidad de recibir la ilustre y deseada visita[171].

---

[168] «Reacciones al mensaje», 10.

[169] En realidad el lema escogido por la Comisión encargada de la visita fue el de *Mensajero del Amor*; cfr. CEP, *Mensajero del Amor*, 1988, 17.

[170] «Razones técnicas», 7.

[171] B.I. ROLON, «Carta», 8 de enero de 1988, 6.

Concluye la carta:

La Iglesia lo lamenta muy de veras, pues las razones pastorales que a ella compete ponderar, quedan sobrepasadas por esta decisión oficial. Séame permitido señalar el desagrado de la Conferencia Episcopal Paraguaya por no haber hallado en el Gobierno nacional la comprensión esperada[172].

A esta carta sigue un comunicado conjunto del Equipo Nacional de Laicos y Junta Archidiocesana de Laicos, que manifiestan la adhesión al comunicado del presidente de la CEP Mons. Ismael Rolón y, en su persona, a todos los Obispos del Paraguay, lamentando la no presencia del Papa en Concepción. Aclara, el comunicado que el culpable único de la exclusión de la visita papal a Concepción es el Gobierno nacional:

que una vez más, como viene siendo costumbre en su actuar, ha impuesto la fuerza de unas supuestas «razones técnicas y de seguridad», para imponer arbitrariamente su voluntad y privar a la zona norte, que representa más de la mitad del país y que siempre se distinguió por su laboriosidad y amor a la libertad, de la presencia del Papa[173].

Finaliza el documento: «El que el Papa tenga que aparecer públicamente junto a los gobernantes no quiere decir que apruebe la injusticia, la falta de libertad y los atropellos a los derechos humanos que constantemente se cometen»[174].

El 3 de febrero del mismo año las diócesis de Concepción, de San Pedro Apóstol y del Vicariato del Chaco, los presbiterios diocesanos, los religiosos y religiosas y los laicos organizados, dieron a conocer un pronunciamiento a la opinión pública, que era una protesta apasionada a la decisión del Gobierno de aislar del itinerario papal a los más pobres del país[175].

El documento afirma que la región soporta, desde hace mucho tiempo, la precariedad de rutas, de medios de transporte y otras circunstancias negativas, que forman parte de la generalizada pobreza crónica que afecta la zona Norte. Por esos motivos los norteños pobres no podían ir al encuentro del Papa. Por otra parte, «es innegable que nuestro pueblo sencillo y pobre, por naturaleza y cultura quiere ponerse en contacto directo con el objeto de su fe y de su amor, con todos los sentidos: lo quiere ver con sus ojos, lo quiere tocar con sus manos, lo

---

[172] B.I. ROLON, «Carta», 8 de enero de 1988, 6.
[173] ENL – JAL, «Comunicado conjunto», 7.
[174] ENL – JAL, «Comunicado conjunto», 7.
[175] Cfr. A. MARICEVICH FLEITAS – O. PAEZ – C. BICAULT, «Pronunciamiento», 3 de febrero de 1988.

quiere percibir con su olfato»[176]. Afirman los Obispos: «Estas y otras son las razones que justifican que el Papa compartiera con nosotros y se evitara el escándalo de que se acercase solamente a las zonas relativamente desarrolladas del país»[177].

Los Obispos del Norte agregan en el mismo documento que las razones por la cuales no se quiere poner a Concepción en el itinerario papal son, entre otras, las mismas razones políticas «que han relegado, discriminatoriamente, desde hace mucho tiempo a todo el Norte del País en la oscura zona de la marginación y de la pobreza»[178] y al Papa se lo quiere llevar sólo al encuentro del Paraguay más desarrollado y alejarlo del pobre.

El documento termina con una descripción de los signos de la pobreza del Norte que vale la pena transcribir:

Y en los tiempos modernos, y en nuestra zona Norte, los signos infamantes de la marginación y pobreza, repitámoslo, aparecen en nuestros campesinos enfermos, sin suficiente tierra segura y sin crédito ni asistencia eficaz; en nuestros hacheros del Alto Paraguay, metidos en los quebrachales sin la suficiente cobertura económica y social; en nuestros pobres de los barrios de nuestras ciudades principales, con la inseguridad de subsistencia de hoy y de mañana; en los olvidados peones, de vida y porvenir muy inseguros, de muchas estancias; en nuestros indígenas que deambulan por esta inmensa geografía, que en una época fue de ellos, con el menosprecio de muchos y el olvido de los demás[179].

El Santo Padre, en víspera de su llegada a Paraguay, envió un mensaje a los Obispos y al pueblo, en que puntualizaba que su viaje era eminentemente religioso y señala además:

Me hubiera gustado que el itinerario fuese más amplio para incluir en él otros lugares del país. A los queridos hijos de aquellas ciudades a donde no podré llegar físicamente les agradezco igualmente, de todo corazón, sus amables invitaciones. En modo particular saludo ya desde ahora a los habitantes de Concepción[180].

---

[176] A. MARICEVICH FLEITAS – O. PAEZ – C. BICAULT, «Pronunciamiento», 3 de febrero de 1988, 6.

[177] A. MARICEVICH FLEITAS – O. PAEZ – C. BICAULT, «Pronunciamiento», 3 de febrero de 1988, 6.

[178] A. MARICEVICH FLEITAS – O. PAEZ – C. BICAULT, «Pronunciamiento», 3 de febrero de 1988, 6.

[179] A. MARICEVICH FLEITAS – O. PAEZ – C. BICAULT, «Pronunciamiento», 3 de febrero de 1988, 7.

[180] JUAN PABLO II, «Radiomessaggio al popolo del Paraguay», 1415-1416.

3.3 *Encuentro con los Constructores de la Sociedad*

Uno de los momentos más importantes de la visita del Papa era el encuentro con los así llamados *Constructores de la Sociedad*, previsto para el martes 17 de mayo, en el gimnasio del Consejo Nacional de Deportes a las 20.00 horas. Dicho acto tenía por protagonistas a los representantes de los distintos sectores del país. Se calculaban 3.800 lugares disponibles, de los cuales 1.200 estaban destinados a los movimientos laicos y organismos de la Iglesia católica y de las demás Iglesias[181]. Los grupos invitados eran militantes de los partidos políticos, organizaciones universitarias de los estudiantes y profesores y autoridades de la misma entidad, científicos y técnicos que trabajaban en las instituciones, los miembros de medios de comunicación, artistas, juristas y jueces, economistas y empresarios. Fueron invitados, también, militares, componentes del sector obrero, funcionarios públicos, profesionales independientes. El campesinado tuvo también su invitación y, de la misma manera, los delegados de la población urbana, grupos de mujeres, e impedidos físicos. En conclusión, el Santo Padre se iba a encontrar con todos los que representaban a la sociedad paraguaya.

El acto, tuvo una resonancia imprevista, a causa del intento de suspensión por «orden superior» de parte del Gobierno. El Poder Ejecutivo comunicó al Nuncio Apostólico a través de los Ministros de Educación y Culto y de Relaciones Exteriores, su decisión «por razones de seguridad»[182]. A la nota contestó Mons. Jorge Livieres, secretario general de la CEP, que remarcó que el programa se había preparado con mucha anticipación, de acuerdo con los objetivos que tenía la visita del Papa:

> Es un programa no solamente aprobado por el Gobierno y por los Obispos sino también por la Santa Sede. De manera que para la Iglesia paraguaya, para la Conferencia Episcopal, es inadmisible e inaceptable que a último momento se altere el programa, sobre todo unilateralmente, y sin ningún tipo de justificación coherente y seria[183].

Agregaba el prelado: «Nosotros, los obispos, por la razón expresada, consideramos que no está en nuestras atribuciones alterar el programa de la visita. Por respeto al Santo Padre mantenemos el programa en todos sus puntos y seguimos adelante con los preparativos, tal como se están desarrollando»[184]. Por su parte, el vocero de la Santa Sede,

---

[181] Cfr. M. SOSA LUGO – R.A. DUARTE, «Los constructores de la sociedad».

[182] A. SALUM FLECHA, «Proyección internacional», 15.

[183] «Se mantiene el Encuentro», 17.

[184] «Se mantiene el Encuentro», 17.

Joaquín Navarro Valls, declaraba: «Por ahora, debo manifestar, claramente, el estupor causado por una decisión sin precedente en el ejercicio
de la misión pastoral del Santo Padre»[185].

Mons. Aníbal Maricevich, dijo estar «sorprendido e indignado»[186] por
la actuación del Gobierno.

La suspensión del acto se debía al hecho de que el Gobierno temía un
tal encuentro que reunía las fuerzas más vivas de la sociedad paraguaya
que luchaban para un verdadero cambio. En efecto, en la preparación de
la visita papal este encuentro había pasado desapercibido y sólo al final
el Gobierno se dio cuenta del problema que podía representar un acto
tal, sobre todo por el hecho de que el saludo del mismo estaba a cargo
de Mons. Aníbal Maricevich, Obispo de Concepción.

El encuentro, así como había sido establecido, se mantuvo a pesar de
la orden superior del Gobierno. Una de las pocas veces en que una
orden del General Stroessner no fue cumplida. Al mismo tiempo, fue
evidente para todo el mundo cómo la dictadura en Paraguay actuaba
contra la Iglesia. La imagen del Gobierno salió desprestigiada, aún más
cuando en el Consejo Nacional de Deporte, durante el acto, a la vista de
todos estaban vacías las sillas reservadas a los representantes del
Gobierno que estuvieron ausentes[187].

Mons. Maricevich fue saludado con «atronador aplauso»[188].

Varios fueron los estribillos que la concurrencia cantó. Entre otros:
«Queremos democracia, trabajo y libertad, que desterremos a la tortura
del Paraguay y de América»[189].

Al Papa se le presentó la realidad de la patria a través de un número
alegórico «el árbol de la vida»[190].

En su discurso, el Papa, entre otras cosas, afirmó «que la verdad debe
ser la piedra fundamental, el cimiento sólido de todo edificio social»[191].

Además subrayó que «La Iglesia no sólo exhorta al bien, sino que con
su doctrina social, trata de iluminar los hombres para orientarles en el
camino que deben seguir en su búsqueda de la felicidad y a descubrir la
verdad en medio de las continuas ofertas de las ideologías dominantes»[192].

---

[185] A. SALUM FLECHA, «Proyección internacional», 15.
[186] «"Estoy sorprendido e indignado"», 17.
[187] Cfr. E. BRITEZ, «Una prueba más».
[188] Cfr. S. NUÑEZ, «Grandes riquezas».
[189] «Cantos testimoniales y estribillos», 9.
[190] CEP, *Mensajero del Amor*, 1988, 54.
[191] JUAN PABLO II, «Encuentro con los Constructores», 1614.
[192] JUAN PABLO II, «Encuentro con los Constructores», 1613.

Señaló que «en medio de las continuas ofertas de las ideologías dominantes [...] frente a las visiones individualistas o inspiradas en materialismo cerrados, esta doctrina social presenta un ideal de sociedad solidaria y en función del hombre abierto a la trascendencia»[193]. El Papa respaldó plenamente el llamado de los Obispos al saneamiento moral de la Nación:

> Una sociedad fundada en la verdad se opone a cualquier forma de corrupción, y por eso vuestros obispos, en cumplimiento de su misión de pastores, han hecho un llamado al «saneamiento moral de la nación»; en efecto, una moral pública en crisis, además de crear serias dificultades a los miembros de la sociedad, compromete su destino de salvación[194].

El Pontífice subraya también que:

> La vigencia simultánea y solidaria de valores como la paz, la libertad, la justicia y la participación, son requisitos esenciales para poder hablar de una auténtica sociedad democrática, basada en el libre consenso de los ciudadanos. No será posible, por tanto, hablar de verdadera libertad, y menos aún de democracia, donde no exista la participación real de todos los ciudadanos en poder tomar las grandes decisiones que afectan a la vida y al futuro de la nación[195].

3.4 Nadie se atrevió a tanto

Los discursos del Santo Padre en Paraguay, no sólo fueron muy oportunos, sino que asumieron en el contexto específico, un significado revolucionario, despertando el consenso de todos los sectores de la población. En los diarios aparecieron varios Titulares que expresaban la plena conformidad con los mensajes del Papa. *El Diario* afirmaba que «Fueron mensajes fundamentales»[196], *La Tarde* señalaba que el Santo Padre «Instó a mantener lucha por justicia y evangelización»[197], el diario *Hoy* amonestaba «Que el claro mensaje papal no se tergiverse»[198].

Entre los demás se destacaba un comentario del diario *Ultima Hora*, que afirmaba:

> Se ha dicho, y con razón, que el Papa no nos traería ningún milagro para que, de la noche a la mañana todo lo malo desapareciera [...]. Y no son milagros lo que espera nuestro pueblo, sino simplemente la certeza de que

---

[193] JUAN PABLO II, «Encuentro con los Constructores», 1613.

[194] JUAN PABLO II, «Encuentro con los Constructores», 1614-1615.

[195] JUAN PABLO II, «Encuentro con los Constructores», 1615.

[196] «Fueron mensajes fundamentales», 8.

[197] «Instó a mantener la lucha», 7.

[198] «"Que el claro mensaje papal"», 7.

los conceptos del bien y del mal no han variado, que el dinero no absuelve a quiénes lo han obtenido por vías irregulares, que ser patriota no es meterse la Patria en el bolsillo[199].

Un comentario sobre el discurso del Santo Padre en el palacio presidencial señalaba:

En el engalanado salón, cada frase, cada palabra pronunciada por el Papa, sonaba como un latigazo [...]. No se escuchaba una sola alusión a las maravillas pintadas por quien le había precedido en el uso de la palabra, y en contraposición, al hablar ante el hombre más temido del país, expresaba su verdad con severidad y coraje. Nadie antes se había atrevido a tanto[200].

A los tres meses de la llegada del Santo padre al Paraguay, los Obispos dieron a conocer un Mensaje, para una reflexión sobre la visita del Papa[201]. En él subrayaron que la presencia y la enseñanza del papa constituía un verdadero compromiso «Ese es el gran desafío que el Papa ha dejado entre nosotros: la necesidad de construir un nuevo Paraguay, desde la riqueza del Evangelio y la fuerza de la fe, unidos a Cristo Eucaristía»[202].

En un artículo sobre la visita del Santo Padre, Mons. Livieres subrayaba, entre otras cosas, la importancia del respaldo dado por el Papa a la Iglesia del Paraguay, que era tanto más importante cuanto más conocidas eran las dificultades que debía enfrentar por la situación sociopolítica del país. Concluía el Prelado «El respaldo del Pontífice a las opciones y prioridades pastorales de la Iglesia en el Paraguay, nos compromete a todos. Se trata de construir un Paraguay nuevo, reconciliado y fraterno»[203].

En efecto gracias a esta visita, la Iglesia salía fortalecida en su compromiso con la dignidad de la persona humana.

4. **1989: año del cambio**

4.1 *Golpe del General Andrés Rodríguez*

El viernes 3 de febrero de 1989, en los diarios del Paraguay, la población pudo tener un cuadro bastante claro de los acontecimientos que, durante la noche entre el 2 y el 3 de febrero, habían cambiado por siempre el rumbo de la historia del país. *El Diario* escribía:

---

[199] J.L. APPLEYARD, «Algo más», 15.

[200] L. ANDRADA NOGUES, «Nadie antes se atrevió», 6.

[201] Cfr. CEP, «Reflexiones», 1988.

[202] CEP, «Reflexiones», 1988, 3.

[203] J. LIVIERES BANKS, «Juan Pablo II en Paraguay», 133.

Se produjo un levantamiento de la caballería. Un comunicado del Gral. Andrés Rodríguez, difundido por la Cadena Nacional de Emisoras, anunció la rendición del presidente Stroessner, quien se encuentra detenido, en perfecto estado de salud en una residencia del interior del Primer Cuerpo del Ejército. El comunicado concluye señalando que la situación está totalmente controlada y el país en calma[204].

De la misma manera, el diario *Hoy* anunciaba que el Gral. Stroessner se había rendido y que Rodríguez asumía la presidencia[205]. El diario *Ultima Hora* anunciaba: «Tras una resistencia estéril y tenaz, Stroessner fue derrocado»[206].

Ya a las 00:30 de la madrugada del 3 de febrero, a través de la Radio Primero de marzo, el General Rodríguez había pronunciado la primera proclama a una ciudadanía que, por toda la noche, sin poder salir de su casa, se había quedado a la espera de noticias:

Queridos compatriotas, apreciados camaradas de las Fuerzas Armadas. Hemos salido de nuestros cuarteles en defensa de la dignidad y del honor de las Fuerzas Armadas; por la unificación plena y total del coloradismo en el Gobierno; por la iniciación de la democratización del Paraguay; por el respeto a los derechos humanos; por la defensa de nuestra religión cristiana, católica, apostólica, romana[207].

El golpe tiene sus antecedentes en las divisiones entre las facciones del partido Colorado, el Movimiento Tradicionalista y los Militantes. Estos últimos, después de consolidar su poder en el interior del partido[208], buscaron el consenso en las Fuerzas Armadas para continuar la sucesión de Stroessner y poder así colocar al mando del país a su hijo Gustavo, coronel de aviación. El 3 de diciembre de 1988, el Comandante en Jefe, General Stroessner, pasó a retiro numerosos generales, mientras que decretó el ascenso de nuevos coroneles y capitanes, camaradas de Gustavo Stroessner. De la misma manera, en las diversas unidades castrenses se dispusieron cambios, para quitar el poder a los sectores militares favorables a la facción del Movimiento Tradicionalista, hostil a Stroessner. El 12 de enero de 1989, se produjeron ulteriores cambios en las Fuerzas Armadas: se pasó a retiro al general de división Orlando Machuca Vargas, titular del Segundo Cuerpo del Ejército y se nombró en su reemplazo, al general de brigada Rolando Tomassone. Pero, al respecto, el general Andrés Rodríguez declaró que, a pesar de que el

---

[204] «Se produjo un levantamiento», 1.
[205] «El Gral. Stroessner», 1.
[206] «Tras una resistencia», 8-9.
[207] «Salimos de nuestros cuarteles», 6.
[208] Cfr. E. Britez, «Una convención… de militantes».

Comandante en Jefe lo hubiese declarado cesante, él lo consideraba todavía bajo sus comandos. Desde este momento, se inicia la preparación del Golpe. En efecto, Stroessner quería deshacerse de Rodríguez, consuegro y número dos del poder en el Paraguay[209]. El 2 de febrero, después del mediodía, el Primer Cuerpo del Ejército se preparó para el golpe, movilizando tanques y soldados que, desde las inmediaciones de la Caballería, salieron a la calle, a las 20.00 hs. hacia distintas direcciones de la ciudad. A la madrugada del 3 de febrero, Stroessner firmó su renuncia: «Por este documento presento mi renuncia indeclinable al cargo de Presidente de la República del Paraguay y al de comandante en Jefe de sus Fuerzas Armadas»[210]. El domingo 5 de febrero Stroessner partió hacia el exilio[211].

4.2 *El difícil camino hacia la democracia*

A pesar de que el Golpe ha tenido la característica de una revolución palaciega, y «fue una lucha de poderes, o de poderosos»[212], o mejor dicho, una cuartelada entre consuegros, sin embargo llevó consigo una serie de aperturas que se pudieron experimentar desde los primeros días. Hacía notar un analista político que la prensa estaba conociendo una auténtica primavera «con *Ñandutí* nuevamente en el aire y la recuperación por *Cháritas* de su antigua potencia; la TV descubrió la libertad de prensa y *El Pueblo* ya se volvió a ganar las calles semanalmente, en tanto *Abc Color* se prepara para hacerlo a diario»[213]. Estos medios de comunicación, que habían sido clausurados o que tuvieron problemas con la dictadura, pudieron funcionar casi en seguida. Esto, para la ciudadanía quería decir algo inusitado, después de 35 año de arbitrariedades. Las organizaciones sociales, que antes tenían que luchar para salir a manifestar a la calle, en poco tiempo tuvieron la libertad de declarar su descontento. Destacaba el mismo autor: «¿Quién se habría imaginado tan sólo un mes atrás que el Acuerdo Nacional y los movimientos sociales y organizaciones sindicales tendrían las calles y plazas céntricas libres de la Policía y "garroteros" para una multitudinaria manifestación opositora?»[214]. Era un punto de partida, continuaba el

---

[209] Cfr. «Cronología del golpe».

[210] UNIVERSIDAD CATOLICA NUESTRA SEÑORA DE LA ASUNCION, ed., *El golpe de Estado*, 33.

[211] Cfr. V.J. FLECHA – C. MARTINI, *Historia de la transición*, 45.

[212] «¿Cómo se justifica», 5.

[213] J.L. SIMON, «El difícil camino», 8.

[214] J.L. SIMON, «El difícil camino», 8.

artículo: «Más que etapa de transición a la democracia, en el Paraguay actual estamos en una coyuntura de liberalización que antecede invariablemente aquella, pero de manera inevitable no desemboca allí»[215]. Continuaba el mismo autor:

Por cierto que la tradición autoritaria que predomina en nuestra historia política, y que se manifiesta, por ejemplo, a través de la endeblez de las instituciones jurídico-políticas «democráticas» de este país, no constituye un precedente auspicioso para realizar con éxito el tránsito dictadura-apertura-democracia[216].

Pero, no desconocía, el mismo autor, que los actores políticos y sociales se encontraban en una situación muy diferente a la de aquella época, y tampoco el contexto internacional seguía siendo el mismo. En realidad, no todos los problemas, vestigios de años de dictadura se iban a poder solucionar de la noche a la mañana, a pesar de la euforia que el golpe había causado en toda la población. Lo que se esperaba, era que los problemas fueran sometidos al tratamiento que correspondía, según el diagnóstico trazado por los expertos y que, en adelante, el juicio de los funcionarios oficiales no se impondría al de la razón y las necesidades reales del país, por el mero ejercicio de la autoridad administrativa[217]. En conclusión, el camino estaba abierto, pero faltaba trazarlo: la tarea no resultaba nada fácil. Se afirmaba en un artículo de Acción: «La libertad puede expresarse con un simple grito. La justicia, dificilmente. Por su naturaleza camina más lenta»[218].

4.3 La Iglesia en tiempo de cambio

Durante la noche del golpe, la radio católica *Cháritas*, una de las pioneras de la radiofonía nacional, fue la única emisora que permaneció en el aire. Mons. Pastor Cuquejo, Obispo auxiliar de Asunción, llamó a la emisora y pidió que siguiera transmitiendo aún después de la medianoche e invitó a la población a rezar y mantener la calma[219].

El Arzobispo Mons. Rolón, la misma mañana, recorrió la ciudad y llegó a los hospitales militar y policial, «para llevar a los heridos y moribundos una palabra de cariño, de aliento, de bendición»[220]. El Arzobispo relataba: «He entrado en la capilla del Hospital Militar, y,

---

[215] J.L. SIMON, «El difícil camino», 11.

[216] J.L. SIMON, «El difícil camino», 11.

[217] Cfr. A. SALUM FLECHA, «Después de la euforia triunfal».

[218] J. VALPUESTA, «Una Iglesia que acompaña», 40.

[219] Cfr. «Minuto a minuto», 9.

[220] B.I. ROLON, «Mensaje», 7 de febrero de 1989, 10.

con profundo respeto y emoción, he visto, alineados sobre la baldosa fría, los cadáveres ensangrentados de los que parecían niños vestidos de soldados! ¡Eran tan jóvenes!»[221]. A las preguntas de estos soldados que, boca arriba y rostro ensangrentado y brazos abiertos, parecían gritar al cielo y a la tierra, «A nosotros nos toca responderles con la verdad y la justicia»[222], continúa el Arzobispo, y agrega: «Como siempre, la Iglesia acompaña al pueblo en sus vicisitudes y procura descubrir la verdad de las cosas, para enseñárselas a los demás, en la búsqueda del bien. En esta trascendental circunstancia, debemos decir que la empresa costó muy caro! ¿No había otro camino?»[223].

El doloroso espectáculo de los que «parecían niños que estaban jugando a la guerra»[224], movió al Arzobispo a celebrar una Misa en sufragio de los muertos y por sus familiares, el 5 de febrero. En ella participaron, dirigentes políticos y el neo Presidente. El mismo Arzobispo recuerda:

A la hora señalada, el templo repleto de gente, hasta la calle. Nadie hizo ninguna invitación especial. El ingreso de los concelebrantes fue saludado con un estruendoso aplauso que duró hasta que llegamos al altar [...] bajamos y nos encaminamos a la Sacristía [...] y nuevamente el aplauso y las palabras de felicitaciones, por la libertad recuperada! [...] Nos daba la impresión de que el pueblo estaba considerando a la Iglesia, como uno de los agentes de la liberación[225]!

Al ser entrevistado sobre el cambio, Mons. Livieres dijo que, para comprender la posición de la Iglesia en el momento presente, se debían tener en cuenta los documentos emitidos a lo largo de los últimos años. Afirmó que la Iglesia del Paraguay querría acompañar al pueblo y compartir los problemas y aportar, desde su propia labor pastoral, algo para la consecución del bien común. Agregó, el Obispo: «Debemos señalar, en primer lugar, la invariable postura de la Iglesia por la reconciliación, por la paz que sea fruto de la justicia y del amor, por una convivencia verdaderamente fraterna, democrática y civilizada»[226].

Al los pocos días del golpe, el Consejo Episcopal Permanente de la CEP, dio a conocer un comunicado[227], en el que se lamenta que el

---

[221] B.I. ROLON, «Mensaje», 7 de febrero de 1989, 10.
[222] B.I. ROLON, «Mensaje», 7 de febrero de 1989, 10.
[223] B.I. ROLON, «Mensaje», 7 de febrero de 1989, 10.
[224] B.I. ROLON, *No hay camino...*, 118.
[225] B.I. ROLON, *No hay camino...*, 121.
[226] J. LIVIERES BANKS, «Posición oficial», 10 de febrero de 1989, 3.
[227] Cfr. CONSEJO PERMANENTE DE LA CEP, «En esta hora», 1989.

desarrollo de los acontecimientos haya alcanzado los resultados presentes y la pérdida de inocentes vidas humanas. Al afirmar la responsabilidad de cada uno acerca de la situación, los Obispos llaman a todos los paraguayos a trabajar para superar los males, «Sin distinción de banderías políticas, unidos y en actitud de diálogo, todos tenemos que asumir la responsabilidad que nos cabe en esta labor»[228]. Manifiestan una profunda inquietud por el grado de deterioro moral de la sociedad paraguaya, «Es alarmante constatar que las propias bases de la dignificación de la persona humana están socavadas»[229]. El mensaje concluye:

En esta hora de expectativas y de esperanzas, la Iglesia no dejará de aportar su colaboración. Su misión de evangelizar la mueve a proclamar la necesidad de vivir los valores cristianos. Esa misma misión le exige denunciar todo aquello que se opone a la vigencia de los derechos humanos[230].

A poco más de dos meses del golpe de estado, al concluir su CXV Asamblea Plenaria, que se realizó del 3 al 7 de abril, los Obispos dieron a conocer una carta pastoral sobre la realidad del país. Para preparar dicha carta, se trabajó sobre una síntesis de opiniones de sacerdotes, laicos, dirigentes políticos, sociólogos, educadores, que hicieron llegar su aporte y punto de vista sobre la situación del país y la postura que debía asumir la Iglesia[231]. Al mismo tiempo, el Consejo Episcopal Permanente había encomendado a la Secretaría General de elaboración de un proyecto de carta pastoral, que recogiera la visión de la situación del país y la reflexión de la Iglesia al respecto. Finalmente, los Obispos, después de trabajos en grupo en una sesión plenaria, recibieron todas las observaciones y elaboraron el documento final.

En la primera parte de la carta, los Obispos hacen algunas reflexiones sobre los acontecimientos del 2 y 3 de febrero de 1989, asumiendo una postura cauta frente a los hechos que todavía no están clarificados completamente. Afirman:

Observamos con prudente optimismo el inicio de un proceso en el que un gran sector del país pone muchas esperanzas, en la medida que genera nuevas expectativas de participación ciudadana como respuesta a los compromisos de democratizar el país y promover el respeto de los derechos humanos asumidos por el nuevo Gobierno provisional[232].

---

[228] Consejo Permanente de la CEP, «En esta hora», 1989, 3.
[229] Consejo Permanente de la CEP, «En esta hora», 1989, 3.
[230] Consejo Permanente de la CEP, «En esta hora», 1989, 3.
[231] Cfr. «Carta Pastoral».
[232] CEP, «Esperanzas y expectativas», 7 de abril de 1989, 3.

Agregan también: «Observamos con aprecio e interés la vigencia de libertades fundamentales como la libertad de reunión, de expresión y de prensa»[233]. Al mismo tiempo, afirman que los cambios operados en todas las esferas de la vida social, no permiten aún ver con claridad la amplitud, la complejidad y las perspectivas reales de los mismos.

En lo que se refiere a la posición de la Iglesia, denuncian, como en otro documento, el grave problema del deterioro moral y esperan una justicia objetiva, ejemplificadora y sin venganza, contra los responsables de delitos contra el patrimonio del Estado. Al mismo tiempo, afirman que de la misma forma:

se debería actuar en la investigación de delitos contra la dignidad de la persona humana que dieran lugar a la aberrante práctica de la tortura, las desapariciones y los asesinatos por razones políticas. Todo ello, buscando la legítima restauración de un orden jurídico que responda a las exigencias de una moral cristiana[234].

Denuncian, una vez más, la destrucción del tejido social de la nación, una falta que se pone de manifiesto a la hora de activar los canales de la participación, para un proceso de construcción de una verdadera democracia. Por eso, los Obispos lamentan que los que conducen el país no dan participación a los representantes de los sectores más necesitados, obreros, campesinos e indígenas. Afirman los Obispos: «Esta situación se pone de manifiesto en la pobreza de programa que ofrezcan verdaderas propuestas de cambio, que den respuestas eficaces a necesidades esenciales de la población como el acceso a la tierra, a la vivienda, a la salud y a la educación»[235]. Los Obispos se muestran preocupados por los repetidos hechos de ocupaciones de tierra[236], que deben llamar a la reflexión a gobernantes, partidos políticos, organizaciones sociales y gremios profesionales, que tienen responsabilidad al respecto.

La última parte de la carta trata de las elecciones a realizarse el 1° de mayo del mismo año. En efecto, después del golpe, el General Rodríguez, el lunes 6 de febrero, con Decreto N° 3, disolvió el Congreso y llamó a elecciones para el 1° de mayo del mismo año, para poder elegir a un nuevo presidente y a los miembros del Congreso por el período 1988-1993[237]. Según los Obispos, las elecciones constituían un paso importante, a pesar de las limitaciones surgidas a causa del corto

---

[233] CEP, «Esperanzas y expectativas», 7 de abril de 1989, 3.
[234] CEP, «Esperanzas y expectativas», 7 de abril de 1989, 3.
[235] CEP, «Esperanzas y expectativas», 7 de abril de 1989, 3.
[236] Cfr. «Lucha de los sin tierra continúa», 8-9.
[237] Cfr. V.J. FLECHA – C. MARTINI, *Historia de la transición*, 53.

plazo que los otros partidos habrían tenido para organizarse[238]. Los Obispos consideran importante la participación de los ciudadanos en el proceso, y reiteran la gravísima responsabilidad de dar cumplimiento a la palabra empeñada, en favor de un proceso electoral limpio, y terminan diciendo: «No creemos que sea momento de pesimismo, pero tampoco de ingenuidad. Un pueblo sufrido y austero, como el nuestro, merece mayor respeto y mejor suerte»[239].

La posición de la Jerarquía continuó cauta y, al mismo tiempo, abierta a la voluntad de cambio del nuevo gobierno.

En las elecciones resultó electo el General Rodríguez, que pronunció el juramento el 15 de mayo del mismo año. Después del acto, se celebró una Misa en la Catedral de Asunción. En esa ocasión Mons. Rolón, al recordar las promesas de democratización y respeto de los derechos humanos hechas en la madrugada del 3 de febrero, señaló que realizarlas no era obra fácil, ni de corto plazo, y tampoco era una tarea personal. Se trataba, al contrario, de una obra difícil pero factible, comunitaria y participativa que se realizaba a través de «un lento proceso de educación y de conscientización del pueblo, para dar tiempo a la asimilación y vivencia de los principios y del espíritu de un régimen y de una vida realmente democrática»[240]. El Arzobispo agregaba: «La patria no es propiedad privada de ninguna otra nación, de ningún partido político, ni, menos aún, de ningún supuesto mesías»[241]. Con estas palabras el Arzobispo aclaraba una vez más la postura de una Iglesia que continuaba su compromiso de caminar con el hombre y, al mismo tiempo, afirmaba su confianza en la responsabilidad de todos y de cada uno en la construcción del bien común, sin las falsas ilusiones en el caudillo de turno, que concede, desde arriba, favores y privilegios.

Antes de finalizar el año 89, importantes cambios se realizaron en la Conferencia Episcopal Paraguaya. Fue aceptada, por el Papa, la renuncia que Mons. Ismael Rolón había presentado al cumplir los 75 años de edad y Mons. Felipe Santiago Benítez fue designado nuevo Arzobispo de Asunción. Escribía Mons. Rolón, al terminar su tarea de Obispo: «Cedo mi cargo con serenidad, con alegría, sin sentirme liberado del compromiso espiritual con la dignidad de la persona humana, con los derechos humanos, con la reconciliación y la paz del pueblo»[242]. Desde

---

[238] Cfr. «¿Vamos a elecciones?».

[239] CEP, «Esperanzas y expectativas», 7 de abril de 1989, 4.

[240] B.I. ROLON, «"La patria no es propiedad privada"», 1989, 7.

[241] B.I. ROLON, «"La patria no es propiedad privada"», 1989, 7.

[242] B.I. ROLON, *No hay camino...*, 128.

lo que él llamó su *Oasis*, Mons. Rolón continuó dando su aporte para la construcción del Paraguay porque

> El compromiso, el ideal que animan el desempeño de un cargo, no terminan dejando el cargo: no es un teatro, en que, cada actor, cumplido su papel, se despoja de los disfraces y vuelve a ser el de siempre [...]. La animación del cargo de Obispo, de sacerdote, es el compromiso derivado de la consagración: servir a Dios y al pueblo[243].

Antes de finalizar el año 89, los Obispos emitieron dos mensajes. El primero, sobre la problemática de la tierra[244] en que afirman que existen situaciones irregulares y conflictos, que afloran con inusitada gravedad[245], y reiteran que es claramente injusto apelar al derecho de la propiedad privada como un derecho absoluto y, que los que han acumulado grandes extensiones de tierra, para responder a su condición de cristianos, deben estar dispuestos a colaborar en la solución del problema de la justa repartición de las tierras.

El segundo mensaje examina la nueva realidad en que está viviendo el país[246]. Dado a conocer al terminar el año, este mensaje es una evaluación de los acontecimientos nuevos, podríamos decir que representa el acto final de una larga etapa, por la transformación de la sociedad paraguaya, en la que la Iglesia tuvo un rol importante, sobre todo por lo que se refiere a la formación de un hombre que pudiera estar listo en la tarea nueva para el Paraguay nuevo. El mensaje comienza enumerando los signos positivos de la historia. Entre otros, se cita el encomiable propósito de la institucionalización de las Fuerzas Armadas y el genuino anhelo de la ciudadanía de ejercitar las virtudes cívicas. Por otra parte, el documento señala también el hecho de que a las iniciales medidas políticas y económicas, que abrieron una perspectiva de cambio, se ha sucedido una peligrosa parálisis de decisiones debida, en parte, a los conflictos partidistas. En cuanto a la problemática campesina, a pesar de que el Gobierno ha demostrado una genuina preocupación, sin embargo, aún se nota con particular intensidad la brecha entre las expectativas y las realizaciones. Los Obispos reconocen que los derechos de reunión y asociación han tenido un positivo impulso, pero, todavía, estos derechos

---

[243] B.I. ROLON, *No hay camino...*, 139.

[244] Cfr. *TDD*, 5.

[245] Hay que señalar que campesinos de distintos lugares se asentaron por más de un año en la Catedral Metropolitana de Asunción que, según las palabras de Arzobispo Mons. Felípe S. Benítez, se había convertido en la «Casa del Pueblo o el Parlamento de los marginados». Cfr. «La Iglesia les ama».

[246] Cfr. CEP, «Mensaje de Navidad», 24 de diciembre de 1989.

se ven amenazados por restricciones a veces injustificadas. En el campo laboral, a pesar de la tensión, se aprecian notables progresos, pero, no faltan patrones reacios a reconocer y respetar los derechos legítimos de los trabajadores, y éstos últimos, en sus reivindicaciones, no deben descuidar las exigencias del bien común. En el campo de la educación, los Obispos muestran su preocupación por un sistema que experimenta atraso de décadas, con respecto al mismo continente latinoamericano. Después de este análisis sobre la realidad, los Obispos hacen otras consideraciones. Ante todo, afirman que el empeño de forjar un sistema social o político no dispensa del esfuerzo ético, de la conversión personal y del cultivo de las virtudes humanas. Además, con mucho realismo, afirman que no todo cambiará de la noche a la mañana, por tratarse de un proceso. Escriben:

> Los cambios durables no devienen de la simple sustitución de las personas, ni siquiera de la promulgación de leyes, por más sabias y justas que ellas sean, sino de la transformación de hábitos y mentalidades profundamente arraigadas, de la conversión personal, de la reconciliación real entre todos los paraguayos y de la consiguiente participación en el proceso que vive el país[247].

Los Obispos profundizan más esta afirmación diciendo: «Tal vez la larga noche de la opresión que todos sufrimos, haya sido la causa de que consciente o inconscientemente asumiéramos la esperanza de que todos nuestros problemas sociales, políticos y económicos se resolverían con el fin de la dictadura»[248]. Afirman que la convivencia humana, no se basa sólo sobre el consenso y la concertación social, sino que la libertad y la igualdad que la democracia pretende consagrar, descansa sobre la premisa de la irreductible dignidad humana, derivada de su condición de criatura divina.

El mensaje subraya, también, que una política económica fundada en el presupuesto de crear riqueza antes que distribuirla, no siempre ha tenido éxito en la promoción del crecimiento material. Luego termina, subrayando la importancia de la educación: «En este sentido, la Iglesia es particularmente sensible a la política cultural y educativa, porque ella se entrona intensamente con su propia misión de enseñar la verdad revelada y formar las conciencias»[249].

El mensaje toca, como hemos visto, varios temas de una importancia fundamental, pero, lo que más se destaca es este llamado de los Obispos para no tener ilusiones acerca del cambio que, que podrá ser posible y

---

[247] CEP, «Mensaje de Navidad», 24 de diciembre de 1989, 3.
[248] CEP, «Mensaje de Navidad», 24 de diciembre de 1989, 3.
[249] CEP, «Mensaje de Navidad», 24 de diciembre de 1989, 3.

estable sólo si está basado sobre una transformación del corazón de una manera nueva de pensar. La dictadura no era algo aislado de una sociedad que, de una u otra forma había permitido que se perpetrara un poder absoluto. ¡Cuántas veces los mismos Obispos había subrayado la importancia de la responsabilidad personal en la situación! Ahora, en el momento del cambio de poder, no podía darse novedad verdadera sin una conciencia nueva: de otra manera, todo continuaría igual. La Iglesia se planteaba este problema e intentaba hacer las primeras reflexiones que, por supuesto, no son exhaustivas y presuponen un camino mucho más largo.

5. El Paraguay nuevo necesita hombres nuevos

El ocaso de la dictadura pone los Obispos frente a una nueva situación. En efecto:

> Todas las instituciones, desde la caída de la dictadura, en este nuevo transitar hacia la democracia, se han visto obligadas a reubicarse en la nueva situación. También la Iglesia, en cuanto institución que debe vivir *encarnada* en la realidad concreta del Paraguay, debe buscar su lugar y su quehacer propio en la nueva realidad[250].

Sólo de esta manera podrá caminar verdaderamente con el hombre sin desatender sus problemas y continuar el compromiso con su dignidad.

El entonces Obispo de Concepción Mons. Maricevich, al ser entrevistado sobre cómo se iba a definir la Iglesia en la nueva situación, afirmaba que continuaría con sus líneas pastorales fundamentales, con sus criterios elaborados hace muchos años[251]. Aclaraba que no iba a cambiar la actitud fundamental: «estaremos siempre guardando una gran fidelidad a Dios, una gran fidelidad al Evangelio y una gran fidelidad al hombre»[252]. Concluye el Obispo, con relación al Gobierno, afirmando: «Nosotros nunca nos hemos casado con ningún Gobierno ni con ninguna persona, ni menos todavía ahora»[253].

Al finalizar el año 90, sostenía Mons. Livieres:

> Los Obispos del Paraguay contemplamos con preocupación los muchos y serios problemas que vive nuestro pueblo. No queremos ser simples espectadores críticos del llamado proceso que está en marcha. Queremos sumar nuestro esfuerzo solidario y fraterno al de tantos compatriotas[254].

---

[250] J.M. MUNARRIZ, «La realidad exige», 16.
[251] «Entrevista con Monseñor Aníbal Maricevich Fleitas», 1989, 237.
[252] «Entrevista con Monseñor Aníbal Maricevich Fleitas», 1989, 237.
[253] «Entrevista con Monseñor Aníbal Maricevich Fleitas», 1989, 237.
[254] J. LIVIERES BANKS, «Entre lo necesario», 7.

Según el Obispo, la misión de evangelizar impone a la Iglesia una responsabilidad permanente, que se expresa en la atención a la situación real y a los problemas concretos del pueblo y del hombre que son evangelizados. En palabras sencillas, continuaba el Obispo: «la evangelización no puede ser hecha sin tener en cuenta la historia, las circunstancias concretas. De ahí que bien podemos decir que el esfuerzo por acompañar y compartir la vida del pueblo paraguayo es tarea indispensable de la Iglesia»[255]. Se pregunta, el Obispo, cómo ha de ser ese acompañamiento

> no se trata, con seguridad, de reemplazar a organismos y personas que tienen la responsabilidad y la competencia de buscar el bien común temporal [...]. Tampoco se trata de caer en el populismo demagógico, en la retórica barata y menos aún, en la irresponsable prédica de objetivos inalcanzables[256].

5.1 *Los desafíos del 90*

El golpe militar del 2 y 3 de febrero había encaminado el país hacia una transición que podía interrumpirse, sufrir un retroceso o llevar hacia la democracia. Se constituían como actores de peso de este proceso: las Fuerzas Armadas, los grandes propietarios de tierras, los agroexportadores, el sector financiero y, al final, los Estados Unidos. Fundamental, en esta etapa, era la despartidización de las Fuerzas Armadas, desde siempre punto neurálgico del poder del Estado. Por otro lado, se hacían cada vez más fuertes los reclamos por mejores condiciones de vida, sobre todo de parte de los miles campesinos sin tierra. Ejemplar fue el *Via Crucis* que organizaron 250 campesinos, provenientes del Departamento de Misiones. Después de una celebración eucarística, presidida por el Obispo Monseñor Carlos Milciades Villalba, empezaron a pie el trayecto de 226 Km. hasta Asunción[257]. Los acompañaron algunos sacerdotes, religiosos y religiosas. Salieron el 9 de noviembre y llegaron a Asunción el domingo 17 de noviembre. En la explanada de la Catedral les esperaban el Arzobispo de Asunción, Mons. Felipe Santiago Benítez, y otros obispos y religiosos. El día 18 de noviembre se dirigieron al Parlamento, para hacer escuchar sus reclamos[258]. Frente a los reclamos sociales, sobre todo del sector campesino, el nuevo Gobierno contestó con actitudes conservadoras e inclusive represivas, desalojando, con violencia, a los ocupantes de tierras[259].

---

[255] J. LIVIERES BANKS, «Entre lo necesario», 7.
[256] J. LIVIERES BANKS, «Entre lo necesario», 7.
[257] Cfr. «*Kurusu rape yvy rekávo*», 11; cfr. «La difícil conquista».
[258] Cfr. «Campesinos de Misiones», 11.
[259] Cfr. «Conflictos y violencia».

Los Obispos dieron a conocer, el 25 de julio de 1990, un documento sobre el proceso de transición hacia la democracia[260]. Escribía la revista *Acción*:

Desde hace tiempo había sido anunciado y se estaba esperando. Se estaba esperando, porque la Iglesia en nuestro país nunca estuvo ausente de la vida nacional, y las etapas hacia la transición que estamos viviendo, con toda su carga de esperanza y, a la vez, de incertidumbre, necesitan de luz y de compromiso[261].

Los Obispos comienzan el documento enumerando una larga serie de grandes problemas que el Paraguay vive en el momento actual. Unos, que pertenecen a casi todas las democracias, como el condicionamiento de la opinión pública por los poderosos medios de comunicación y el de los intentos de subordinación del orden moral a la voluntad de la mayoría. Otros, comunes a los restantes países latinoamericanos, como por ejemplo, el de las estridentes diferencias sociales, el de una democracia política que no se traduce en un ordenamiento social justo. Otros, más inherentes a la cultura paraguaya, como el de la falta de tradición participativa y la persistencia de una cultura autoritaria y la fragilidad de estructuras intermedias. Para enfrentar éstos, que los Obispos llaman dilemas y desafíos, se hace un llamado al hombre, «Porque toda la Doctrina Social de la Iglesia se inspira en el hombre y lo considera protagonista en la construcción de la sociedad, entendemos imprescindible señalarlo y decir que el Paraguay nuevo necesita hombres nuevos»[262]. La frase podría resultar vacía e inclusive altisonante, si no fuera el resultado de un largo camino que la Iglesia ha recorrido, o si los Obispos no se preocuparan de llenarla de un sólido contenido. El hombre nuevo será, en efecto, según los Obispos, el que sabe poner al hombre por encima de todas las instituciones y darle una atención especial. Por eso reiteran: «Ni las leyes que ordenan la vida política, ni los recursos económicos que se puedan arbitrar, ni siquiera el dinamismo entusiasta que apele a emociones y sentimientos nobles, serán suficientes para afirmar nuestra incipiente democracia si no hay hombres nuevos en la patria»[263]. Una afirmación que llega al corazón mismo de la Enseñanza Social de la Iglesia y que los Obispos profundizan aún más cuando, al finalizar el documento, hacen un llamado a la santidad, porque «Construir una nueva nación, un nuevo país, sobre la base de valores cristianos,

---

[260] Cfr. CEP, «Mensaje», 25 de julio de 1990.
[261] JOTAEME, «La jerarquía paraguaya», 13.
[262] CEP, «Mensaje», 25 de julio de 1990, 9.
[263] CEP, «Mensaje», 25 de julio de 1990, 9.

implica una necesaria aspiración a la santidad vivida incluso en un grado heroico, con serena confianza en las propias fuerzas y una firme esperanza cristiana»[264]. Los Obispos terminan el mensaje recordando el ejemplo de Roque González de Santa Cruz. En efecto él, junto con otros, constituye no sólo el modelo y el ejemplo, sino las raíces más profundas del pensamiento social paraguayo.

5.2 *Una educación para el cambio*

El 24 de marzo de 1991, Domingo de Ramos, la Conferencia Episcopal dio a conocer una carta pastoral sobre la Educación[265]. En la introducción, los Obispos afirman querer compartir con todos los paraguayos inquietudes y esperanzas, por los problemas y la situación actual de la educación. La carta responde, no sólo a la preocupación ante los problemas de la educación y sus consecuencias, sino que, afirman los Obispos «es nuestra "hambre y sed de justicia", es nuestra adhesión a la defensa de los derechos humanos, que reconocen el derecho a la educación, es nuestro corazón de pastores y nuestra vocación de seguidores de Cristo»[266].

La carta sigue el método de un análisis de la realidad, para pasar después a la evaluación de la misma, a la luz del Evangelio, y concluye con las propuestas concretas. El análisis de la realidad parte de un postulado: «Un potencial inmenso de sabiduría popular, acumulada en la tradición y la historia, está oculto, enterrado, como semilla sin fecundar, porque no hemos atinado aún a sacarla ("educere"), a desarrollarla, hacerla florecer y dar sus frutos»[267]. La primera parte de la carta se construye sobre esta base y demuestra cómo las potencialidades del hombre paraguayo se han quedado sin desarrollo, por falta de una educación adecuada. El primer problema que se debe enfrentar es el bilingüismo que, en lugar de ser una fuente multiplicadora de saber y de modos de sentir, se ha convertido en un obstáculo para la comunicación. El guaraní, la lengua con la que se comunica e identifica el pueblo paraguayo manteniéndolo vinculado a sus raíces, no ha logrado acceso a todos los bienes que aporta la educación. Entre las deficiencias que los Obispos enumeran, están no sólo la falta de conocimiento, sino de conciencia crítica; de capacidad en el diálogo y para el diálogo; de capacidad de reflexión; y de suficientes habilidades técnicas para el trabajo.

---

[264] CEP, «Mensaje», 25 de julio de 1990, 10.
[265] CEP, *La educación en el Paraguay*, 24 de marzo de 1991.
[266] CEP, *La educación en el Paraguay*, 24 de marzo de 1991, 9.
[267] CEP, *La educación en el Paraguay*, 24 de marzo de 1991, 6.

Al pasar a las exigencias de la educación, los Obispos parten de un tipo de antropología bien definido, que concibe al hombre como ser integral, que goza de la dignidad de ser imagen de Dios. Nos parece importante resaltar esta parte. Dicen, en efecto, los Obispos:

> Queremos al hombre comprometido en este mundo, pero abierto hacia Dios; con una vida que transcurre en el tiempo, pero que apunta a un destino más allá de la historia; ciudadano de la tierra, donde colabora en el Reino de Dios que se inicia aquí, y ciudadano del cielo donde el Reino llega a su plenitud; peregrino por los caminos de la tierra, en permanente tensión hacia lo eterno; un enamorado de la belleza del mundo que contempla sorprendido, y un ser inquieto que vive en la acción para transformarlo[268].

Después de una definición bien clara sobre del hombre, se pasa a definir la educación como un proceso, que va desde el nacimiento hasta la muerte, y tarea de una sociedad que comunica su cultura y transmite su herencia, para que sus miembros puedan mejorar y transformar la cultura y la sociedad en la que viven. Al hablar de los educadores, los Obispos destacan el momento histórico en el que ellos pueden educar para el cambio. Ningún proyecto de democracia se llevará a termino, sin el derecho a la educación y a los demás derechos. Comparten los Obispos, el dolor de tantos padres de familia sobre todo los campesinos que «ven a sus hijos sin futuro, analfabetos — quizás como ellos —, sin escuela y marginados del trabajo porque no pudieron capacitarse»[269].

En la tercera parte los Obispos pasan, a modo de sugerencias, a las propuestas concretas. Entre otras, destacamos la de una educación, que responda a las legítimas aspiraciones del pueblo; posibilite a todos salir de la pobreza; desarrolle la conciencia social capaz de rehacer el tejido social de la nación; asegure la justicia; oriente para encontrar el sentido de la vida. Los Obispos no se quedan en la enunciación, «sino que *aterrizan* en propuestas bien concretas de *medios necesarios* para alcanzarlos»[270]. En efecto, se enumera una serie de propuestas: que la escuela se transforme de institución en comunidad educativa; una ley sobre la educación; justa retribución para los docentes; descentralización y regionalización de la educación, «a fin de que los planes, currícula y programas estén orientados de acuerdo a la diversidad de situaciones de las distintas regiones del país»[271]. La última parte de la carta está dedicada a la educación popular, verdadero desafío para todos los que están

---

[268] CEP, *La educación en el Paraguay*, 24 de marzo de 1991, 10-11.
[269] CEP, *La educación en el Paraguay*, 24 de marzo de 1991, 14.
[270] J.M. MUNARRIZ, «Los Obispos y la educación», 25.
[271] CEP, *La educación en el Paraguay*, 24 de marzo de 1991, 18.

preocupados por la educación y a la Escuela Católica, lugar relevante dentro del sistema educativo paraguayo.

Los Obispos concluyen así:

Consideramos que estamos en un momento crucial de nuestra historia. Ella nos obliga a tomar decisiones audaces a fin de que el cambio que todos anhelamos responda a los desafíos de un Paraguay nuevo. Somos conscientes de que un cambio en el sistema educativo es el principio del cambio que necesita nuestra nación[272].

En medio de los tiempos nuevos, la Iglesia del Paraguay se va definiendo, entre el pasado que todavía está presente y el futuro que se va perfilando, y está dando criterios y luces, para poder iluminar el camino del hombre. Esta carta, en efecto, quiere dar algunas pistas para los nuevos desafíos que se presentan.

5.3 *Una Constitución para nuestro Pueblo*

El proceso de transición tuvo su primera etapa en las elecciones de los convencionales constituyentes, que se celebraron el domingo 1° de diciembre de 1991. En realidad, ésta representó uno de los momentos fundamentales de ruptura con el pasado[273]. La sesión inaugural de la Convención Nacional Constituyente se realizó el 30 de diciembre de 1991.

Los Obispos participaron de esta etapa de la vida nacional y, ya en setiembre de 1991, dieron a conocer una carta pastoral sobre este evento[274]. En efecto, en un momento en que la vida política presentaba no pocas dificultades, en que la democracia no estaba todavía consolidada, y los poderes que habían producido el golpe «a pesar de ellos mismos, tuvieron que ir aceptando lo que el proceso político, abierto por el golpe, les iba imponiendo»[275], los Obispos declaran ya desde el título, que la Constitución tiene que ser *para* el pueblo. Afirma un destacado autor: «El *para el pueblo* que aparece en el encabezado del documento, es más que un mero título. Es como el punto de vista y el enfoque de los Obispos. De ahí su singularidad y su valor especial entre otras propuestas que han ido apareciendo»[276]. La carta sugiere la perspectiva y el lugar bien exactos, desde dónde se tiene que mirar la realidad del país y lograr, así, una comprensiva y respetuosa consideración de sus dificultades y problemas, para elaborar una Constitución Nacional. Los

---

[272] CEP, *La educación en el Paraguay*, 24 de marzo de 1991, 9.

[273] Cfr. V.J. FLECHA – C. MARTINI, *Historia de la transición*, 307.

[274] CEP, *Una Constitución para nuestro pueblo*, 18 de setiembre de 1991.

[275] V.J. FLECHA – C. MARTINI,, *Historia de la transición*, 311.

[276] J.M. MUNARRIZ, «Los Obispos, la Constitución», 9.

Obispos indican algunos grupos, a quienes debe tener en cuenta la Constitución: los indígenas, los campesinos, los obreros, los minusválidos y los impedidos. Afirman: «Juzgamos que la nueva Ley Fundamental no puede omitir, como criterio inspirador, el respeto y la promoción de la dignidad de la persona humana que habita esta tierra. No puede, tampoco, dejar de lado la realidad de la sociedad paraguaya»[277]. Después de la introducción pasan a los elementos básicos de convivencia que una Ley Fundamental tendría que cuidar en su elaboración, ante todo «el anhelo generalizado de nuestro pueblo de superar el subdesarrollo en el que se encuentra»[278]. Esto se traduce en la demanda de justicia social, que presenta urgentes requerimientos como salud, educación, vivienda, fuentes de trabajo y salario justo. Al tratar la parte política, los Obispos señalan la necesidad de una cierta descentralización, porque «Un centralismo excesivo, derivado de la rígida organización unitaria del país, ha generado situaciones injustas y suscita un evidente malestar»[279]. Pero, subrayan también la importancia de la autonomía e independencia de los Poderes del Estado, porque «La perversión y el abuso de poder de parte del Ejecutivo fue una dolorosa experiencia»[280]. Entre las cuestiones de mayor preocupación, está «el problema de la tierra, de la reforma agraria y de la propiedad privada»[281] cuyas soluciones nunca podrán llegar como resultado de posturas egoístas y mezquinas. En la carta se señala también la importancia del problema ecológico, como preocupación que tiene en la actualidad creciente importancia. Otros temas, que para los Obispos revisten particular relevancia, son la familia, el general anhelo de superar la injusta discriminación que todavía sufre la mujer y, finalmente, el problema de los jóvenes, vinculado con la urgente necesidad de una reforma educativa. En esta carta tratan también del lugar de la Iglesia en la nueva Constitución. Fieles a los principios del Vaticano II, piden solamente que se respete su capacidad de organizar su propia vida, sin la injerencia del poder civil. En este problema, los Obispos tocan una serie de temas, que obstaculizaron su labor en la pasada dictadura y van a los detalles:

Este respeto comprende su autonomía interna, su libertad de acción y de organización en orden a la promoción humana y a la labor asistencial, igualmente en su labor pastoral, que abarca desde el culto, la libertad de

---

[277] CEP, *Una Constitución para nuestro pueblo*, 18 de setiembre de 1991, 6.
[278] CEP, *Una Constitución para nuestro pueblo*, 18 de setiembre de 1991, 7.
[279] CEP, *Una Constitución para nuestro pueblo*, 18 de setiembre de 1991, 8.
[280] CEP, *Una Constitución para nuestro pueblo*, 18 de setiembre de 1991, 8.
[281] CEP, *Una Constitución para nuestro pueblo*, 18 de setiembre de 1991, 9.

enseñanza y el testimonio de la fe, hasta el derecho de enjuiciar y de proclamar públicamente las exigencias de la moral y de la religión con respecto a los asuntos temporales[282].

Los Obispos no consideran fundamental la unión de la Iglesia con el Estado, sino «el bien común, la justicia, la verdad, la concordia, la reconciliación y el espíritu fraterno»[283]. Sin embargo, no juzgan necesaria una separación violenta y traumatizante.

El documento termina con algunas consideraciones sobre la puesta en vigencia de la nueva Constitución, para lo cual reiteran la necesidad de una profunda conversión de personas y una verdadera reforma de las estructuras «hecha con imaginación, audacia y buen sentido [...] que respete el protagonismo del pueblo y ofrezca continuada participación y responsabilidad del mismo en la construcción de un Paraguay mejor»[284]. Además, alientan los estudios, iniciativas y reuniones que preparen la Convención Constituyente.

En la misma fecha en que se realizó la sesión inaugural de la Convención Nacional Constituyente, los Obispos hicieron llegar a los Convencionales constituyentes un mensaje[285], que destaca cómo la Iglesia participó activamente en el proceso hacia la democracia.

En el mensaje, subrayan que el bien común es el eje, alrededor del cual tiene que desarrollarse el trabajo constitucional, y reiteran algunos puntos fundamentales ya citados en la carta anterior, entre ellos la atención a los indígenas y campesinos; advierten que no se nota todavía una posición «central y vigorosa para la promoción de sectores postergados»[286]. A partir de esta afirmación, se desarrolla una reflexión sobre la libre iniciativa económica, que parece haber dado mayores y mejores posibilidades de crecimiento que, sin embargo, si está elevada a norma absoluta, «lleva a abusos incontrolables y al bloqueo de la justicia social en el proceso de articulación de un país en vías de desarrollo»[287]. En efecto,

las grandes masas empobrecidas no estarán nunca en condiciones de salir de su postración económica por el solo automatismo de las leyes de mercado — manejadas en los hechos por poderosos intereses — si este sistema no es corregido oportunamente por medidas jurídicas y políticas[288].

---

282 CEP, *Una Constitución para nuestro pueblo*, 18 de setiembre de 1991, 14.
283 CEP, *Una Constitución para nuestro pueblo*, 18 de setiembre de 1991, 14.
284 CEP, *Una Constitución para nuestro pueblo*, 18 de setiembre de 1991, 16.
285 CEP, *Mensaje*, 30 de diciembre de 1991.
286 CEP, *Mensaje*, 30 de diciembre de 1991, 5.
287 CEP, *Mensaje*, 30 de diciembre de 1991, 6.
288 CEP, *Mensaje*, 30 de diciembre de 1991, 6.

Este tema se tiene que considerar, según los Obispos, con extremo realismo, porque en él se encierran los problemas centrales de la propiedad privada y del trabajo y, como consecuencia, resulta imposible postergar la reforma agraria. Ella se tiene que programar a partir de serios y complejos estudios, tarea ajena a la Constitución, cuyo propósito es de evitar que la materia pueda ser «postergada o tergiversada por medidas impropias de regímenes de turno»[289]. Por otro lado, los Obispos se preguntan si una Asamblea pueda dejar sin corrección

el escandaloso tráfico de las tierras perpetrado por el Estado mismo en las pasadas décadas, que ha llevado a la injustificable y dolorosa situación que les toca vivir a tantos compatriotas, y que todavía espera una reparación que hasta ahora no se ha podido o no se ha querido afrontar[290].

Finalmente, el mensaje reitera la importancia de un Estado, que no sea un obstáculo para el progreso de la sociedad y de una familia estable y fuerte en los valores, capaz de generar y educar.

Con este mensaje, los Obispos, una vez más, se pronuncian sobre hechos de la vida nacional. Como podemos notar, mientras en la Constitución de 1967, ellos intervinieron para evitar que el Poder Ejecutivo se transformara en un poder absoluto, y aplastara los derechos de los ciudadanos, la preocupación actual responde a las exigencias del momento presente, en las que vastos sectores, postergados en su anhelo de desarrollo, puedan encontrar una salida a su pobreza. La apertura democrática ponía de relieve otro tipo de llagas y heridas, que afectan a la realidad paraguaya a la que los Obispos tratan de iluminar con su palabra.

La Convención Nacional Constituyente empezó sus trabajos el 2 de enero de 1992 y su plazo de trabajo vencía en junio. Se presentaron 14 propuestas de proyectos constitucionales, y 108 propuestas parciales. En los primeros días, se trató de fijar una metodología de trabajo, que llevó al nombramiento de una Comisión Redactora, organizada en grupos de trabajo o subcomisiones, que se dividieron según los distintos aspectos normativos de la Constitución: declaración fundamental y derechos del hombre, derechos sociales y políticos, Poderes Legislativos y los demás temas de la nación, Poder Ejecutivo, Judicial y órganos autónomos y de control. Otra subcomisión cumplió la tarea de sistematizar el trabajo. Este esquema rompió «la lógica partidaria, para emerger una lógica racional en el marco de un diálogo serio y competente»[291]. El primer

---

[289] CEP, *Mensaje*, 30 de diciembre de 1991, 7.
[290] CEP, *Mensaje*, 30 de diciembre de 1991, 7.
[291] «Convención Nacional Constituyente. Un clima», 8.

borrador del proyecto constitucional se terminó a lo largo de tres semanas, y contaba con 298 artículos. Los artículos que desataron más polémica, en la parte de los derechos sociales y políticos, fueron aquellos referentes a la propiedad privada, la reforma agraria y la participación de los trabajadores en las ganancias de las empresas[292]. En la parte de los derechos y garantías, los temas más debatidos fueron los referidos a la libertad de expresión, la libertad de prensa y la libertad en el ejercicio del periodismo y, finalmente, al derecho a la vida[293]. El artículo referente a este último tema se expresaba así: «El derecho a la vida es inherente a la persona humana. Se garantiza su protección, en general, desde la concepción»[294]. La expresión *en general* desató una polémica porque resultaba ambigua. En efecto, el 25 de abril de 1992, la Conferencia Episcopal Paraguaya, emitió un comunicado en que señalaba que el artículo, aunque manifestara el propósito de consagrar el derecho a la vida, lo hacía «con ambigüedad a todas luces deliberada, para permitir en el futuro una legislación favorable al aborto»[295]. Sobre el mismo tema siguió otra «Carta al Presidente de la Convención Nacional Constituyente»[296] y una «Carta a los sacerdotes y familias religiosas, y a todos los fieles cristianos y a todos los hombres y mujeres de buena voluntad»[297]. En esta última carta, los Obispos así se expresan:

Reiteramos que nuestra defensa de la vida no se limita al caso de la vida en el seno materno, sino que se extiende a toda la vida humana. Juzgamos oportuna la legislación en contra de la pena de muerte y contra la guerra de agresión, así como en favor del respeto a las convicciones de quiénes se niegan a aceptar un entrenamiento militar[298].

Agregan:

Por la misma razón nos comprometemos a luchar por mejorar el nivel y la calidad de vida y la dignidad de todos los paraguayos. Por ello no podemos alabar el que se niegue en absoluto el derecho al voto a los paraguayos residentes en el extranjero y mucho menos aquellos artículos que, desde una concepción de la propiedad privada no solidaria e individualista, dificulta gravemente la reforma agraria, sin la cual tantas familias campesinas se ven condenadas a la miseria[299].

---

[292] Cfr. «Convención Nacional Constituyente. Trabajo», 7.
[293] Cfr. «Convención Nacional Constituyente. Declaraciones», 10.
[294] «Constitución Nacional 1992», Art. 4.
[295] CEP, «Comunicado», 25 de abril de 1992, 34.
[296] Cfr. CEP, «Carta», 13 de mayo de 1992.
[297] CEP, «Carta», 24 de mayo de 1992.
[298] CEP, «Carta», 24 de mayo de 1992, 43.
[299] CEP, «Carta», 24 de mayo de 1992, 43.

Así como se había propuesto por la Comisión Redactora, el artículo fue aprobado.

La jura de la Constitución se realizó el día 20 de junio de 1992. El 20 de agosto del mismo año, los Obispos emitieron la carta Pastoral que llevaba el título: *Ante la nueva Constitución*[300].

También en 1967, los Obispos, al finalizar los trabajos de la Asamblea Constituyente decidieron dar a conocer su opinión frente al nuevo texto. El contexto histórico es bien diferente, como diferente es la carta que vamos a analizar.

El enfoque del documento es el mismo que caracterizó la carta *Una Constitución para nuestro pueblo*. En efecto, el juicio sereno sobre el trabajo realizado, es a partir de las aspiraciones y necesidad del mismo «la libertad, la paz, la solidaridad, la justicia social»[301].

Los Obispos analizan, primero, el proceso constituyente como «experiencia constructiva en el caminar del país»[302]. Pasan, posteriormente, a una visión de conjunto de la nueva Constitución, para conocer la mentalidad que inspira el texto, cuya base es el positivismo jurídico, que fundamenta los derechos y libertades expresadas en el texto constitucional. Señalan, los Obispos, que la referencia primera no es Dios, sino el hombre «quien ordena la realidad conforme el dictamen de su propia y única razón, sin que esté basada en el concepto cristiano de una ley natural cuyo autor es Dios»[303]. Agregan, luego, que la nueva Carta Magna tiene una visión del hombre y de la sociedad no propiamente cristiana. En efecto, a pesar de invocar a Dios, en el preámbulo, no se parte de él. Los Obispos señalan, además, que el concepto de libertad proclamado en la Constitución es más una libertad «sin relación alguna con la moral, erigida como valor absoluto»[304].

Al analizar los aspectos positivos, destacan la mayor especificación y garantía de los derechos humanos en su conjunto, de manera que la nueva Constitución representa un avance respecto a la anterior. Además, es motivo de alivio, para los Obispos, la atención que se ha dado al idioma local, el guaraní, y a la educación; también señalan la importancia de que la nueva Constitución haya previsto un equilibrio de Poderes, reduciendo el arbitrario exceso de las funciones del Ejecutivo, y haya dado un valor superior a la misión independiente del Poder Judicial. Al

---

[300] CEP, *Ante la nueva Constitución*, 20 de agosto de 1992.
[301] CEP, *Ante la nueva Constitución*, 20 de agosto de 1992, 3.
[302] CEP, *Ante la nueva Constitución*, 20 de agosto de 1992, 5.
[303] CEP, *Ante la nueva Constitución*, 20 de agosto de 1992, 7.
[304] CEP, *Ante la nueva Constitución*, 20 de agosto de 1992, 7.

final los Obispos expresan satisfacción por los principios «de independencia, autonomía y cooperación en las relaciones entre el Estado y la Iglesia Católica»[305]. Muestran, también, complacencia por el reconocimiento de la libertad religiosa y de culto.

Entre los aspectos menos positivos, señalan el hecho de que la nueva Constitución no tenga «una concepción global de la convivencia a partir del bien común, ni una idea clara del hombre, de la sociedad y del Estado»[306]. En particular, destacan el ya citado Art. 4 sobre el derecho a la vida, el artículo de la libertad de prensa que, para ser auténtica, debería estar dirigida al bien común. Finalmente, los Obispos mencionan la reforma agraria y, en particular el tema de la propiedad privada, «y la extensión de esta a todos los hombres, pues es don de Dios para todos»[307]. Comparten «la desilusión de tantos paraguayos por la disposición constitucional que dispone criterios aceptables para la reforma, pero al mismo tiempo limita sus posibilidades reales al dificultar la expropiación»[308].

A pesar de los aspectos negativos, los Obispos destacan la importancia de un instrumento que, con la colaboración de todos, hará posible una nueva convivencia de manera que «queden relegadas la obsecuencia y el servilismo, la prepotencia y la soberbia, la cobardía y el interés mezquino»[309].

Con esta carta, la Iglesia en Paraguay concluye una etapa. En efecto, a pesar de que los Obispos escribieron otros documentos[310], nos parece que con este escrito sobre la Constitución pueda considerarse finalizada una labor pastoral, empezada hace años. Se concluye un proceso que había llevado a un pequeño grupo de Obispos, que conformaba la CEP, a iluminar el camino del hombre paraguayo, a defender, entre desilusiones y esperanzas, la dignidad de la persona humana, en los acontecimientos de la historia.

---

[305] CEP, *Ante la nueva Constitución*, 20 de agosto de 1992, 11.
[306] CEP, *Ante la nueva Constitución*, 20 de agosto de 1992, 13.
[307] CEP, *Ante la nueva Constitución*, 20 de agosto de 1992, 14.
[308] CEP, *Ante la nueva Constitución*, 20 de agosto de 1992, 14.
[309] CEP, *Ante la nueva Constitución*, 20 de agosto de 1992, 16.
[310] Cfr. CEP, *Brille la luz*, 12 de junio de 1993.

CONCLUSION

Hemos terminado un camino que ha abarcado un tiempo bastante largo. El resultado, a primera vista, puede ser sólo una interminable lista de acontecimientos que se desarrollan durante más de cincuenta años, y pertenecen en gran parte, a la vida de la Jerarquía en Paraguay. Pero, si miramos más detenidamente, encontramos en este proceso una especie de hilo conductor que guía las cartas de los obispos.

La continuidad que podemos comprobar está dada por lo que llamamos el corazón mismo de la Doctrina o Enseñanza Social de la Iglesia: el hombre. Alrededor de este eje podemos mostrar las distintas etapas que han caracterizado la enseñanza de la Iglesia del Paraguay que, en realidad, refleja el proceso de la Iglesia universal.

Lo que cambia es la concepción misma del hombre, a lo largo de los años que hemos analizado y esto determina las etapas de un proceso que se reflejan en los documentos elaborados por los obispos paraguayos.

Por eso hemos querido empezar esta evolución presentando las numerosas cartas de Mons. Juan Sinforiano Bogarín, en las que, sin restar importancia a su celo apostólico, destacamos una concepción del hombre bien clara que admite la realización de la salvación sobre todo en su alma, en su conciencia. Esto no impide que su enseñanza esté llena de consejos prácticos para los campesinos, pero la meta última es la que predomina. Los acontecimientos de la historia, íntimamente vinculados con la vida del hombre están todavía alejados de la vida de la Iglesia. En las cartas se afirma que el campesino es pobre porque le faltan los medios, porque muy a menudo cambia de lugar y de trabajo; no se mira más allá de estas afirmaciones, no se buscan las causas o, si se buscan, son causas que pertenecen a la esfera personal o interpersonal, nunca a la dimensión social. Según el Obispo, por ejemplo, todo se debe a la espantosa fiebre de ambición de dinero, de vanidad y de egoísmo. También en las relaciones de trabajo, los capitalistas han dejado de ser los padres, los consejeros, los protectores del obrero.

Podemos afirmar que la Iglesia del Paraguay refleja, en cierto sentido, el proceso de la Iglesia Universal, que primero se había dirigido a la ley moral y, luego se ha orientado más hacia el hombre concreto e histórico en todos sus aspectos.

Podemos decir que de una vivencia intimista, de una relación profunda con Dios que no abarcaba todas las dimensiones de lo real, se va llegando cada vez más a una noción de la fe, que no se agota en la relación directa de persona a persona, sino que abarca también las estructuras sociales, como algo que trasciende lo personal, pero, al mismo tiempo, lo condiciona.

Por eso, en este primer período se guardó silencio sobre muchos asuntos que, si bien afectaban al hombre en su dignidad, sin embargo no representaban un peligro para su salvación eterna. Un ejemplo lo podemos encontrar en la promulgación de la Constitución de 1940, que pudo ser aprobada sin que la Jerarquía levantara su voz. La misma carta colectiva sobre la prensa, tiene como objetivo principal enfrentar el mal, y difundir la doctrina cristiana, para defender *la ciudad sitiada*.

Pero, en esta perspectiva de atención al hombre, podemos notar los primeros cambios ya desde los años 40. Hemos intentado subrayarlos en la obra de Mons. Ramón Bogarín, cuya llegada representó como un viento nuevo, que iba a revitalizar el quehacer de la Iglesia en Paraguay. En esta línea hemos destacado la función del diario *Trabajo*, primer medio que se empeña en ser voz de los oprimidos, de los perseguidos, de los que sufren, sobre todo en uno de los momentos más trágicos de la historia del Paraguay, la revolución del año 1947. Los verdaderos cambios en la Jerarquía, sin embargo, se pudieron evidenciar sólo a partir de los años 60. A pesar de las voces aisladas de *profetas desarmados* como pudo ser la figura de P. Talavera, la Iglesia empezó a romper definitivamente el silencio sobre el hombre, sólo en esta época. Así se afirmó que la Iglesia, no sólo tiene el derecho de predicar la moral social, sino la misión de juzgar el valor de las estructuras y de las instituciones, con relación a la dignidad de la persona humana. Dignidad, que los Obispos quieren defender, sobre todo con respecto al campesino, al que no se le ve más como la persona que no quiere trabajar ni ahorrar, sino que su problemática se inserta en aquella más amplia del sector rural, golpeado con mayor crueldad por el desequilibrio social. Este desigualdad ya señalada en la *Mater et Magistra*, que constituyó para los Obispos del Paraguay la encíclica inspiradora. De este desequilibrio se buscan causas que no son sólo de orden espiritual, sino bien concretas, porque sería «una ingenuidad la actitud de muchos cristianos que lo esperan todo de una mera reforma de costumbres, sin esforzarse en modificar las estructuras para hacerlas más justas y más cristianas»[1].

Por otra parte, al tocar el tema desarrollo los Obispos saben que éste no es sólo de orden económico, sino que para ser tal tiene que respetar y promover, como afirma la *Mater et Magistra*, los verdaderos valores humanos, individuales y sociales. En efecto «ningún hombre debe verse obligado a elegir entre el pan y la libertad, porque o el pan es libre o no es humano»[2].

Desde entonces, también las Jornadas de los sacerdotes asumen el compromiso social y, en razón de él, alientan los movimientos, no sólo sindicales cristianos, sino sobre todo los movimientos agrarios. En efecto en el fluir de los acontecimientos de este período, podemos destacar cronológicamente el comienzo de las Ligas Agrarias.

Estas constituyen el punto neurálgico en el proceso evolutivo de la enseñanza social en Paraguay. En efecto, a lo largo de la dictadura, los campesinos, sobre todo los que participaron de estas organizaciones, fueron salvajemente reprimidos y pagaron las más duras consecuencias del despertar de su conciencia, poniendo fuertes interrogantes sobre el trayecto mismo de la Iglesia. La carta que los campesinos escribieron en 1978 a los Obispos que estaban a punto de reunirse en Puebla resume, según nuestro parecer, el más importante de los cuestionamientos que se le hace a la Jerarquía.

Pero, antes de afrontar este tema, sería importante subrayar el debate sobre la Constitución, en el que la Iglesia no sólo asumió el papel de defensa de un estado democrático, siguiendo las huellas de la *Pacem in terris*, sino que pudo poner fin al patronato por ser «una institución anacrónica, y lesiva de la autonomía corporativa interna de la Iglesia»[3].

Entraba así en Paraguay el soplo nuevo del Concilio que, marcando la justa autonomía de las realidades terrenas, al mismo tiempo, impulsaba a la Iglesia hacia fuera y, anulando su continuo intento de enrocamiento en la defensiva, presentaba al hombre como centro y sujeto privilegiado, no como instancia absoluta, sino como el gran desafío de los tiempos futuros.

El Concilio para el Episcopado Paraguayo significó descubrir un espíritu de servicio hacia este hombre, que se tradujo ante todo, en poner al desnudo todas las estructuras de pecado y, en primer lugar, la mentira de una dictadura que se presentaba como la única capaz de proporcionar al Paraguay el bienestar y sobre todo la paz.

---

[1] CEP, *El problema social paraguayo*, Pascua de Resurrección de 1963, 14.

[2] CEP, *El problema social paraguayo*, Pascua de Resurrección de 1963, 26-27.

[3] CEP, *Con motivo de la reforma total*, 25 de diciembre de 1966, 23.

Los tres documentos sobre la Constitución tienen este significado y, a pesar de los débiles resultados, son el primer intento de desenmascarar el poder absoluto de Stroessner.

Además el Concilio significó, para el Episcopado paraguayo, profundizar también la concepción del hombre, no como alguien que vive fuera de su espacio, sino «concreto y total, con alma, con corazón y conciencia, con inteligencia y voluntad»[4]. En efecto, escriben los Obispos,

> la Iglesia debe comprometerse con el hombre concreto. No puede añorarse la imagen de una Iglesia desencarnada y puramente «espiritualista», alejada de la realidad cotidiana e indiferente al proceso de cambio, entregada a obras asistenciales que no comprometan las estructuras socio-políticas vigentes[5].

Fue así como la Jerarquía, gracias también a un laicado concientizado por el movimiento de Acción Católica, pudo empezar a mirar las llagas abiertas de este hombre torturado, ensangrentado, concreto para romper su silencio y levantar su voz.

No podemos olvidar que esto fue posible gracias al aporte de Medellín que representó, no sólo la actuación y la lectura del Concilio para la Iglesia en América Latina, sino el grito de denuncia de una injusticia institucionalizada en el continente, cuya víctima es el hombre. En Medellín los Obispos habían afirmado que: «En la Historia de la Salvación la obra divina es una acción de liberación integral y de promoción del hombre en toda su dimensión que tiene como único móvil el amor»[6].

La Jerarquía empezó así a leer *los signos de los tiempos* en su propia historia, a denunciar las huellas del pecado en la miseria, en una violencia que aniquilaba al hombre paraguayo, sobre todo en las celdas de la dictadura, donde tampoco las más elementales necesidades podían cumplirse decorosamente. Se dejó así la intercesión silenciosa y secreta en los corredores de algún despacho, que tenía el sabor a favor y a concesión complaciente, para asumir la denuncia testimonial, valiente y profética, de lo que constituía una afrenta al rostro mismo de Dios. El caso de José Farías fue el emblema de una movilización popular, en el que la Iglesia no sólo dio adhesión, sino que se volvió espacio para los manifestantes.

En esta denuncia, la Iglesia se presenta, como señala la carta *Misión de nuestra Iglesia hoy*, «como signo de liberación total del hombre, comprometida con el hombre concreto que en su esfuerzo penoso a

---

[4] Juan XXIII, *Gaudium et Spes*, n. 3.

[5] Departamento de Ministerios de la CEP, «Sobre el ser», 16 de mayo de 1972, 506.

[6] CELAM, *II Conferencia General*, «1. Justicia», n. 4.

través de las vicisitudes de la historia lucha por su liberación en el orden temporal»[7].

Este compromiso con el hombre concreto llevó muy pronto a los Obispos a una creciente tensión con el poder de la dictadura que desató una violenta represión sobre todo contra estudiantes, campesinos y religiosos. En este momento de fuerte denuncia, la Jerarquía experimentó las consecuencias de un esfuerzo a favor de la dignidad la persona humana: «En cierto modo, es natural que así sea. Los esfuerzos de renovación de la Iglesia en la línea de una mayor autenticidad evangélica no pueden no chocar con los intereses del grupo y las ambiciones egoístas»[8]. Consecuencias que se abatieron sobre todo sobre el sector más humilde: los campesinos. En efecto como hemos ya subrayado, fueron ellos quienes sufrieron las más duras represiones.

La Jerarquía no dudó en utilizar los medios a su alcance, para llegar a una solución: la suspensión de la procesión del 8 de diciembre de 1969 en Caacupé, el intento de entrevistarse con Stroessner, el decreto de excomunión del 10 de marzo de 1971, la suspensión por un día de la celebración de la Santa Misa. Sin embargo, no fueron suficiente para que la ola de represión cesara. Stroessner nunca «se olvidaba de pasar la cuenta a la Iglesia» por sus pronunciamientos, cuenta que caía casi inevitablemente sobre los más pobres.

Los Obispos no se olvidan en esta situación que si «hay injusticias, si hay hambre, si hay presos políticos si hay falta de libertad, si los derechos de la Iglesia han sido pisoteados, es porque todos somos culpables»[9].

En este período los documentos de los Obispos en defensa del hombre se acompañan con los gestos que, por su carácter, asumen el valor de símbolos: el usual mensaje de Navidad, que el nuevo Arzobispo de Asunción Mons. Rolón envió desde su Cátedra apostólica, y no desde el Palacio Presidencial, o la no asistencia a las sesiones del Consejo de Estado en 1971.

Como dirá Mons. Rolón, la Iglesia no tenía nada que hacer ahí; en cuanto partidaria de la libertad, no podía dar la impresión al pueblo de estar asociada o empleada con el Gobierno.

Iluminado con los aportes del Sínodo de los Obispos de 1971, *La justicia en el mundo*, donde se afirmaba que «Es dimensión constitutiva de la misión de la Iglesia la redención del género humano y la liberación

---

[7] CEP, *La Misión*, 23 de abril de 1969, 6-7.

[8] CEP, «Carta abierta», 29 de junio de 1972, 513.

[9] «Caacupé centro de unidad», 5.

de toda situación opresiva»[10], en la Carta al Ceremonial del Estado, Mons. Rolón escribirá:

> todo hecho de emancipación, aun a nivel político, no es extraño al concepto cristiano de liberación o salvación. Justamente la misión de Cristo y de su Iglesia es promover en el tiempo, hasta la consumación final, la liberación de todo el hombre y de todos los hombres, de las múltiples formas de esclavitud que son consecuencias del pecado, tal como lo ha enseñado siempre la Iglesia[11].

Los Obispos comprueban que, allí donde la Iglesia seguía su andar tradicional con sus cultos, sus devociones, que no llamaba a una fe más comprometida con el amor al hombre, todo continuaba tranquilo, todo andaba bien. Por el contrario, donde se había iniciado una labor pastoral a la luz del Vaticano II y de Medellín todo se volvía sospechoso para las autoridades de la dictadura: los sacerdotes, los cristianos más comprometidos y las nuevas organizaciones de católicos, sobre todo las Ligas Agrarias.

Se experimentó, entonces, una paulatina pérdida de las fuerzas más vivas de la Iglesia, ya sea porque muchos religiosos fueron desterrados, ya sea porque las numerosas crisis sacerdotales internas restaron empuje al compromiso tomado. Parecía, en realidad, que la marcha empezada estuviese mermando por dificultades internas y externas.

El régimen de Stroessner, con astucia, al comienzo intentó una propaganda difusa contra Obispos y sacerdotes y, luego, quiso apartar a los fieles cristianos de ellos, presentando a unos y a otros como personas falsas que deseaban llevar el país al caos y al comunismo.

Cuando se lanzó el año de Reflexión Eclesial, la Jerarquía quiso tomar un espacio para evaluar su compromiso, como se dijo en la carta *Año de Reflexión Eclesial*. Pero, al mismo tiempo, esto representó un momento de dialéctica entre una «mentalidad desencarnada y ahistórica» y «una postura demasiado radical e impaciente». Dirán más tarde los Obispos que no se puede reducir el Evangelio a los derechos humanos y a un violento reclamo contra la injusticia de los poderosos ni tampoco restringirlo a una abstracta proclamación de los misterios divinos. Al mismo tiempo con las dos cartas *Conversión y Reconciliación* y *Sobre la necesaria conversión en la hora actual* se intenta la vía de la mediación, sobre todo con el Decreto N° 55 del 10 marzo de 1971, en el que se levantaron las penas y censuras de excomunión contra el

---

[10] «Synodus Episcoporum *de Justitia in Mundo*», 924.
[11] B.I. ROLON, «Carta», 10 de mayo de 1972, 497-498.

Ministro del Interior Sabino Montanaro y todos los que habían colaborado en el secuestro del P. Uberfil Monzón.

En esta dialéctica entre las dos postura, podemos decir que el hombre, en un cierto sentido, había quedado apartado. En efecto, según nuestro parecer, el proceso de concientización del campesino había empezado ya y a la mitad del camino, cuando estaba en juego la vida de muchos pobres, no se podía preguntar si se estaba recorriendo el sendero apropiado. Sin restar importancia a la reflexión, sin duda justa y necesaria, creemos que no se podía silenciar la denuncia ineludible sobre los muchos campesinos torturados, hechos que en cierta medidas se acallaron, como lo demuestra el tiempo de silencio ya destacado en nuestro trabajo. Si bien era cierto que no se podía jugar a la pastoral, como señaló Mons. Benítez, sin embargo, era necesario respaldar un compromiso empezado, que para muchos cristianos significó, en este período de dictadura, el encuentro real con el misterio pascual a través de una verdadera pasión y muerte.

Frente a esta realidad de sufrimiento, muerte, cruz y martirio, cualquier palabra o reflexión encontraría sus límites; estos son los acontecimientos que, en cierto modo, miden el compromiso concreto por el hombre y abren interrogantes sobre el caminar mismo de los Obispos. Por eso, este momento constituye el punto neurálgico de la enseñanza social de la Iglesia en Paraguay, y el interrogante más profundo sobre su camino a lo largo de los años.

El Año de Reflexión, a pesar de ser un momento fecundo, por el cual la Iglesia pudo lanzarse hacia una planificación necesaria para aunar sus esfuerzos, sin embargo representó, una tensión entre dos posturas, que creó incertidumbre en la Iglesia, y dio espacio a la dictadura para tomar sus medidas represivas.

En todo caso, fue en este momento cuando los Obispos abrieron el camino de la reflexión y, posteriormente, la elaboración del Plan de Pastoral Orgánica, motivados por la urgencia apostólica de responder a los problemas acuciantes del momento.

Se da entonces un proceso en el que a la denuncia a favor de la persona humana y a su dignidad, se suma la búsqueda de un análisis de la realidad, para encontrar opciones, para actuar orgánicamente como cuerpo con objetivos y finalidades comunes, para mejorar el compromiso con el hombre, disminuido en su dignidad. Eso no se dio sin tensiones que tuvieron su precio.

A mediados de los años 70, entonces, la Iglesia se lanzó en la tarea del Plan de Pastoral Orgánica, en el que podemos decir que, no sólo se aunaron los esfuerzos, sino que se programaron los objetivos a corto y largo plazo, para que la lucha no fuera estéril, sino que pudiera llevarse adelante con la ayuda de todos. Para que esto se pudiera cumplir, era necesario reflexionar, organizarse, actuar con inteligencia.

Por otro lado, como hemos señalado, en la realidad nacional se asistía a profundos cambios, entre los que se destaca la construcción de las obras de Itaipú y Yacyretá. Estas, en efecto además de su incidencia económica, iban a marcar el nacimiento de nuevas pautas culturales y sociales, creando nuevas escalas de valores y formas de vida, que cambiarán la forma del ser mismo en el hombre paraguayo, como afirman los Obispos, en la carta *Sobre la necesaria conversión en la hora actual*. Por otro lado, se realizaba una radicación siempre más vigorosa de un sistema socio-político que se había demostrado mucho más resistente de lo que se había imaginado.

El Plan de Pastoral Orgánica era «hijo» del dolor de la Iglesia que, en medio de dificultades, tormentas, enfrentamientos y emergencias, venía a encarnar su mensaje. Pero, como lo dirá Mons. Benítez, el Plan era «hijo» de las nuevas perspectivas pastorales trazadas, no sólo por el Concilio y la Conferencia General del Episcopado en Medellín, sino por la Exhortación Apostólica *Evangelii Nuntiandi*. En ella, la tarea de evangelizar no sólo constituye la identidad más profunda, sino que se hace más urgente por «los cambios amplios y profundos de la sociedad»[12].

A la luz de este documento la Iglesia del Paraguay pudo definir lo que debía ser su misión, e «interpretar el rumbo que pueda tomar la historia y de discernir en ella lo que actualmente pueda hacerla cambiar o mejorar de rumbo»[13].

En esta tarea, los Obispos subrayaron, según la *Evangelii Nuntiandi*, los vínculos muy estrechos entre evangelización y promoción humana, desarrollo y liberación, y afirmaron que, en la obra de evangelización, no se puede y no se debe olvidar las cuestiones graves, que atañen a la justicia, a la liberación, al desarrollo y a la paz del mundo. Pero, al mismo tiempo, los Obispos del Paraguay pudieron enriquecer también su reflexión desde una dimensión histórico cultural, en la que destacaron la sufrida y larga trayectoria del hombre paraguayo, despojado de su cultura.

Por este motivo, la tercera Conferencia General del Episcopado Latinoamericano, en Puebla, impulsó aún más a la Iglesia del Paraguay, en la gran tarea de la evangelización del hombre en su cultura.

---

[12] PABLO VI, *Evangelii Nuntiandi*, n. 14.
[13] CEP, *Plan de Pastoral Orgánica*, 1977, 41-42.

En este proceso, que se va desarrollando y que en esta conclusión intentamos resumir, los Obispos, con el Plan de Pastoral Orgánica, llegan a poder definir metas, objetivos e instrumentos que se manifestarán muy fecundos para los años siguientes. Las Semanas Sociales y la participación en el Comité de Iglesias, son algunos ejemplos que hemos destacado, como frutos de la organización y de los objetivos, que la Iglesia se había puesto, para poder hacer frente a una situación que, por largo tiempo, fue de emergencia.

Fue así como la problemática del hombre y en especial del campesino, motivo de preocupación constante de la Jerarquía desde el episcopado de Mons. Juan Sinforiano Bogarín, se fue profundizando. Esto llevó a los Obispos, no sólo a hacer algunas declaraciones contra los continuos atropellos, sino también a encarar la problemática de la tenencia de la tierra en todo su significado, en la que se intentó comprometer el mayor número de laicos. Fue así como, antes de llegar a la carta pastoral sobre la tierra, se había podido preparar el terreno, para un diagnóstico claro del problema. De esta forma la Jerarquía camina siempre más hacia el hombre para defenderlo en su dignidad. Queremos destacarlo una vez más: a través de la definición de los objetivos y de una organización que permite no sólo la denuncia, siempre necesaria, sino también alcanzar metas concretas. Esto se logró sobre todo mediante un paulatino despertar de la conciencia del hombre que pudo no sólo encontrar espacio en la iniciativa que la Jerarquía puso en marcha, sino que encontró a los mismos Obispos aliados para la búsqueda del bien común.

Con esto, llegamos a la iniciativa del Diálogo Nacional, con la cual los Obispos, frente a una situación delicada, quisieron hacer un gesto de servicio, y proponerse como espacio de diálogo, para todos los sectores de la opinión pública. El diálogo fue, así, un llamado a todos, a la participación del bien común.

Sin este amplio llamado no habría sido posible empezar a crear la conciencia nueva, y el hombre nuevo que necesitaba el Paraguay, para salir de la larga noche de la dictadura. En efecto, el sistema político parecía, no sólo volverse más sordo, sino que había creado también un miedo generalizado que los mismo Obispos detectaron al concluir la empresa del diálogo.

En este camino hacia la dignidad del hombre, los Obispos sintieron muy de cerca el respaldo de Su Santidad Juan Pablo II que, en el mismo Palacio de Gobierno afirmaba: «Todo creyente, si es consecuente con su compromiso cristiano, será también un decidido defensor de la justicia y de la paz, de la libertad y de la honradez en el ámbito público y privado, de la defensa de la vida y en favor de los derechos de la persona humana»[14].

Con estas premisas, el golpe del 2 y 3 de febrero de 1989, a pesar de haber sido una cuartelada entre consuegros, encontró, sin embargo un terreno preparado, donde la Jerarquía jugó un papel importante, en despertar la conciencia del hombre paraguayo.

Cuando la madrugada del 3 de Febrero Mons. Rolón, una vez más a través de un gesto simbólico, recorre los hospitales para visitar a «los niños vestidos de soldados», subraya la importancia que reviste para la Iglesia el hombre de cualquier condición y en cualquier momento. Al mismo tiempo muestra el rostro de una Iglesia libre de cualquier atadura con el nuevo poder. Como dirá Mons. Maricevich, «Nosotros nunca nos hemos casado con ningún Gobierno ni con ninguna persona, ni menos todavía ahora»[15].

Los años sucesivos al cambio de gobierno representan el esfuerzo de la Jerarquía para asumir un compromiso renovado no ya con el hombre encerrado en las celdas de la dictadura, sino con los rastros que ella misma había dejado en él.

La carta sobre la educación, por ejemplo, no es sino el intento de poner de relieve las potencialidades de una cultura constantemente postergada por una voluntad política. Por eso, los Obispos subrayan que no se puede borrar en un momento lo que se ha ido construyendo a lo largo de los años. Además enriquecidos por el fecundo aporte del pontificado de Juan Pablo II, acerca del hombre[16], subrayan que el saneamiento moral de la nación tiene que ser acompañado por un hombre nuevo[17].

Continúa en este período el compromiso de los Obispos por el campesino a través del acompañamiento constante hacia la búsqueda de soluciones, como lo muestra por ejemplo la marcha de los campesinos de la Diócesis de Misiones. En esta ocasión la Iglesia dio su apoyo decidido a los que participaron en la marcha en la Catedral de Asunción. Además la CEP no deja de denunciar, en el difícil camino hacia la democracia, la necesidad de promover una cultura de participación, y la creación de estructuras intermedias, porque, como recuerda Juan Pablo II,

la socialidad del hombre no se agota en el Estado, sino que se realiza en diversos grupos intermedios, comenzando por la familia y los grupos económicos, sociales, políticos y culturales, los cuales, como provienen de la

---

[14] Juan Pablo II, «Asunción», 1483.
[15] «Entrevista con Monseñor Aníbal Maricevich Fleitas», 1989, 237.
[16] Cfr. J.-Y. Calvez, El hombre.
[17] Cfr. CEP, La educación en el Paraguay, 24 de marzo de 1991, 11.

misma naturaleza humana, tienen su propia autonomía sin salirse del ámbito del bien común[18].

En cuanto al compromiso tomado por la Jerarquía en el debate de la Convención Nacional Constituyente éste representa el final de un largo camino donde se puede ver la preocupación por que el hombre sea puesto por encima de todas las instituciones. Al evaluar el texto de la Constitución recién promulgada, se subraya el vínculo del ser humano para con su Creador y se recuerda lo que Juan Pablo II afirma en la *Centesimus annus*: «solamente la fe revela plenamente su identidad verdadera, y precisamente de ella arranca la doctrina social de la Iglesia, la cual, valiéndose de todas las aportaciones de las ciencias y de la filosofía, se propone ayudar al hombre en el camino de la salvación»[19].

En nuestra introducción nos proponíamos también sacar algunas pistas prácticas para con nuestro trabajo pastoral en al parroquia de Capitán Bado.

En primer lugar, podemos decir que al emprender un camino de concientización y de denuncia a favor del hombre siempre se tiene que mirar en la perspectiva y prever por lo menos en general, los efectos que va a producir. De esta manera no se correrá el riesgo de detener, a mitad de camino, el trabajo empezado. La reflexión y la planificación se tornan difíciles a mitad del camino: ellas tienen que ser una constante en el proceso de acompañamiento del hombre en su lucha por sus derechos.

Podemos afirmar además que no se puede llevar adelante un trabajo de compromiso por el hombre sin una comunidad unida que ponga de lado las tensiones internas que sólo perjudican el camino iniciado o a iniciar.

En fin, nunca tenemos que olvidar que el verdadero agente de su liberación es el hombre mismo, a él le toca aportar toda la imaginación, inteligencia y esfuerzo, para la solución al menos en parte de sus muchos problemas. En efecto como dijo Juan Pablo II, a los campesino del Paraguay «Muchas veces el anhelo de soluciones absolutas realizadas por otros puede ocultar la huida del esfuerzo diario e inteligente»[20]. De este modo se evita buscar soluciones a los problemas fuera del mismo hombre y se proclama para la Iglesia «la apremiante necesidad de renovar moralmente los espíritus, de cambiar a los hombres desde adentro, de hacerles volver a las raíces más hondas de su humanidad»[21].

---

[18] JUAN PABLO II, *Centesimus annus*, n. 13.

[19] JUAN PABLO II, *Centesimus annus*, n. 54.

[20] JUAN PABLO II, «Villarica», 1511.

[21] JUAN PABLO II, «La homilía», 877.

En fin, el ejemplo de este pequeño grupo de Obispos nos enseña que

Quien quisiera renunciar a la tarea, difícil pero exaltante, de elevar la suerte de todo el hombre y de todos los hombres, bajo el pretexto del peso de la lucha y del esfuerzo incesante de superación, o incluso por la experiencia de la derrota y del retorno al punto de partida, faltaría a la voluntad del Dios Creador[22].

---

[22] JUAN PABLO II, *Sollicitudo Rei Socialis*, n. 30.

SIGLAS Y ABREVIATURAS

aAA	archivo del Arzobispado de Asunción
AAS	*Acta Apostolicae Sedis*
AC	Acción Católica
AN	Acuerdo Nacional
ANR	Asociación Nacional Republicana
ArchRH	Archivo Particular Comunidad *Redemptor hominis*, Capitán Bado
art.	artículo
Cartas	*Cartas Pastorales, 1895-1949, Sondeos* 30 (1969) [revista cuyo número 30 (1969) está dedicado a las cartas de Mons. J.S. Bogarín]
CELAM	*Consejo Episcopal Latinoamericano*
CEP	Conferencia Episcopal Paraguaya
CESI	Centro y Colegios Incorporados
cfr.	confronta
CivCatt	*La Civiltà Cattolica*
CNRDHC	Comision Nacional de Rescate y Difusion de la Historia Campesina
CPS	Cuadernos de Pastoral Social
CPT	Confederación Paraguaya de los Trabajadores
CTP	Confederación de Trabajadores del Paraguay
D.	Don
D47	GONZALEZ DELVALLE, A., *El drama del 47. Documentos secretos de la guerra civil*, Asunción 1987
DENAPRO	Departamento Nacional de Propaganda
Dpto.	Departamento
Dr.	Doctor
ed.	a cargo de
EEUU	Estados Unidos

ENL	Equipo Nacional De Laicos
ENPS	Equipo Nacional de Pastoral Social
etc.	etcétera
Excia.	Excelencia
Excmo.	Excelentísimo
FBI	Federal Bureau of Investigation
FENELAC	Federación Nacional Ligas Agrarias Cristianas
FEPRINCO	Federación de la Producción, la Industria y el Comercio
FERELAC	Federación Regional Ligas Agrarias Cristianas
FERELPAR	Federación de Religiosos del Paraguay
FESA	Federación de Estudiantes Secundarios de Asunción
FFAA	Fuerzas Armadas
FULNA	Frente Unido de Liberación Nacional
FUP	Federación Universitaria del Paraguay
Gral.	General
Gs.	Guaraníes
Has	Hectáreas
HOP	Hablan los Obispos del Paraguay
Hs.	Horas
IBR	Instituto de Bienestar Rural
Id.	el mismo autor
INCP	CONFERENCIA EPISCOPAL PARAGUAYA – PASTORAL SOCIAL, *La Iglesia y la Nueva Constitución del Paraguay*, Asunción 1992
ISH	CONFERENCIA EPISCOPAL PARAGUAYA, *Una Iglesia al servicio del hombre. Año de Reflexión Eclesial*, Asunción 1973
JAC	Juventud Agraria Católica
JAL	Junta Arquidiocesana de Laicos
JEC	Juventud Estudiantil Católica
JOC	Juventud Obrera Católica
JOCF	Juventud Obrera Catolica Femenina
Km.	Kilómetro, Kilómetros
KOGA	Coordinación de Bases Campesinas Cristianas
Mons.	Monseñor
MOPOCO	Movimiento Popular Colorado
n.	número
N°	número
OPM	Organización Primero de Marzo
OR	*L'Osservatore Romano*

ORO	Organización Republicana Obrera
P.	Padre
Pbro.	Presbítero
PDC	Partido Demócrata Cristiano
PLR	Partido Liberal Radical
PLRA	Partido Liberal Radical Auténtico
PNP	ROLÓN, B.I., *La palabra de nuestro pastor*, Asunción 1984
PP.	Padres
PRF	Partido Revolucionario Febrerista
REc	*Revista Eclesiástica*
Rvmo.	Reverendísimo
s.a.	sin año
S.E.	Su Excelencia
SEU	Servicio Extensión Universitaria
s.l.	sin lugar
s.l.n.a.	sin lugar ni año
s.p.	sin página
Sr.	Señor
Sra.	Señora
TDD	EQUIPO NACIONAL DE PASTORAL SOCIAL – CONFERENCIA EPISCOPAL PARAGUAYA, «*La tierra, don de Dios para todos*» «*Toda familia tiene derecho a un hogar asentado sobre tierra propia*» *(Constitución Nacional, Art. 83)*, Cuadernos de Pastoral Social 1, Asunción 1983
Tte.	Teniente
UC	Universidad Católica
Ud.	Usted
UIP	Unión Industrial Paraguaya
VEP	Venerable Episcopado del Paraguay

BIBLIOGRAFIA

1. Documentos eclesiásticos

1.1 *Documentos pontificios, conciliares y sinodales*

JUAN XXIII, «Litterae Encyclicae *Mater et Magistra*», *AAS* 53 (1961) 401-464.

—————, «Litterae Encyclicae *Pacem in Terris*», *AAS* 55 (1963) 257-304.

PABLO VI, «Litterae Encyclicae *Populorum Progressio*», *AAS* 59 (1967) 257-299.

—————, «Epistula Apostolica *Octogesima Adveniens*», *AAS* 63 (1971) 401-441.

—————, «Adhortatio Apostolica *Evangelii Nuntiandi*», *AAS* 68 (1976), 5-76.

JUAN PABLO II, «Litterae Encyclicae *Redemptor Hominis*», *AAS* 71 (1979) 257-324.

—————, «La homilía durante la Liturgia de la Palabra en Cuzco», 3 de febrero de 1985, *AAS* 77 (1985) 874-881.

—————, «Litterae Encyclicae *Sollicitudo Rei Socialis*», *AAS* 80 (1988) 513-586.

—————, «Radiomessaggio al popolo del Paraguay», 14 de mayo de 1988, en *Insegnamenti di Giovanni Paolo II*, XI/2 (1989) 1415-1416.

—————, «Asunción: l'incontro con il Presidente, le Autorità e il Corpo Diplomatico», 16 de mayo de 1988, en *Insegnamenti di Giovanni Paolo II*, XI/2 (1989) 1482-1487.

—————, «Villarica: l'omelia alla Messa per gli agricoltori in un campo vicino all'aeroporto», 17 de mayo de 1988, en *Insegnamenti di Giovanni Paolo II*, XI/2 (1989) 1505-1514.

—————, «Encuentro con los Constructores de la Sociedad», 17 de mayo de 1988, *AAS* 80 (1988) 1612-1618.

—————, «Litterae Encyclicae *Centesimus Annus*», *AAS* 83 (1991) 793-867.

—————, «Discorso ai partecipanti al Convegno europeo promosso dal Pontificio Consiglio della Giustizia e della Pace», *OR* (21 de junio de 1997) 4.

CONCILIO VATICANO II, «Constitutio Pastoralis de Ecclesia in Mundo Huius Temporis *Gaudium et Spes*», *AAS* 58 (1966) 1025-1120.

«Synodus Episcoporum *de Justitia in Mundo*», *AAS* 63 (1971) 923-942.

1.2 *Documentos latinoamericanos*

CELAM, *I Conferencia General del Episcopado Latinoamericano. Río de Janeiro, 1955. Conclusiones*, Città del Vaticano 1956.

————, *II Conferencia General del Episcopado Latinoamericano. Medellín: conclusiones. La Iglesia en la actual transformación de América Latina a la luz del Concilio*, Bogotá 1968.

————, *III Conferencia General del Episcopado Latinoamericano. Puebla: La Evangelización en el presente y en el futuro de América Latina*, Bogotá 1979.

————, *IV Conferencia General del Episcopado Latinoaericano. Santo Domingo. Nueva evangelización, promoción humana, cultura cristiana*, Santafé de Bogotá 1992.

2. Documentos de los Obispos de Paraguay[1]

1895

BOGARIN, J.S., «Carta (3 de febrero de 1895)», en *Cartas*, 3-10.

————, «*Militia est vita hominis super terram* (24 de febrero de 1895)», en *Cartas*, 13-61.

1896

————, «Sobre la Francmasoneria (abril de 1896)», en *Cartas*, 69-188.

————, «En ocasión del establecimiento de la Escuela de Artes Oficios (19 de agosto de 1896)», en *Cartas*, 191-198.

1898

————, «*In te Domine speravi, non confundar in aeternum* (20 de febrero de 1898)», en *Cartas*, 205-226.

————, «A la Honorable Cámara de Senadores a la ocasión de tratarse del proyecto de ley sobre Matrimonio Civil (4 de octubre de 1898)», en *Cartas*, 227-246.

————, «En ocasión de tratarse en las Camaras Legislativas del Proyecto de Ley sobre el matrimonio civil (13 de octubre de 1898)», en *Cartas*, 247-329.

---

[1] Las fuentes que hemos tomado son los Documentos de los Obispos hechos públicos a través de sus distintos organismos. Para resaltar la evolución del pensamiento de la Conferencia Episcopal hemos clasificado estos documentos siguiendo un orden cronológico. Esta clasificación incluye cartas de obispos y de la Conferencia Episcopal. El reducido número de los integrantes de la jerarquía paraguaya ha facilitado la adopción de este método. Las fuentes de archivo también nos han ayudado a respaldar el trabajo.

BOGARIN, J.S., «Nos los representantes de la Nación Paraguaya, reunidos en Convención Nacional Constituyente (25 de noviembre de 1898)», en *Cartas*, 330-336.

1899

————, «En ocasión de partir a Roma para la visita *ad límina* (6 de marzo de 1899)», en *Cartas*, 345-351.

————, *En ocasión de su regreso del Concilio Plenario Latino-Americano* (1° de octubre de 1899), Asunción 1899.

1900

————, *En ocasión de la santa cuaresma* (20 de febrero de 1900), Asunción 1900.

————, *En ocasión del fin del siglo y homenaje a Cristo Redentor* (15 de diciembre de 1900), Asunción 1900.

1901

————, *En ocasión de la prórroga del Jubileo* (1° de mayo de 1901), Asunción 1901.

1903

————, *Sobre pedido de contribución para el Seminario Conciliar* (20 de abril de 1903), Asunción 1903.

1905

————, «En ocasión de la celebración de la paz (14 de enero de 1905)», en *Cartas*, 461-470.

————, «Pastoral (23 de abril de 1905)», en *Cartas*, 471-501.

————, «Pastoral (18 de junio de 1905)», en *Cartas*, 503-508.

1906

————, «Prohibiendo los velorios (19 de marzo de 1906)», en *Cartas*, 509-515.

————, *Señoras y Señores Contribuyentes a favor de los alumnos más necesitados del Seminario* (10 de abril de 1906), s.l.n.a..

1907

————, *Con ocasión de la peregrinación internacional de la América del Sur a realizarse a los Santos Lugares y a Roma* (10 de julio de 1907), s.l.n.a..

1909

————, «Carta Pastoral (31 de agosto de 1909)», en *Cartas*, 521-526.

1911

————, «En ocasión del 1er. centenario de la Independencia Nacional (14 de mayo de 1911)», en *Cartas*, 529-539.

1914

BOGARIN, J.S., «Sobre la agricultura (22 de febrero de 1914)», en *Cartas*, 553-581.

1915

————, «Sobre el Lujo (3 de febrero de 1915)», en *Cartas*, 587-609.

1919

————, «Sobre el divorcio (14 de mayo de 1919)», en *Cartas*, 619-629.

1920

————, «Carta Pastoral (15 de diciembre de 1920)», en *Cartas*, 631-635.

1921

————, *Deberes y derechos políticos de los católicos* (24 de enero de 1921), s.l.n.a..

1922

————, «Pastoral sobre el XXVI Congreso Eucarístico Internacional (4 de mayo de 1922)», en *Cartas*, 637-642.

1925

————, «Carta Pastoral (25 de abril de 1925)», en *Cartas*, 643-645.

1927

————, «Pastoral de Monseñor Bogarín con motivo del 32°. aniversario de su consagración episcopal (3 de febrero de 1927)», en *Cartas*, 653-661.

1928

————, *Pastoral sobre el tercer centenario del martirio de los Padres Roque González de Santa Cruz, Alonso Rodríguez y Juan de Castillo* (7 de noviembre de 1928), s.l.n.a..

————, «Pastoral sobre el conflicto internacional (25 de diciembre de 1928)», en *Cartas*, 663-664.

1930

————, «Carta Pastoral sobre funciones patronales (23 de febrero de 1930)», en *Cartas*, 665-671.

1931

————, «Carta Pastoral (15 de febrero de 1931)», en *Cartas*, 673-678.

————, «Pastoral sobre la necesidad de la enseñanza religiosa en las Escuelas (15 de diciembre de 1931)», en *Cartas*, 679-685.

1935

————, «Mensaje al pueblo paraguayo (julio de 1935)», en *Cartas*, 697.

1936

VEP, *Sobre el 4to. Centenario de la Fundación de la ciudad de Asunción* (31 de julio de 1937), Asunción 1936.

BOGARIN, J.S., «Carta Pastoral sobre el comunismo (31 de agosto de 1936)», en *Cartas*, 691-696.

————, «Al pueblo paraguayo. Declaraciones oportunas y necesarias (noviembre de 1936)», en aAA, *Mons. Bogarín 1895-1954*, 510.

1937

————, «Carta Pastoral (24 de febrero de 1937)», en *Cartas*, 701-704.

VEP, *Acción de gracias por el éxito del Primer Congreso Eucarístico Nacional* (15 de setiembre de 1937), Asunción 1937.

BOGARIN, J.S., *Pastoral sobre la Iglesia y la política* (17 de setiembre de 1937), Asunción 1937.

1938

VEP, *Pastoral colectiva sobre el tratado de Paz, Amistad y Límites con Bolivia* (5 de julio de 1938), Asunción 1938.

————, *Pastoral colectiva sobre Acción Católica* (18 de julio de 1938), Asunción 1938.

1939

BOGARIN, J.S., «Por la Patria y para la Patria (enero de 1939)», en *Cartas*, 717.

————, «Carta pastoral (3 de febrero de 1939)», en *Cartas*, 718.

————, «Carta Pastoral (5 de setiembre de 1939)», en *Cartas*, 721.

1940

————, «Carta Pastoral (15 de enero de 1940)», en *Cartas*, 723.

————, «Carta Pastoral (19 de marzo de 1940)», en *Cartas*, 724.

VEP, «Pastoral Colectiva del Venerable Episcopado Paraguayo sobre la prensa católica (24 de marzo de 1940)», en *Sondeos* 30 (1969) 725-728.

————, *Pastoral Colectiva* (10 de abril de 1940), s.l.n.a..

BOGARIN, J.S., *Carta pastoral* (10 de julio de 1940), s.l.n.a..

————, «Carta de Mons. Juan Sinforiano Bogarín al General de Ejército don José Félix Estigarribia (3 de setiembre de 1940)», en aAA, *Monseñor Aníbal Mena Porta legajo personal. Años 1940-1941*, 722.

————, «Carta de Mons. Juan Sinforiano Bogarín a Mons. Alberto Léveme (6 de noviembre de 1940)», en aAA, *Monseñor Aníbal Mena Porta legajo personal. Años 1940-1941*, 722.

1942

————, *Carta pastoral* (1° de diciembre de 1942), s.l.n.a..

1943

VEP, «Pastoral Colectiva del Episcopado Paraguayo (1° de enero de 1943)», *REc* 6 (1943) 13-15.

RODRIGUEZ, A., «Carta Pastoral (15 de febrero de 1943)», *REc* 7 (1943) 11-20.

BOGARIN, J.S., «Meditación (10 de marzo de 1943)», *REc* 8 (1943) 2-3.

RODRIGUEZ, A., «Carta Pastoral (10 de mayo de 1943)», *REc* 8 (1943) 8-10.

————, «Carta Pastoral (17 de junio de 1943)», *REc* 9 (1943) 3-5.

————, «Carta Pastoral (15 de agosto de 1943)», *REc* 10 (1943) 2-4.

————, «Carta Pastoral (16 de octubre de 1943)», *REc* 11 (1943) 13-15.

1944

BOGARIN, J.S., «Carta Pastoral (3 de febrero de 1944)», *REc* 12 (1944) 2-4.

————, «Carta Pastoral (10 de marzo de 1944)», en *Cartas*, 733-734.

————, «Carta Pastoral (Pascua del mes de abril de 1944)», *REc* 14 (1944) 5-6.

————, «Carta Pastoral (8 de junio de 1944)», en *Cartas*, 737-738.

————, *Espinas mortificante* (agosto de 1944), s.l.n.a..

SOSA GAONA, E., «Pastoral sobre la Construcción del Seminario Menor de Concepción (15 de agosto de 1944)», *REc* 16 (1944) 10-13.

1945

VEP, *Carta Pastoral Colectiva del Episcopado Paraguayo sobre el Lujo* (31 de enero de 1945), Asunción 1945.

RODRIGUEZ, A., «Carta Pastoral (12 de febrero de 1945)», *REc* 20 (1945) 20-23.

BOGARIN, J.S., «Carta (marzo 1945)», en *Cartas*, 741-744.

————, «Carta sobre la Basílica de Caacupé (4 de junio de 1945)», *REc* 20 (1945) 4-5.

————, *Carta a los Agricultores y Comerciantes del País* (octubre de 1945), en *Cartas*, 747-751.

1946

————, «Carta (diciembre de 1945 y enero de 1946)», en *Cartas*, 753.

————, «Carta (14 de febrero de 1946)», en *Cartas*, 755-756.

————, «Carta Pastoral (14 de mayo de 1946)», en *Cartas*, 759-762.

————, «Carta sobre Intensificación de los Cultivos Agrícolas (julio de 1946)», en *Cartas*, 763-767.

————, «Circular Arzobispal (agosto de 1946)», en *Cartas*, 768.

VEP, *Pastoral Colectiva sobre el II Congreso Eucarístico Nacional* (14 de setiembre de 1946), Asunción 1946.

SOSA GAONA, E., «Carta de Mons. Emilio Sosa Gaona a Mons. Juan Sinforiano Bogarín (17 de noviembre de 1946)», en aAA, *Mons. Bogarín 1946*, 510.

VEP, *Pastoral Colectiva del Episcopado paraguayo. Sobre algunos puntos de la Doctrina Social Católica y los deberes cívicos de los católicos* (25 de diciembre de 1946), Asunción 1946.

1947

VEP, «Pastoral Colectiva del Episcopado paraguayo (25 de agosto de 1947)», *Trabajo* 32 (28 de agosto de 1947) 1.

BOGARIN, J.S., «Carta Pastoral (8 de setiembre de 1947)», *Trabajo* 34 (11 de setiembre de 1947) 6.

MENA PORTA, J.A., «Pastoral del Jefe de la Iglesia Paraguaya», de *La Razón* (16 de setiembre de 1947), en aAA, *Monseñor Aníbal Mena Porta legajo personal. Años 1940-1941*, 722.

BOGARIN, J.S., «Perdónales, Padre, que no saben lo que hacen», en aAA, *Mons. Bogarín 1895-1954*, 510.

————, «Confidencial al Execelentísimo Señor Presidente de la República General Higinio Morínigo (16 de setiembre de 1947)», en aAA, *Mons. Bogarín 1895-1954*, 510.

————, «A los Señores Curas Parrocos y Rectores de Iglesias (27 de setiembre de 1947)», en aAA, *Mons. Bogarín 1895-1954*, 510.

VEP, *Pastoral Colectiva sobre la situación de la sociedad paraguaya en el momento actual* (8 de diciembre de 1947), Asunción 1947.

1948

BOGARIN, J.S., «Carta pastoral (8 de noviembre de 1948)», *REc* 33 (1948) 21-22.

1949

————, «Carta Pastoral (18 de febrero de 1949)», *REc* 35 (1949) 11-13.

MENA PORTA, J.A., «Primera carta Pastoral (10 de abril de 1949)», *REc* 35 (1949) 5-9.

————, *Carta Pastoral* (25 de agosto de 1949), s.l.n.a..

BOGARIN, J.S., «Carta (22 de setiembre de 1949)», en aAA, *Mons. Bogarín 1895-1954*, 510.

1950

RODRIGUEZ, A., «Carta pastoral sobre el protestantismo», *REc* 38 (1950) 13-17.

————, «Carta pastoral sobre el protestantismo. La Iglesia (continuación)», *REc* 39 (1950) 15-15.

————, «Carta Pastoral (5 de setiembre de 1940)», *REc* 50 (1950) 22-23.

VEP, «Pastoral Colectiva del Episcopado Paraguayo sobre la proclamación de la Asunción de la Santisima Virgen María como dogma de fe (20 de octubre de 1950)», *REc* 41 (1950) 8-11.

RODRIGUEZ, A., «Carta pastoral sobre el comunismo ateo (Año Santo 1950)», *REc* 41 (1950) 18-28.

1951

MENA PORTA, J.A., «Carta pastoral (10 de enero de 1951)», *REc* 42 (1951) 15-17.

RODRIGUEZ, A., «Carta Pastoral sobre el Primer Congreso Catequístico Nacional (8 de marzo 1951)», *REc* 42 (1951) 22-24.

MENA PORTA, J.A., «Nota N° 203 transmitida por Mons. Mena Porta a P. Talavera, Cura Parroco de San Antonio (10 de julio de 1951)», en aAA, *Comunicaciones Oficiales del Arzobispado 1949-1952*, 501/.3/1.

1952

————, «Circular sobre la Agricultura (julio de 1952)», *REc* 48 (1952) 15.

1953

————, «Carta sobre la nueva constitución apostólica "Christus Dominus" y la instrucción del Santo Oficio acerca del Ayuno Eucarístico (22 de enero de 1953)», *REc* 50 (1953) 5-6.

RODRIGUEZ, A., «Carta Pastoral (1° de febrero de 1953)», *REc* 50 (1953) 19-27.

————, «Carta Pastoral sobre la apertura del Seminario (23 de marzo de 1953)», *REc* 51 (1953) 24-27.

————, «Carta Pastoral terminado el IV Congreso E. Diocesano», *REc* 53 (1953) 19-30.

VENERABLE OBISPADO DEL PARAGUAY, *Carta Pastoral en ocasión del Año Mariano* (8 de diciembre de 1953), s.l.n.a..

1954

MENA PORTA J.A., «Con motivo de su 1ª Visita *ad limina apostolorum* (20 de febrero de 1954)», *REc* 54 (1954) 4-6.

RODRIGUEZ A., «Carta Pastoral (29 de junio de 1954)», *REc* 56 (1954) 31-35.

1955

————, «Carta Pastoral sobre el Primer Congreso Catequístico Diocesano (24 de abril de 1955)», *REc* 59 (1955) 10-11.

MENA PORTA J.A., «A S.E. El Señor Presidente de la República Gral. de Div. Don Alfredo Stroessner (6 de junio de 1955)», en aAA, *Comunicaciones Oficiales del Arzobispado 1953-1955*, 501/.3/2.

————, «Carta Pastoral en torno al Día Mundial de las Misiones (4 de octubre de 1955)», *REc* 60 (1955) 10-11.

CEP, «Pastoral Colectiva del Episcopado Paraguayo sobre el Seminario (25 de diciembre de 1955)», *REc* 62 (1955) 3-4.

1956

SOSA GAONA, E., «Pastoral (28 de setiembre de 1956)», *REc* 65 (1956) 25-28.

RODRIGUEZ, A., «Pastoral sobre el 1er. Congreso Diocesano de Educación Católica (24 de agosto de 1956)», *REc* 64 (1956) 23-24.

1957

MENA PORTA, J.A., «Carta Pastoral (11 de junio de 1957)», *REc* 68 (1957) 20-21.

SOSA GAONA, E., «Carta Pastoral al cumplir sus Bodas de Plata Episcopales», *REc* 68 (1957) 22-24.

RODRIGUEZ, A., «Carta Pastoral 15 mayo 1932 – 15 mayo 1957 (6 de julio de 1957)», *REc* 69 (1957) 22-23.

1958

MENA PORTA, J.A., «Pastoral con motivo de la Santa Cuaresma 1958 (8 de febrero de 1958)», *REc* 72 (1958) 20-22.

RODRIGUEZ, A., «Carta Pastoral cuaresma de 1958 (8 de febrero de 1958)», *REc* 72 (1958) 23-24.

MENA PORTA, J.A., «Declaraciones del Arzobispo de Asunción sobre algunas exigencias de política cristiana (19 de marzo de 1958)», en *ISH*, 37-43.

————, «Carta al Embajador y amigo Doctor Don Guillermo Enciso Velloso Bogotá. Colombia (13 de mayo de 1958)», en aAA, *Mons. Mena Porta*, 722.

MENA PORTA, J.A. – SOSA GAONA, E., «Mena Porta José Aníbal – Emilio Sosa Gaona a Su Excelencia el Señor Ministro de Hacienda Gral. Don César Barrientos (14 de agosto de 1958)», en aAA, *Comunicaciones Oficiales del Arzobispado 1956-1960*, 501/.3/3.

MENA PORTA, J.A., *Carta pastoral con motivo de su visita ad Limina Apostolorum para asistir a la Conferencia del Consejo Episcopal Latino Americano* (23 de octubre de 1958), s.l.n.a..

————, «Directivas reservadas y confidenciales para el Clero Diocesano y Regular de la Provincia del Paraguay (octubre de 1958)», en aAA, *Comunicaciones Oficiales del Arzobispado*, 501/.3/3.

CEP, *Pastoral colectiva del Episcopado Paraguayo. Sobre algunos aspectos del Problema escolar* (noviembre de 1958), Asunción 1958.

1959

MENA PORTA, J.A., *Pastoral Cuaresmal (1959)*, s.l.n.a.

————, «Nota Doctrinal. Sobre la Moral de los Partidos Políticos y las Condiciones de una Pacífica Convivencia entre los mismos (19 de abril 1959)», en *ISH*, 45-46.

RODRIGUEZ, A., «Año Diocesano del Santo Rosario (19 de julio de 1959)», en *REc* 78-79-80 (1959) 28-35.

1960

MENA PORTA, J.A., *Carta Pastoral* (5 de marzo de 1960), s.l.n.a..

————, *Carta Pastoral sobre el retorno del Corazón del Beato Roque Gonzalez de Santa Cruz al Paraguay* (11 de mayo de 1960), s.l.n.a..

MENA PORTA, J.A., «Carta de Mons. Mena Porta a S.E. El Señor Ministro del Interior Dr. Don. Edgar Insfrán (12 de mayo de 1960)», en aAA, *Comunicaciones Oficiales del Arzobispado 1956-1960*, 501/.3/3.

————, *Carta Pastoral* (26 de mayo de 1960), s.l.n.a..

————, «Mena Porta Aníbal a Su Excelencia El Señor Presidente de la República Gral. de Ejérc. Don Afredo Stroessner (4 de junio de 1960)», en aAA, *Comunicaciones Oficiales del Arzobispado 1960 Junio-Diciembre*, 501.3/1-326.

CEP, «Pastoral Colectiva sobre la Universidad Católica "Nuestra Señora de la Asunción" (5 de junio de 1960)», en *ISH*, 53-73.

MENA PORTA, J.A., «Mena Porta Aníbal al Excelentisimo Señor Presidente Gral Don Afredo Stroessner (22 de agosto de 1960)», en aAA, *Comunicaciones Oficiales del Arzobispado 1960 Junio-Diciembre* 501.3/135/60.

CEP, «Carta de Navidad del Venerable Episcopado paraguayo al pueblo de la República (24 de diciembre de 1960)», *REc* 82 (1960) 14-18.

1961

MENA PORTA, J.A., «Mena Porta Aníbal al Excmo. y Rvmo Señor Mons. Manuel Larrain Talca (Chile) (9 de enero de 1961)», en aAA, *Comunicaciones Oficiales del Arzobispado 1961 Enero-Junio*, 501.3/348/61.

————, «Pastoral, Semana de vocaciones eclesiásticas en el año del sesquicentenario de la Independencia (8 de setiembre de 1961)», *REc* 84 (1961) 62-65.

————, *Carta Pastoral* (15 de febrero de 1961), s.l.n.a..

SOSA GAONA, E., «Pastoral sobre catequesis (2 de octubre de 1961)», *REc* 84 (1961) 80-81.

1963

CEP, *El problema social paraguayo. Las exigencias de la Doctrina Social Cristiana ante el insuficiente desarrollo del país* (Pascua de Resurrección de 1963), HOP 1, Asunción 1963.

————, *Hacia una renovación cristiana de la familia paraguaya* (8 de diciembre de 1963), HOP 2, Asunción 1963.

1964

MENA PORTA, J.A., *Pastoral cuaresmal* (15 de febrero de 1964), s.l.n.a..

————, *Pastoral* (30 de agosto de 1964), s.l.n.a..

1966

CEP, *Con motivo de la reforma total de la Constitución Nacional* (25 de diciembre de 1966), HOP 3, Asunción 1966.

MENA PORTA, J.A., «Discurso del Excmo. Sr. Arzobispo de Asunción en la solemne clausura de la Asamblea Nacional (30 de mayo de 1966)», *Comunidad* 443 (1966) s.p..

MARICEVICH FLEITAS, A., «Discurso pronunciado en la toma de posesión de la diócesis norteña (6 de febrero de 1966)», en ArchRH.

1967

CEP, *Ante la Asamblea Nacional Constituyente* (14 de abril de 1967), HOP 4, Asunción 1967.

————, *A la Honorable Convención Nacional Constituyente* (20 de junio de 1967), HOP 5, Asunción 1967.

————, «Comunicación de la Conferencia Episcopal Paraguaya sobre la nueva organización Caritas paraguaya (29 de junio de 1967)», en *ISH*, 221-227.

BENITEZ, S.F., «El Obispo de Villarrica aloja en la catedral a campesinos despojados de sus tierras (3 de setiembre de 1967)», en *ISH*, 251-255.

1968

MARICEVICH FLEITAS, A., *La Gran Misión de Evangelización* (2 de febrero de 1968), Asunción 1968.

1969

CEP, «De la Conferencia Episcopal al Presidente de la Republica (27 de enero de 1969)», *Comunidad* 582 (1969) 8-9.

————, «Comunicado de Prensa de la CEP (10 de febrero de 1969)», en *ISH*, 259.

————, *La Misión de nuestra Iglesia hoy* (23 de abril de 1969), HOP 6, Asunción 1969.

————, «Episcopado paraguayo. Condena al Proyecto de Ley. Los Obispos del Paraguay a los Señores Miembros del Honorable Congreso Nacional (agosto de 1969)», en *ISH*, 269-273.

MENA PORTA, J.A., «Mensaje de la autoridad eclesiástica a los fieles de la Arquidiócesis (27 de octubre de 1969)», en *ISH*, 275-278.

BENITEZ, S.F., «Carta a los fieles cristianos de la diócesis de Villarrica del Espíritu Santo (28 de octubre de 1969)», en *ISH*, 287-289.

CEP, «Comunicado de los Obispos del Paraguay a todos los fieles y hombres de buena voluntad (30 de octubre de 1969)», en *ISH*, 279-280.

ROLON, B.I., «A los Fieles de la Diócesis de Caacupé (9 de noviembre de 1969)», *Boletin de Informaciones* 2 (16 de noviembre de 1969) 5.

CEP, «Nota al Ministro del Interior (9 de noviembre de 1969)», en *ISH*, 295-296.

————, «Nota al Ministro de Educación y Culto (9 de noviembre de 1969)», en *ISH*, 297-298.

ROLON, B.I., «Carta del Obispo de Caacupé al Sr. Ministro de Educación y culto (17 de noviembre de 1969)», en *ISH*, 299-300.

DIOCESIS DE CAACUPE, «Expresión de solidaridad del Clero (19 de noviembre de 1969)», en *ISH*, 301-305.

DIOCESIS DE VILLARRICA, «Expresión de solidaridad del Clero (30 de noviembre de 1969)», en *ISH*, 307-310.

CEP, «Se rezará por los presos políticos en todas las Iglesias del Paraguay», *Comunidad* 586 (1969) 1.

1970

PECHILLO, J., «A todos los fieles de la prelatura de Coronel Oviedo: Paz a vosotros (1° de enero de 1970)», en *ISH*, 339-347.

CEP, «Comunicado de la Conferencia Episcopal Paraguaya (5 de junio de 1970)», en *ISH*, 361-366.

«La Diócesis de Caacupé informa: Ligas Agrarias», *Boletín de Informaciones* 17 (1° de marzo de 1970) 6.

CEP, «Siempre la paz. Declaración (18 de diciembre de 1970)», en *ISH*, 363-366.

ROLON, B.I., «Mensaje de Navidad del Señor Arzobispo (24 de diciembre de 1970)», en *ISH*, 367-370.

1971

————, «El Arzobispo y el Consejo de Estado (4 de febrero de 1971)», *Acción* 9 (1971) 7-8.

————, «Carta a los fieles de la Arquidiócesis (6 de febrero de 1971)», en *ISH*, 375-378.

CEP, «Carta abierta de la CEP al pueblo paraguayo (22 de febrero de 1971)», *Acción* 9 (1971) 10-11.

ROLON, B.I., «Acto de barbarie. Comunicado del Arzobispo de Asunción sobre un vergonzoso acto de barbarie», *Acción* 9 (1971) 17-18.

BOGARIN ARGAÑA, R., «Nota de protesta del departamento de laicos del Consejo Episcopal Latinoamericano (CELAM) al Sr. Ministro del Interior (3 de marzo de 1971)», *Acción* 9 (1971) 11-12.

————, «Nota del Departamento de Laicos del Consejo Episcopal Latinoamericano (CELAM) al Sr. Presidente de la República (4 de marzo de 1971)», en *ISH*, 387-389.

————, «Comunicado del Departamento de Laicos del Consejo Episcopal Latinoamericano (CELAM) sobre la detención del sacerdote uruguayo P. Uberfil Monzón (8 de marzo de 1971)», en *ISH*, 391-393.

PECHILLO, J., «Carta del Obispo de Coronel Oviedo y el Presbiterio a todos los fieles de la misma (8 de marzo de 1971)», en *ISH*, 419-421.

ROLON, B.I., «Decreto N° 55 por el que se declara excomunión a quienes participaron en el secuestro del P. Monzón y en la agresión física el

Mons. Rubio y del P. Rodríguez (10 de marzo de 1971)», *Acción* 9 (1971) 18-19.

MARICEVICH FLEITAS, A., «Carta Pastoral (11 de marzo de 1971)», en ArchRH.

ROLON, B.I., «Carta del Arzobispo de Asunción al Sr. Ministro de Educación y Culto (11 de marzo de 1971)», en *ISH*, 401-402.

————, «Carta del Consejo Presbiteral de Asunción al Sr. Ministro del Interior (11 de marzo de 1971)», en *ISH*, 403-404.

CONSEJO PERMANENTE DE LA CEP, «Declaración del Consejo Permanente de la Conferencia Episcopal Paraguaya (12 de marzo de 1971)», en *ISH*, 405-407.

BENITEZ, F.S., «Carta de Sr. Obispo y del presbiterio a los fieles cristianos y a las personas de buena voluntad (12 de marzo de 1971)», en *ISH*, 413-415.

CEP, «Hacia una Iglesia nueva. Carta de la Conferencia Episcopal Paraguaya al Sr. Ministro de Educación y Culto (23 de abril de 1971)», en *ISH*, 425-437.

BOGARIN ARGAÑA, R., «Carta Pastoral del Obispo y del Presbiterio de la Diócesis de San Juan Bautista de las Misiones a los cristianos y personas de buena voluntad (23 de mayo de 1971)», en *ISH*, 439-452.

ROLON, B.I., «Unidad y fraternidad por la justicia (10 de junio de 1971)», en *PNP*, 117-120.

————, «La felicidad y la paz son responsabilidad de todos (Navidad de 1971)», en *PNP*, 62-65.

1972

BOGARIN ARGAÑA, R., «Carta abierta de Monseñor Bogarín al Padre Vicente Barreto (1972)», en *ISH*, 465-468.

ROLON, B.I., «Presos políticos, esa ardiente herida... (8 de enero de 1972)», en *ISH*, 453-456.

CEP, «Conferencia Episcopal Paraguaya. Acta de la LXII Asamblea Plenaria extraordinaria (23/25 de febrero de 1972)», en aAA, *C.E.P. 1972*, 201/1972, 1-21.

EL OBISPO Y LOS SACERDOTES DE LA DIOCESIS DE SAN JUAN BAUTISTA DE LAS MISIONES, «Carta del presbiterio de San Juan Bautista (Misiones) (26 de marzo de 1972)», en *ISH*, 463-464.

OBISPO Y SACERDOTES DE LA DIOCESIS DE CAACUPE, «De Caacupé (26 de marzo de 1972)», en *ISH*, 471-474.

ROLON, B.I., «El sentido de nuestro sacerdocio brota de una cena común. Jueves Santo de 1972», en *PNP*, 284-287.

————, «Carta del Arzobispo al Ceremonial del Estado (10 de mayo de 1972)», en *ISH*, 497-499.

DEPARTAMENTO DE MINISTERIOS DE LA CEP, «Nota sobre el Ser y la Misión del Sacerdote (16 de mayo de 1972)», en *ISH*, 505-508.

CEP, «Conferencia Episcopal Paraguaya Acta de la LXIII Asamblea Plenaria extraordinaria (16/18 de mayo de 1972)», en aAA, *C.E.P. 1972*, 201/1972, 1-16.

———, «Comunicado de la Conferencia Episcopal Paraguaya (18 de mayo de 1972)», en *ISH*, 501-503.

———, «Carta abierta a los alumnos, educadores y padres de familia de los Colegios Católicos (18 de mayo de 1972)», en *ISH*, 509-512.

———, «Conferencia Episcopal Paraguaya. Acta de la LXIV Asamblea Plenaria (26 de junio – 1° de julio de 1972)», en aAA, *C.E.P. 1972*, 201/1972, 1-34.

———, «Carta abierta al pueblo de Dios (29 de junio de 1972)», en *ISH*, 513-517.

———, «Conferencia Episcopal Paraguaya. LXV Asamblea Ordinaria Diciembre /2, Discurso del Sr. Nuncio Apostólico 1-4», en aAA, *C.E.P. 1972*, III, 201.

———, «Comunicado de la CEP (21 dicembre 1972)», en ASAL, *La Chiesa del Paraguay al servizio dell'uomo*, Cuaderni ASAL 15-16, Roma 1975, 205-207.

1973

———, *Una Iglesia al servicio del hombre. Año de Reflexión Eclesial*, Asunción 1973.

ROLON, B.I., «El mandato de nuestra fe es el amor fraternal (Pascua de 1973)», en *PNP*, 19-22.

———, «La felicidad del pueblo, tarea de todos (15 de mayo de 1973)», en *PNP*, 155-156.

———, «Responsabilidad ante el Tratado de Itaipú. Carta Abierta a los dirigentes responsables de la Nación. A todos los hombres de buena voluntad (2 de junio de 1973)», en *PNP*, 425-426.

CEP, *Año de Reflexión Eclesial* (10 de junio de 1973), HOP 7, Asunción 1973.

ROLON, B.I., «Unidad de pensamiento y acción (21 de junio de 1973)», en *PNP*, 125-127.

———, «El Año Santo: Renovación y reconciliación (1° de julio de 1973)», en *PNP*, 326-328.

BENITEZ, S.F., «Ser y quehacer de los religiosos en la hora presente de la Iglesia en el Paraguay», *Sendero* 3 (1973) 7.

DEPARTAMENTO CEP, «Departamentos Nacionales de la CEP: Balance 1973», *Sendero* 12 (1973) 9.

ROLON, B.I., «La conversión es el camino para la Reconciliación (Navidad 1973)», en *PNP*, 70.

1974

BENITEZ, S.F., *Rehacer al hombre desde adentro* (25 de marzo de 1974) [Villarrica 1974?].

CEP, *Los problemas de población en el Paraguay* (17 de abril de 1974), HOP 8, Asunción 1974.

ROLON, B.I., «Un hombre nuevo para una Patria renovada (15 de mayo de 1974)», en *PNP*, 157-159.

CEP, «El amor a Jesús y la nueva humanidad (13 de junio de 1974)», en *PNP*, 128-130.

————, *Conversión y Reconciliación. Año Santo* (5 de julio de 1974), HOP 9, Asunción 1974.

ROLON, B.I., «Construir la Patria en Libertad, Igualdad y Justicia (15 de agosto de 1974)», *Sendero* 24 (1974) 9.

————, «Fidelidad a la Iglesia aquí, hoy (8 de setiembre de 1974)», *Sendero* 33 (1974) 7.

————, «La paz se funda en la vivencia de la justicia (Navidad de 1974)», en *PNP*, 74-77.

1975

CEP, *Bases para un Plan Pastoral de la Iglesia en el Paraguay. Documento de Trabajo*, Asunción 1975.

ROLON, B.I., «Ante los hechos de Jejuí (18 de febrero de 1975)», en *PNP*, Asunción 1984, 433-434.

CEP – FERELPAR, «Declaración de la Conferencia Episcopal Paraguaya y la Federación de Religiosos del Paraguay sobre los acontecimientos últimos (8 de marzo de 1975)», *Sendero* 45 (1975) 6.

————, *Sobre la necesaria conversión en la hora actual* (Cuaresma 1975), HOP 10, Asunción 1975.

ROLON, B.I., «Para vivir la Resurrección se precisa la conversión (Pascua 1975)», en *PNP*, 26-28.

————, «La libertad y la participación en la tarea nacional (15 de mayo de 1975)», en *PNP*, 160-164.

BENITEZ, S.F., *Evangelización en la Pastoral Sacramental. Diócesis de Villarrica del Espíritu Santo*, Villarrica 1975.

MARICEVICH FLEITAS, A., «Carta Pastoral con ocasión de la Visita ad Limina (4 de julio de 1975)», en ArchRH.

ROLON, B.I., «El pueblo campesino es amante de la paz y por eso busca la justicia (Navidad de 1975)», en *PNP*, 78-81.

1976

CEP, «Declaración de la Conferencia Episcopal Paraguaya (C.E.P.) sobre la intervención del Colegio de Cristo Rey (23 de febrero de 1976)», *Sendero* 68 (1976) 2.

ROLON, B.I., «La convivencia ciudadana se funda en la verdad (celebración litúrgica, 15 de mayo de 1976)», en *PNP*, 165-168.

CEP, *Entre las persecuciones del mundo y los consuelos de Dios* (12 de junio de 1976), HOP 11, Asunción 1976.

ROLON, B.I., «La verdad y la libertad en Cristo (17 de junio de 1976)», en *PNP*, 134-136.

CEP, *Plan de Pastoral Orgánica 1976-1978*, Asunción 1976.

BOGARIN ARGAÑA, R., «A Los Señores Sacerdotes, Religiosos, Religiosas, Agentes de Pastoral y a los Cristianos de esta Diócesis (17 de agosto de 1976)», *Sendero* 80 (1976) 12.

AQUINO, D., «Carta a Su Excia. Dr. Don Sabino Montanaro», *Sendero* 78 (1976) 10.

BOGARIN ARGAÑA, R., «Sobre la expulsión de sacerdote», *Sendero* 74 (1976) 2.

MARICEVICH FLEITAS, A., «Carta Pastoral Navidad 1976», en ArchRH.

DIOCESIS DE CONCEPCION, «Plan de Pastoral Orgánica 1976-1978 (8 de diciembre de 1976)», en ArchRH.

ROLON, B.I., «La Iglesia, servidora de la verdad y de la paz (Navidad de 1976)», en *PNP*, 82-84.

1977

————, «Celebremos la Pascua de la verdad y la sinceridad (Pascua de 1977)», en *PNP*, 32-36.

————, «Iglesia y estado: independencia para la colaboración (15 de mayo de 1977)», en *PNP*, 169-173.

LIVIERES BANKS, J., «Mons. Jorge Livieres Banks, Oración Fúnebre (31 de mayo de 1977)», en aAA, *Mons. Mena Porta*, 722.

ROLON, B.I., «La justicia es fundamento de la vida social (Navidad de 1977)», en *PNP*, 85-88.

1978

————, «Colaboremos todos a realizar nuestra paz (Pascua de 1978)», en *PNP*, 37-40.

MARICEVICH FLEITAS, A., *Carta Pastoral del Obispo de Concepción a los sacerdotes, religiosos, y comunidades cristianas del Departamento de San Pedro* (26 de julio de 1978), s.l.n.a..

ROLON, B.I., «La unidad en la pluralidad (15 de agosto de 1978)», en *PNP*, 178-180.

————, «El valer más no depende del tener más (Navidad de 1978)», en *PNP*, 89-92.

1979

MARICEVICH FLEITAS, A., «Carta Pastoral de Cuaresma (Marzo de 1979)», en ArchRH.

ROLON, B.I., «Crecimiento económico y desarrollo integral (15 de mayo de 1979)», en *PNP*, 181-184.

CEP, *El saneamiento moral de la Nación. Nuestra contribución a la paz* (12 de junio de 1979), HOP 12, Asunción 1979.

ROLON, B.I., «Libertad de prensa y bien común. Ante el cierre de *La Tribuna* y *Ultima Hora*. Comunicado de Prensa (19 de junio de 1979», en *PNP*, 437.

————, «Nuestra realidad y nuestro futuro (13 de agosto de 1979)», en *PNP*, 455-456.

————, «Una herencia que nos compromete (8 de setiembre de 1979)», en *PNP*, 203-218.

————, «Es difícil seguir a Cristo si no se vive desprendido de la riqueza (Navidad de 1979)», en *PNP*, 93-97.

————, «La tarea de educar para la paz (30 de diciembre de 1979)», en *PNP*, 453-454.

1980

————, «Que está pasando en el país (20 de febrero de 1980)», en *PNP*, 438-439.

————, «La verdad y la realidad (15 de mayo de 1980)», en *PNP*, 185-187.

MARICEVICH FLEITAS, A., «Carta con ocasión de la visita de la imagen de la Virgen de Caacupé (25 de julio de 1980)», en ArchRH.

————, «Carta Pastoral (4 de agosto de 1980)», en ArchRH.

ROLON, B.I., «La Iglesia no tiene miedo (6 de agosto de 1980)», en *PNP*, 441-442.

————, «No a la violencia (Sobre el asesinato del Gral. Somoza (27 de setiembre de 1980)», en *PNP*, 443-444.

————, «La persona humana es digna de respeto comprensión y amor (Navidad 1980)», en *PNP*, 98-101.

1981

CEP, *Plan de Pastoral Orgánica de la Iglesia en el Paraguay 1981*, Asunción 1981.

ROLON, B.I., «La Iglesia, servidora de los débiles. Mensaje con motivo de la finalización del Año Internacional del Impedido 1981», en *PNP*, 381-382.

————, «Moralización y Bien Público. Comunicado de Prensa (11 de julio de 1981)», en *PNP*, 445-446.

————, «Para el cristiano amar es servir (Navidad de 1981)», en *PNP*, 102-105.

1982

————, «La defensa de la vida humana. Comunicado de Prensa (5 de febrero de 1982)», en *PNP*, 447-448.

ROLON, B.I., «Exigencias del Bautismo (Pascua de 1982)», en *PNP*, 50-52.

————, «Tolerancia y pluralismo para la convivencia nacional (15 de mayo de 1982)», en *PNP*, 191-194.

CEP, «En el umbral de una nueva etapa para el Paraguay (31 de diciembre de 1982)», *Sendero* 262 (1983) 6-7.

————, *Carta de los Obispos del Paraguay a todos los Sacerdotes de la Provincia Eclesiástica* (31 de diciembre de 1982), Asunción 1982.

1983

PAEZ GARCETE, O., «Palabras de apertura», en *TDD*, 5-6.

ROLON, B.I., «El encuentro con Dios y el cambio necesario (Pascua 1983)», en *PNP*, 53-55.

————, «Abrid las puertas al Redentor (25 de marzo de 1983)», en *PNP*, 386-387.

CEP, «Mensaje de la CEP. El Año Santo y la misericordia de Dios (5 de abril de 1983)», *Sendero* 275 (1984) 2.

MARICEVICH FLEITAS, A., *Carta Pastoral sobre Año Santo* (mayo de 1983), ArchRH.

ROLON, B.I., «Conversión y reconciliación para la unidad (15 de mayo de 1983)», en *PNP*, 195-197.

MARICEVICH FLEITAS, A., *Mensaje del Obispo de Concepción* (28 de mayo de 1983), en ArchRH.

ROLON, B.I., «Los consagrados como maestros de la verdad (3 de junio de 1983)», en *PNP*, 350-355.

CEP, *El campesino paraguayo y la tierra* (12 de junio de 1983), HOP 13, Asunción 1983.

ROLON, B.I., «La verdad y los signos actuales (15 de agosto de 1983)», en *PNP*, 198-200.

————, «El hombre abierto al diálogo y a la verdad (Navidad de 1983)», en *PNP*, 110-113.

CEP, *Mensaje de la Conferencia Episcopal Paraguaya* (25 de diciembre de 1983), s.l.n.a..

————, «A los sacerdotes de la Provincia Eclesiástica (31 de diciembre de 1983)», *Sendero* 263 (1983) 2.

1984

————, *Estatutos*, Asunción 1984.

————, *Normas Básicas Fundamentales de Formación Sacerdotal en Paraguay*, Asunción 1984.

ROLON, B.I., «Ismael Rolón al Excelentisimo Señor Presidente Gral Don Alfredo Stroessner (13 de febrero de 1984)», en aAA, *Comunicaciones oficiales del Arzobispado, 1984-1988*, 501.1/216/II 84.

MARICEVICH FLEITAS, A., «Carta Pastoral (15 de marzo de 1984)», en ArchRH.

CEP, «Quienes pretenden dividirnos se automarginan de la Iglesia (7 de octubre de 1984)», *Sendero* 329 (1984) 4.

——————, «Comunicado de la Conferencia Episcopal (3 de noviembre de 1984)», *Sendero* 314 (1984) 7.

——————, «Exhortamos a deponer resentimientos y prejuicios (25 de abril de 1984)», *Sendero* 317 (1984)5.

1985

MARICEVICH FLEITAS, A., «Carta Circular (13 de marzo de 1985)», en ArchRH.

CEP, *Misión de nuestra Universidad Católica en la Evangelización de la Cultura* (15 de agosto de 1985), HOP 14, Asunción 1985.

ROLON, B.I., «Problemas y esperanzas de la labor eclesial», *Sendero* 334 (1985) 4.

1986

CEP, *Educación «Principios, Objetivos y Normas para las Instituciones educativas de la Iglesia Católica en el Paraguay»*, Asunción 1986.

——————, «La Iglesia acepta mediar para el diálogo nacional (22 de enero de 1986)», *Sendero* 361 (1986) 3.

ROLON, B.I., «El diálogo y la Iglesia», *Sendero* 362 (1986) 3.

CEP, «Mensaje de la Conferencia Episcopal al pueblo sobre el Diálogo Nacional (20 de abril de 1986)», *Sendero* 367 (1986) 2-3.

——————, *Unidad en la Verdad. Instrucción de la CEP sobre la Identidad de los Católicos ante los Cristianos No-Católicos* (8 de diciembre de 1986), HOP 15, Asunción 1986.

1987

ROLON, B.I., «Alocución del Arzobispo, Mons. Ismael Rolón, el 15 de mayo de 1987», *Sendero* 399 (1987) 2-3.

CEP, «II Mensaje de la Conferencia Episcopal Paraguay sobre el Diálogo Nacional (10 de mayo de 1987)», *Sendero* 399 (1987) 8-10.

1988

CEP, «La Iglesia exhorta a un nuevo modo de convivencia política (6 de enero de 1988)», *Sendero* 433 (1988) 8.

——————, *Mensajero del Amor. Juan Pablo II en el Paraguay*, Paraguay 1988.

ROLON, B.I., «Carta al Dr. Ortíz Ramírez (8 de enero de 1988)», *Sendero* 433 (1988) 6.

MARICEVICH FLEITAS, A. – PAEZ GARCETE, O. – BICAULT, C., «Pronunciamiento de las Iglesias Católicas del Norte. A la opinión pública eclesial y civil de todo el país (3 de febrero de 1988)», *Sendero* 437 (1988) 6-7.

ROLON, B.I., «Ismael Rolón al Señor Ministro del Interior Sabino Montanaro (9 de mayo de 1988)», en aAA, *Comunicaciones oficiales del Arzobispado 1984-1988*, 510.1/541/V/88.

MARICEVICH FLEITAS, A. – PAEZ GARCETE, O. – BICAULT, C., «Palabras dirigidas a su Santidad Juan Pablo II en su encuentro con los Constructores de la Sociedad (17 de mayo de 1988)», en ArchRH.

CEP, «Reflexiones sobre la visita del Papa», *Sendero* 467 (1988) 1-4 (sección especial).

—————, *Instrucción Doctrinal de la Conferencia Episcopal Paraguaya sobre la Teología de la Liberación* (20 de octubre de 1988), HOP 16, Asunción 1988.

MARICEVICH FLEITAS A., «A la opinión pública nacional e internacional (28 de noviembre de 1988)», en ArchRH.

1989

ROLON, B.I., «"La patria no es propiedad privada de ningún partido". Alocución de Mons. Ismael Rolón en la celebración litúrgica del 15 de mayo en la catedral metropolitana», *Sendero* 503 (1989) 7.

CEP, «La tierra: don de Dios para todos (8 de setiembre de 1989)», *Sendero* 520 (1989) 5.

—————, «Mensaje de Navidad de la Conferencia Episcopal Paraguaya (24 de diciembre de 1989)», *Sendero* 535 (1989) 2-3.

ROLON, B.I., «Mensaje de Monseñor Rolón. "Hermanito: A tu nombre construiremos el país"», *Hoy* (7 de febrero de 1989) 10.

LIVIERES BANK, J., «Posición oficial de la Conferencia Episcopal Paraguaya. La Iglesia colaborará en el camino hacia la democracia», *Sendero* (Suplemento Especial) (10 de febrero de 1989) 3.

CONSEJO PERMANENTE DE LA CEP, «En esta hora de expectativas y esperanza la Iglesia no dejará de aportar su colaboración», *Sendero* 489 (1989) 3.

CEP, «Esperanzas y expectativas de un proceso hacia la democracia (7 de abril de 1989)», *Sendero* 498 (1989) 3-4.

—————, *Visita «Ad Limina Apostolorum 1989. Encuentro de los Obispos paraguayos con Juan Pablo II* (1° de noviembre de 1989), Cuadernos de Sendero 12, Asunción 1989.

1990

LIVIERES BANKS, J., «Entre lo necesario y lo urgente...», *Sendero Anuario 90* (19 de diciembre de 1990) 6-7.

CEP, «Mensaje de la Conferencia Episcopal Paraguaya sobre el proceso de transición hacia la democracia (25 de julio de 1990)», *Sendero* 565 (1990) 8-9.

1991

CEP, *La educación en el Paraguay* (24 de marzo de 1991), HOP 18, Asunción 1991.

——————, *Instrucción Pastoral sobre el matrimonio y la familia* (8 de setiembre de 1991), Asunción 1991.

——————, *Una Constitución para nuestro pueblo* (18 de setiembre de 1991), HOP 19, Asunción 1991.

——————, *Mensaje de los Obispos del Paraguay a los Convencionales Constituyentes* (30 de diciembre de 1991) [Asunción 1991?].

1992

——————, «Comunicado de la Conferencia Episcopal Paraguaya (25 de abril de 1992)», en *INCP*, 34-36.

——————, «Carta al Presidente de la Convención Nacional Constituyente (13 de mayo de 1992)», en *INCP*, 37-40.

——————, «Carta de la Conferencia Episcopal Paraguaya. A los sacerdotes y familias religiosas, a todos los fieles cristianos y a todos los hombres y mujeres de buena voluntad (24 de mayo de 1992)», en *INCP*, 41-44.

——————, *Ante la nueva Constitución* (20 de agosto de 1992), HOP 20, Asunción 1992.

1993

——————, *Brille la luz. Exhortación pastoral sobre le problema de la droga* (12 de junio de 1993), HOP 21, Asunción 1993.

1997

——————, *Un camino de esperanza*, HOP 23, Asunción 1997.

3. Obras de carácter general[2]

«1947: El año terrible», editorial, *Trabajo* 50 (1° de enero de 1948) 1.

ABENTE BRUN, D., *Paraguay en transición*, Venezuela 1993.

«A catorce céntimos y medio de guaraní el kilowat», editorial, *ABC Color* (26 de mayo de 1973) 8.

ACHA DUARTE, A., «El Clero ante el Problema Social Paraguayo», *REc* 87 (1963) 18-21.

——————, «Breve referencia biográfica de Mons. Ramón Pastor Bogarín Argaña», *Sendero* 82 (1976) 6.

---

[2] Esta bibliografía comprende las obras citadas y también las no citadas. Señalamos algunas obras de cáracter general referentes a Paraguay y los artículos que nos han permitido reconstruir el contexto histórico de los distintos documentos.

ACHA DUARTE, A., «Presencia evangelizadora de la Iglesia en los últimos treinta años. (Episcopado de Juan José Aníbal Mena Porta)», en CANO L. - al., La evangelización en el Paraguay. Cuatro siglos de historia, Asunción 1979, 203-213.

————, «El Santuario y las peregrinaciones de Caacupé», en DOMINGUEZ R. - al., La religiosidad popular paraguaya. Aproximación a los valores del pueblo, Asunción 1981, 73-84.

«Acontecimientos de la Semana», Trabajo 19 (8 de mayo de 1947) 7.

ACUÑA, E. - al., El precio de la paz, Asunción 1991.

«La A.C. y la cuestión económico-social», REc 3 (1942) 42.

«A dos meses de las elecciones», Sendero 258 (1982) 6.

«Advertencias», REc 3 (1942) 9.

«A la Opinión Católica del Paraguay. Respuesta definitiva del Colegio de Párrocos de la Arquidiócesis al Señor Enrique Volta Gaona», Trabajo 37 (2 de octubre de 1947) 1.

ALIANZA REVOLUCIONARIA - al., «Pronunciamiento de la juventud paraguaya ante la visita de Nelson Rockefeller», Comunidad 598 (1969) 5.

«Al inicio de un nuevo Período Presidencial», Acción 61 (1983) 4.

«La alocución del Primer Magistrado al Pueblo de la República», El Diario (19 de febrero de 1940) 1.

«Alto porcentaje de inscriptos votó el Domingo pasado», Comunidad 72 (1963) 1.

ALVAREZ, I., «Acuerdo Nacional para la democratización», Sendero 329 (1984) 6.

AMABILE, N., «Autorreportaje sobre un maestro de vida», en Mons. Ramón Bogarín Argaña. Testimonios, Asunción 1989, 159-165.

AMARAL, R., Los presidentes del Paraguay (1844-1954), Asunción 1994.

ANDRADA, C., «Desde la prisión. Carta abierta al General Don José Félix Estigarribia», en La dictadura del 40, Cuadernos Republicanos, Serie Documental 2, s.l.n.a..

ANDRADA NOGUES, L., «Nadie antes se atrevió a tanto», Sendero 457 (1988) 6.

«Anotaciones sobre la 72 Asamblea de la Conferencia Episcopal Paraguaya CEP», Sendero 41 (1975) 6-7.

«ANR: ¿Hay distanciamiento entre la cúpula y las bases?», Sendero 353 (1985) 8-9.

«Ante la sangre derramada…», Trabajo 19 (8 de mayo de 1947) 1.

ANTONICH, R. - MUNARRIZ, J.M., La Doctrina Social de la Iglesia, Madrid 1987, 283-284.

«Año Eucarístico Nacional en las huellas de una nueva evangelización», Sendero 383 (1986) 7.

«Un año más», Boletín de Informaciones 8 (28 de diciembre de 1969) 2.

APPLEYARD, J.L., «Algo más que un milagro», *Ultima Hora* (18 de mayo de 1988) 15.

APPLEYARD, T.B., «Un hombre íntegro, un maestro de libertad», en *Mons. Ramón Bogarín Argaña. Testimonios*, Asunción 1989, 45-58.

ARAMBURU, A., «La colonia de San Isidro de Jejuí. Cuando la violencia pretende quebrar una experiencia fraternal de cristianos», *Sendero* 44 (1975) 6-7.

ARDITI, B. – RODRIGUEZ, J.C., *La sociedad a pesar del Estado. Movimientos sociales y recuperación democrática en el Paraguay*, Asunción 1987.

«Artículo 173, ¿Por qué no también el 172?», *Sendero* 79 (1976) 8.

ASAL, *La Chiesa del Paraguay al servicio dell'uomo*, Quaderni ASAL 15-16, Roma 1975.

«Asume nuevo Obispo de Itapúa», *Sendero* 415 (1987) 7.

«El Atropello a la Autonomía Universitaria», *El Tiempo* (3 de enero 1940) 1.

BARBOZA, R., *El ocaso de la Tiranía 1986-1989*, Asunción 1990.

«Bartolomé Meliá: No lo olvidarán los Guaraníes», *Sendero* 74 (1976) 9.

BENITEZ FLORENTIN, J.M., *Paraguay siglo XXI hacia la Democracia*, Asunción 1988.

BOCCIA, A. – GONZALEZ, M.A. – PALAU AGUILAR, R., *Es mi informe. Los Archivos Secretos de la Policía de Stroessner*, Asunción 1994.

BOGARIN, J.S., «Mi testamento hológrafo», *REc* 35 (1949) 14-15.

————, *Mis Apuntes*, Asunción 1986.

BOGARIN ARGAÑA, R., «Carta comunicando a la familia su vocación sacerdotal», en *Mons. Ramón Bogarín Argaña. Testimonios*, Asunción 1989, 299-306.

BOUVIER, M.V., *Ocaso de un sistema. Encrucijada en Paraguay*, Asunción 1988.

«El Brasil tiene el poder», editorial, *ABC Color* (30 de mayo de 1973) 8.

«Breve Historia del Colegio Cristo Rey», *Sendero* 66 (1976) 7.

BRITEZ, E., «Acuerdo Nacional con nuevas propuestas», *Sendero* 325 (1984) 10.

————, «El fantasma de la división merodea en torno a la ANR», *Sendero* 342 (1985) 4.

————, «ANR: ¿Hacia dónde apuntan los tradicionalistas?», *Sendero* 354 (1985) 4.

————, «Una confrontación aún sin "presidenciables"», *Sendero* 354 (1985) 8-9.

————, «Piden mediación de la Iglesia entre los partidos. El diálogo político, una necesidad impostergable», *Sendero* 358 (1985) 4.

————, «Rechazo del diálogo: Dureza y debilidad», *Sendero* 362 (1986) 4.

————, «¿Qué busca el "grupo de los 34"?», *Sendero* 363 (1986) 4.

————, «No va más: "El mejor amigo de un colorado es otro colorado"», *Sendero* 370 (1986) 4.

————, «¿Un "stronismo" sin Stroessner?», *Sendero* 371 (1986) 4.

————, «Análisis», en BRITEZ, E. - al., *Hacia el cambio político. Los años ochenta en Paraguay*, Asunción 1987, 182-237.

————, «Una convención… de militantes; los tradicionalistas, a la llanura», *Sendero* 410 (1987) 4.

BRITEZ, E. - al., *Paraguay: Transición Diálogo y Modernización política*, Asunción 1987.

BRITEZ, E., «¿Quiénes ven un fracaso en el Diálogo Nacional?», *Sendero* 449 (1988) 2.

————, «Una prueba más de la intolerancia del sistema», *Sendero* 452 (1988) 4.

«Caacupé 1969», *Boletín de Informaciones* 5 (7 de diciembre de 1969) 1.

«Caacupé centro de unidad del Pueblo de Dios», *Boletín de Informaciones* 3 (23 de noviembre de 1969) 5.

CALVEZ, Y.-J., *El hombre a la luz del misterio de Cristo en Juan Pablo II*, Bogotá 1992.

CAMACHO, I., *Doctrina Social de la Iglesia. Una aproximación histórica*, Madrid 1991.

————, *Creyentes en la vida pública. Iniciación a la doctrina social de la Iglesia*, Madrid 1995.

«El campesino paraguayo y la tierra», editorial, *Sendero* 285 (1983) 4.

«Campesinos de Misiones esperan respuesta a su sacrificio», *Sendero* 582 (1990) 11.

CAMPOS RUIZ DIAZ, D. - BORDA, D., *Las organizaciones campesinas en la década de los 80. Sus respuestas ante la crisis*, Asunción 1992.

«Cantos testimoniales y estribillos», *Sendero* 451 (1988) 9.

CAPURRO, M., «Movimientos Sindicales Contemporáneos», *Acción* 82 (1987) 27-31.

CARAVIAS, J.L., «Carta desde el destierro», en *ISH*, 487-490.

————, *Vivir como hermanos*, Asunción 1989.

CARRON, J.M., «El cambio social y el clero en el Paraguay», *Revista Paraguaya de Sociología* 8-9 (1967) 129-132.

————, «Iglesia Católica y Estado en el Paraguay 1977/1987», *Revista Paraguaya de Sociología* 72 (1988) 117-139.

«Carta abierta al pueblo paraguayo desde el exilio», *Sendero* 363 (1986) 12-13.

«Carta de los campesinos a los Obispos reunidos en Puebla (setiembre 78)», en EQUIPO EXPA, *En busca de la Tierra sin mal*, Bogotá 1982, 176-181.

«Carta Pastoral reflexiona sobre realidad del país», *Sendero* 497 (1989) 4.

«Carteles en el local de la Facultad de Medicina», *Comunidad* 589 (1969) 8.

CARTER, M., *El papel de la Iglesia en la caída de Stroessner*, Asunción 1991.

CARTER, M. – GALEANO, L.A., *Campesinos, tierra y mercado*, Asunción 1995.

CHARTRAIN, F., *L'Eglise et le Partis dans la vie politique du Paraguay depuis l'Indépendence*, Paris 1972.

«Circulación restringida N° 2549 (21 de marzo de 1947)», en *D47*, 181-182.

«Comentarios de la Semana», *Trabajo* 13 (20 de marzo de 1947) 2.

COMISIÓN NACIONAL DE RESCATE Y DIFUSIÓN DE LA HISTORIA CAMPESINA, *Kokueguará rembiasa. Experiencias campesinas. Ligas Agrarias Cristianas, 1960-1980*, I. *Caaguazú*, II. *San Pedro*, III. *Misiones Paraguarí*, Asunción 1991-1992.

COMITE DE IGLESIAS, «Acta n. 1», en aAA, *Libro Comité de Iglesias (1978-1987)* I, 272.2, 1.

————, «Circustancias históricas que motivaron la creación del Comité de Iglesias», en aAA, *Libro Comité de Iglesias (1978-1987)* I, 272.2, 1.

«Comité de Iglesias: cuatro años al servicio de los marginados», *Sendero* 179 (1980) 10.

«Comité de Iglesias y ecumenismo», aAA, *Libro Comité de Iglesias (1978-1987)*, I, 272.2, 1.

COMITE EJECUTIVO DE LA FCC, «Manifiesto de la F.C.C.», *Boletín de Informaciones* 32 (21 de junio de 1970) 2.

«¿Cómo se justifica el golpe de Estado?», editorial, *Acción* 93 (1989) 4-5.

COMPAGNONI, F., *I diritti dell'uomo. Genesi, storia e impegno cristiano*, Cinisello Balsamo (Milano) 1995.

«Comunicado al Pueblo de la República», *El Diario* (16 de febrero de 1940) 1.

«Comunicados Oficiales», *El País* (10 de junio de 1946) 2.

«Conclusiones de la LII Asamblea de la CEP», *Boletín de Informaciones* 8 (28 de diciembre de 1969) 3.

«Conclusiones de las Jornadas de Estudios Sacerdotales», *REc* 4 (1942) 16-20.

«Concluyó el Diálogo Nacional, sin la participación del Gobierno "A pesar de las muchas dificultades, se cumplió"», *Sendero* 429 (1987) 6.

«Confidencial No. 1.757», en *D47*, 19-34.

«Conflictos y violencia en la lucha por la tierra», *Sendero* 567 (1990) 8-9.

«Con la amplia adhesión de todo el Pueblo tuvo lugar esta mañana el acto del juramento de los nuevos ministros», *El País* (26 de julio de 1946) 2.

«Con la reconciliación haremos la unidad partidaria», *Sendero* 377 (1986) 4.

«Consagración Episcopal de S.E. Rvma. Monseñor Ramón Bogarín Argaña», *REc* 58 (1955) 5.

«Contrato de Itaipú: futura caja de sorpresa», editorial, *ABC Color* (29 de mayo de 1973) 8.

CELAM, *Mensajes sociales de S.S. Juan Pablo II en América Latina*, Bogotá 1986.

CONSEJO PRESBITERAL DE ASUNCION, «Carta al Presbiterio de la Diócesis de San Juan Bautista de las Misiones», en *ISH*, 469.

CONSEJO PRESBITERAL DE CAACUPE, «Carta al Sr. Ministro del Interior (15 de marzo de 1971)», en *ISH*, 417-418.

CONSEJO UNIVERSITARIO DE LA UNIVERSIDAD CATOLICA, «Comunicado de la Universidad Católica "Nuestra Señora de la Asunción", en *ISH*, 529-530.

«Constitución Nacional 1992», Art. 4, en *INCP*.

«La contratación en el extranjero de Profesores para la Universidad», *El Diario* (31 de enero de 1940) 1.

«Convención Nacional Constituyente. Declaraciones fundamentales, derechos sociales y políticos», *Análisis del Mes* 77 (1992) 10.

«Convención Nacional Constituyente. Trabajo en equipo y reacciones exageradas», *Análisis del Mes* 76 (1992) 7.

«Convención Nacional Constituyente. Un clima que se transformó oportunamente», *Análisis del Mes* 75 (1992) 8.

«La CPT resolvió no entrar en el Diálogo Nacional», *Ultima hora* (5 de agosto de 1986) 12.

«Crónica del Proceso», *Sendero* 66 (1976) 6.

«Cronología del golpe», *Acción* 93 (1989) 8-9.

«Cuarta Semana de Estudios del Clero de la Provincia», *REc* 60 (1955) 8.

«Cuarta Semana de Estudios del Clero de la Provincia Eclesiástica del Paraguay y de los Vicariatos Apostólicos del Pilcomayo y del Chaco», *REc* 62 (1956) 7-9.

«Cuidado…!!!», *Trabajo* 1 (24 de diciembre de 1946) 1.

«Declaración a la opinión pública (21 de marzo de 1971)», en *ISH*, 423-424.

«Declaraciónes del ministro de Defensa Nacional, General Amancio Pampliega», en *D47*, 118-120.

«Decreto No 19.961», en *La dictadura del 40*, Cuadernos Republicanos, Serie Documental 2, s.l.n.a., 33-34.

«Denuncia profética con una "marcha del silencio"», *Sendero* 370 (1986) 13.

DEPARTAMENTO DE EDUCACION DE LA CEP, «Carta abierta a los padres de familia y a la opinión pública», en *ISH*, 532-535.

Derechos Humanos en Paraguay - 1966, Asunción 1996.

«Devolver al Estado las tierras que el IBR dilapidó», editorial, *ABC Color* (25 de marzo de 1980) 12.

«Diálogo: invitaron a UIP y SPP», *Diario Noticias* (1° de julio de 1986) 8.

«El Diálogo Nacional: Balance y perspectivas», *Sendero Anuario 1986* (22 de diciembre 1986) 14-15.

«Diálogo Nacional: Presencias, ausencias y suspensión», *Sendero* 408 (1987) 10.

«Diálogo Nacional, segunda etapa: Un renovado desafio», *Sendero* 393 (1987) 11.

«Diálogo Nacional: semillas de convivencia humana y cristiana», *Sendero* 406 (1987) 6.

«El diálogo visto por el clero de todo el país», *Sendero* 373 (1986) 6.

«La dificil conquista de la tierra prometida», *Sendero* 581 (1990) 8-9.

«Disposiciones varias», *REc* 34 (1948) 20.

«Documento de los sacerdotes de Caacupé», *Comunidad* 592 (1969).

«Documento de los sacerdotes de San Juan Bautista de las Misiones», *Comunidad* 592 (1969).

«Documento de los sacerdotes de Villarrica», *Comunidad* 591 (1969).

«El don de la tierra», editorial, *Sendero* 222 (1982) 3.

«Dos Justicias», editorial, *Comunidad* 520 (1967) 3.

DURAN, M., *Historia de los pobres del Paraguay*, Asunción 1972.

————, *Diálogo Nacional urgencia de nuestro tiempo*, Asunción 1987.

————, *La Iglesia en el Paraguay. Una historia mínima*, Asunción 1990.

«Ecos de la 107 asamblea general de nuestros Obispos. Fortalecer la pastoral vocacional y el seminario», *Sendero* 374 (1986) 7.

«Ecos de la 82ª Asamblea de la CEP», *Sendero* 106 (1977) 11.

«Ecos de la primera semana social paraguaya», *Acción* 34 (1977) 22.

«Ecos de una reunión episcopal», *Sendero* 18 (1974) 8.

«Educar para la convivencia», editorial, *Sendero* 266 (1983) 4.

«Elecciones», editorial, *Comunidad* 270 (1963) 3.

«La energía hidroeléctrica y el futuro de nuestro país», editorial, *ABC Color* (30 de enero de 1973) 8.

«Enmienda constitucional», editorial, *Sendero* 91 (1977) 3.

«En espera del Santo Padre», editorial, *Sendero* 261 (1983) 4.

«En esta tarea nadie debe excluirse ni ser excluido», *Sendero* 362 (1986) 8-9.

ENL, «Historia del laicado paraguayo», *Acción* 43 (1979) 30-32.

ENL – JAL, «Comunicado conjunto del Equipo Nacional de Laicos y Junta Archidiocesana de Laicos», *Sendero* 435 (1988) 7.

ENPS, *Plan de Pastoral Orgánica 1982-1984*, Asunción 1982.

————, *Aporte y experiencias del Equipo de Pastoral Social*, Asunción 1992.

ENPS – CEP, *«La tierra, don de Dios para todos» «Toda familia tiene derecho a un hogar asentado sobre tierra propia» (Constitución Nacional, art. 83)*, CPS 1, Asunción 1983.

ENPS – CEP, «Conclusiones y recomendaciones», en *TDD*, 81-84.

————, *Efectos sociales de las inundaciones en el Paraguay*, CPS 2, Asunción 1988.

————, *Fe cristiana y compromiso social*, CPS 3, Asunción 1984.

————, *Tierra y sociedad. Problemática de la tierra urbana, rural e indígena en el Paraguay*, CPS 4, Asunción 1984.

————, *El fenómeno migratorio en el Paraguay*, CPS 5, Asunción 1985.

————, *Orientaciones sobre Pastoral Social*, CPS 6, Asunción 1985.

————, *El hombre paraguayo en su cultura*, CPS 7, Asunción, s.a..

————, *Bases para una Pastoral Social Orgánica*, CPS 9, Asunción 1987.

————, *El auténtico desarrollo social*, CPS 10, Asunción, s.a..

————, *Proceso de democratización y cultura política*, CPS 11, Asunción, s.a..

————, *Sociedad injusta. Sociedad violenta*, CPS 12, Asunción, s.a..

«Entrevista con Luis Alfonso Resck Haiter», *Riflessioni Rh* 29/30 (1990) 37-48.

«Entrevista con Monseñor Aníbal Maricevich Fleitas», *Riflessioni Rh* 28 (1989) 237.

«Entrevista con Mons. Aníbal Maricevich Fleitas, obispo de Concepción», *Riflessioni Rh* 4 (1984) 358-374.

EQUIPO DE FERELPAR, *La vida religiosa en la cultura paraguaya. Hacia la nueva evangelización en Paraguay. La realidad paraguaya*, Asunción 1989.

EQUIPO DE REFLEXION TEOLOGICO-PASTORAL, *Los derechos humanos sus fundamentos en la enseñanza de la Iglesia*, Bogotá 1982.

EQUIPO EXPA, *En busca de la Tierra sin mal*, Bogotá 1982.

«Esfuerzos realizados para organizar la A.C. en el Paraguay y sus frutos», *REc* 3 (1942) 10-14.

«Un esquema político en función del ser nacional», *Acción* n.21 (1974) 4.

«"Estoy sorprendido e indignado", señala Mons. Maricevich», *Sendero* 450 (1988) 17.

«La estructura institucional de la reforma agraria», editorial, *ABC Color* (4 de abril de 1977) 14.

«Excesos de celo partidario, que deben ser corregidos», *Trabajo* 17 (17 de abril de 1947) 7.

FERELPAR, «Adhesión de FERELPAR a mediación de Obispos», *Sendero* 364 (1986) 7.

FLECHA, V.J. – MARTINI, C., *Historia de la transición. Pasado y futuro de la democracia en el Paraguay*, Asunción 1994.

FLECHA, V.J. – MARTINI, C. – SILVERO SALGUEIRO, J.S., *Autoritarismo, Transición y Constitución en el Paraguay. Hacia una sociología del poder*, Asunción 1993.

FOGEL, R., «Aspectos históricos de la problemática de la tierra», en *TDD*, 7-9.

——————, *La ciencia y la tecnología en Paraguay. Su impacto socio-ambiental*, Asunción 1984.

——————, *Movimientos campesinos en el Paraguay*, Asunción 1986.

FONTANA, S., «L'insegnamento della Dottrina Sociale della Chiesa in Europa. Convegno europeo di Dottrina sociale della Chiesa promosso dal Pontificio Consiglio Giustizia e Pace», *La Società* 3 (1997) 649-669.

«Fueron mensajes fundamentales», *El Diario* (20 de mayo de 1988) 8.

«Fue suspendido el funcionamiento de la Facultad de Ciencias Médicas», *El Diario* (9 de febrero de 1940) 1.

GALEANO, L.A., «Notas sobre la problemática actual de la tierra en el campo», en *TDD*, 32-35.

——————, *Ensayo sobre cultura campesina*, Asunción 1984.

GATTI CARDOZO, G., *El papel político de los militares en el Paraguay 1870-1990*, Asunción 1990.

GAUTO, D., «El problema de la tierra en el Paraguay», *Riflessioni Rh* 37 (1992) 11-18.

GONZALEZ, C.A. – *al.*, «Comunicado del Directorio del Partido Liberal Radical», *Comunidad* 586 (1969) 4.

GONZALEZ, C.A., «La propiedad inmobiliaria en la legislación paraguaya», en *TDD*, 10-20.

GONZALEZ DELVALLE, A., «El problema de la tierra», *ABC Color* (16 de marzo de 1980) 12.

——————, «¿Para qué tanta tierra?», *ABC Color* (23 de marzo 1980) 12.

——————, «Aprendamos la dolorosa lección», *ABC Color* (21 de setiembre de 1980) 12.

——————, *El drama del 47. Documentos secretos de la guerra civil*, Asunción 1987.

GONZALEZ DELVALLE, A. – BRITEZ, E., *Por qué clausuraron ABC Color*, Asunción 1987.

GONZALEZ DORADO, A., «Vocaciones para el Paraguay en al año 2.000», *Acción* 52 (1981) 23-29.

«Gral. (El) Stroessner se ha rendido...», *Hoy* (3 de febrero de 1989) 1.

«Hacia una Pastoral de la tierra», *Sendero* 210 (1981) 16.

«Ha llegado la hora de la serenidad», editorial, *Trabajo* 19 (8 de mayo de 1947) 1.

«Han quedado restablecidos el orden y la tranquilidad en todo el país», *El País* (10 de junio de 1946) 2.

«Hay que ganar la paz», editorial, *Trabajo* 32 (28 de agosto de 1947) 1.

HEYN SCHUPP, C., *En el Centenario de la Consagración Episcopal de Mons. Juan Sinforiano Bogarín*, Asunción 1995.

«Historia de una Noche Triste», *Boletín de Informaciones* 26 (24 de setiembre de 1972) 1-5.

«La Iglesia les ama, por ser los preferidos de Jesucristo», *Sendero* 569 (1990) 8-9.

«La Iglesia, los presos políticos», editorial, *Comunidad* 582 (1969) 3.

«La Iglesia y la Constituyente», editorial, *Comunidad* 443 (1966) 2.

«Inercia política para enfrentar crisis económica», *Sendero* 261 (1982) 2-3.

«Instó a mantener la lucha por justicia y evangelización», *La Tarde* (17 de mayo de 1988) 7.

«Interés y participación en la vida política paraguaya», *Sendero* 266 (1983) 8-9.

«La intervención de la Universidad para normalizar el funcionamiento de los centros de enseñanza», *El Diario* (30 de enero de 1940) 1.

IRALA BURGOS, A., «La crisis ideológica en el Paraguay», *Acción* 77 (1986) 17-21.

IRALA BURGOS, J., «La administración de justicia en el Paraguay: etapas de su evolución institucional», *Acción* 37 (1978) 9-13.

————, «La evangelización durante el episcopado de Juan Sinforiano Bogarín», en CANO, L. - al., *La evangelización en el Paraguay. Cuatro siglos de Historia*, Asunción 1979, 189-201.

————, «La violencia y el terrorismo nos llevarán a un despeñadero», *Sendero* 368 (1986) 11.

————, «El testimonio de su vida», en *Mons. Ramón Bogarín Argaña. Testimonios*, Asunción 1989, 29-42.

«Itaipú: gran responsabilidad», editorial, *ABC Color* (25 de abril de 1973).

«Itaipú: gran responsabilidad del Congreso», editorial, *ABC Color* (24 de mayo de 1973) 8.

«Itaipú: no es cierto que Paraguay no aporta nada», editorial, *ABC Color* (27 de mayo de 1973) 8.

«Itaipú: precio y plazo inaceptables», editorial, *ABC Color* (25 de mayo de 1973) 8.

«Jejuí: secuestro de Biblias», editorial, *Sendero* 43 (1975) 3.

«Jornadas Sacerdotales de Caacupé», *Boletín de Informaciones* 8 (28 de diciembre de 1969) 4-5.

JOTAEME, «Hacia una evangelización renovadora. Una entrevista con Mons. Bogarín», *Sendero* 48 (1975) 10.

————, «La jerarquía paraguaya en la etapa de Transición», *Acción* 108 (1990) 13-14.

JUSTE, R., «El problema de la tierra: ¿dónde está y cómo se soluciona?», *Acción* 55 (1982) 3-6.

JUSTE, R., «Mensaje de la Cep», *Acción* 57 (1983) 18.

—————, «Un documento largamente esperado» *Acción* 59 (1983) 10.

«La Justicia», editorial, *ABC Color* (22 de mayo de 1978) 12.

JOCF – *al.*, «Presos políticos: una llaga abierta en la conciencia cristiana del país», *Comunidad* 582 (1969) 8-9.

Ko 'äga roñe 'ëta (Ahora· hablaremos). Testimonios campesinos de la represión en Misiones (1976-1978), Asunción 1990.

KOSTIANOVSKY, P., *28 entrevistas para este tiempo*, Asunción 1985.

—————, «Prólogo», en *D47*, 7.

«*Kurusu rape yvy rekávo*. Campesinos de Misiones harán caminata hasta Asunción», *Sendero* 579 (1990) 11.

«Lamentables disturbios empañaron el acto liberal», *El País* (16 de agosto de 1946) 1.

LATERZA, G., «La experiencia autonómica del movimiento estudiantil paraguayo», en RIVAROLA, D. – *al.*, *Los movimientos sociales en el Paraguay*, Asunción 1986.

LESCANO, C.J., «Estigarribia, el Conductor», *Estudios Paraguayos* 18/1-2 (1995) 97-187.

LEVEME, A., «Carta de Mons. Alberto Léveme a Mons. Aníbal Mena Porta (23 de junio de 1941)», en aAA, *Monseñor Aníbal Mena Porta legajo personal. Años 1940-1941*, 722.

LEWIS, P.H., *Paraguay bajo Stroessner*, México 1986, 65.

«La Ley de prensa», *El País* (9 de julio de 1946) 2.

«Ley No. 854 que establece el Estatuto Agrario», en *Recopilación de las principales leyes y decretos vigentes*, República del Paraguay 1989, art. 2.

«¿Leyó usted el Contrato?», editorial, *ABC Color* (28 de mayo de 1973) 8.

«Libertad Religiosa y Reforma Constitucional», editorial, *Comunidad* 430 (1966) 2.

«Las Ligas Agrarias sentenciadas a muerte?», *Boletín de Informaciones* 13 (1° de febrero de 1970) 3.

«Limpio juego democrático», editorial, *Comunidad* 474 (1967) s.p..

LIVIERES BANKS, J., «Juan Pablo II en Paraguay. Una visita que compromete», *Riflessioni Rh* 23 (1988) 133.

—————, «Palabras preliminares», en ROLON, B.I., *No hay camino... ¡Camino se hace al andar! (Memorias)*, Asunción 1991, 5-6.

LOPEZ, C., «Una Iglesia ágil, despierta y comprometida», *Anuario Sendero 1987*, 16-17.

«Lucha de los sin tierra continúa», *Sendero* 521 (1989) 8-9.

«Luego de 25 años, volvieron los exiliados», *Sendero* 314 (1984) 7.

«Manifiesto del Clero de la Diócesis de Villarrica», *Comunidad* 591 (1969) 13.

MARICEVICH FLEITAS, A., *Homilía pronunciada en la Misa concelebrada en la Iglesia Catedral de Concepción con ocasión del Bicentenario de la Villa Real de la ciudad de Concepción* (29 de mayo de 1973), en ArchRH.

————, «Actitud del Obispo y Presbiterio de Concepción (15 de febrero de 1975)», *Sendero* 43 (1975) 4.

————, «Homilía en los funerales de Monseñor Bogarín (San Juan Bautista de las Misiones 6 de setiembre de 1976)», *Sendero* 82 (1976) 2.

————, *Homilía pronunciada en la gran Misa concelebrada el 6 de setiembre: Bodas de oro de nuestra Diócesis* (1979), en ArchRH.

MAZACOTTE, A., *El Estado Paraguayo y la corrupción*, Asunción 1997.

MEJIA, J., «Ruolo del Vescovo, in quanto maestro della fede, nella proclamazione e nell'applicazione della Dottrina Sociale», *La Società* 2 (1992) 199-211.

MELIA, B., «Ese polvo atesorado», en EQUIPO EXPA, *En busca de la Tierra sin mal*, Bogotá 1982, 160.

————, «Las siete expulsiones», en *Acción* 29 (1976) 24-30.

«Mensaje de los sacerdotes y de los religiosos al pueblo», *Sendero* 374 (1986) 3.

«Minuto a minuto, como cayó Stroessner. Crónica de un golpe anunciado», *Sendero* 490 (1989) 9.

«Una Mirada Retrospectiva», *El Tiempo* (20 de enero de 1940) 1.

MIRANDA, A., «Más que crisis, menor crecimiento», *Sendero* 251 (1982) 6.

MIRANDA, M., «Una entrevista que apasiona», en ROLON, B.I. – al., *Mons. Aníbal Maricevich. Bodas de Oro. Un hombre de Iglesia*, Asunción 1993, 16-17.

«Mons. Cardijn, Apóstol de los Tiempos Nuevos», *REc* 60 (1955) 12-13.

«Mons. Livieres: "Deseamos adoptar decisiones que expresen la conciencia de la Iglesia"», *Sendero* 188 (1980) 12.

«Mons. Livieres habla acerca de la situación del país y de la Iglesia», *Sendero* 190 (1980) 9.

MONTERO TIRADO, J., «El río que se va de cada tres paraguayos, uno emigra», *Acción* 25 (1975) 23-25.

————, «Presencia de esperanza para un mundo mejor», *Sendero* 262 (1983) 6.

MORINIGO, J. – SILVERO, I., *Opiniones y actitudes políticas en el Paraguay*, Asunción 1986.

«Muerte en Investigaciones», editorial, *Comunidad* 586 (1969) 3.

MUNARRIZ, J.M., «Mes de junio en Asunción», *Acción* 3 (1969) 21-25.

————, «Reflexión sobre el "año de reflexión"», *Acción* 18 (1973), 3-5.

————, «La realidad exige una mayor presencia», *Acción* 111 (1989) 16-18.

————, «Los Obispos y la educación», *Acción* 113 (1991) 24-25.

MUNARRIZ, J.M., «Los Obispos, la Constitución y el pueblo», *Acción* 119 (1991) 9-12.

«Música religiosa», *REc* 34 (1948) 20.

«Nadie nos escuchó», editorial, *Trabajo* 29 (17 de julio de 1947) 1.

«La necesidad de mantener a toda costa el orden», *El Diario* (14 de febrero de 1940) 1.

«La necesidad de que el pueblo se sienta huérfano... alguna vez», *Comunidad* 476 (1967) s.p..

«Nota y comentarios», *Boletín de Informaciones* 5 (7 de diciembre de 1969) 6.

«Notas para una historia del periodismo católico en el Paraguay», *Acción* 57 (1983) 12-17.

«No temer los desafíos que nos trae el 87», editorial, *Sendero* 386 (1987) 2.

«Nuestra Iglesia acoge con beneplácito la iniciativa», *Sendero* 369 (1986) 8.

«Nuestra Máxima Concesión» *El Tiempo* (19 de enero de 1940) 1.

«Nuestra posición», *Trabajo* 2 (31 de diciembre 1946) 1.

«Nuestra revolución», editorial, *Trabajo* 4 (16 de enero de 1947) 1.

«Nuestra voz de protesta», *Trabajo* 36 (25 de setiembre de 1947) 1.

«La nueva Constitución», editorial, *Comunidad* 507 (1967) 3.

«La nueva etapa de organización de la economía y de la cultura», *El Diario* (27 de febrero de 1940) 1.

NUÑEZ, S., «Tupasy Ka'kupe aretepe (8 de diciembre de 1969)», en *ISH*, 311-320.

————, «Cambios en la conciencia eclesial del Paraguay», *Estudios Paraguayos* 1 (1974) 1-22.

————, «Diálogo: Compromiso de toda la nación», *Sendero* 361 (1986) 2.

————, «De la hora negra a un nuevo modo de vivir», *Sendero* 368 (1986) 7.

————, «Diálogo Nacional y Eucaristía», *Sendero* 389 (1987) 3.

————, «*Situacion y crítica ciudadana*», I-IV, Asunción 1987.

————, «Grandes riquezas de un opulento magisterio», *Sendero* 451 (1988) 8.

————, «La Iglesia que peregrina en Paraguay», *Riflessioni Rh* 22 (1988) 79-80.

————, *El mensaje de Juan Pablo II*, Asunción 1989.

«El Obispo de Villarrica aloja en la Catedral a campesinos despojados de sus tierras», *Comunidad* 509 (1967) 1.

«Los Obispos y el Diálogo Nacional», *Sendero* 391 (1987) 6.

«Obstinación en el error», editorial, *ABC Color* (12 de diciembre de 1974) 10.

Oñondivepá. Análisis de algunas formas de Organización Campesinas en el Paraguay, Asunción 1982.

«Oración de los fieles en la concelebración de la Catedral», en *ISH*, 355-359.

«Organización campesina», editorial, *Sendero* 41 (1975) 3.

«Ortigoza "una nueva celda…"», *La Tarde* (14 de febrero de 1988) 12.

«¿Otro Stroessner para suceder a Stroessner?», *Sendero* 351 (1985) 4.

«Las palabras del Señor Arzobispo», *Trabajo* 14 (27 de marzo de 1947) 1.

«Palabras liminares», editorial, *Trabajo* 1 (24 de diciembre de 1946) 1.

PALAU, T. – LUGO, F. – ESTRAGO, G., *Dictadura, corrupción y transición (Compilación preliminar de los delitos económicos en el sector público durante los últimos años en el Paraguay)*, Asunción 1990.

«Para la yerba mate molida en la capital también han sido fijados los precios máximos de venta», *El País* (13 de junio de 1946) 2.

«Para un reflexión cristiana», *Sendero* 73 (1976) 6.

«La participación nacional en Itaipú», editorial, *ABC Color* (18 de abril de 1973) 8.

PASTORE, C., *La lucha por la tierra en el Paraguay*, Montevideo 1972.

————, «Entrevistas con el Mcal. Estigarribia», *Estudios Paraguayos* 9/2 (1981) 105-132.

PEREIRA, C.R., *Una propuesta ética. Análisis de la realidad nacional*, Asunción 1987.

«Perfil Político de los candidatos presidenciales», *Sendero* 266 (1983) 6-7.

«Plan de Pastoral Orgánica de la Iglesia en el Paraguay 1976-1978», *Sendero* (Suplemento) 100 (1977) 1.

POSSENTI, V., *Oltre l'illuminismo. Il Messaggio sociale cristiano*, Cinisello Balsamo (Milano) 1992.

«Los PP. Gelpí y Munarriz dejan el país», *Sendero* 72 (1976) 9.

«Preparan la V Semana Social Paraguaya. La Fe en su dimensión social será tema de debate», *Sendero* 294 (1983) 16.

PRESBITERIO DE LA ARQUIDIOCESIS, «Reflexiones sobre la situación de nuestra Iglesia en la hora actual (5 de mayo de 1972)», en *ISH*, 519-528.

«Primera Asamblea General y Nacional», *REc* 34 (1948) 21-22.

«Problema de la Descristianización del Pueblo Paraguayo», *REc* 3 (1942) 15.

«Los problemas de la tierra», editorial, *ABC Color* (24 de marzo de 1980) 12.

«Protesta del Centro Estudiantil "23 de octubre". Asunción, 6 de enero de 1940», *El Tiempo* (10 de enero de 1940) 1.

«Lo que alienta el contrabando», editorial, *ABC Color* (11 de abril de 1981) 12.

«"Que el claro mensaje papal no se tergiverse"», *Hoy* (21 de mayo de 1988) 7.

«¿Qué pasará con los ex-obreros de Itaipú?», *Sendero* 254 (1982) 10.

RAMIREZ, I. – GATTI, «Dos opiniones sobre un proyecto Constitucional», *Comunidad* 491 (1967) s.p.

«Razones técnicas impiden la visita a Concepción», *Sendero* 433 (1988) 7.

«Reacciones al mensaje de nuestros Obispos», *Sendero* 434 (1987) 10.

«La realidad nacional en la óptica de la LXVIII Asamblea Plenaria de C.E.P.», *Sendero* 2 (1973) 7-8.

«Redistribución de la tierra», *El Diario* (22 de febrero de 1940) 1.

«Reforma Constitucional», editorial, *Comunidad* 439 (1966) s.p..

«La reglamentación del derecho de emisión del pensamiento», *El Diario* (1° de febrero de 1940) 1.

«La República siente las exigencias de que se la gobierne de veras. Declaraciones del Ministro de Gobierno Dr. Marín Iglesias», *El Diario* (23 de febrero de 1940) 1.

«Resolución del 11 de junio de 1946», en *D47*, 109-111.

«Resolución que expulsa a varios estudiantes», *El Diario* (2 de febrero de 1940) 1.

RIQUELME, M.A., *Hacia la transición a la democracia en le Paraguay*, Asunción 1989.

ROLON, B.I., *No hay camino... ¡Camino se hace al andar! (Memorias)*, Asunción 1991.

«Romper el Silencio», *Boletín de Informaciones* 26 (24 de setiembre de 1972) 3.

RUIZ OLAZAR, H., «Entrevista a Mons. Ismael Rolón, Arzobispo Emérito de Asunción», *ABC Color* (1° de junio de 1997) 8-9.

«El sacerdote en el Paraguay: un diagnóstico», *Acción* 15 (1972) 10-14.

«Salimos de nuestros cuarteles en defensa de la dignidad y del honor», *Ultima Hora* (3 de febrero de 1989) 6.

SALUM FLECHA, A., «Proyección internacional de la visita papal al Paraguay», *Sendero* 452 (1988) 15.

————, «Después de la euforia triunfal a afrontar problemas pendientes», *Sendero* (Suplemento Especial) 489 (1989) 6.

SARQUIS, R., «Monseñor Bogarín y mi vocación sacerdotal» en *Mons. Ramón Bogarín Argaña. Testimonios*, Asunción 1989, 207-222.

SCANNONE, J.C., *Interpretación de la Doctrina Social de la Iglesia, Cuestiones Epistemológicas*, Bogotá 1987.

«Se amplía la convocatoria de sectores», *Sendero* 371 (1986) 6-7.

SEIFERHELD, A.M., *Estigarribia. Veinte años de política paraguaya*, Asunción 1983.

————, *Nazismo y Fascismo en al Paraguay. Los años de la guerra. Gobiernos de José Félix Estigarribia e Higinio Morínigo. 1939-1945*, Asunción 1986.

————, «Higinio Morínigo. Treinta años después», en *Conversaciones Político-Militares*, Asunción 1988, I, 52-78.

————, «Higinio Morínigo. Treinta años después (segunda parte)», en *Conversaciones Político-Militares*, Asunción 1988, I, 79-106.

«Seiscientos mil paraguayos en Argentina», *Sendero* 3 (1973) 5.

«Seis meses de Diálogo Nacional», *Sendero* 381 (1986) 6.

«Se mantiene el Encuentro con los Constructores de la Sociedad», *Sendero* (Edición Especial) 450 (1988) 17.

«Se produjo un levantamiento de la caballería», *El Diario* (3 de febrero de 1989) 1.

«Sigue ensañamiento del poder con mi padre», *La Tarde* (3 de febrero de 1988) 8.

SIMON, J.L., «Paraguay: coyuntura política», *Acción* 75 (1986) 4-7.

———, «¿El Stronismo llega a su techo político?», *Acción* 78 (1986) 4-7.

———, «El difícil camino a la democracia», *Acción* 93 (1989) 6-12.

———, *La dictadura de Stroessner y los derechos humanos*, I, Asunción 1990.

———, *Testimonio de la represión política en Paraguay 1954-1974*, Asunción 1990.

«Sin novedad...», editorial, *Comunidad* 587 (1969) 3.

«Una situación insostenible», editorial, *Comunidad* 501 (1967) 2.

«Situar al sacerdote en la compleja realidad social», *Sendero* 322 (1984) 4.

«Sorprendentes declaraciones del Canciller», editorial, *ABC Color* (31 de mayo de 1973) 6.

SOSA LUGO, M. – DUARTE, R.A., «Los constructores de la sociedad: ¿Quiénes son?», *EL Diario* (1° de marzo de 1988) 18.

«Sucesos de Jejuí: Declaración de la autoridad eclesiástica de Concepción», *Sendero* 43 (1975) 4.

«Los sucesos de Jejuí. Síntesis de los hechos», *Sendero* 44 (1975) 8.

«Sviluppi metodologici e dottrinali nel magistero sociale della Chiesa», *CivCatt* 140/II (1989) 3-16.

TALAVERA, C., «Un Obispo "Católico"», en *Mons. Ramón Bogarín Argaña. Testimonios*, Asunción 1989, 119-125.

TALAVERA, R., *Mensaje para la Liberación Paraguaya, Discurso pronunciado por el Presbítero Ramón A. Talavera Goyburú, en el Paraninfo de la Universidad de la República, Montevideo, Uruguay, el día 4 de marzo de 1959* [Uruguay 1959?].

Tekojoja rekavo, Asunción 1990.

«Los temas analizados en asamblea de la CEP. Obispos reflexionaron sobre visita al Papa», *Sendero* 334 (1985) 5.

«La tercera jornada de Estudios Sacerdotales (16-20 de setiembre de 1946), *REc* 24 (1946) 11-15.

«La tierra y los bienes al servicio de la promoción del hombre», *Sendero* 252 (1982) 8-9.

«Todo está probado menos la inocencia», *El Diario* (13 de enero de 1940) 1.

«Todos a medias», editorial, *Comunidad* 492 (1967) s.p..

«Todo un año de Reflexión», *Sendero* 2 (1973) 4.

«Tras una resistencia estéril y tenaz, Stroessner fue derrocado», *Ultima Hora* (3 de febrero de 1989) 8-9.

«Trazos biográficos de Mons. Ramón Bogarín Argaña», *REc* 58 (1955) 5-6.

«Una de Cal y Otra de Arena», *Acción* 58 (1983) 4-6.

Undécima Jornada Nacional del Clero del Paraguay. Ypacaraí -26-30 de julio de 1982. Principales conclusiones [Asunción 1982?], 1.

UNIVERSIDAD CATOLICA NUESTRA SEÑORA DE LA ASUNCION (Facultad de Ciencias Jurídicas y Diplomáticas, Departamento de Derechos Humanos), ed., *El golpe de Estado 2 y 3 Febrero 1989* [Asunción 1989].

USHER, J.O., «Carta al Ministro del Interior (13 de setiembre de 1972)», en *ISH*, 531-532.

VALPUESTA, J., «Una Iglesia que acompaña», *Acción* 97 (1989) 37-42.

«¿Vamos a elecciones ahora o creamos antes las condiciones adecuadas?», *Sendero* 490 (1989) 10-11.

«Van quedando cada día menos», editorial, *ABC Color* (29 de setiembre de 1980) 12.

VANRELL, B., «Nota del Superior Provincial Jesuita al Señor Ministro del Interior (10 de marzo de 1972)», en *ISH*, 457-458.

«Ver a mi país feliz es mi gran sueño», *Sendero* 372 (1986) 16.

«La verdad de un Episodio», *Boletín de Informaciones* 1 (9 de noviembre de 1969) 2.

VILLALBA, A., «La Iglesia al servicio del hombre paraguayo», *Sendero* 191 (1980-1981) 8-9.

————, «Distinguir signos y señales de esperanzas», *Sendero* 240 (1982) 8.

«Visita de Juan Pablo II al Paraguay», *Sendero* 261 (1983) 2.

WASHINGTON, R., «Radiografía de la chacarita», *El País* (6 de junio de 1946) 3.

«XVII Asamblea General de la Ferelpar: La Misión del religioso es ser signo de esperanza en un mundo desorientado», *Sendero* 78 (1976) 7.

YORE, F.M., *La dominación stronista. Origenes y consolidación. "Seguridad Nacional y represión"»*, Asunción 1992.

ZARZA, J. – SAGUIER, M.A., «¿Por qué la gente gana la calle?», *Sendero* 368 (1986) 8-9.

ZARZA, R., «Polémica en torno al problema agrario paraguayo», *Sendero* 220 (1982) 12.

INDICE DE AUTORES

INDICE GENERAL

TESI GREGORIANA

Desde 1995, la colección «Tesi Gregoriana» pone a disposición del público algunas de las mejores tesis doctorales elaboradas en la Pontificia Universidad Gregoriana. Los autores se encargan de la composición, según las normas tipográficas establecidas y controladas por la Universidad.

Volúmenes Publicados [Sección: Ciencias Sociales]

1. ROSSI, M. Laura, *El desarrollo de la Enseñanza Social de los Obispos del Paraguay (1940-1993). Un compromiso progresivo con la dignidad de la persona humana*, 1998, pp. 304.

Riproduzione anastatica: 24 luglio 1998
«a.p.» editrice tipografica
Via Ugo Niutta, 2 - 00177 Roma